应用型本科院校通用教材

企业战略管理

李国英　主编

王丹丹　崔玉蕾　副主编

南开大学出版社

天　津

图书在版编目(CIP)数据

企业战略管理 / 李国英主编. —天津：南开大学出版社，2015.11
应用型本科院校通用教材
ISBN 978-7-310-04769-7

Ⅰ.①企… Ⅱ.①李… Ⅲ.①企业战略－战略管理－高等学校－教材 Ⅳ.①F272

中国版本图书馆 CIP 数据核字(2015)第 051096 号

版权所有　侵权必究

南开大学出版社出版发行
出版人：孙克强
地址：天津市南开区卫津路 94 号　邮政编码：300071
营销部电话：(022)23508339　23500755
营销部传真：(022)23508542　邮购部电话：(022)23502200

*

北京楠海印刷厂印刷
全国各地新华书店经销

*

2015 年 11 月第 1 版　2015 年 11 月第 1 次印刷
230×170 毫米　16 开本　27.75 印张　2 插页　450 千字
定价：53.00 元

如遇图书印装质量问题，请与本社营销部联系调换，电话：(022)23507125

前　言

亨利明兹伯格说过：战略管理似乎人人都懂，大家的理解却各不相同。我们对战略的认识，就如同盲人摸象，从未有人能够具备完整的审视大象的眼光。每个人都紧紧抓住战略形成的某一部分，而对认识不到的其余部分一无所知，我们不能把大象的的各个部分简单相加拼凑来得到完整的大象，因为一只完整的大象远非它的局部相加。

本书对企业战略管理的基本理论做了系统的阐述，具体介绍了企业战略管理的基本知识，企业环境分析，企业战略选择，企业战略制定、实施和控制。《企业战略管理》的最大特点不仅体现在其清晰的脉络上，即企业战略的概念及其演进→企业战略分析→企业战略选择→企业战略实施，更重要的是，《企业战略管理》通过大量资料收集与整理而形成的大小案例始终贯穿于内容的主线，使全书通俗易懂，且颇具启发性。

本书按战略管理过程组织内容，实现了教材结构与战略管理过程的一致，从而为读者提供了一个清晰的企业战略管理的全貌。内容涵盖了企业战略管理基本概念、理论、愿景与使命、内外部环境分析、公司层战略、竞争战略、职能战略、国际化战略、战略实施、战略控制、战略变革及战略管理前沿等内容。为了帮助读者更好地学习企业战略管理课程，本书不仅架构了企业战略管理完整的理论框架，而且设计了阅读专栏来帮助读者加深对内容的理解。在各章内容安排上，包括学习要点及目标、引导案例、主要教学内容、本章小结、复习与思考和案例分析等6个部分。本书理论联系实际，体系结构严谨，通俗易懂，实用性强，并配有一定数量的专栏、案例，为每一个案例安排了一定的引导性分析题。

本书的编写是郑州大学西亚斯国际学院多位老师集体努力的结果，他们为本书能够顺利出版付出了很多宝贵的时间和精力。本书主要由郑州大学西亚斯国际学院商学院老师编写完成，共分为十一章，具体分工如下：崔玉蕾负责第一、二、三、四章，王丹丹负责第五章、第六章和第十一章，李国英负责第七、八、九、十章的内容，李国英负责全书统筹工作。

　　本书是编者多年教学与研究经验总结，并在国内外众多最新理论和实践的基础上编写而成，具有可读性强、案例丰富、实践导向等特点，可作为高等院校工商管理类专业及其他企业战略管理学习者的教科书，也可作为企业管理者的参考读本。

　　本书参考了国内外大量战略管理教材、专著和论文，采用了很多学者的研究成果，难以一一标明出处，在此向他们表示衷心的感谢！

目 录

第一章 企业战略管理概论 ... 1
- 第一节 战略与企业战略 ... 4
- 第二节 企业战略管理的概念、性质与特征 ... 10
- 第三节 企业战略管理过程 ... 14
- 第四节 战略管理的层次 ... 19
- 第五节 战略管理者与战略性思维 ... 21

第二章 企业外部环境分析 ... 37
- 第一节 企业的外部环境 ... 38
- 第二节 宏观环境分析 ... 39
- 第三节 行业分析 ... 46
- 第四节 竞争对手分析 ... 59

第三章 企业内部环境分析 ... 69
- 第一节 企业的资源分析 ... 71
- 第二节 企业能力的构成 ... 79
- 第三节 企业的核心能力分析 ... 85
- 第四节 企业内部环境分析的方法 ... 90

第四章 企业的远景和使命 ... 101
- 第一节 企业的远景 ... 104
- 第二节 企业的使命 ... 108
- 第三节 企业的战略目标 ... 123

第五章 公司战略的制定 ... 136
- 第一节 成长战略概述 ... 141
- 第二节 密集增长型战略 ... 143
- 第三节 一体化成长战略 ... 150
- 第四节 多元化战略 ... 161

第六章　企业品牌战略.................................179

第一节　品牌概述.................................184
第二节　品牌设计.................................188
第三节　品牌推广.................................194
第四节　品牌延伸.................................203
第五节　品牌保护与管理.................................208

第七章　企业战略管理体系.................................219

第一节　战略管理体系的构建.................................221
第二节　企业战略管理体系构建、实施的原则与步骤.................................226
第三节　企业战略管理体系咨询.................................229
第四节　企业技术创新战略.................................234

第八章　企业战略实施.................................260

第一节　企业战略实施.................................263
第二节　影响企业战略实施的内外部因素分析.................................270
第三节　组织结构对战略实施的影响.................................275
第四节　企业文化对战略实施的影响.................................281
第五节　企业战略实施领导力.................................286
第六节　企业战略实施效果评价.................................295

第九章　企业战略变革.................................307

第一节　战略变革的内涵.................................311
第二节　企业战略变革的过程与实施.................................313
第三节　企业战略变革的动因及主要方式.................................317
第四节　企业战略变革的类型.................................324
第五节　战略变革的阻力.................................331
第六节　战略变革的管理模式.................................336

第十章　企业财务战略规划、制定和实施.................................353

第一节　企业财务战略的涵义及特征.................................357
第二节　企业财务战略目标.................................364
第三节　企业不同发展阶段的财务战略选择.................................368
第四节　企业财务战略的内容.................................372
第五节　企业财务战略规划.................................373
第六节　企业财务战略实施.................................376
第七节　可持续发展的企业财务战略.................................380

第十一章 企业国际化经营战略 393
 第一节 国际化经营战略概述 398
 第二节 企业国际化经营环境分析 401
 第三节 国际化经营战略的规划 406

参考文献 432

第一章 企业战略管理概论

学习目标：
- 掌握战略和企业战略的内涵。
- 掌握企业战略管理的性质和特征。
- 理解战略管理的步骤。
- 掌握企业的战略层次。
- 理解企业家在战略决策过程中，影响其战略选择的因素。

实践中的正泰的战略管理

借战略管理东风，扬发展征程之帆

创立于 1984 年 7 月的正泰公司，经过二十多年脚踏实地、充满传奇色彩的发展历程，年销售额由创办当年的 1 万元到 2003 年的 101 亿元，经营范围涉及高低压电器、输变电设备、仪器仪表、通信设备、建筑电器、汽车电器等六大主导产业 300 多个系列、5000 多个品种、20 000 多种规格的产品。2003 年末，集团员工 14 500 多人，厂房面积 30 多万平方米，正泰的商标价值 36 亿元，总资产 31 亿元，系中国工业电器"龙头"之一。集团综合实力连续 6 年名列全国民营企业 500 强前茅。纵观正泰集团的发展脉络，其最重要的经营秘诀就是其掌舵人南存辉在企业的发展过程中始终重视发展战略的管理。

在企业发展的第一个阶段（1984—1990 年），面对满大街的假冒和低劣的低压电器产品，以质量取胜是企业压倒一切的经营思想和经营目标，这使得企业在国家有关部门在温州打假的浪潮中成为重点扶持的对象，成为温州企业的楷模，从而在低压电器市场上站稳了脚跟，完成了企业的原始积累使命；第二阶段（1991—1993 年），通过股份制合作建立现代企业制度，发展壮大企业实力是当时企业的经营战略；第三阶段（1994—1996 年），企业通过"以资本为纽带、以市场为导向、以产品为龙头、以品牌为中心、走集团化经营道路、树立正泰自我品牌"的战略决策,使公司在短短的两年时间内,分公司和成员企业发展到48家,年产值达12亿元,总资产达到4.62亿元。而自1996年下半年开始至今的第四个阶段,随着企业经营的股份制改造不断深化,战略管理走上了全球化、系统化、科学化的规范之路。该案例试图以正泰集团公司为例来说明战略管理对企业经营的重要性。

一般来说,企业的战略管理包括战略制定、战略实施和战略评价三个阶段。

1. 战略制定是基础

战略制定阶段首先要明确企业要成为什么(即企业的发展目标);其次要明确企业的业务是什么。完成该阶段的任务要经过战略分析、战略选择和战略制定三个步骤。

1995年10月,经国家工商行政管理局核准,正泰成为国内低压电器行业第一个全国性无区域集团。这标志着正泰集团化经营的目标已经基本实现。1996年,面对当时国内多元化经营的浪潮,公司基于进一步做大、做强、走全球化经营的思路,在分析了企业内部和外部经营环境的优、劣态势之后,认真听取专家的分析意见,明确提出了"创世界名牌,树百年老店"的经营目标,并选择了"稳健经营,永续发展,以低压电器为主业,逐步涉足相关电器制造行业,走低成本扩张之路"的经营战略。

为了实现公司的经营战略,公司以壮士断臂的气魄,相继退出了服装、饮用水等不具备技术优势的行业。为确保公司的成本优势,在确保质量的前提下进一步提升产品的市场份额,降低经营成本,公司利用生产规模大、低压电器产品品种规格全面、与供方多年合作有良好声誉等优势,冲破世俗的、家族的、社会的等诸方面的压力,在温州地区率先推出企业采购招投标制度。

2. 战略实施是关键

再好的战略计划,如果不恰当地贯彻实施,那么也只是一项完备的计划。正泰的战略实施概括起来有如下几个特点:

一是注重企业的文化建设,培育企业"严谨、科学、求实、创新"的文化氛围。"质量就是生命,服务创造效益"是正泰从创立到发展至今的质量理念;"学习推动进步,创新促进发展"是正泰塑造学习型企业的动力;"正人必先正己,身教重于言传"是塑造"有理想、有道德、有文化、有纪律"的"四有"员工队伍的基本准则。二是将企业的长期发展计划与企业发展战略有机结合。2000年,经过反复讨论,认真听取中层经理的意见,制定并颁布了"正泰集团'十五'发展纲要与2010年远景目标",然后将纲要中的发展目标按年进度予以分解,年度的方针目标都要围绕纲要进行展开,而月度工作计划又围绕年度方针目标进行动态的布置。保证了战略目标的环环紧扣、层层分解落实。三是根据企业的发展需要,对组织结构及时进行调整,以保证企业的组织结构与企业的战略变化相适应。四是按照"以人为本,文明塑魂;德才兼备,任人唯贤"的方针,建立客观公正的业绩考核与价值评估体系,确保战略实施的人才配备。

3. 战略评价是保障

战略评价的目的就是使企业能够及时地顺应变化了的经营环境,及时抓住稍纵即逝的经营机遇,规避不利事件对战略实施的影响。正泰每年都要举行专门的董事会对年度战略实施情况进行评价,各事业部每半年要进行方针目标实施的会诊,年底做出总体性的评价报告。对涉及企业经营方向性的重大事件,能运用权变的管理思想及时进行调整。例如,1999 年,针对国家城乡"两网"改造的契机,正泰及时组织精兵强将参与各地的"两网"改造招投标,并调整营销策略,采取全资、控股、参股等形式对以前特许经营的营销体制进行改造,保证了资金的及时回笼,使企业在"两网"中得到了飞跃式的发展。2002 年公司根据我国加入 WTO 后的新形势,做出了加快走向国际市场的决策,及时地对国际贸易公司的组织机构进行调整,充实力量,强化资源配置。2003 年 9 月,公司根据长三角经济发展的远景趋势,及时提出了"接轨长三角,打造行业领军企业"的发展战略,在上海投资 35 亿元进军输变电行业,开始了由"区域工厂"向"国际化企业"转变的征程。这些,都是正泰在对企业发展战略进行评价的基础上做出的重大战略调整,将在正泰的发展史上写下浓墨重彩的一页。(资料来源:根据互联网资料整理)。

评述

一代伟人毛泽东曾经说过:"路线是个纲,纲举目张。"如果借用伟人的名言,我们可以说:"战略管理是企业经营的纲领。"没有经营纲领的企业是盲目的、短视的,而盲目、短视的企业在目前我国市场经济尚不完全发达的时期可能有暂时的生存空间,但要想得到长足的发展是不可能的,这已被国内众多昙花一现的企业所证实。所以说,战略管理对企业的发展至关重要,企业的所有者和经营者应当切实重视并抓好企业的战略管理工作。

战略最早出现在军事领域,作为一种思想一种谋划,领导者从宏观的角度对军事战争的发展进行把握和指导,力求获得优势和最后的决定性胜利。随着生产力的迅速发展,商业竞争成为社会的主导竞争,曾几何时,"商场如战场"成为社会发展程度和企业竞争的真实写照。战略作为一种时代和生产管理实践的反映，在 1962 年，由美国管理学家钱德（Chandler）在《战略与结构》一书中首先将战略这一军事术语用于公司管理，从而拉开了公司战略的序幕，自此，多种战略思想相继出现，呈现"百花齐放"的局面。战略管理作为一种新的管理思想和模式走上了企业管理发展的舞台，企业制定、实施、调控和变革自己的战略有了思想理论的指导，并在指导企业实践中取得了巨大的成功。

一切都是变化的，企业面对的环境无论是内部环境还是外部环境都由于各种因素的影响在变化着，理论作为一种实践的反映，也随着时代和企业的发展而发展。以发展的眼光看待企业战略管理在具体实践中发挥的作用，以科学的态度把企业战略管理理论应用于企业管理实践，这必将促使企业战略管理理论和企业管理实践的有机结合，形成企业的竞争优势，战略管理的思想也会在管理思想丛林中大放异彩。

第一节 战略与企业战略

一、战略概念的演进

战略及战略概念是随着战争的产生而产生的。一旦有了战争，就有指导战争的战略。战略是战争的伴生物。从理论上讲，应该是一有战争，就有战略。但是原始社会时期，基本上还谈不上有战略和战略指导艺术。我们现在看到的有文字记载的人类历史上第一次战略谋划——应该是公元前 17 世纪的商汤灭夏之战。在这次战争中，商汤制定了灭夏的一整套战略计划。如针对夏王朝内部的社会矛盾，采取与夏相反的政策，稳定自己的内部；运用离间计，分裂夏王朝的团结，挑拨夏王朝与诸侯各国的关系；采取先弱后强，由近及远，剪除羽翼，而后进行决战的战略方针等。其后的战争中，几乎都有战略上的运筹谋划，但是，"战略"这一概念的出现却远比战争实践和战略实践晚得多，而且战略概念可以说是分别在我国和西方国家互不联系地发展起来的，直到近代，东西方的战略理论才开始互相交流和影响。

在我国古代，最初的"战略"一词并不是现在的"战略"这个词，而是与"战略"一词意义相近的一些词。我国古代典籍中常使用的计、谋、画、策、算、韬略、战道、将略、方略、兵法等词，所包含的意义，实际上已经接近于现代"战略"一词的定义。如《孙子兵法·谋攻篇》中讲"上兵伐谋",这个"谋"字就是指军事战略。《军争篇》中讲:"不知诸侯之谋者,不能预交",这个"谋"字主要指的是政治战略。再比如《史记》中的《淮阴侯列传》记载韩信破齐后,武涉劝他背汉与刘、项三分天下,韩信说:"臣事项王,官不过郎中,位不过执戟,言不听,画不用"。这个"画"字,实际上是指韩信为项羽谋划的大计,即取威定霸的战略。

尽管军事战略实践和战略理论的发展源远流长,但真正意义上的"战略"一词的出现,距今只有1700多年的历史。西晋史学家和军事思想家司马彪曾撰写了《战略》一书。明朝的茅元仪撰写了《战略考》,汇辑了春秋至元代的战略史实和权谋形势,总共有33卷,613节,是其所编辑的《武备志》的一部分。可以说在古代,战略在中国源远流长,并具有比较完善的理论形态和存在形式。"战略"这个概念的出现,从战争实践上来看,它是随着战争的发展,人们对战争的认识越来越深刻,对战争的指导也日益成熟和自觉,才促进了战略概念的形成和战略的发展。从语源学上看,战略一词可能是从"战道""韬略""方略""将略"等词衍化组合而来,即从"战道"的"战"字和"方略""将略"等的"略"字组合而成"战略"这个词。鸦片战争后,近代西方战略理论开始影响中国。清末湖北武备学堂刊印了《中西武备新书》,其中辑入了日本人石井忠利的《战法学》。1908年,陆军预备大学堂印行了由应雄图编辑的《战略学》(有人认为应雄图可能是被聘来华作步兵教习的日本步兵大尉樱井文雄的化名)。十月革命后,马克思列宁主义军事理论传入中国,为无产阶级的战略理论奠定了基础。在中国革命战争中,以毛泽东为代表的中国共产党人,把马克思列宁主义军事战略理论发展到了新境界,形成了中国特色的无产阶级战略概念与战略理论。

西方国家的"战略"(Strategy)一词,来源于希腊文的strategicon。这个词的语根为stratogos,相当于现在的"将军"之意。在这个概念的基础上,发展出"战略"一词。18世纪时,欧洲国家的语言中才出现了"战略"这个词。首先使用这个概念的是法国人梅兹鲁亚,他在1771年首先把"战略"这个概念用于军事书籍中。在梅兹鲁亚之后,德国资产阶级军事科学的奠基人比洛也使用了这一概念。然而比洛所处的时代,"战略"一词仍然未能进入其他欧洲国家的词汇。如1802年出版的英国军语辞典中,就没有"战略"一词,表明战略概念当时在西方仍然没有受到重视。

19世纪,瑞士的约米尼和普鲁士的克劳塞维茨,分别写了《战争艺术概论》和《战争论》,进一步揭示了战略的本质,成为近代战略理论的一个里程碑。从19世纪到第二次世界大战，西方战略思想日益活跃，新战略学派和战略思想家不断涌现，马汉的《制海权》、杜黑的《制空权》、福煦的《论战争原理》、鲁登道夫的《总体战》等理论非常有影响，现代意义上的战略概念也就形成了。中国古代战略和西方古代战略是在两大不同的文明体系的沃土中并蒂成长起来的两棵战略之树。

辞海对"战略"的解释是："战略泛指重大的、带有全局性和决定全局的计谋。""战略"原是个军事方面的概念。从军事角度看，战略是指对战争全局的策划和指挥，即依据敌对双方的军事、政治、经济、地理等因素，遵从战争规律，照顾战争全局的各方面，所制定和采取的有关战争方针、政策和方法。战略是军事指挥官在战争中利用军事手段达到战争目的的科学和艺术。这些军事战略的概念在运用于企业后，便成为指导企业根据经营环境和自身实力确定经营目标、分配关键资源、组织各类活动的方针、政策和方法。

二、企业战略

1960年以前，企业管理领域还没有明确提出"战略"一词。当时商学院的课程中称之为"企业经营政策"，并把"经营政策"认为是职能管理的整合。经营政策的意义在于在一个更加宽阔的视野中把企业看作一个整体——将各种职能的专业知识整合起来。

由于社会生产力水平的提高，科学技术的高速发展，竞争日益激烈，企业外部环境更加复杂，企业经营难度增大，许多企业加深了生存竞争的认识，产生了研究和运用战略的需要，于是就提出了企业战略。进入20世纪60年代后，企业管理领域正式提出"战略"一词，1965年美国专家安索夫发表了成名作《公司战略》，"战略"这个概念就进入了企业领域，从此，制定和实施企业战略，被看作是企业成功的关键，逐步普及起来。战略的影响从军事走向企业，并成为独立的战略体系。军队从事战争，企业从事竞争，两者虽然本质不同，但都存在一个"争"字。企业竞争的目标是通过赢得市场来盈利，战争则是要占领领土与资源；企业是通过赢得顾客和市场来战胜竞争对手，而战争则是通过消灭战争对手来获胜；企业竞争游戏的最重要规则就是"第三者（消费者）决定"，而战争最重要的是靠实力来取胜。

在企业管理这个范畴中，究竟什么是战略，目前尚无一个统一的定义。不同的学者与经理人员给战略赋予不同的含义。

（一）企业战略的几种典型概念

较早在商业领域引入"战略"一词并下定义的学者是冯·诺依曼（Von

Neumann)和摩根斯坦(Morgenstem)。他们在所著的《博弈理论与经济行为》(1947)一书中将企业战略定义为"一个企业根据其所处的特定情形而选择的一系列行动"。

大部分学者认为第一个真正为企业战略下定义的人是钱德勒。1962年，美国管理学家钱德勒(Chandler)出版《战略与结构》一书，首先将"战略"这一军事术语用于公司管理，从而拉开了公司战略。他在其《战略与结构》(1962)一书中，将企业战略定义为"确定企业基本长期目标，选择行动途径和为实现这些目标进行资源分配"。钱德勒的同事安德鲁斯为战略下了一个类似的定义。安德鲁斯认为："企业战略是关于企业使命和目标的一种模式，以及为达到这些目标所制订的主要政策和计划；通过这样的方式，战略界定了企业目前从事什么业务和将要从事什么业务，企业目前是一种什么类型和将要成为什么类型。"根据这个定义，战略管理者必须设计一系列展现企业经营领域的目标和计划，以及达到这些目标的方法。

伴随1965年美国专家安索夫发表其成名作《公司战略》，"战略"这个概念就进入了企业领域。在这部著作中，安索夫提出了一个具有分析性和行动导向的战略定义。他认为战略是一条贯穿于企业活动与产品/市场之间的"连线"。这个"连线"由四部分组成：产品与市场范围、增长向量、竞争优势以及协同作用。战略就是将企业活动与这四个方面连接起来的决策规则。

20世纪80年代，哈佛大学的迈克尔·波特教授在产业经济学理论的基础上，对竞争战略进行了较为深入的研究，提出了很多颇有建树的观点。在他的成名作《竞争战略》(1980)一书中，将战略定义为"公司为之奋斗的一些终点（目标）与公司为达到它们而寻求的方法（政策）的结合物"。

(二) 魁因的定义

魁因(J. B. Qbinn)是美国达梯莱斯学院的管理学教授。他认为，战略是一种模式或计划，它将一个组织的主要目的、政策与活动按照一定的顺序结合成一个紧密的整体。一个制定得较为完善的战略有助于企业根据自己的内部能力与弱点、环境中的预期变化以及竞争对手可能采取的行动而合理地配置自己的资源。魁因对此定义做了进一步的解释。

有效的正式战略包括三个基本要素：(1)可以达到的最主要的目的或目标；(2)指导或约束经营活动的重要政策；(3)可以在一定条件下实现预定目标的主要活动程序或项目。在魁因的定义下，确立一个组织的目标是战略制定过程中不可分割的部分。

有效的战略是围绕着重要的战略概念与推动力而制定的。所谓战略推动力是指企业组织在产品和市场这两个主要经营领域里所采取的战略活动方式。不同的战略概念与推动力会使企业的战略产生不同的内聚力、均衡性和侧重点。

战略不仅要处理不可预见的事件，也要处理不可知的事件。战略的实质是建立一种强大而又灵活的态势，为企业提供若干个可以实现自己目标的选择方案，以应付外部环境可能出现的例外情况，不管外部力量可能会发生哪些不可预见的事件。

在大型组织里管理层次较多，每一个有自己职权的层次都应有自己的战略。这种分战略必须在一定程度上或多或少地实现自我完善，并与其他的分战略相互沟通、相互支持。

（三）明茨博格的"5P"定义

在众多的关于战略的定义中，被普遍接受的是明茨博格对于战略定义的独到认识。他归纳总结出人们对战略的五个定义，这五个定义都是对战略从不同角度进行的充分阐述。他认为，人们在不同的场合以不同的方式赋予战略不同的内涵，说明人们可以根据需要来接受各种不同的战略概念。只不过在正式使用战略概念时，人们只引用其中的一个罢了。明茨博格借鉴市场学中四要素（4P'S）的提法，提出战略的五个不同方面的定义，即战略是计划（Plan），计谋（Ploy），模式（Pattern），定位（Position）和观念（Perspective）。

1. 战略是一种计划

大多数人将战略看作一种计划,即它是一种有意识的有预计的行动程序，一种处理某种局势的方针。把战略作为一种计划对待，是强调战略为一种实现特定目标而进行的有意识的活动。它是组织领导人为组织确定的方向，以及为此而进行的一系列活动。根据这个定义，战略具有两个本质属性：一是战略是在企业开展经营活动之前制定的；二是战略是有意识有目的开发的。明茨博格还引用了彼得·德鲁克的话："战略是一种统一的、综合的、一体化的计划，用来实现企业的基本目标。"

2. 战略是一种计谋

将战略视为计谋主要是指通过公布企业的战略或战略意图，向对手宣布本企业的竞争意愿和决心，以及相应将采取的竞争性行动，以期形成对竞争对手的威胁。此时，战略强调的已不是竞争性行动本身，而是要阻止竞争对手正在准备中的、有可能对本企业造成关键打击的那些战略性行动。战略的这一理解和运用在军事上就称为"威慑性战略"，如大型军事演习。战略的计谋概念直接表现出对手之间的竞争关系，即通过采用包括威胁在内的各种手段来取得竞争优势。

3. 战略是一种模式

明茨博格引用钱德勒在其《战略与结构》一书中认为，战略是企业为了实现战略目标进行竞争而进行的重要决策、采取的途径和行动以及为实现目标对企业主要资源进行分配的一种模式。这种定义将战略体现为一系列的行为。这就是说，无论企业是否事先对战略有所考虑，只要有具体的经营行为，就有战略。战略作为一种计划与战略作为一种模式的两种定义是相互独立的。在实践中，计划往往可能在最后没有得到实施，这样计划的战略或设计的战略就变成了没有实现的战略。战略是一种模式的概念将战略视为行动的结果，这种行动可能是事先并没有设计的战略，但最后却形成了，因此成了已实现的战略。在已设计的战略与已实现的战略之间是准备实施的战略。这是指那些已经设计出来，即将实现的战略。而突发形成的战略则是指那些预先没有计划、自发产生的战略。这些战略之间的关系如图1-1所示。

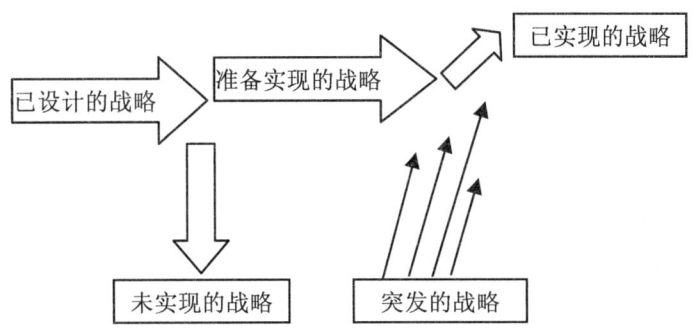

图1-1 战略是一种模式

4. 战略是一种定位

明茨博格指出，战略可以包括产品及过程、顾客及市场、企业的社会责任与自我利益等任何经营活动及行为。而最重要的是，战略应对一个组织在环境中正确确定自己的位置，从而使上述各项行为在正确的定位之下来进行。这种意义上的战略，成为企业与环境之间的纽带。根据这一概念，首先，战略过程要确定企业应该进入的经营业务领域；其次，战略需要确定在选定的业务领域内进行竞争或运作的方式；最后，通过战略的实施，使组织能处于恰当的位置，保证自身的生存和发展。把战略作为一种定位来考虑，也包括通过正确配置企业资源，从而形成企业特有竞争优势的考虑。

5. 战略是一种观念

这种定义强调的是企业高层管理人员，特别是企业董事会成员的整体个性对形成组织特性的影响，以及组织特性差别对企业存在的目的、企业的社会形象和发展远景的影响。战略是一种观念。首先，它存在于战略者的头脑之中，是战略者的独创性和想象力的体现；其次，战略的观念被组织成员所共享，构成组织文化的一部分，由此而指导组织成员的意图和行动。战略过程的有效性将取决于战略观念的共享程度以及共同的战略观念转化为共同行动的程度。根据战略的观念概念，组织在其观念范围内的计划和位置的改变比较容易实现，而超出观念允许范围的改变则困难得多。因此，战略的"观念"概念提出了战略变革的界限，超过这一界限的战略变革的困难程度和对组织的影响不亚于一场重大的革命。了解以上五种对战略不同的定义，有助于对战略管理及过程的深刻理解。不同的定义只能说明人们对战略的特性的不同认识，不能说明哪种战略定义更为重要。需要强调的是，尽管战略定义多样，但对于具体企业来说，战略仍只有一个，五个定义只不过是从不同角度对战略加以阐述。

第二节 企业战略管理的概念、性质与特征

一、企业战略管理的概念

关于企业战略管理的定义有多种不同的表述。"企业战略管理"最初是由安索夫在1976年出版的《从战略规划到战略管理》一书中提出的。他认为，企业的战略管理是指将企业的日常业务决策同长期计划决策相结合而形成的一系列经营管理业务。而斯坦纳在1982年出版的《企业政策与战略》一书中则认为，企业战略管理是确定企业使命，根据企业外部环境和内部经营要素确定企业目标，保证目标的正确落实并使企业使命最终得以实现的一个动态过程。

综上所述，可以将战略管理定义为：企业确定其使命，根据外部环境和内部条件设定企业的战略目标，为保证目标的正确落实和实现进行谋划，并依靠企业内部能力将这种谋划和决策付诸实施，以及在实施过程中进行控制的一个动态管理过程。战略管理是一种崭新的管理思想和管理方式。这种管理方式的特点为指导企业全部活动的是企业战略，全部管理活动的重点在于

制定战略和实施战略。而制定战略和实施战略的关键在于对企业外部环境的变化进行分析，对企业的内部条件和素质进行审核，并以此为前提确定企业的战略目标。战略管理的任务，在于通过战略制定、战略实施和日常管理，在保持这种动态平衡的条件下，实现企业的战略目标。

这里有两点需要加以说明：第一，战略管理不仅涉及战略的制定和规划，而且也包含着将制定出的战略付诸实施的管理，因此是一个全过程的管理；第二，战略管理不是静态的、一次性的管理，而是一种循环往复性的动态管理过程，它是需要根据企业外部环境的变化、内部条件的改变，以及战略执行结果的反馈信息等，重复进行新一轮战略管理的过程，是不间断的管理。

二、企业战略管理的性质

企业战略管理有的研究对象和目的是什么，谁来执行战略管理。弄清楚战略管理的本质是进一步了解它的重要环节。

（一）战略管理是整合性管理理论

以往的管理理论，如生产管理理论、财务管理理论、市场营销管理理论等所谓的职能管理理论，是从企业局部的角度来讨论管理问题的。应当承认这种解剖式的理论创建和发展方式，对管理理论的发展以及深入了解某一方面的管理问题提供了丰富的要素。但它带来的弊端是显而易见的，被分解的管理理论如何解决企业整体性的管理问题？因为在实际的管理活动中企业是不能分割的，它是由具有执行不同功能的部分所组成的一个统一体，在社会进步和经济发展中作为一个整体而发挥着作用。如何将企业的各个职能部分协调一致，有机地结合起来运作，就需要企业战略管理理论发挥作用。企业战略管理理论从企业整体的、全局的角度出发，综合运用职能管理理论，处理涉及企业整体的和全面的管理问题，使企业的管理工作达到整体最优的水平。

（二）战略管理是最高层次的管理理论

从管理理论的层次来看，战略管理理论是最高层次的管理理论。按照内容所涉及的范围和影响的程度，人们将管理理论分成下列三个不同的层次：一是管理基础。它是管理中带有共性的基础理论、基本原则和基本技术，主要包括管理数学、管理经济学、管理心理学、管理原理和原则、管理组织学以及管理思想等。二是职能管理。它是将管理基础与特定的管理职能相结合，以提高组织职能部门的效率。它主要包括生产管理、市场营销管理、财务管理、人力资源管理、研究与开发管理等。三是战略管理。它是管理理论的最高层次，它不仅要以管理基础和职能管理为基础，还融合了政治学、法学、社会学、经济学等方面的知识。从这种分类中可知，战略管理是管理理论中顶级的管理理论。

（三）战略管理是企业高层管理人员最重要的活动和技能

美国学者罗伯特·卡茨将企业管理工作对管理者的能力要求划分成三个方面：一是技术能力，也即操作能力，是一个人运用一定的技术来完成某项组织任务的能力，包括方法、程序和技术。二是人际能力，是一个人与他人共事、共同完成工作任务的能力，包括领导、激励、排解纠纷和培植协作精神等。三是思维能力，即战略能力，这种能力包括将企业看成是一个整体，洞察企业与外界环境之间的关系，以及理解整个企业的各个部分应如何互相协调来生产公司的产品或提供服务的能力。处于企业中不同管理层次的管理人员，对他们的上述三种能力要求是不相同的。低层管理者所需要的能力主要是技术能力和人际能力；中层管理的有效性主要依赖于人际能力和思维能力；而高层管理者最需要的能力是思维能力或战略能力，这是保证他们工作有效性的最重要的因素。在20世纪80年代，美国的一次调查中，90%以上的企业家认为，"企业家最占时间、最为困难、最为重要的事是制定企业战略"。可见，对于企业高层管理者来说，最重要的活动和技能是制定战略和推进战略管理，以保证企业整体的有效性。

（四）战略管理的目的是提高企业对外部环境的适应性，使企业做到可持续发展

企业的生存和发展在很大的程度上受其外部环境因素的影响。现在，企业的外部环境既复杂多样，又动荡多变。如何在这种复杂多变的外部环境中生存并持续地发展，是战略管理的任务和目的。战略管理促使企业高层管理人员在制定、实施企业战略的各个阶段上，都要清楚地了解有哪些外部因素影响企业，影响的方向、性质和程度如何，以便及时调整企业现行的战略以适应外部环境的变化，做到以变应变，不断提高企业的适应能力。这就要求企业战略必须是具有弹性的，应随着环境的变化而及时做出调整。因此，战略管理的目的是促使企业提高对外部环境的适应能力，使其能够生存并可持续地发展。

三、企业战略管理的特征

与传统的生产管理、财务管理、市场营销管理、人力资源管理等职能管理相比较，战略管理具有如下特征：

（一）战略管理具有全局性

企业的战略管理是以企业的全局为对象，根据企业总体发展的需要而制定的。它所管理的是企业的总体活动，所追求的是企业的总体效果。虽然这种管理也包括企业的局部活动，但是这些局部活动是作为总体活动的有机组成部分在战略管理中出现的。具体地说，战略管理不是强调企业某一事业部或某一职能部门的重要性，而是通过制定企业的使命、目标和战略来协调企业各部门的活动。在评价和控制过程中，战略管理重视的不是各个事业部或职能部门自身的表现，而是它们对实现企业使命、目标和战略的贡献大小。这样也就使战略管理具有了综合性和系统性的特点。

（二）战略管理具有长远性

战略管理中的战略决策是对企业未来较长时期（一般为5年以上）内，就企业如何生存和发展等问题进行统筹规划。虽然这种决策以企业外部环境和内部条件的当前情况为出发点，并且对企业当前的生产经营活动有指导、限制作用，但是这一切是为了更长远的发展，是长期发展的起步。从这一点上来说，战略管理也是面向未来的管理，战略决策要以经理人员所期望或预测将要发生的情况为基础。在迅速变化和竞争性的环境中，企业要取得成功，必须对未来的变化采取预应性的态势，这就需要企业做出长期性的战略计划。

（三）战略管理具有纲领性

企业战略所确定的战略目标和发展方向，是一种原则性和概括性的规定，是对企业未来的一种粗线条的设计。它是对企业未来成败的总体谋划，而不纠缠于现实的细枝末节。战略不在于精细，而在于洞察方向。它为企业指明了未来发展的方向，是企业全体人员行动的纲领。要把它变成企业的实际行动，需要经过一系列的展开、分析和具体化的过程。

（四）战略管理具有抗争性

企业战略是企业在竞争中战胜对手，应对外界环境的威胁、压力和挑战的整套行动方案。它是针对竞争对手制定的，具有直接的对抗性。它区别于那些不考虑竞争，单纯为改善企业现状，以提高管理水平为目的的行动方案和管理措施等。也就是说，企业战略是一种具有"火药味"的，而非"和平"状态下的计划。企业制定企业战略的目的，就是要在优胜劣汰的市场竞争中战胜对手，赢得竞争优势，赢得市场和顾客，使自己立于不败之地。

（五）战略管理的主体是企业的高层管理人员

由于战略决策涉及一个企业活动的各个方面，虽然它也需要企业中、低层管理者和全体员工的参与和支持，但企业的最高层管理人员介入战略决策是必须的。这不仅由于他们能够统观企业全局,而更重要的是他们具有对战略实施所需资源进行分配的权利。

（六）战略管理涉及企业资源的配置问题

企业的资源包括人力资源、实体财产和资金,这些资源或者在企业内部进行调整,或者从企业外部筹集。战略决策往往需要在相当长的一段时间内致力于一系列的活动,而实施这些活动需要有足够的资源作为保证。为保证战略目标的实现,必须对企业的资源进行统筹规划,合理配置。

（七）战略管理需要考虑企业外部环境中的诸多因素

现在的企业都存在于一个开放的系统中,它们影响着这些因素,但更通常的情况是被这些不能由企业自身控制的因素所影响。因此在未来竞争性的环境中,企业要使自己占据有利地位并取得竞争优势,就必须考虑与自身相关的外部因素,包括竞争者、顾客、资金供给者、政府等,以使企业的行为适应不断变化的外部力量,能够持续生存下去。

（八）战略管理具有风险性

战略管理考虑的是企业的未来,而未来具有不确定性,因而战略管理必然带有一定的风险性。风险并不可怕,就战略决策的本质而言,战略本身就是对风险的挑战。战略管理的这种风险性特征要求战略决策者必须有胆有识,敢于承担风险,敢于向风险挑战。同时,要求决策者必须随时关注环境的变化,并且能够根据环境的变化及时地调整企业的战略,以便提高企业承担风险的能力。

第三节　企业战略管理过程

战略管理是对一个企业未来发展方向制定和实施决策的动态管理过程。一个规范性的、全面的战略管理过程可大体分为四个阶段（图1-2）,即确定企业使命阶段、战略分析阶段、战略选择及评价阶段、战略实施及控制阶段。

一、确定企业使命

企业使命是企业在社会进步和社会、经济发展中所应担当的角色和承担的责任。一般说来,一个企业的使命包括两个方面的内容,即企业哲学和企业宗旨。所谓企业哲学是指一个企业为其经营活动或方式所确立的价值观、态度、信念和行为准则,是企业在社会活动及经营过程中起何种作用或如何起这种作用的一个抽象反映。所谓企业宗旨是指企业现在和将来应从事什么样的事业活动，以及应成为什么性质的企业或组织类型。企业在制定战略之前，必须先确定企业的使命。这是因为企业使命的确定过程，常常会从总体上引起企业发展方向、发展道路的改变，使企业发生战略性的变化；此外，确定企业使命也是制定企业战略目标的前提，是战略方案制定和选择的依据，是企业分配企业资源的基础。

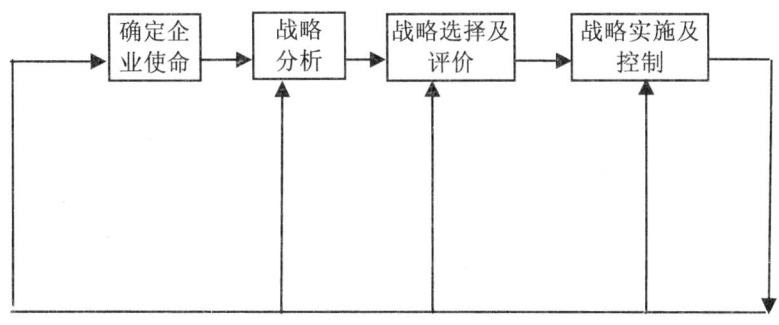

图1-2 战略管理过程

二、战略环境分析

战略环境分析包括企业外部环境分析和企业内部环境或条件分析两部分。企业外部环境一般又包括宏观外部环境，即政治与法律因素、经济因素、技术因素、社会因素；微观外部环境，即企业所处行业的竞争状况。外部环境分析的目的就是要了解企业所处的战略环境，掌握各环境因素的变化规律和发展趋势，研究环境的变化将给企业的发展带来哪些机会和威胁，为制定战略打下良好的基础。战略环境分析还要了解企业自身在同行业中所处的相对地位，分析企业的资源和能力，明确企业内部条件的优势和劣势，以及了解不同的利益相关者对企业的期望，理解企业的文化。企业内部条件分析的目的是为了发现企业所具备的优势或弱点，以便在制定和实施战略时扬长避短，有效地利用企业自身的各种资源，发挥出企业的核心竞争力。

三、战略选择及评价

战略选择及评价过程就是战略决策过程，即对战略进行探索、制定以及选择的过程。通常，这个过程主要包括三个方面的工作，一是拟定多种可供选择的战略方案，二是利用一定的各个战略评价方法对拟定的各个战略方案进行评价，三是最终选择出满意的供执行的战略。企业的战略选择应当解决以下两个基本的战略问题：一是确定企业的经营范围或战略经营领域。即确定企业从事生产经营活动的行业，明确企业的性质和所从事的事业，确定企业以什么样的产品或服务来满足哪一类顾客的需求。二是突出企业在某一特定经营领域的竞争优势。即要确定企业提供的特定产品或服务的类型，要在什么基础上取得超越竞争对手的优势。

一个企业可能会拟定出多种战略方案，这就需要对每种方案进行鉴别和评价，以选出适合企业自身的方案。除了运用一定的战略评价方法评价选择战略外，一般来说，在战略决策过程中，下列因素会影响战略决策者的战略选择：

（一）企业对外部环境的依赖程度

任何企业都存在于它的外部环境之中，而环境受股东、竞争对手、顾客、政府和社区的影响。企业的生存对这些因素的依赖程度，影响着战略选择过程。依赖程度越高，企业选择战略的灵活性就越小。企业依赖于少数几个股东的程度越高，它战略选择的灵活性就越小；企业依赖于其竞争对手的程度越高，则它越不可能选择进攻性的战略（依赖性在此指竞争中处于相对较弱的地位）；企业的成功和生存越依赖于少数几个顾客，则企业对他们的期望应做出较快的反应；企业越是依赖于政府和社区，则它对市场状况和股东的要求反应越不灵敏。企业经营面对的市场的易变程度，影响着战略选择。如果市场的情况变化程度较大，则企业的战略需要具有较大的灵活性。

上面对环境的度量基于"客观的"衡量基础之上，但事实并不能为自己说话，客观的现象需要决策者主观的理解。因此，确切地说，是决策者对外部环境依赖性的主观认识影响着战略的选择。这样，处于同一环境中的同一企业，如果由两个决策者来进行战略选择，可能会有不同的战略方案。

（二）管理者对待风险的态度

管理者对待风险的态度影响着战略选择。某些企业管理者极不愿承担风险，而另一些管理者却乐于承担风险。不同的对待风险态度会导致不同的战略选择：①如果管理者认为，风险对于成功是必不可少的，并乐于承担风险的话，则企业通常采用进攻性战略，接受或寄希望于高风险的项目，在它们被迫对环境变化做出反应之前就已经做出了反应。并且，这类管理者倾向于在较大的范围内选择可行的战略方案。②如果管理者认为风险是实际存在的，并敢于承担风险的话，那么管理者就会试图在高风险战略和低风险战略之间寻求某种程度的平衡，以分散一定的风险。③如果管理者认为冒较高的风险将毁灭整个企业，需要减低或回避风险的话，则管理者就会只考虑风险很少的几个低风险战略选择方案。可能采取防御性的或稳定发展的战略，拒绝承担那些高风险的项目，乐于在稳定的产业环境中经营。

总之，管理者和股东对待风险的态度，会增加或减少他们所考虑的战略方案的数目，并增加或降低采用某一特定战略方案的可能性。

（三）企业过去的战略

对大多数企业来说，过去的战略是新战略选择过程的起点，这就导致新考虑的多数战略方案受到企业过去战略的制约。明茨博格曾对德国大众汽车公司 1934—1969 年和美国 1950—1968 年在越南的战略选择变化进行过详细研究，他认为：①现在的战略从过去某一有影响的领导者所制定的战略演化而来。这个独特的、紧密一体化的战略对以后的战略选择将成为主要的影响因素。②此后，这个战略就变得格式化。官僚化的管理组织使战略得以贯彻和实施，即原决策者推出这个战略并向下属说明，接下来低层管理人员将这个战略实施。明茨博格将此称为推拉现象。③当这个战略由于条件变化而开始失效时，企业总是将新的战略嫁接到这个老战略上来。④当外部环境变化更大时，企业才开始认真地考虑采取防御战略、组合战略或发展战略。而以前可能曾有人建议过这些战略，但决策者却忽视了。

明茨博格对战略选择过程的研究结论具有概括性的意义。它说明原有的战略对以后的战略选择存在影响，所以战略选择过程更多的是一种战略演变过程。其他相关研究也表明，当人们要对他们选择执行方案的不良后果负个人责任时，他们总是将最大数量的资源投入自己这个执行方案之中以进行补救。这可以部分地说明为什么在改变过去的战略时，往往需要更换高层管理人员，因为新的管理者较少地受到过去战略的约束。

（四）企业中的权力关系

权力是人们之间的一种关系，是某个人影响另一个人或群体去做某些事情的能力。经验表明，企业中权力关系的存在是个关键的事实。在大多数企业中，如果一个权力很大的高层管理者支持某一战略方案，它往往就成为企业所选择的战略，并且会得到一致的拥护。例如，福特汽车公司的小亨利·福特、国际商用机器公司的老华森、国际电报电话公司的哈罗德·基宁等这些有权势的总经理，都曾经大大地影响过所在企业的战略选择。从某种意义上说，个人喜好也涉入到战略选择之中。主要管理人员喜欢什么以及尊重什么等，都将影响对战略的选择。总之，权力关系或企业政治对战略选择有重大影响。

（五）中层管理人员和职能人员

中层管理人员和职能人员（尤其是公司计划人员）对战略选择有重大影响。鲍威尔和舒沃兹的研究指出，如果中层管理人员和公司计划人员参加战略选择过程，那么：①他们选择的战略通常与总经理选择的战略有所不同。②中层管理人员和职能人员的观点部分地受到他们个人的视野，以及其所在单位的经营目标和使命的影响。③他们倾向于向高层管理人员推荐那些低风险、渐进式推进的战略选择，而非高风险和突破性的选择。

卡特研究了一些中小型企业所做出的六项关于收买的决策，这项研究发现：①较低层的管理人员倾向于上报那些可能被上司接受的方案，而扣下不易通过的方案。在可能的情况下，他们的选择总是适合于企业自身的发展目标。②在对建议的战略选择进行评价时，不同的部门都从自身利益来评价方案并出现不同的评价结果。③企业外部环境的不确定性越大，下层管理人员就会使用越多的评价标准来指导战略选择过程。④职能人员为战略选择提供的数据量取决于：收集数据的难易程度；他们对日后数据执行情况负责的程度；为获得有利决策所必需的数据量；认为上司作决策时所希望有的数据量。

总之，中层管理人员和职能人员通过草拟战略方案以及对各方案风险的评价来影响战略选择。一般来说，他们对战略方案做出的建议和评价，总是倾向于与过去的战略差异不大，风险相对较低的战略选择。

四、战略实施及控制

战略实施与控制过程就是把战略方案付诸行动，保持经营活动朝着既定战略目标与方向不断前进的过程。这个阶段的主要工作包括计划、组织、领导和控制四种管理职能的活动。首先，将企业的总体战略方案从空间上和时间上进行分解，形成企业各层次、各子系统的具体战略或政策，在企业各部门之间分配资源，制定职能战略和计划。其二是对企业的组织机构进行调整，以使调整后的机构能够适应所采取的战略，为战略实施提供一个有利的环境。新战略的实施往往需要对现有的组织进行重大变革，变革总会有阻力，所以对变革的领导是很重要的。这包括培育支持战略实施的企业文化和激励系统，从而克服变革阻力等。其三是要使领导者的素质及能力与所执行的战略相匹配，即挑选合适的企业高层管理者来贯彻既定的战略方案。

在战略的具体化和实施过程中，为了实现既定的战略目标，必须对战略的实施过程进行控制。战略控制是战略管理过程中的一个重要环节，它伴随战略实施的整个过程。管理人员应及时将反馈回来的实际成效与预定战略目标进行比较，以便及时发现偏差，适时采取措施进行调整，以确保战略方案的顺利实施。如果在战略实施过程中，企业外部环境或内部条件发生了重大变化，也要求对原战略目标或方案做出相应的调整。甚至重新审视环境，制定新的战略方案，进行新一轮的战略管理过程。

第四节　战略管理的层次

一般来说，一个企业的战略可划分为3个层次，即公司战略、经营（事业部）战略和职能战略。

一、公司战略

公司战略又叫企业总体战略，是企业总体的、最高层次的战略，是企业最高管理层指导和控制企业一切行为的最高行动纲领。公司战略的侧重点表现在两个方面。一是从公司全局出发，根据外部环境的变化及企业的内部条件，选择企业所从事的经营范围和领域，即要回答这样的问题：我们的业务是什么？我们应当在什么业务上经营？二是在确定所从事的业务后，要在各事业部门之间进行资源分配，以实现公司整体的战略意图，这也是公司战略实施的关键措施。公司战略具有远见性、全局性和创造性，包括事业的选择、成长发展的优先次序、利润的分配等。

二、经营（事业部）战略

经营（事业部）战略也称为竞争战略，处于战略结构中的第二层次，它是在企业总体战略的指导下，为实现企业总体目标服务的，以经营管理某一业务单位的战略计划为形式的子战略。这种战略所涉及的决策问题是在选定的业务范围内或在选定的市场——产品区域内，事业部门应在什么样的基础上进行竞争，以取得超过竞争对手的竞争优势。为此，事业部门的管理者需要努力鉴别并稳固最具盈利能力和最有发展前途的市场面，发挥其竞争优势。除确定市场面外，还包括生产力配置、销售区域和销售渠道等方面的决策。

三、职能战略

职能战略是在职能部门中，如生产、市场营销、研究与开发、财务、人事等部门，由职能管理人员制定的短期目标和规划，其目的是实现公司和事业部门的战略计划。职能战略通常包括生产战略、市场战略、研究与开发战略、财务战略、人事战略等。如果说公司战略和经营战略强调"做正确的事情"（Do the Right Things）的话，那么职能战略则强调"将事情做好"（Do the things right），它直接处理这些问题，如生产及市场营销系统的效率、顾客服务的质量及程度、争取提高特定产品或服务的市场占有率等。

公司战略、经营战略及职能战略构成了一个企业的战略层次，它们之间相互作用，紧密联系。如果企业整体要想获得成功，必须将三者有机地结合起来。如图1-3所示，企业中每一层次的战略构成下一层次的战略环境；同时，下一层次的战略为上一层次的战略目标的实现提供保障和支持。

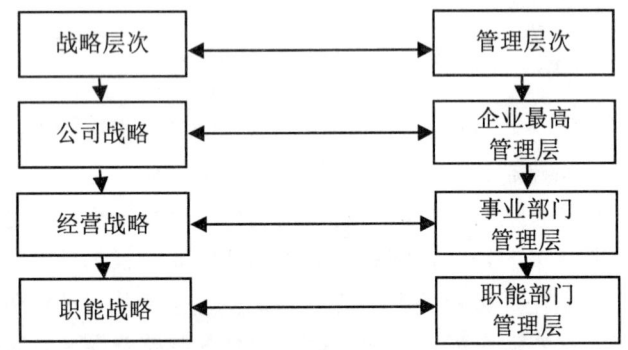

图1-3　企业战略的结构层次

如果一个企业只从事一项业务，那么其公司战略和事业部战略是一样的，两种战略的决策权都集中于董事会和最高层管理者的手中。这种特别的战略结构类似于小型企业的组织形式，如图1-4所示。

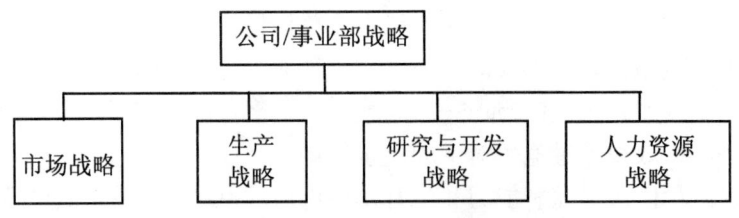

图1-4　单一业务企业战略结构

如果一个企业属跨行业经营，即有多项经营业务，那么其公司战略为最上层结构，是最高层次的战略，它为事业部战略与职能战略提供发展的方法和支持。这种典型的战略结构如图1-5所示。

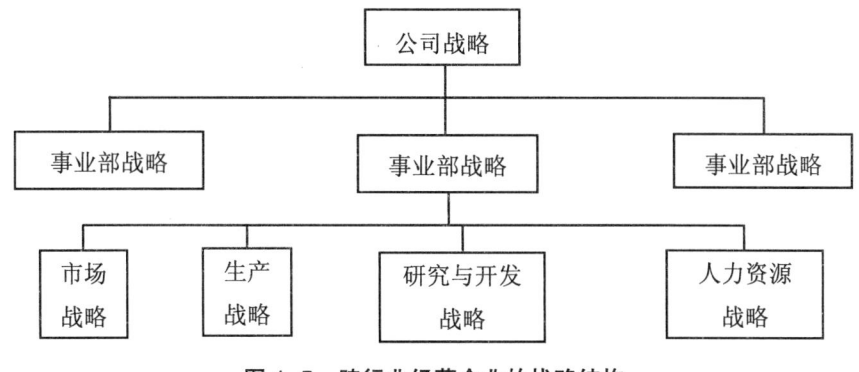

图 1-5 跨行业经营企业的战略结构

四、三种战略的特点

根据上述三种战略所涉及的不同战略问题，可以看出三种战略层次各具不同的特性。最高层次的战略——公司战略倾向于价值取向，以抽象概念为基础，与事业部战略和职能战略的制定、实施相比不甚具体。此外，公司战略还具有以下特点：有很大的风险性，成本高，预期收益也大，需要时间长，要求有较大的灵活性和大量外部资源的输入。处于战略层次另一端的是职能战略，它主要涉及具有作业性取向和可操作性的问题。因此，职能战略决策的时间限度比较短。由于依靠已有资源，职能战略决策风险小，所需代价（成本）不高，所涉及的活动在公司范围内不需要很大的协调性。而事业部战略的特点介于公司战略和职能战略的特点之间。例如，与公司战略决策相比，事业部战略决策具有较小的风险性、较少的代价和不太高的预期收益；但与职能战略相比，其风险性、成本及预期收益都要超过职能战略决策。

第五节 战略管理者与战略性思维

企业战略管理对企业发展举足轻重，本节将探讨战略管理过程中管理者的构成及企业家的战略性思维。

一、战略管理者

一般来说，战略管理是由企业的高层管理人员完成的。在此之前，我们所提到的"企业高层管理人员"是一个广义的称呼，包括董事会、监事会、总经理、财务总监等企业的领导人。在本节中为严格起见，所提到的"高层管理者"是狭义的，主要指总经理、财务总监等职业经理人组成的领导层。

在上述约定下，战略管理者，或称战略管理的参与者，主要包括公司中的以下人员：

（1）董事会：董事长、董事（包括独立董事）、董事会秘书；

（2）高层管理者：总经理或CEO、副总经理、财务总监；

（3）各事业部经理：分管公司不同业务的事业主管，通常由高层管理者兼任；

（4）职能部门管理者：公司价值链上各个环节中的职能主管，比如销售经理、采购经理等；

（5）专职计划人员：具有专业技术技能的、协助高层管理者完成战略管理的专职计划人员。

（一）董事会

董事会的主要职责，是在企业发展战略、管理架构、投融资计划、财务监控等方面，按照股东大会的授权行使管理决策权。从战略管理的角度讲，董事会具有以下三项主要任务：

（1）提出企业的使命和愿景，界定战略选择的范围。

（2）审批企业高层管理者的建议和方案，制订公司的年度财务预算方案、决算方案，决定公司内部管理机构的设置，批准公司的基本管理制度。

（3）董事会通过其下的战略委员会、审计委员会、提名委员会、薪酬与绩效考核委员会（其中审计、提名、薪酬与考核委员会由独立董事担任召集人）等专门委员会，一方面为公司董事会的科学决策提供依据，并对股东大会负责；另一方面，监视企业内外部环境的变化，揭示这些变化可能给企业造成的影响，并对高管人员的规范、勤勉尽责的程度予以督促。

根据董事会在战略管理活动中参与的积极程度，董事会可分为：挂名型、无主见型、低参与度型、中参与度型、积极参与型和促进型六种。参与战略管理程度高的董事会，属于促进型董事会，这种类型的董事会勤勉尽职，注重研究企业长期发展的战略问题；相反，处在另一极端的董事会，则属于挂名型董事会，它们从不提出或决定企业战略，除非企业陷入严重危机。

（二）高层管理人员

企业高层管理者负责制定和管理战略规划过程，是战略制定过程的主要参与者。除此之外，他们也参与到战略的实施和评价过程。上文已提到，战略制定过程是战略管理的核心部分。因此，企业高层管理人员也是整个战略管理的关键人物。在战略制定过程中，高层管理人员将负责以下任务：

（1）对董事会提出的企业使命做出具体诠释，形成较为清晰的企业使命；

（2）参与对企业内部资源和外部环境的分析工作，形成总体性结论，确立企业所处地位和所具备的竞争优势；

（3）参与制定总体的企业战略；

（4）从各项备选战略中，挑选出最适合企业的最佳战略；

（5）参与战略实施过程；

（6）主动监测企业内外部环境的变化，指挥各职能部门应对这些变化。

高层管理人员在实施企业战略的过程中，具有以下三方面的特征：

（1）高层管理者为下属树立对标的标杆。他们对企业的目标和活动有着十分明确的态度和价值观，并保持和下属的不断交流，使之成为共识。他们在行为方面，带头垂范，以身作则，为企业提供一个认同和遵从的榜样。

（2）高层管理者为企业制定卓越的目标。他们能够超越日常工作的范围，从长远考虑企业的前途。他们赋予员工的工作以新的含义，使他们能够透过自己的工作看到企业整体的利益。

（3）高层管理者确保目标和现实之间的恰当张力。建立低水平目标虽容易达到，但不能提高企业的业绩；设立的目标过高，又容易挫伤员工的积极性。优秀的高层管理者懂得两者之间的平衡，他们注重在目标和现实之间保持恰当的张力，既为员工设立较高的工作目标，又对员工实现这些目标表现出充分的信心；既让员工通过努力不时地体会到阶段性成功的喜悦，又带领大家朝着更高的目标迈进。

（三）事业部、职能部门经理

在战略管理过程中，战略实施过程的主要参与者是各事业部、职能部门的经理。现在，越来越多的企业高层管理人员逐渐意识到一个特定阶层人员在企业战略管理过程中的重要性。这个特定阶层的人员就是事业部经理以及事业部中职能经理等中层管理人员。管理实践表明，真正了解企业问题和市场机会的人是他们，实施企业战略的还是他们。因此，许多大企业将企业决策权下放给中层管理人员，这也符合现代企业"组织结构扁平化"的潮流，以及权力重心下沉，分权、授权大行其道的趋势。

实际上，一个理想的战略管理系统，应当由战略管理小组来建立和管理。这个小组主要由大型企业中处于三个管理层次上的战略决策者所组成，即公司高层经理、事业部经理和职能部经理。

（四）专职计划人员

企业的战略制定是一项复杂的系统工程，顶层设计的重要性自不待言，专业人员或专门机构的有效介入也十分必要。在大中型企业，尤其是多元化经营的跨国企业里，一般都有专职的计划人员和专门的规划部门，他们的主要职责是，负责收集和分析各种数据，充分利用自身的专业知识和领域知识，条理化和逻辑化地帮助高层管理者设计企业的战略管理系统，提出和评价各种可行的战略选择，对诸如购并、高价值资产的出让、新业务领域的开拓等重大问题或专项问题进行专题研究，提交论证报告。

在战略制定和战略实施过程中，高层管理人员、业务部门经理和职能部门经理，有时可能需要同时执行同一项战略管理任务，但其所扮演的角色是有区别的。一般而言，在公司内级别越高，执行任务时越需要长远的眼光，所做的事情和目标也愈加抽象；相反，级别越低，其任务越现实、具体。

企业的董事会好比国家元首，他们提出国家的使命和战争的总目标，并对战争的局势做最为宏观的研判；高层管理人员好比带领三军作战的将军，他们要对整个战争做最为详细彻底的规划，并指挥军队，运筹帷幄，决胜千里，他们是整个战争中最为关键的参与者；各事业部的经理和职能部门经理，好比担当各种职能的军官，有负责后勤保障的，有负责通信的，等等；专职计划人员就好比幕僚、参谋团队，他们用自己的专业技能，协助军队的高层共同完成战略规划。

二、企业家的战略性思维

战略思维是现代战略学的一个重要范畴。企业家的战略思维是指企业家对有关企业全局性、长远性、纲领性问题做重大决策时的科学思维方法。其有四个特征：

（一）善于捕捉发展机会

企业的战略重点是由企业家对机会的感觉驱动的，而不是由企业现有的资源驱动的。企业家的一个重要责任就是密切监视环境的变化以从中发现机会——重要的是产生投资的主意，至于手中掌握多少资源则是次要的。

一旦发现了机会，企业家就会开始寻求利用机会的方式，他们的性格决定了他们总是相信机会一定能被开发出来。他们往往不惜冒着财务风险，不惜冒着职业生涯的风险和家庭关系的风险，甚至不惜承受巨大的心理压力，也要将新企业或新事业办起来。在机会面前，他们会不顾新企业成功之前必须面对的严峻的统计数字——拥有少于10名雇员的新企业，开办第1年的生存率仅略超过75%；仅有大约1/3的企业能够维持4年或更长的时间——而坚定地相信自己属于统计数字中成功的那一部分。

企业家只是在发现了机会和开发机会的途径后，才开始考虑他所需要的资源。企业家思考的优先次序是：首先搞清需要什么资源，然后再决定怎么得到它们。与此形成鲜明对照的是，典型的官僚型管理者则是根据自己掌握的资源来决定能够开发哪些机会。此外，企业家通常能够富于想象力和高效率地利用非常有限的资源，而且，当企业家的创业活动越来越普遍时，支持新风险企业的金融资源也会随之而增加。风险投资公司使这一切成为事实，即只要一个新设想被充分地承诺，则使之变为现实的资本就总能够找到。

最后，当资源障碍被克服以后，企业家将把组织结构、人员、营销计划和其他各种必需的要素组合在一起去实现整体战略。

（二）善于进行战略分析

企业家应该具有战略头脑和战略眼光，善于进行战略分析，做到高瞻远瞩，胸怀全局，运筹帷幄，出奇制胜。

战略分析是与战术分析相对应的一个战略范畴。与战术分析相比，战略分析有以下几个特点：

一是突出全局意识。全局性是战略的首要特点。所谓全局意识，就是指在分析问题时，要具有照顾事物的各个方面和事物发展不同性质阶段的相互关系的意识——简单说来，就是要有一个全局观念。正如毛泽东同志在《中国革命战争的战略问题》一文中所说的："指挥全局的人最要紧的，是把自己的注意力摆在照顾战争的全局上面。""如果丢了这个去忙一些次要的问题，那就难免要吃亏了。"因此企业家应站在全局的高度去观察和处理问题，处理好各个方面和各个阶段之间的关系，对工作进行全局的谋划，争取全局工作的最佳效果。

二是突出大局意识。所谓大局意识，就是能够正确处理局部与全局的关系，自觉做到服从大局，在大局下行动。企业家在做重大决策时，必须要牢固树立大局意识。中国有一句名言："不谋全局不足以谋一域，不谋长远不足以谋一时。"邓小平同志说："要提倡顾全大局。有些事从局部看可行，从大局看不可行；有些事从局部看不可行，从大局看可行。归根到底要顾全大局。"企业家在为本企业办实事、谋利益时，必须遵守国家的法律政策，符合大局的整体利益，把局部利益与大局利益统一起来——如果局部利益与大局利益发生了矛盾，那就要毫不犹豫地服从、顾全大局利益。

三是突出政治意识。所谓政治意识，就是指能够正确处理政治与经济的关系和全局中诸因素之间的关系，使企业始终沿着正确的战略方向和战略目标前进。虽然企业家主要是搞经济的，但经济与政治却往往是密不可分的：经济是基础，政治是经济的集中表现，又反作用于经济。在社会主义经济建设中，凡是重大的经济问题都具有政治意义。同时，经济的发展也需要强有力的政治来保证，需要从政治的高度和角度，从政权、政令、法律、政策出发处理好各种利益关系，实现既定的经济目标。所以，从政治的高度把握全局，始终保持清醒的政治头脑，对企业家来讲是绝对必要的。

四是突出全球意识。所谓全球意识，就是指在分析和决定企业的重大问题时，要具有世界眼光，善于利用全球的信息和资源，找准企业位置，捕捉发展机遇，走进国际市场，推动企业发展。树立全球意识是我们所处时代对企业家提出的历史要求。在当今时代，中国企业的发展离不开世界。特别是在经济全球化、世界多极化和我国加入ＷＴＯ的情况下，企业家更是要增强全球意识，要有纵观世界大局的眼光，要有捕捉全球发展机遇的能力，从而在世界经济竞争的舞台上为自己的企业谋得一席之地。

五是突出重点意识。所谓重点意识，就是指在分析和处理错综复杂的问题时，能够把注意力的重心放在对全局有决定意义的问题上，重点突破，整体推进。企业家首先应该是个战略家。对于战略领导者来说，最要紧的是把自己的注意力放在照顾全局上。照顾全局并不是在战略上不分主次轻重，而是要求战略领导者"把自己注意的重心放在那些对于他所指挥的全局来说是最重要、最有决定意义的问题或动作上，而不应当放在其他的问题或动作上"。所谓"决定意义的问题或动作"，是指关系到全局成败的重要关节或关键的一着。如主要的战略目标、牵动全局的枢纽环节、影响全局发展的"瓶颈"或"突破口"、战略转变的时机和转折点等等。这些重要的关节，通常表现于局部，但却都决定着全局。一着成功，全盘皆活；一着失利，满盘皆输。把战略指导中心放在这些关键性的问题上，就抓住了影响全局的主要矛盾。而主要矛盾解决了，其他问题也就会迎刃而解。

上述五点都是战术分析所不具备的。企业家只有牢牢把握住这五点，强化这五种意识，才能搞好战略分析，做好战略决策，从而把战略的主动权牢牢掌握在自己手里。

（三）善于解决战略矛盾

在战略管理过程中，自始至终都充满着矛盾。作为一个企业家，主要应抓那些与战略决策有关的基本矛盾。这些矛盾概括起来，主要有以下八种。

1. 组织与环境的矛盾

组织就是由人们组成的、具有明确目的和系统性结构的群体。从性质上来讲，它可分为两类：一是经济组织，如工商企业；二是非经济组织，如政府机构、军队、学校、医院等。这里讲的组织主要是指企业。

任何一个组织都不会生存于真空之中，其生存和发展往往都要依赖于外界环境。环境是指对组织绩效起着潜在影响的外部机构或力量。以企业为例，环境通常包括间接环境与直接环境：间接环境包括宏观环境和中观环境，包括全球、全国和企业所在地区的经济因素、政治条件、社会背景及技术因素等等。直接环境是与实现组织目标直接相关的那部分环境，即企业所在的行业环境，它是由对组织绩效产生积极或消极影响的关键顾客群或要素组成的。直接环境对每个组织而言都是不同的，并随条件的变化而变化。它通常包括供应商、顾客、竞争者、政府机构及公共压力集团，等等。在一般情况下，管理者都是将大量的注意力集中于组织的特定环境。

环境对组织的制约和影响表现在两个方面：一方面，它会给组织提供发展的机会；另一方面，它也会给组织埋下"威胁"或"陷阱"。管理者的首要责任就在于抓住机会，避开威胁，给组织找到正确的方向和道路。

组织与环境矛盾的实质，就是要回答组织的机会在哪里，组织的威胁在哪里。管理者研究组织与环境矛盾的最终目的，就是从环境中识别组织的机会，避开组织的威胁。所谓"组织的机会"，就是环境中的机会与组织的资源的结合部。在这两个要素中，环境中的机会是基础，是前提，组织的资源是条件，二者缺一不可。

2. 资源与目标的矛盾

组织的机会往往不止一种，而是可能有几种甚至更多种。换句话说就是，企业的经营方向不只有一种选择，而是可能有多种选择，即可以从多种产业、行业、产品和服务中进行选择。但是，这绝不是说企业可以不加选择地去盲目多种经营。企业应该经营什么事业，期望达到什么结果，有一个制约条件，那就是组织的资源（既包括现有的资源，也包括通过努力可以得到的资源）。如果不考虑组织可资利用和开发的资源条件，如人才、资金、设备、技术、物资、管理、市场等状况，就盲目地确定经营方向和经营目标，则很可能导致失败。所以，资源与目标矛盾的实质，就是要正确确定组织的宗旨和目标，即正确回答以下问题：我们的企业应从事什么事业？我们的企业应达到什么目标？能否正确处理资源与目标的矛盾，正确确定组织的宗旨和目标，是一个组织能否健康成长、兴旺发达的根本所在。

彼得·德鲁克说得好:"没有一家企业可以做所有的事。即便有足够的钱,它也永远不会有足够的人才。它必须分清轻重缓急。最糟糕的是什么事都做,但都只做一点点。这必将一事无成。不是最佳选择总比没有选择好。"威廉·科恩也指出:"在任何场合,企业的资源都不足以利用它所面对的各种机会和回避它所受到的各种威胁。因此,战略基本上就是一个资源配置的问题。成功的战略必须将主要的资源用于利用最有决定性的机会。"这应当成为组织处理资源与目标矛盾的指针。

3. 旧业与新业的矛盾

一个组织,特别是企业这种经济性组织,不可能永远不变地生产一种产品,提供一种服务,从事一种事业。社会上往往会有种种原因,如产品的更新换代、服务的变形升级、科技的飞速发展、需求的复杂多变等等,要求企业抛弃它已经熟悉的产品、服务和事业,迫使着它开发新产品、新服务、新事业,否则,它的生命就必然会随着它所经营的旧产品、旧服务、旧事业的完结而完结。所以,旧业与新业矛盾的实质,就是如何正确地变革企业的宗旨和目标,这是保证企业长盛不衰、持续发展的重要关键。

还是彼得·德鲁克说得好:"管理人员必须经常从事经营管理。但是,他还必须是一个企业家。他们必须把各种资源从收益低或收益逐渐降低的领域转移到收益高或收益逐渐增高的领域。他们必须抛开过去,放弃已经存在和已经知道的东西,而创造未来。企业家精神是管理任务中固有的。企业家精神就是创建未来的企业。在这项任务中必然要创新。"

4. 生存与发展的矛盾

一个组织,特别是企业,首先必须维持生存,同时它还要谋求发展。如果维持不了生存,自然也就谈不上发展。但是,如果不谋求发展,生存的基础也就会越来越弱,最终则必然会走向衰亡。所以,生存与发展就成为一个组织,特别是企业内部始终存在的矛盾。这个矛盾的实质,就是如何处理消费与积累的矛盾。这是摆在企业管理者面前的一个重大难题。

消费与积累是一个非常复杂、很难处理的矛盾,它不仅涉及企业中不同利益群体之间的利益关系,而且涉及不同社会群体之间的利益关系,还涉及这些利益群体的眼前利益与长远利益之间的关系。以企业为例,股东追求更多的红利,债主(包括银行)追求更多的利息,职工追求更多的工资、奖金和更好的福利,消费者追求物美价廉和优秀的服务。在企业外部,政府要征税和费,所在社区要实惠,社会各个方面要赞助,等等。所以,如何处理这些不同利益群体之间的矛盾,如何处理这些利益群体的眼前利益与长远利益的矛盾，从本质上来说就是如何处理消费与积累之间的比例关系，这是战略管理过程中任何一个企业都必须处理好的一对矛盾。只有处理好这一矛盾，企业才可能安全地生存，健康、持续地发展。

5. 专业化与多元化的矛盾

一个企业是搞专业化，还是搞多元化，这是企业在产业发展方向上的两种战略选择。究竟是选择专业化，还是选择多元化，除了要考虑这两种战略的优缺点及其适用范围之外，最重要的是要研究企业自身所处的特定环境和企业自身的具体条件。这里没有一个固定的可供遵循的"公式"，一切都必须具体情况，具体分析，具体解决。

实施专业化战略可以取得成功，实施多元化战略也可以获得成功。但不管是专业化，还是多元化，都是"双刃剑"：用好了能战胜对手，取得成功；用不好就会刺伤自己，惨遭失败。我们常说"失败是成功之母"，但有时候"成功也是失败之母"，这看起来是矛盾的，但实质上却是统一的，这就是现实的、活生生的对立统一。所以，是搞专业化还是搞多元化，就成了战略管理过程中经常会遇到的一个基本矛盾。能否正确处理这一矛盾，做好产业发展方向的战略决策，乃是企业能否健康发展的一个关键。

6. 引进来与走出去的矛盾

中国改革开放30多年，一直以"引进来战略"为主，如引进国外资金、国外技术、国外人才、三来一补、来料加工、合资办厂等等。中国的开发区从沿海到内地如雨后春笋般建立起来。"引进来战略"的成功实施，为"走出去战略"的实施提供了基础条件。"走出去战略"的实施是中国改革开放发展到现阶段的必然选择。

在当今世界上，跨国公司"横行"，"无国籍"企业蔓延。它们凭借高科技优势，熟练驾驭操作，以知识经济为基础，以信息网络为主体，以跨国集团为依托，使经济全球化浪潮迭起，形成了国际新经济的大格局。

面对全球经济一体化的挑战和机遇，中国应该怎么办？江泽民总书记反复强调三个字："走出去！"但是对往哪儿走，企业必须有一个正确的选择，切莫无选择地、盲目地走出去，尤其是往发达国家走，更要慎思慎行。我们应该首先选择发展中国家，像非洲、中东、南美等地区的发展中国家。比较优势的区域选择是"走出去战略"的正确选择原则。

在经济全球化的浪潮中，"走出去战略"是中国在新世纪的关键之举，也是企业战略管理过程中产生的一对新矛盾。对此企业必须高度重视，审慎研究，把握好时机，正确解决。

7. 竞争与合作的矛盾

在市场经济条件下，企业与企业之间既是竞争对手，也是合作伙伴。因此，企业之间的关系应该是既有竞争又有合作——只是在不同的时期、不同的情况下，所突出的重点有所不同罢了：有时侧重于竞争，有时又侧重合作，或者二者兼而有之。

经验证明，在一般情况下，竞争是第一位的。这是因为，没有竞争就没有压力，没有压力就没有动力，没有动力就没有活力，没有活力企业就难有发展。这种情况往往发生在一个行业的幼稚期和发展期，特别是发展期。这个时期，市场格局远未定型，行业中的竞争者最多，而且规模实力悬殊不大，企业之间谁也不服谁，所以，这个时期就必然是针锋相对，寸土必争，相互之间很难合作。通过激烈的竞争，企业数量逐渐减少，资本愈来愈趋向于集中，整个行业就会向成熟期过渡，最后则进入衰退期。这时，市场格局基本稳定，行业中的企业数量越来越少，但每个企业的实力都比较强大，谁想吞掉谁都非常困难。在这种情况下，企业之间的战略选择往往会由以竞争为主转向以合作为主——此时如果再过分竞争，尤其是"杀价竞争"，其结局往往是两败俱伤，甚至是整个同归于尽。

可见，企业之间既要竞争，还要合作，并要善于把二者结合起来。竞争是艺术，合作也是艺术，能够把竞争与合作有机地结合起来则是更高的艺术！因此，企业何时应该强调竞争、何时应该强调合作，怎样才能把二者有机地结合起来，也就成了企业战略管理过程中，特别是制定竞争战略时必须研究的一个突出矛盾。只有正确、妥善地解决好这一矛盾，企业才能获得最后竞争的胜利。

8. 兴办企业与保护环境的矛盾

企业要兴办，经济要发展，环境也要保护，这是一个全球性的矛盾。不兴办企业，不发展经济，社会就难以发展，难以达到富裕和文明的程度。但是，兴办企业、发展经济又必须在保护环境的前提下进行。把兴办企业、发展经济和保护环境对立起来，甚至以破坏环境为代价来兴办企业、发展经济的路子乃是人类自我毁灭的危险途径，必须坚决加以抛弃。

目前，我国企业的环保意识还十分落后：不少企业的环保意识还只是停留在污染的末端治理上，更有一些企业甚至对末端治理也不重视。与此相比，发达国家则已从末端治理、生产过程污染预防这两个阶段，进入到从产品设计到废弃回收再生的第三个阶段。

实行生态工业企业的发展战略，是保护环境的根本途径。所谓"生态工业企业",是指一个企业按照总体的生态规划要求,运用生态经济学原理设计、创造工厂的工艺流程,使其形成无废料或少废料工艺,使各种自然资源和原料得到最优利用,使企业形成一个少投入、少能耗、少污染而又多产出的现代企业。

由上可知,保护环境是一个庞大的系统工程,它不仅直接制约着每个企业的生死存亡、持续发展,而且关系到能否为人类的子孙后代营造一个优良的生存环境。所以,企业在战略管理过程中必须高度重视这一全球性问题,切实处理好这一矛盾,这是企业能否健康、稳定和持续发展的重要保证。

（四）善于理清战略思路

青岛海尔集团CEO张瑞敏说得好:"没有思路就没有出路,有了思路就有了出路。"作为一个企业家,应该能在错综复杂的情况下,很快理清指导思路,以便指导各项工作。具体到企业的战略管理上来说,则主要应掌握四条思路。

1. 战略三角形

任何经营战略的构想均须考虑三个主要角色:公司自身(Corporation)、顾客(Customer)和竞争对手(Competitor),我们将其合称为"战略三角形"。

从战略三角形的逻辑关系来看,战略家的任务是要在决定经营成功的关键因素上取得相对于竞争对手的优势;同时,战略家还必须对其战略能使公司的力量和某一确定市场的需求相适应有一定把握。使市场需要与公司目的彼此协调,这对建立一个持续稳定的良性关系来说是必不可少的;否则,公司的长期活力将很可能处于危险之中。但这种协调总是相对的。如果公司的竞争对手能够提供一个更优的配合,那么公司就会持续处于不利地位。如果公司与消费者打交道的方式与其竞争者雷同,消费者就无从分辨它们各自的产品。其结果则可能会是一场价格战。虽然短期内可能对消费者有利,但却会使公司与竞争者两败俱伤。一个成功的战略必须确保在公司的实力与消费者的需求之间能够形成一个优于竞争对手的协调。

从三个关键角色的角度来看,所谓战略,就是一种方式:通过这种方式,一个公司在运用自身实力更好地满足顾客需求的同时,将尽力使其自身有效地区别于它们的竞争对手。

2. 着眼于持续发展

企业的发展态势一般有三种类型:一是"昙花一现";二是"富不过三代";三是持续发展,即百年老字号。显然,持续发展是最好的发展态势。企业战略的核心问题就是谋求企业生存和未来的持续发展。这要求企业家应当具有战略思维和远见卓识,应当比别人看得更早一些,望得更远一些。

领导者之所以成为领导者,是因为你的决策不在于今天为多数人所接受,而在于明天为人们所认可、所赞颂。所以,领导者必须具有超前的战略意识和战略眼光,才可能做好战略决策,指导企业持续发展。

四川索特集团股份有限公司董事长、总经理张铭泰说得好:"成功的企业家应用三分之二的精力思考明天。"这句话应当成为所有企业家的座右铭。

3. 寻求竞争优势

寻求竞争优势是竞争战略的出发点和落脚点。竞争战略的要旨就在于针对决定产业竞争的各种作用力建立有利的、持久的优势地位。竞争战略选择有两个中心问题:一是由产业长期盈利能力及其影响因素所决定的产业吸引力;二是决定产业内相对竞争地位的因素。竞争战略不仅要对环境做出反应,而且试图根据企业的利润来塑造环境。归根到底,竞争优势来源于企业为客户创造的超过其成本的价值。成本领先和标新立异则是企业寻求竞争优势的最基本的形式。

4. 适时进行变革

企业战略是企业的最高法律文件,一旦决定,就必须维护它的严肃性和权威性,使其保持相对稳定,不能出尔反尔,朝令夕改。

但是,环境在变化,企业也在变化。当企业确定的战略目标已经实现,或战略目标虽未实现,但却突发了一些难以控制的因素,如天灾、战争和市场环境变化等时,企业也应对其战略进行适当的调整和变革。在这方面,海尔集团、双星集团和娃哈哈集团等,都为我们提供了典型的范例。

总之,"立足战略三角"是战略管理的基点;"着眼持续发展"是战略管理的目的;"寻求竞争优势"是战略制胜的手段;"适时进行变革"是战略制胜的关键。

企业的主要领导者,只要能够对这四条思路始终保持一个清醒的认识,并坚定、灵活、妥善地把握、运用好这四条思路,就有可能驾驭企业这艘"大船",稳稳地驶向自己的目的地!

本章小结

1. 战略是军事指挥官在战争中利用军事手段达到战争目的的科学和艺术。这些军事战略的概念在运用于企业后,便成为指导企业根据经营环境和自身实力确定经营目标、分配关键资源、组织各类活动的方针、政策和方法。战略管理是企业确定其使命,根据外部环境和内部条件设定企业的战略目标,为保证目标的正确落实和实现进行谋划,并依靠企业内部能力将这种谋划和决策付诸实施,以及在实施过程中进行控制的一个动态管理过程。

2. 企业战略管理的性质主要由:(1)战略管理是整合性管理理论;(2)战略管理是最高层次的管理理论;(3)战略管理是企业高层管理人员最重要的活动和技能;(4)战略管理的目的是提高企业对外部环境的适应性,使企业做到可持续发展。战略管理具有如下特征:战略管理具有全局性、长远性、纲领性、抗争性、风险性,并且战略管理的主体是企业的高层管理人员,涉及企业资源的配置问题等。

3. 战略管理是对一个企业未来发展方向制定和实施决策的动态管理过程。一个规范性的、全面的战略管理过程可大体分为四个阶段:确定企业使命阶段、战略分析阶段、战略选择及评价阶段、战略实施及控制阶段。

4. 一般来说,一个企业的战略可划分为3个层次,即公司战略、经营(事业部)战略和职能战略。

5. 作为一个企业家,主要应抓那些与战略决策有关的基本矛盾。这些矛盾概括起来,主要有以下几种:(1)组织与环境的矛盾;(2)资源与目标的矛盾;(3)旧业与新业的矛盾;(4)生存与发展的矛盾;(5)专业化与多元化的矛盾;(6)引进来与走出去的矛盾;(7)竞争与合作的矛盾;(8)兴办企业与保护环境的矛盾。

能力培养指导

- 结合所学的战略管理知识,找一两个你感兴趣的企业,分析其发展过程中主要采用的战略姿态、这些战略姿态的选择原因。
- 在进行战略环境分析时,应如何进行分析,结合一家你感兴趣的公司进行分析。

案例应用 1

昙花一现:一代"标王"秦池酒

至今,正营级退伍军人姬长孔还清晰地记得他到山东省潍坊市临朐县秦池酒厂报到的那一天的情形:几间低矮的平房,一地的大瓦缸,杂草长得有一人多高,全厂 500 多工人有一半想往外走。这家 1990 年 3 月正式领到工商执照的酒厂,只是山东无数个不景气的小酒厂中的一个,每年白酒产量一万吨左右,产品从来没有跑出过潍坊地区。

到秦池报到数月后,姬长孔开始了他征服中国市场的壮烈之旅。悟性极好的姬长孔意识到,"在家靠父母,出门靠朋友"式的市场推广走不了多远,取得市场上的胜利还有待于市场化的手段和智慧。于是,他带着50万元现金支票,移师沈阳。

姬长孔日后回忆说,"如果沈阳打不下来,我也没脸回临朐了"。

在沈阳,姬长孔打了一声极其漂亮的销售"战役"。他先是在当地电视台买断位,密集投放广告;然后带着手下的推销员跑到大街上,沿街请市民免费品尝秦池白酒;最轰动的一招是,他租用一艘大飞艇在沈阳闹市区上空游弋,然后撒下数万张广告传单,一时间场面十分壮观。

不到20天,秦池酒在沈阳已开始为人熟知并热销。姬长孔迅速在媒体上发布"秦池酒在沈阳脱销"的新闻。

仅仅一年时间,价位较低而宣传手段大胆的秦池酒在东北市场上蔓延开来,销售额节节上升。这段时间,姬长孔长期辗转各地,他住十来块甚至几块钱一天的地下室,每天吃的主食是面条,他还指令从临朐开出的运货车里必须带上一大袋子青菜,他和他的手下就每天炝一锅葱放几株青菜佐食。这期间的节俭与他日后在梅地亚中心的一掷亿金构成了鲜明的对照。

1994年执掌中央电视台广告部的是一位叫谭希松的女强人。谭女士使出的绝招便是,凡中央电视台的黄金段位拿出来,进行全国招标,并且给投标金额最高的企业准备了一顶"金光四射"的桂冠——"标王"。

同年11月8日,在北京城里开始起风沙的日子里,穿着一件式样陈旧的西装的姬长孔第一次出现在中央电视台梅地亚中心。他可能还没有意识到,这里将成为他的幸运地和伤心地。一年之后,他成为这里最耀眼的人物,而再过三年,当他又一次试图进入那道玻璃旋转门的时候,却因为没有出入证而被拒之门外。

姬长孔的皮包里有3000万元。这几乎是1993年一年秦池酒厂的所有利税之和。意味着3万吨白酒,这足以把豪华的梅地亚淹到半腰。此刻,金钱在梅地亚只是一个游戏筹码,你必须抛出连你自己都会兴奋的筹码,否则,怎么可能让别人多看你一眼?

姬长孔连夜与临朐方面联系,并得到了当地政府的竭力支持。经过紧急的密谋,一个新的标底终于浮出水面。

唱标结束,山东秦池酒厂以6666万元竞得"标王",高出第二位将近300万元。

"谁是秦池?临朐县在哪里?"众人问。从当时的一张照片上可以看出,姬长孔还很不习惯镁光灯聚集及众多记者的簇拥,在拥挤的人群中,在火一样蹿升的热情中,他笑得还不太自然。但他显然知道,他终于来到了华山之巅。

1996年,根据"秦池"对外通报的数据,当年年度企业实现销售收入9.8亿元,利税2.2亿元,增长五到六倍。

1996年11月8日,早已名满天下的姬长孔再次来到梅地亚。冲动的情绪如酵母般在梅地亚会议中心传染,让每一个与会的英雄豪杰都嗅到了一丝"血腥"。竞标从一开始就如脱缰之马,让人无从驾驭:

广东爱多VCD一口气喊出了8200万元,超出上年"秦池"1000多万元。随后,一家名不见经传的山东白酒厂金贵酒厂就如同一年前的秦池酒厂一样试图一鸣惊人,一声喊出2.0099亿元——中国广告报价到此首度突破2亿元。

终于轮到秦池了。当主持人念到"秦池酒厂"的时候,已如沸水般狂腾的全场顿时鸦雀无声。主持人大声叫道:"秦池酒,投标金额为3.212118亿元!"

有记者问:"数字是怎么计算出来的?"(狂赌式的广告情结)

姬长孔回答:"这是我的手机号码。"这样的对答,仿佛是一个让人哑然的黑色幽默。其实,像姬长孔这样的精明人不可能不明白,摆在他眼前的真实是"秦池"太需要这个"标王"了。或者说,他已经无路可走了。

如果"秦池"不第二次中标,那么其销售量肯定会直线下降。前任"标王"孔府宴酒便是前车之鉴。对于一个富有挑战精神的企业家来说,这不仅意味着企业的死亡,实际上意味着企业家生命的终结,这是姬长孔绝地不可接受的。

暴风雨往往突然而来。1997年初的一则关于"秦池白酒是用川酒勾兑"的系列报道,把秦池酒厂推进了无法自辩的大泥潭。

年前,就在"秦池"蝉联中央台"标王"的同时,北京《经济参考报》的四位记者便开始了对秦池的一次暗访调查。一个县级小酒厂,怎么能生产出15亿元销售额的白酒呢?

在四川的邛崃县,记者找到当地一家叫"春泉"的白酒厂。据称"秦池"的散酒主要是由这家企业在当地收购后提供的。一个从未被公众知晓的事实终于尴尬地浮出水面:"秦池"每年的原酒生产能力只有3000吨左右,他们从四川收购大量的散酒,再加上本厂的原酒、酒精,勾兑成低度酒,然后以"秦池古酒"、"秦池特曲"等品牌销往全国市场。

《经济参考报》的报道刊出在1997年1月中上旬,像滚雷一般迅速地传播到了全国各地,很短的时间里,这则报道被国内多家报刊转载,还沉浸在喜悦之中的"秦池"遭遇到了最猝不及防的一击。

那些在"标王"制造运动中稳收其利的人们，此时也站到了秦池的对面，扮演起反思者和评判者的角色。谭希松在接受记者访谈到"秦池"时称，一家企业发生危机，不能仅从表面现象看，就像一个人脸上长了一个斑，有可能是内分泌失调造成的。

这就是1997年的"秦池"，它可能是全中国最不幸的企业。在它登上巅峰的时候，身边站满了高歌的人们；而当暴风雨来临的时候，甚至找不到一个可以哭泣的肩膀。如果说经济生态圈是一个很冷酷的天地，那么，这就是一个很极端的例子了。

当年度，"秦池"完成的销售额不是预期的15亿元，而是6.5亿元，再一年，更下滑到3亿元，"秦池"从此一蹶不振，最终从传媒的视野中消失了。

资料来源：根据互联网资料整理。

【讨论题】
1. 秦池为什么能获得快速的发展？
2. 秦池没落了，它败在哪里？勾兑？发展太快？媒体？……

第二章 企业外部环境分析

学习目标：
- 掌握企业外部环境的含义，理解外部环境对企业的重要性。
- 掌握行业生命周期理论。
- 理解由于经济结构的不同，行业基本上可分为的市场类型。
- 掌握波特的五力模型。
- 掌握竞争对手分析方法。

日本汽车的环境分析实践

  日本汽车审时度势，赢得竞争胜利

  20世纪70年代，日本企业秣马厉兵，苦练内功。到了20世纪80年代，他们发现欧美市场上消费者对轿车的偏好随着社会、环境与方便意识的变化而有所转变，而物价上涨是主要原因之一。节油、方便与环保成为消费者偏好的主要观念，日本厂商及时抓住这一变化进军欧美市场，一举获得巨大成功。由于通用电气、福特等美国汽车公司反应比较迟钝，没有意识到消费者偏好的变化，使得这一机会成为美国轿车行业遇到的最大的外部威胁，造成其小型汽车市场上的竞争弱势。

  日本厂商占领了25%的市场以后，美国公司才反应过来。美国这种小型汽车市场劣势和失败表现在企业的经营意识和对市场变化的反应上。1981～1982年，这种环境构成的威胁给美国汽车制造业造成了几十亿美元的损失。

  评述

  许多企业发展的经验以及研究结果表明，外部环境的发展在很大程度上影响着企业的成长。目前企业面临着一个越来越混乱、复杂、全球化的外部环境，这些外部环境条件给企业带来了威胁，也带来了挑战，因此企业必须制定和实施适应外部环境的企业战略，从中发现企业的机会与威胁，以便能捕捉、利用机会，避开、减少威胁，保证企业生存和发展，所以说，外部环境研究对企业战略行动有着重大的影响。(资料来源:巢来春. 战略管理[M]. 杭州:浙江大学出版社,2004)。

第一节 企业的外部环境

外部环境是指独立于企业之外,并制约和影响企业行为的多种因素和力量的总和,也是战略环境中最主要、最活跃和最难控制的因素。一般说来,企业无力改变复杂多变的外部环境要素,只能利用其中的有利因素,避开其中的不利因素。企业外部环境中的不利因素构成风险和威胁,有利因素构成机会。企业从事经营活动,就必须分清有利和不利,避开风险,把握机会,扬长避短,发挥优势。所谓"外面的世界很精彩,外面的世界也很无奈"就是这个意思。精彩,源自于外面的世界有很多机遇、很多诱惑;无奈,则是因为外面的世界也有太多威胁、太多陷阱。

构成企业外部环境的因素多种多样、千差万别,这些因素和力量之间又都是相互联系、相互影响,总体来说,它们具有以下特征:

1. 复杂性

企业,是社会大系统中的一个子系统,在社会大系统中存在着政治、社会、文化、法律、技术和市场等因素,它们都会直接或间接地影响企业系统的运行,这些因素有层次性、结构性和多边性,各因素之间又具有相关性,在不同条件下,可以形成不同的组合。因此,企业所面临的外部环境是相当复杂的。

2. 动态性

社会总是在不断发展变化的,企业的外部环境的各种因素也总是处在变化之中,使得企业的经营环境呈现出多变的态势,形成了外部环境的动态性。随着生产力的发展和各种社会经济关系的迅速变化,外部环境的动态性将愈加明显。同时,就构成外部环境的各因素进行分析,其动态变化程度是不尽相同的,有的相对稳定,有的缓慢发展,有的则处于动荡不定的状态。

3. 不可控性

存在于企业之外的各种环境因素,是企业自身不可控制的因素。虽然企业可以通过向外部环境提供产品、服务和信息等方式,影响其变化,但这是极其有限的。总的来说,外部环境对一个企业而言是不可控制的因素。也正是由于企业外部环境的不可控性，使得企业的经营活动必须适应外部经营环境的状况和变化，保持与外部经营环境的"动态平衡"。

4. 唯一性

对每个企业而言，它所面对的自己的外部环境都是唯一的。即使是两个同处于某一行业的竞争企业，由于它们本身的特点和眼界不同，对环境的认识和理解也是不同的，因此它们也不会具有绝对相同的外部环境。这就要求企业的外部环境分析必须要具体情况具体分析，不但要把握住企业所处环境的共性，也要抓住其个性。同时，要求企业的战略选择不能套用现成的战略模式，要突出自己的特点，要做到与时俱进，形成适应自己企业的、独特的战略风格。

企业外部环境分析，包括宏观环境分析、行业环境分析和竞争对手分析三个层次。

第二节 宏观环境分析

构成企业宏观环境的要素是指对企业经营与企业前途具有战略性影响的变量，是各类企业生存发展的共同空间，它是企业环境因素中一个比较广泛的方面。决定企业胜负的很多因素都存在于宏观环境之中，这些因素不只是通过影响企业所在的行业而改变着企业的生存与发展条件，有的还会对企业产生直接的影响。因此，对企业宏观环境进行分析是制定战略时必须进行的一项基础性工作。宏观环境分析的意义，就在于如何确认和评价政治—法律（Political Factors）、经济（Economic Factors）、社会文化（Social-Cultural Factors）、技术（Technological Factors）等宏观环境因素对企业战略目标和战略选择的影响。宏观环境分析通常也称为 PEST 分析。

一、政治—法律因素

（一）政治环境

政治环境是指制约和影响企业的各种政治要素及其运行所形成的环境系统。企业的政治环境是决定、制约和影响企业生存和发展的极其重要的因素。企业正确充分地利用、适应所面临的政治环境，是其健康发展的保证和实现经营战略的重要前提条件。具体内容包括以下四个方面。

1. 政治制度

政治制度包括国体和政体两个方面的内容。所谓国体,就是国家的历史类型,是国家政权阶级属性的体现。它集中体现了国家政权的性质,决定了国家政治活动的方向。所谓政体,就是国家政权的构成形式,包含政权机关的设立、政权机关的相互关系、设立的基本原则和方式等基本内容。国体和政体作为国家的根本政治制度,决定着企业政治环境的基本格局,它们在不同的层次上对企业产生制约作用。

2. 政治体制

政治体制的主要方面构成国家的主要政治制度。政治体制是国家政权组织在行使国家权力过程中所形成的一系列制度,包括政党制度、党政关系制度、社会团体与党政关系制度、人事制度等。这些都是影响企业政治环境的重要因素。

3. 方针政策

方针政策是在一定阶段内指导国家政治、经济、文化等全局方向性、原则性的战略策略规范,对政治经济环境的变化会产生直接影响,对企业的活动具有控制作用和调节作用。政府对经济的干预很多是间接的,如以税率、利率为杠杆,运用财政政策、货币政策和产业政策来调控宏观经济,以及通过干预外汇汇率来调整国际金融与贸易秩序等,这些都将不可避免地对企业行为产生影响。

4. 政治气氛

政治气氛是指国家的政治局势和人们的政治情绪。政治局势稳定与否决定着人们的政治情绪好坏,而政治情绪的好坏又影响着国家政局的稳定状态。它们作为企业竞争的政治环境要素,对企业的作用往往是相当显著的。如果政局不稳,企业就难以维持正常的经营活动。

例如,中国自20世纪80年代初以来实施的改革开放政策已经接受了考验并赢得了众多发达国家和周边地区企业的投资信任,世界上排名前100位的跨国公司纷纷来华投资,或独资或合资,触角已深入到绝大多数行业,给中国企业带来了前所未有的机遇与挑战。又如,当中国宣布经济体制改革的目标模式是建立社会主义市场经济体制后,众多的国有企业开始失去国家的保护,而对那些习惯于计划体制的大中型国有企业而言,则更是面临重大的转折,它们由此不得不在战略上面对一个能否生存、如何发展的问题。

(二)法律环境

法律环境是指与企业相关的社会法律系统及其运行状态。法律环境对企业的影响在于：法律既保护企业的正当利益，又监督和制约着企业的行为。企业的生产、经营活动都必须自觉遵守有关的法律规定，否则就要受到法律的制裁。因此，企业不仅要知法、守法，而且要懂得用法，依法保护自己，使自己在良好的法律环境中生存和发展。企业的法律环境主要包括法律规范、司法执法机关和企业的法律意识三种要素。

1. 法律规范

法律规范是由国家制定或认可、体现统治阶级意志、由国家强制力保证实施的行为规则。法律规范的总和构成了社会法律体系，主要由宪法、基本法律、行政法规和地方性法规等组成。其中与企业相关的法律规范构成了企业法律环境中最基本的内容。

2. 司法、执法机关

司法就是审判、监督法律的实施，由司法机关进行。我国的司法机关包括法院和检察院两部分。行政执法机关包括公安行政管理机关、司法行政管理机关和经济行政管理机关等机构。其中，与企业关系较密切的是经济行政管理机关，如工商行政管理机关、税务机关、技术质量监督机关、专利机关、环境保护管理机关、审计机关等。

3. 企业的法律意识

企业的法律意识是指企业对法律制度的认识和评价。它具体包括对法律本质内容和程序规范的了解、掌握程度，对本企业行为所引起的法律关系的认识和评价，企业的权利和义务观念等。企业的法律意识水平不仅关系着它能否自觉遵守法律，而且决定着它在多大程度上能够利用法律武器同违法侵权行为做斗争，以维护合法权益。

法律、法规作为国家意志的强制表现，对于规范市场与企业行为有着直接作用，主要表现为维护公平竞争、维护消费者利益、维护和保护全社会的整体利益和长远利益三个方面。

1. 保护企业间的公平竞争

现代经济理论认为，自由竞争是社会发展的根本动力，但自由竞争不等于随心所欲、毫无限制，而是要保证所有的人都有平等机会参加竞争。因此，就需要通过立法限制垄断和打击各种利用不正当手段进行的竞争。例如，美国1890年的《谢尔曼反托拉斯法》禁止垄断行为；1914年的《克列顿法》又补充规定了哪些是垄断行为；1914年的《联邦贸易委员会法》规定企业以不正当手段竞争是非法的，并建立了"联邦贸易委员会"，该委员会成员有权调查和监督该法案的执行；1939年的《惠勒李法》又补充规定禁止一切不公平的或欺骗性行为；1936年的《鲁滨逊帕特曼法》禁止"价格歧视"，以保护中小企业；1950年的《反吞并法》加强了政府机构防止公司非法兼并的权力。还有其他一些法案以及各州的有关法案，都是为了保护公平竞争，维护自由竞争原则的。这些法律是在联邦贸易委员会和司法部有关部门监督下强制执行的。

2. 保护消费者的权益，制止企业非法牟利

有些企业以欺骗性的广告或包装招徕顾客，或以次品低价引诱顾客，对此也必须通过法律手段加以防止和制裁。例如，美国1900年的《联邦食品药物法》、1938年的《食品药物和化妆品法》、1966年的《包装与标签法》和《儿童保护法》、1976年的《联邦香烟标签与广告法》、1968年的《消费者公平信贷法》、1970年的《公正信贷报告法》、1975年的《消费品定价法》和《信贷机会平等法》、1978年的《公平收债执行法》、1984年的《玩具安全法》等，都是为这一目的服务的。

3. 保护全社会的整体利益和长远利益，防止对环境的污染和破坏

许多企业只顾增加生产，提高利润，而不顾社会效益，导致生态环境被破坏。针对这种情况，20世纪60年代以来，许多国家都加强了这方面的立法，如美国1958年的《国家交通安全法》、1969年的《国家环境政策法》等，所有这些法律，都对企业的生产经营活动做了限制，违者要受到严厉处罚。

近几年来，我国在经济立法方面也已有了很大的进展，颁布了很多经济法规，如《商标法》《专利法》《环境保护法》《反不正当竞争法》《消费者权益保护法》等。这就要求企业管理人员有很强的法制观念，对有关的法规和细则有充分的了解，否则就寸步难行，无法进行经营活动。如我国颁布的《反不正当竞争法》规定，用以有奖销售的最高奖金不得超过5000元人民币现金或其等值的实物，这给曾经如火如荼的"有奖销售热"降了温，这必然要求许多企业调整市场竞争战略。如果将市场上的竞争比作球场上的比赛，那么竞争者就应当像运动员遵守比赛规则一样遵守所在国的法律，在法律（规则）许可的范围内争夺"金牌"。

二、经济因素

所谓经济环境是指构成企业生存和发展的社会经济状况及国家经济政策。社会经济状况包括经济要素的性质、水平、结构、变动趋势等多方面的内容，涉及国家、社会、市场及企业等多个领域。国家经济政策是国家履行经济管理职能、调控宏观经济水平和结构、实施国家经济发展战略的指导方

针，对企业经济环境有着重要影响。企业经济环境是一个多元动态系统，主要由社会经济结构、经济发展水平、经济体制和宏观经济政策等四个要素构成。

（一）社会经济结构

社会经济结构又称"国民经济结构"，这是指国民经济中不同经济成分、不同产业部门以及社会再生产各个方面在组成国民经济整体时相互质的适应性、量的比例性以及排列关联的状况。一般而言，社会经济结构主要包括五个方面的内容，即产业结构、分配结构、交换结构、消费结构和技术结构，其中最重要的是产业结构问题。实践证明，社会经济结构如果出现问题，立即会导致相当范围与数量的企业不能正常生产经营，甚至造成国民经济的危机。企业应关注社会经济结构的变化动向，及时妥善调整企业的经营活动，主动适应宏观经济环境变化，就能保证企业的安全和健康发展，同时还能把握时机，开拓创新，推动企业的发展。

（二）经济发展水平

经济发展水平是指一个国家经济发展的规模、速度和所达到的水准。反映一个国家经济发展水平常用的主要指标有国民生产总值（GNP）、国内生产总值（GDP）、国民收入（NI）、人均国民收入（ANI）、经济增长速度等。对企业而言，从这些指标中可以认识国家经济全局发展状况，利用全国、各省市和企业自身的数据对比，加之时间序列（各年度数据）的比较，可以从中认识该国宏观经济形势和企业工作环境的发展变化，这对企业是有帮助的。

（三）经济体制

经济体制是指国家组织经济的形式。经济体制规定了国家与企业、企业与企业、企业与各经济部门之间的关系，并通过一定的管理手段和方法，调控或影响社会经济流动的范围、内容和方式等。正因为如此，经济体制对企业的生存与发展的形式、内容、途径都提出了系统的基本规则和条件。在经济体制改革过程中，企业应加强和重视对新经济体制实质、形式及运行规律等方面的了解，树立把握和建立起新的体制意识，改变企业行为的方式和方法，这对企业发展是至关重要的。

（四）经济政策

经济政策是国家在一定时期内为达到国家经济发展目标而制定的战略与策略，它包括综合性的国家经济发展战略和产业政策、国民收入分配政策、价格政策、物资流通政策、金融货币政策、劳动工资政策、对外贸易政策等。宏观经济政策是国家根据一定时期经济领域中普遍存在的问题提出的针对性政策，它规定企业活动的范围、原则，引导和规范企业经营的方向，协调企业之间、经济部门之间、局部与全局之间的关系，保证社会经济正常运转，实现国民经济发展的目标和任务。

三、技术因素

技术环境是指一个国家和地区的技术水平、技术政策、新产品开发能力，以及技术发展的动向等。对于一个企业来讲，当然要特别关注所在行业的技术发展动态和竞争者的技术开发、新产品开发动向等。具体来讲，技术环境将呈如下变化趋势。

1. 技术变化的步伐加快

现代科学技术出现了空前的发展和惊人的变化。科学技术的发展速度大大加快，科学技术的革命性成果极大地改变了社会生产方式、生活方式乃至人口结构。计算机的巨大发展，是新一代技术的最突出代表。

2. 新技术引起经济结构的变化，使创新机会增多

对于企业经营战略设计的一个重要问题是：一种新技术的发明或应用可能又同时意味着"破坏"。因为一种新技术的发明或应用会带来一些新的行业或产业，而伤害乃至消灭另外一些行业或产业。如日本电子手表工业严重威胁了瑞士的世界手表王国的地位；化工行业提供了新型的化纤织品，夺去了传统棉毛织品行业的很大一块市场；在中国的城镇，液化煤气、管道煤气的日渐普及将消灭家用煤制品行业；在世界范围内，电视都在拉走电影的观众。所有这些都说明，新技术的出现，必然要给传统产业带来威胁，有些甚至是很严重的。所以当今不少企业的投资战略方向都侧重于高新技术迭出的行业，若身处传统行业，则须重视开发与采用新技术，否则在"新事物替代旧事物"的法则下，早晚会有生存之虞。

3. 研究与开发费用很高

一个国家经济增长速度的高低，是受采用重大技术发明的数量与程度影响的。一个企业的盈利状况与研究开发费用呈正比关系。当前跨国公司发展的一个重要战略是增加研究开发费用的投入。近年来，一些跨国公司的研究开发费用占销售额的比例几乎都在10%以上，如爱立信公司作为世界电子通信行业的佼佼者，自20世纪80年代初开发成功移动通信技术，短短20多年，由于其技术进步与产品更新，其产品在移动通信领域所占的市场份额不断扩大，这一切最重要的一个方面是得益于它每年高额的研究开发经费的投入。

4. 关于技术革新的法规增多

新技术的迅速发展，新产品的大量涌现，往往也会产生一些不良后果，如移动通信技术的发展形成了电磁波相互干扰，转基因食品对人体的影响尚无定论等。因而一些国家的政府对新产品的检查和管理力度日益加强，对安全与卫生的要求越来越高。许多西方公司都有这样的经历：花费数百万资金开发的新产品，由于政府认为不安全，被迫退出市场。因此，管理者在发展新技术、创造新产品时，必须十分注意各种有关法规的限制。

四、社会文化因素

社会文化环境是指一个国家和地区的民族特征、文化传统、价值观、宗教信仰、教育水平、社会结构、风俗习惯等情况。文化是在人们的社会实践中形成的。人们在不同的社会文化背景下成长和生活，在不知不觉中形成各种不同的思想观念和信仰，并成为一种行为规范。一个社会的核心文化和价值观具有高度的持续性，它是人们世代沿袭下来的，并且不断得到丰富和发展，影响和制约着人们的行为。如中国百姓历来就具有勤劳、忍耐、牺牲精神，重视集体，重视家庭，具有民族归属感等，这些价值观与文化传统是历史的沉淀，并通过家庭的繁衍与社会的教育而传承，因此比较稳定，难以改变。企业在创新的时候不能同核心信念和价值观念相抵触，否则，将遭受不必要的损失。

除了核心文化外，在一个社会中还有亚文化。亚文化是在核心文化（基本信仰和价值观）的基础上派生出来的较低层次的信仰和价值观。它们是由共同价值观念体系及其共同生活经验或生活环境的群体阶层共同特点所形成。如移民、外侨、"文化大革命"中的"老三届"等，再如当前学生中的"追星族"、年轻人中的"发烧友"等都代表着不同的亚文化，他们各有共同的社会态度、爱好和行为，从而表现出不同的市场需求和不同的消费行为。

即使在同一传统的文化范围内，不同教育水平、不同职业、不同年龄的人，仍然会有许多不同的观念和习惯。现代社会发展很快，人们的观念也不断发生变化，不同年代的人在观念和生活方式上往往有很大差距，如在我国，都市里的青少年普遍存在着一种消费上的"崇洋热"、"品牌热"，攀比成风，对进口产品、名牌产品情有独钟，非此不取，并以此为荣耀。这种消费行为已超越了其本身的经济承受能力，并反映了一种不成熟的价值取向。然而这样一个群体，显然是一支不容忽视的消费力量。

第三节　行业分析

所谓行业，是居于微观经济的细胞（企业）与宏观经济单位（国民经济）之间的一个集合概念。行业是具有某种同一属性的企业的集合，又是国民经济以某一标准划分的部分，如汽车行业、家电行业等。由于行业中的企业生产的产品是非常相近的替代品，在竞争过程中，这些企业互相影响。一般来说，每个行业内有很多种竞争策略组合，企业可运用这些策略获得竞争优势和超额利润。这些策略之所以被采纳，大部分是由行业的特征所决定的。

一般说来，对企业进行行业环境分析时，需要从行业总体形势、行业生命周期、行业经济结构、行业竞争形势四个方面展开分析。

一、行业总体形势分析

要深入认识行业，了解行业状况和发展趋势，就必须从行业的总体形势上把握其基本情况。行业总体形势分析主要是考察行业的基本特性、行业在社会经济中的地位与作用及行业所处的发展阶段。例如，行业性质是什么，行业在国民经济中的地位和作用如何，它的市场总容量及未来增长前景如何，行业处在什么发展阶段，行业技术变革的速度，行业的市场边界等。这些因素显然是企业进行行业选择以及在行业中如何经营要考虑的重要因素。企业在进行多元化发展时，对欲进入的行业进行动态性、复杂性的分析，尤其有助于企业识别该行业的前景及对该行业盈利性的把握度，以便初步做出是否进入的结论。表2-1反映了行业中总体经济形势的一些重要指标。

表2-1　影响行业经济特征的主要因素

行业主要经济特征	战略重要性
1. 市场规模	小市场吸引不了大的或新的竞争者，大市场常常吸引公司的兴趣
2. 行业内企业竞争的范围	在全球范围内，还是在全国性、区域性、当地性范围内开展竞争
3. 市场增长速度	行业处在生命周期的不同阶段，其市场增长速度是不同的处生命周期
4. 竞争厂商数目及相对规模	行业是被众多公司所细分，还是被几家大公司所垄断
5. 客户的数量	如果产品是高价位商品，则客户的数量较少，追寻低价位产品的客

续表

行业主要经济特征	战略重要性
6. 行业盈利水平	高利润行业吸引新进入者,行业环境萧条会增加退出者
7. 进入/退出壁垒	进入壁垒高会保护现有公司的地位和利润;退出壁垒高使行业内竞争激烈
8. 产品标准化	会使购买者的权力增强
9. 技术变革迅速	企业风险加大
10. 资源条件	资本、时间等资源需求往往成为进入、退出行业的重要因素
11. 规模经济	要求具有成本竞争所必需的产量和市场份额
12. 产品革新迅速	缩短产品生命周期,风险加大

资料来源:刘冀生.企业战略管理[D].北京:清华大学出版社,2003.

二、行业生命周期理论

行业的生命周期是指行业从出现直到完全退出社会经济活动所经历的时间。行业生命周期主要包括四个发展阶段:投入期、成长期、成熟期、衰退期。识别一个行业处于生命周期不同阶段的主要标志有市场增长率、需求增长率、产品品种、竞争者数量、进入/退出壁垒、技术变革、用户购买行为等。每一行业均有各自不同的生命周期,就是同一行业也会因其发展的不同而处于不同的阶段。在一个行业的生命周期的不同阶段,企业所面临的微观环境有较大差别,客观上要求企业必须制订相应的匹配战略。因此,在制订企业发展战略时,明确企业所处的生命周期阶段,是非常必要的。

(一) 行业处于投入期

行业处于投入期的特征有:市场增长率较高;需求增长较快;技术变动较大;行业中的企业主要致力于开辟新用户、占领市场,但此时技术上有很大的不确定性,在产品、市场、服务等策略上有很大的余地;对行业特点、行业竞争状况、用户特点等方面的信息掌握不多;企业进入壁垒较低。

在这一阶段,由于新行业刚刚诞生或初建不久,因而只有为数不多的创业公司投资于这个新兴的行业。由于在行业的初创阶段企业的创立投资和产品的研究、开发费用较高,大众对其尚缺乏了解而造成产品市场需求狭小,销售收入较低,因此这些创业企业在财务上可能不但没有盈利,反而普遍亏损。同时,较高的产品成本和价格与较小的市场需求还使这些创业公司面临很大的投资风险。另外,企业还可能面临因财务困难而引发破产的风险。

投入期后期，随着行业生产技术的提高、生产成本的降低和市场需求的扩大，新行业便逐步由高风险低收益的投入期转向高风险高收益的成长期。

（二）行业处于成长期

行业处于成长期的特征有：市场增长率很高；需求高速增长；技术渐趋成熟；行业特点、行业竞争状况及用户特点已比较明朗；企业进入壁垒提高；产品品种及竞争者增多。

在这一时期，拥有一定市场营销和财务力量的企业逐渐主导市场。这些企业往往是规模较大的企业，其资本结构比较稳定，因而它们开始定期支付股利并扩大经营。在成长阶段，新行业的产品经过广泛宣传和消费者的试用，逐渐以其自身的特点赢得了大众的欢迎或偏好，市场需求开始上升，新行业也随之繁荣起来。与市场需求变化相适应，供给方面相应地也出现了一系列的变化。由于市场前景良好，投资于新行业的厂商大量增加，产品也逐步从单一、低质、高价向多样、优质和低价方向发展，因而新行业出现了生产厂商和产品相互竞争的局面，这种状况会持续数年或数十年。由于这一原因，这一阶段有时被称为投资机会时期。

这种状况的继续将导致市场竞争的不断发展和产品产量的不断增加，市场的需求日趋饱和。生产厂商不能单纯地依靠扩大生产量、提高市场的份额来增加收入，而必须依靠追加生产、提高生产技术、降低成本，以及研制和开发新产品的方法来争取竞争优势，战胜竞争对手以维持企业的生存。但是，这种方法只有资本和技术力量雄厚、经营管理有方的企业才能做到。那些财力与技术力量较弱、经营不善，或新加入的企业（因产品的成本较高或不符合市场的需要）则往往被淘汰或被兼并。因此，这一时期企业的利润虽然增长很快，但所面临的风险也非常大，破产率与合并率相当高。

在成长阶段的后期，由于行业中生产厂商与产品竞争优胜劣汰规律的作用，市场上生产厂商的数量在经过大幅度下降之后便开始稳定下来。由于市场需求基本饱和，产品的销售增长率减慢，迅速赚取利润的机会减少，整个行业开始进入成熟期。

（三）行业处于成熟期

行业处于成熟期的特征有：市场增长率不高；需求增长不高；技术上已经成熟；行业特点、行业竞争状况及用户特点非常清楚而稳定；买方市场形成；行业盈利能力下降；新产品和产品的新用途开发更为困难；企业进入壁垒很高。

行业的成熟阶段是一个相对较长的时期。在这一时期里，在竞争中生存下来的少数大厂商垄断了整个行业的市场,每个厂商都占有一定比例的市场份额。由于各厂商彼此势均力敌,市场份额比例发生变化的程度较小。厂商与产品之间的竞争手段逐渐从价格手段转向各种非价格手段,如提高质量、改善性能和加强售后维修服务等。行业的利润由于一定程度的垄断达到了很高的水平,而风险却因市场比例比较稳定、新企业难以打入成熟期市场而较低。其原因是市场已被原有大企业分割,产品的价格比较低,因此新企业往往会由于创业投资无法很快得到补偿或产品的销路不畅、资金周转困难而倒闭或转产。

在行业成熟阶段,行业利润稳定但增长率不高,整体风险也会维持在一个较低的水平。但在某些情况下,整个行业的增长可能会完全停止,其产出甚至会下降。由于资本不再增长,致使行业很难较好地保持与国民生产总值同步增长,当国民生产总值减少时,行业甚至会蒙受更大的损失。

值得着重指出的是,成熟阶段的行业有可能出现二次飞跃,重新进入快速成长期。前提是有新的重大技术突破使成本大大降低或者是开发出全新一代产品,重新产生巨大的市场需求。家电行业是典型的例子,已经进入成熟阶段的家电在数字技术的推动下,产生了向"信息家电"发展的新趋势,市场前景难以限量。

(四)行业处于衰退期

行业处于衰退期的特征有:市场增长率下降;需求下降;产品品种及竞争者数目减少。这一时期出现在较长的稳定阶段之后。由于新产品和大量替代品的出现,原行业的市场需求开始逐渐减少,产品的销售量也开始下降,某些厂商开始向其他更有利可图的行业转移资金,因而原行业出现了厂商数目减少、利润下降的萧条景象。至此,整个行业进入了生命周期的最后阶段。在衰退阶段里,厂商的数目逐步减少,市场逐渐萎缩,利润率停止增长或不断下降。当正常利润无法维持或现有投资折旧完毕后,整个行业便逐渐解体了。

多数行业由投入期、成长期进入成熟期后,其中有的行业成熟期很长,有的则很短,也有的行业从成熟期又回到成长期等,这些都是由技术、社会、经济等因素所决定的。行业生命周期分析在应用上有一定的局限性,在某些情况下要确定行业发展处于哪一个阶段是困难的,识别不当就容易导致战略上的失误。影响销售量变化的因素很多,关系复杂。整个经济中的周期性变化现象与某个行业演变也不易区别开来。有些行业演变是由集中到分散,有些行业是由分散到集中,因而无法用一个战略模式与之对应。综上所述,应将行业生命周期法与其他方法结合起来应用，才不致陷入分析的片面性。

三、行业经济结构分析

行业的经济结构随该行业中企业的数量、产品的性质、价格的制定和其他一些因素的变化而变化。由于经济结构的不同，行业基本上可分为四种市场类型：完全竞争、垄断竞争、寡头垄断和完全垄断。

（一）完全竞争

完全竞争是指许多企业生产同质产品的市场情形。它的特点是：生产者众多，各种生产资料可以完全流动；产品不论是有形或无形的，都是同质的、无差别的；没有一个企业能够影响产品的价格；企业永远是价格的接受者，而不是价格的制定者；企业的盈利基本上由市场对产品的需求来决定；生产者和消费者对市场情况非常了解，并可自由进入或退出这个市场。

从以上特点可以看出，完全竞争是一个理论性很强的市场类型，其根本特点在于所有的企业都无法控制市场的价格和使产品差异化。在现实经济中完全竞争的市场类型是少见的，初级产品的市场类型与完全竞争市场较为类似。

（二）垄断竞争

垄断竞争是指许多生产者生产同种但不同质产品的市场情形。垄断竞争的特点是：生产者众多，各种生产资料可以流动；生产的产品同种但不同质，即产品之间存在着差异；由于产品差异性的存在，生产者可以树立自己产品的信誉，从而对其产品的价格有一定的控制能力。产品的差异性是指各种产品之间存在着实际或想象上的差异，它是垄断竞争与完全竞争的主要区别。

（三）寡头垄断

寡头垄断是指相对少量的生产者在某种产品的生产中占据很大市场份额的情形。在寡头垄断的市场上，由于这些少数生产者的产量非常大，因此他们对市场的价格交易具有一定的垄断能力。同时，由于只有少量的生产者生产同一种产品，因而每个生产者的价格政策和经营方式及其变化都会对其他生产者形成重要影响。因此，在这个市场上，通常存在着一个起领导作用的企业，其他企业随该企业定价与经营方式的变化而相应地进行某些调整。资本密集型、技术密集型产品（如钢铁、汽车等），以及少数储量集中的矿产品（如石油等）的市场多属于这种类型，因为生产这些产品所必需的巨额投资、复杂的技术或产品储量的分布限制了新企业对这个市场的侵入。

（四）完全垄断

完全垄断是指独家企业生产某种特质产品的情形。特质产品是指那些没有或缺少相近的替代品的产品。完全垄断分为两种类型：政府完全垄断，如国有铁路、邮政等部门；私人完全垄断，如根据政府授予的特许专营或根据专利生产的独家经营，以及由于资本雄厚、技术先进而建立的排他性的私人垄断经营。完全垄断市场类型的特点是：第一，由于市场被独家企业所控制，产品又没有或缺少合适的替代品，因此，垄断者能够根据市场的供需情况制定理想的价格和产量，在高价少销和低价多销之间进行选择，以获取最大的利润。第二，垄断者在制定产品的价格与生产数量方面的自由性是有限度的，它要受到反垄断法和政府管制的约束。在现实生活中，公用事业（如发电厂、煤气公司、自来水公司和邮电通信部门等）和某些资本、技术高度密集型或稀有金属矿藏的开采等行业属于这种完全垄断市场类型。

每个企业都归属于某一个行业，宏观环境因素对企业的影响往往是间接的、潜在的，而行业环境因素对企业的影响则是直接的、明显的，且宏观环境对企业的影响常常通过行业环境因素变化来对企业起作用。因此，要正确制订企业战略，必须对企业所在行业及所要进入的行业进行深刻分析，弄清行业的总体情况，发现行业环境中存在的机遇与威胁，把握竞争的形势。

四、行业竞争形势分析

深入分析行业竞争过程、找出竞争力的来源、确定行业内各种竞争力量的强度，对制定公司战略具有极为重要的意义。虽然不同行业中竞争压力不能完全一致，但我们可以用一个框架来分析各种竞争的性质和强度，哈佛大学商学院的迈克尔·波特教授提出了这一分析框架。迈克尔·波特认为，行业竞争强度的高低主要由五种基本的竞争力量所决定，这些因素的相互作用决定了企业在此行业中发展的机会与最终潜在利润的大小，即一个产业盈利水平和竞争程度，取决于产业中五种力量，即产业内竞争、替代品、供应商、买方和潜在进入者的作用。如图 2-1 所示。

（一）潜在进入者的威胁

加入一个产业的新对手，常常具有某些经营资源，带有获取市场份额的欲望。结果市场价格可能被压低，或导致成本上升，利润率下降。有一些公司从其他市场通过兼并扩张进入某产业，他们通常用自己的资源对该产业造成冲击。对于一个产业来讲，进入威胁的大小取决于进入壁垒的高低，加上准备进入者可能遇到的现存防守者的反击，如果壁垒高筑或新进入者认为严阵以待的防守者会坚决地报复，则这种威胁就会较小。进入威胁存在六种主要壁垒源。

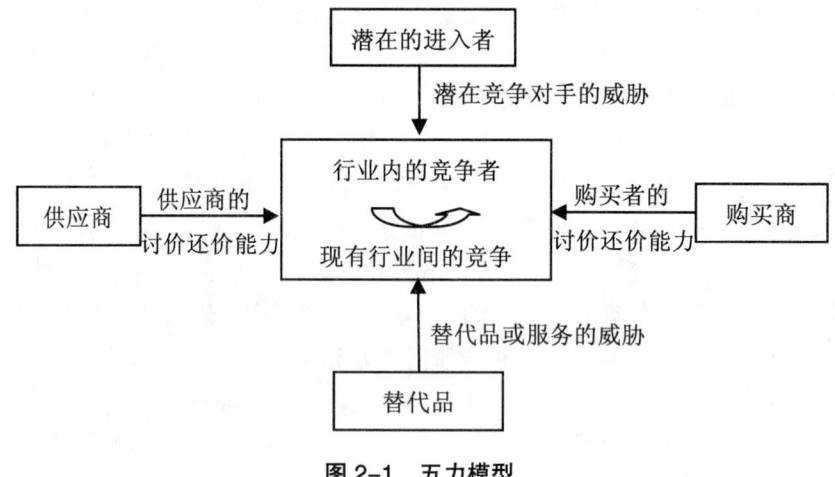

图 2-1　五力模型

1. 规模经济

规模经济是指生产达到一定规模，产品单位成本才能处于有利地位。它使新进入者必须以较大规模的投资，才能进入行业，投资额越大，风险也就越大。若行业内原有企业的生产都已达到一定的规模，那么新进入者要进入行业必须形成一定的生产规模和一定的成本优势才会有利可图；如果以小规模进入，则要长期忍受产品成本高的劣势。这两种情况都会使进入者徘徊不前。

2. 产品差异

产品差异是指行业内现有企业在产品、品牌、信誉等方面已经树立了良好的形象。这种产品差别化是由于企业在广告、用户服务、产品差异，或者由于企业具有悠久的历史而形成的。新进入者要获得这种殊荣，必须在广告、用户服务诸方面进行投资。如果进入失败，这些投资便难以收回。由于现有企业的产品在用户中已建立起信誉，用户很难放弃它而选用那些名不见经传的新产品，因而新对手要进入市场，必须在广告和用户服务上大量投资，才能得到用户的认可。这种投资风险很大，一旦失败，将收不回一点本钱。如美国的可口可乐和百事可乐在美国消费者中已根深蒂固，新手就很难挤掉它们的市场。

3. 投资需求

进入者要打入新的行业，必须垫付一定的资本。不同行业对资本的需求量是不同的，有些行业的资本需求量很大。因此，进入者必须要根据自己的资本和其他条件，选择适合自己进入的行业，像大型计算机、钢铁、石油勘探等行业，固定资产投资量很大，生产、科研、销售等方面也需要大量的投资。这样的行业，如果没有大量的资金是很难进入的。

4. 转换成本

转换成本是指用户向一个企业购买转变到向另一个企业购买时需支付的费用。转换成本包括：对来源不同的供应品测试费、增添新的附加设备、重新培训操作人员、调整产品的设计、心理成本等。用户的转换成本越高，进入行业的难度越大。转换成本是指购买者变换供应者所支付的一次性成本。它包括重新训练业务人员、增加新设备、调整检测工作等引起的成本。这会造成购买者对变换供应者的抵制。进入者要进入行业，就必须用非常多的时间和特殊的服务来消除这种抵制。

5. 销售渠道

行业内原有企业已经建立了自己的销售网络，进入者要与之竞争，必须通过广告、公关等形式建立自己的销售渠道。也就是说，一个行业的正常销售渠道，已经为原有企业服务，新进入者只有通过让价、合作广告津贴等办法，使原销售渠道接受自己的产品，这样就形成了进入阻力。

6. 政府政策与法规

政府通过发放生产许可证、对原材料的控制等，对行业的发展加以干涉。还有一些其他的干预方式，如环境保护法、卫生法令等，也会使进入成本升高，不利于进入者打入某个行业，形成新进入者的阻力和障碍。除了以上因素外，其他诸如专利权、独特的生产经验、职工的技术素质、有利的地理位置、优惠的原材料来源等，这些因素也都构成了原有企业的优势，也恰恰是新进入者的劣势，形成了进入的障碍，会对其起抑制作用。

（二）现有竞争者的角逐

行业内现有企业之间始终存在着竞争。但是，不同行业内现有企业间的竞争激烈程度是不同的，有的激烈，有的缓和。竞争的激烈程度主要取决于以下因素。

1. 竞争者的数量与规模

当产业内存在众多的公司时，各自有自己的战略目标和行动。由于各个公司的经营状况千差万别，其竞争行为也往往形形色色，相互之间的竞争甚至变化莫测。即使从业公司很少的产业，如果它们在公司规模与获取资源方面势均力敌，也会相互之间动辄发生争斗，且持续进行、报复频繁。而当一个产业高度集中化时，恶性竞争才可能比较少，因为一个或几个居主导地位的企业会通过某些手段，在产业中建立竞争秩序或者游戏规则。一般而言，一个行业内企业数量越多，则竞争越激烈。若一个行业内企业数量少，但规模相近，也会导致竞争激烈。一个行业的企业规模相差悬殊，则行业内竞争并不会激烈。

2. 市场增长率

市场增长率低的行业，有可能导致竞争加剧；反之，则有可能竞争不剧烈。这是因为缓慢的产业增长对于那些寻求扩张的公司而言，竞争的内容就成了一场争夺市场份额的竞赛，而且这时的市场份额竞争要比在市场快速增长的产业中活跃得多，因为在产业快速增长时，公司只要保持与产业同步增长即可拥有比较满意的收益。

3. 产品差别大小

产品差异代表着企业选择在不同的细分市场满足顾客的需求。若产品差别大，行业内各企业产品特色各异，各企业有各自的用户，用户的转变费用大，则竞争不剧烈；反之，行业内各企业生产的产品差异性小，标准化、通用性强，用户的转变费用低，而消费者选择的主要决定因素又是价格、质量和售后服务等，此时竞争就会比较激烈。

4. 行业生产能力的大幅度提高

若由于行业技术特点和规模经济的要求，例如一个行业的有机构成高，固定成本多，就有可能迅速增加生产能力，产品供给就会增加，会使得一段时间内生产能力过剩，竞争就会加剧；反之，生产能力缓慢增加，甚至有所缩减，竞争就较缓和。

5. 固定费用和存储费用

有的企业宁可让固定资产闲置也要限产保价，而有的企业宁可削价销售也不愿让生产能力闲置，这两种情况都会使竞争加剧。一般地，固定费用高的行业迫使企业要充分利用其生产能力，特别是当生产能力利用不足时，企业常常通过削价以扩大销售量，因此使企业间竞争激烈。在存储费用高或产品不易保存的行业内，企业急需把产品卖出，也会使行业内竞争加剧。

6. 不同的竞争策略

不同企业具有不同的目标和战略，会采取不同的策略。如中小企业为了生存，在无债务压力的情况下，满足于一般利润，行业内竞争压力就小；有的企业为了推销多余产品，以增加市场占有率为自己的主要目标，就会使竞争加剧。

7. 退出壁垒

所谓退出壁垒是指企业退出某个行业时要付出的代价。包括：未用资产，退出行业时企业将受到重大损失；设备使用的定向化；退出的费用；人员安置、库存物品的处理等费用；政府的限制；等等。有些企业在行业内处于不利地位，想退出行业，但由于退出的障碍大，仍不愿轻易做出退出行业的决策，它们为了生存，势必拼命努力，这样就会使竞争加剧。

（三）供应商的讨价还价能力

任何行业的供应者，对企业生产经营的影响都很大，他们会在各种交易条件（价格、质量、服务等）上尽力迫使对方让步，使自己获得更多的利益。例如，供应商抬高供应价格、降低供应量，对本行业企业施加压力，其结果必然是降低本行业的盈利能力。在这个过程中，讨价还价能力就起着重要作用。企业只有设法提高自己的讨价还价能力，才能在与供应者的竞争中，具有更大的优势。一般来讲，讨价能力的强弱取决于如下因素：

1. 供应商的集中程度和本行业的集中程度

如果供应者所处的行业由少数几家企业所垄断，由集中的、少数的供应商供给行业中分散且众多的企业，将对需求者构成较大竞争压力，此时供应者就具有较强的讨价还价能力；反之，竞争压力小，其讨价还价能力就弱。

2. 供应品可替代的程度

如果供应者的产品具有唯一性或特殊性，企业更换供应者的转换成本高，供应者的讨价还价能力就强。如果供应品可替代程度高，来自供应商的压力就小，其讨价还价能力就弱。

3. 本行业对供应商的重要程度

本行业若是供应商的主要贸易伙伴，则来自供应商的竞争压力就小。

4. 供应商对本行业的重要程度

供应品是本行业生产经营的关键产品，则供应商的力量就强；反之，则弱。

5. 供应者相互间竞争的激烈程度

6. 供应商具有前向一体化的威胁力

（四）购买者的讨价还价能力

还价能力强的购买者一般有如下特点：

(1) 购买者是大主顾，得罪不起，在价格上要求苛刻。

(2) 购买者所需产品是标准产品或无差别产品，它可以在市场上很容易找到其他卖主。

（3）购买量大，特别是固定资产高的行业，购买者对企业的制约力很大，一旦产品滞销，企业资金就会紧张。

（4）企业所提供的产品对购买者的最终产品的质量无关紧要。

（5）购买者具有逆向一体化的威胁，即有向自行生产所需原材料和零部件及半成品方向发展的意向。

企业通过选择恰当的供应者和购买者，就可以减小它们对企业的制约力。

（五）替代品的威胁

替代品是指那些与本行业生产的产品功能相同或相近，一样可以满足相同需求的物品。一个行业中所有的企业都面临生产替代品企业的竞争，如果替代品的盈利能力高，就会把本行业的产品限制在一个较低价格水平上，使本行业在市场竞争中处于不利地位。用户使用替代品的转换费用低，就会使本行业企业失去市场。生产替代品企业若采用积极发展策略，将会导致替代品迅速占领原有产品市场，从而使本行业处于不利地位。通常在下列情况里，替代品的威胁是很大的：

（1）购买者转向替代品只承担很小的转换成本。

（2）购买者对价格非常敏感，而替代品的价格很低。

（3）有许多相同的有效成本方法满足相同顾客的需要。

通过对以上竞争因素的分析，企业可以了解本行业的基本状况，从中确定本企业在行业中的竞争地位、优势和劣势，从而制定出本企业对付各种竞争因素的基本对策。

小链接

东阿阿胶：养在深闺人未识

中国有所谓"大道至简"一说，从投资界的实践来看，的确如此。几乎所有的大投资家，从巴菲特到彼德·林奇，从格雷厄姆到一批海外华人巨头，无不遵循一个简单的投资理念，即投资决策主要是基于对基本面的研判。

重视基本面的投资理念，在中国资本市场上曾经弃之如敝履，愈穷愈光荣是二级市场的真实写照，绩优公司的股价静如古井，ST、PT 公司的股价倒是一飞冲天。此情此景，令许多著名境外投资机构连呼"看不懂"。

但是，不规范的东西终究不能长久，在本轮下跌行情中，许多不注重公司基本面的投资者损失异常惨重，一些缺乏基本面支撑的所谓庄股其下跌幅度远远大于大盘的同期跌幅。以"坐庄"和"跟庄"为标志的过度投机时代已经成为历史。

由此，经历了风风雨雨的洗礼后，中国资本市场上主流的投资理念将渐趋成熟，去繁就简，以基本面指导投资决策将成为大多数机构遵循的基本准则，而一些基本面相当出色却未必善于修饰自己的企业将从后台走向前台，而率先挖掘出这些企业的机构将充分体会领先一步的种种优势。

关于企业基本面的评判，目前投资界并没有形成统一的观点。在欧美市场上，高水平的分析师在评判企业基本面时用得比较多的是波特的竞争优势理论，即从现有竞争对手的竞争、进入威胁、替代威胁、买方侃价能力、供方侃价能力等五个方面来评价企业在市场竞争中所具备的竞争优势并由此推断企业未来的发展潜力。笔者以中国资本市场上一个并不善于推销自己的企业——东阿阿胶（0423）为例来说明波特理论在研究企业基本面中的作用。

从财务业绩来看，东阿阿胶显然是一家相当优秀的企业。作为一家地理位置相当偏僻的上市公司，东阿阿胶在过去的几年中一直保持了飞速的增长。在优秀的财务业绩的背后，是其倾心培育并不断成长的核心竞争优势。

东阿阿胶所立足的中药产业是中国为数不多的具备国际竞争力的产业之一，产业发展空间广阔，这一点可以从港台巨头如李嘉诚等马不停蹄地奔波于海内外以求大手笔介入中药业等看出。在高科技的泡沫渐渐退去之后，国内的许多企业也意识到真正能做大的还是自己有优势的产业。产业选择仅仅是建立竞争优势的前提条件之一。波特指出："企业在产业中的地位更为重要。"公司在产业中的地位也就是公司与现有竞争对手的竞争。东阿阿胶在阿胶产业内的优势显然是有目共睹的。在阿胶市场上，东阿阿胶的市场占有率约为70%左右，尤其是，东阿地区的天然水质非常适宜阿胶产品的泡制，其上千年的阿胶制作历史使这一地区的阿胶产品已经形成了源远流长的声誉。东阿阿胶几乎就是优质阿胶的代名词。因此，在与现有竞争对手的竞争中，东阿阿胶显然已经取得明显的竞争优势。

考虑到有很多行业是因为存在新的进入者而使得整个行业竞争格局发生急剧的变化——华润携巨资介入啤酒行业就是一个典型——潜在进入者的威胁对企业竞争优势的形成也具有重要影响。潜在进入者的威胁在相当大程度上是取决于行业的进入壁垒，阿胶产业的进入壁垒初看并不高，其实行业外的企业真正要介入并不容易。其一是东阿阿胶的制作工艺是经历了上千年的发展而渐趋成熟的。其二是东阿阿胶已经在市场上树立起领先的品牌优势，对于保健品而言，消费者的信赖对品牌的发展几乎具有决定性的意义。但是，在保健品领域真正建立起品牌并不容易。消费者可能有跟着广告走的倾向，但这并不意味着广告投入可以建立起消费者的信任感。任何希望新进入阿胶产业的企业都必须考虑自己在与东阿阿胶进行品牌竞争时有几分胜算把握。

从替代产品的威胁来看，有可能替代阿胶的产品不外乎是三种，其一是化学合成类补血药物，其二是生物医药类补血药物，其三是其他中药类补血药物。但是，化学合成类补血产品的长期效果尚待市场检验，而生物制药类补血产品受技术条件的制约，短期内不可能对东阿阿胶的产品造成很大的影响。尤其是，在安全性问题上，化学合成类补血产品以及生物医药类补血产品很难与历史悠久的阿胶产品相比。天然药物得到全世界的空前重视也说明了医学界对于药物安全性的高度重视。从各种中药类补血药物的疗效来看，阿胶的独特疗效已经历史考验，为其他中药类产品替代的可能性几乎不存在。

东阿阿胶在与供应商的讨价还价过程中处于非常有利的地位，驴皮是生产阿胶最主要的原材料，而东阿阿胶垄断了国内大部分优质驴皮的采购，其完善的采购渠道既可以确保在采购环节上东阿阿胶与竞争者相比处于有利地位，同时由于驴皮的供给方相对分散而需求却相对集中于东阿阿胶等数家厂商，东阿阿胶可以通过供应商之间的竞争提高自身控制成本的能力。

从东阿阿胶与消费者的砍价能力来看，由于缺乏强有力的竞争对手，东阿阿胶可以凭借自己在阿胶产业中的垄断地位主导阿胶的产品价格，而且，随着人类保健意识的增强和对天然药物需求的提高，阿胶的客户生态链将更趋稳固，这一趋势将使得东阿阿胶在面向消费者的竞争中居于主动地位。

基于波特五要素模型的分析表明：无论是从现有的产业地位还是从进入威胁、替代威胁、买方砍价能力、供方砍价能力等角度，东阿阿胶都已经建立起明显的竞争优势，这种蕴藏在财务业绩后面的核心能力，才是企业真正的"基本面"，值得所有投资者关注。

当然，基于波特模型的分析也表明存在一些需要东阿阿胶关注的问题：例如如何提高行业的进入壁垒以减少潜在进入者的威胁，可以采取的手段可能包括形成更强大的规模优势、提高对销售环节的控制能力以及如何在自身已经居于产业主导地位的产业上通过开发更符合消费者需要的产品来扩大产业空间。另外一个值得考虑的问题是：如何将其在阿胶产业上形成的品牌优势渗透到其他相关的产品链中。

但东阿阿胶良好的基本面则是毋容置疑的。有意思的是，这样一家具备核心能力的上市公司，其市盈率却长期低于医药行业的平均市盈率，更低于中药板块的平均市盈率，此种状况，既表明中国资本市场存在非常明显的信息不对称现象，也表明市场尚未形成成熟的投资理念。

资料来源：上海证券报，2001年11月4日。

第四节 竞争对手分析

一、竞争对手

大多数企业都把竞争对手视作威胁，实际上，在许多产业中合适的竞争对手能够加强而不是削弱企业的竞争地位。合适的竞争对手的存在可以为产业发展及企业发展带来多方面好处：增强竞争优势、改变产业结构、有助于市场开发、扼制新进入者。

（一）增强竞争优势

1. 竞争对手可以吸收市场需求波动

竞争对手可以吸收市场需求的波动性（周期性、季节性或其他原因形成的市场需求波动），因而使企业能更充分地利用其生产能力。产业领导者的市场占有率一般在市场需求下降时上升，市场需求上升时下降。当市场需求上升时，由于产业领导者生产能力短缺，竞争对手就可获得一定市场份额，以消除顾客因买不到商品而产生的抱怨。当市场需求下降时，由于产业领导者的产品是买方偏爱的产品，所以此时产业领导者市场占有率上升。

2. 有了竞争对手可以提高顾客对产品差异化的识别能力

当没有竞争对手时，买方可能难以识别本企业产品差异化的价值，因而买方就可能在价格、服务、产品质量方面拼命地讨价还价。当存在竞争对手时，竞争对手的产品成为顾客衡量产品差异化的参照物，使本企业产品由于竞争对手产品的存在更显示出其差异化优势。如果只有海尔电冰箱也显不出海尔电冰箱的优点，正由于其他电冰箱的存在才显示出海尔电冰箱的优点。海尔电冰箱在德国展出后，德国消费者发现，海尔电冰箱质量并不比德国电冰箱差，甚至某些性能还比德国电冰箱好。因此，才打开了德国市场。

3. 竞争对手可以服务于不具吸引力的细分市场

企业竞争对手可能乐于为本企业认为不具吸引力的市场提供服务。如果没有竞争对手，由于买方需要或为了防御新进入者，本企业也只能被迫服务于不具吸引力的市场。所谓不具吸引力的市场，是指那些企业为其提供服务的成本昂贵，买方具有讨价还价的实力，而且对价格敏感，或服务于该市场会损害本企业出现在更具吸引力的细分市场。例如：有些低档产品就由乡镇企业、民营企业去生产；对高级商场来讲，那些低档商品就让便利店、小百货商场去经营。

4. 高成本竞争对手可以提供成本方面的保护

高成本的竞争对手有时可以为低成本的企业提供成本方面的保护，从而提高企业的利润率。当没有高成本的竞争对手时，由于缺少比较对象，顾客讨价还价的能力就会增强，从而降低了企业溢价销售的可能性，这就是成本领先战略的好处。

5. 有了竞争对手可以降低反垄断的风险

对于一个实力雄厚和利润很高行业的领先者来讲，行业内多几个弱小的竞争对手，可能对它的地位和获利能力没有什么影响，但对于减少反垄断调查的风险可能是必要的。美国柯达公司及 IBM 公司都曾多次受到过反垄断的指控，为此他们消耗了大量时间和精力，现在微软公司也遇到了类似的麻烦。

6. 有了竞争对手可以增加竞争动力

竞争对手的存在会给企业带来压力，同时也带来了动力，往往会促使企业技术进步，降低成本。我国海尔、春兰、格力等都是在竞争中成长起来的。而受国家保护的行业，其技术进步及行业发展就缓慢得多，如金融、保险、旅游、铁路、医院、学校等。

（二）改变产业结构

1. 有了竞争对手就增加了产业需求

竞争对手的存在能够增加整个产业的需求，在此过程中就增加了企业的销售额。

（1）如果其产品的需求量取决于整个产业的广告投入，那么企业就可以从竞争对手的广告促销中受益。例如：潘婷、海飞丝等洗发水的广告宣传可促进洗发水整个行业的销售。

（2）产业内存在适量的竞争对手，可以扩大产业影响，提高产业知名度，甚至能给产品带来信誉。例如：海尔由电冰箱产业又进入了空调、洗衣机行业，这就扩大了空调及洗衣机行业的影响，提高了行业知名度，也会给空调、洗衣机产品带来信誉。

（3）当竞争对手在经营互补产品时，同样也会促进本行业的发展。例如，录像带与摄像机，当许多录像带产品竞争对手都在经营摄像机时，则整个录像带产业需求也会增加。

2. 有了竞争对手可提供后备货源

对于重要原材料，买方希望有第二个、第三个货源，以降低供货中断的风险，同时又限制了供货方讨价还价的实力。例如：夏利汽车用的轮胎，有山东威海、山东荣成、上海大中华等几家轮胎企业供货，因而对调整轮胎行业产业结构有利。

3. 有了竞争对手可促进产业升级

日用品产业升级、家庭耐用消费品产业升级是比较快的。例如普通锅到高压锅到电饭锅到自动电饭锅的升级，由于竞争激烈，因而就使产业升级速度加快，改善了产业结构。

（三）有助于市场开发

1. 竞争对手能分担市场开发成本

竞争对手能够分担新产品或新技术的市场开发成本。当行业中开发了一种新产品或新技术要向市场推广时，需要做大量广告，靠一两家企业努力很难奏效，而存在适量的竞争对手，就可节约促销费用，同时也打消了顾客对新产品、新技术的疑虑，从而加速市场化的过程。例如DVD，当时有厦新、新科、金正、爱多等许多厂商都做广告，加深了顾客对DVD的认识。

2. 有了竞争对手可以加速技术标准化或合法化

当只有一家企业采用某项新技术时，不仅顾客心里有疑虑，而且政府也不愿意接受它作为行业的标准，而竞争对手存在，较多企业都开发新技术，可以加速技术标准化或合法化的过程。

3. 合适的竞争对手可以改善产业形象

合适的竞争对手能够美化产业形象。在商业活动中久负盛名的公司进入某产业，将给该产业带来信誉，例如海尔进入空调业、彩电业，给空调业及彩电业增加了信誉。

（四）扼制新进入者

1. 靠竞争者来提高进入壁垒

当面对更具侵略性及威胁性的新进入者威胁时，企业的竞争对手可能会采取削价之类的策略与新进入者争夺市场，让竞争者充当防御新进入者的第一道防线，本企业可以借此从容调整自己的策略。

2. 用竞争对手向新进入者显示进入壁垒很高

若有合适竞争对手存在，其实力很强，但是产品市场的增长却很慢，盈利很低，那么潜在进入者看到这种情况可能会放弃其进入的计划。

3. 用竞争对手来封锁合理的进入途径

竞争对手可以填补产品空缺，这些空缺对产业领导者来说不起眼，但有填补这些空缺的竞争对手存在，也封锁了新进入者进入的通道。

二、竞争对手分析框架

在波特的《竞争战略》一书中提出了竞争对手分析的模型，见图 2-2，从企业的现行战略、未来目标、竞争实力和自我假设四个方面分析竞争对手的行为和反应模式。通过对未来目标的分析，可以看出是什么驱使竞争对手在向前发展。在企业常用的目标体系中，分析竞争对手的目标多是财务目标。这里我们不只是要了解它的财务目标，同时要了解它的其他方面的目标，比如对社会的责任、对环境保护、对技术领先等方面的目标设定。同时目标是分层级的，要了解总公司的目标，还要了解各个事业单位的目标，甚至于各职能部门的相应的目标。从总体上讲企业进行竞争对手分析大体包括以下几个方面。

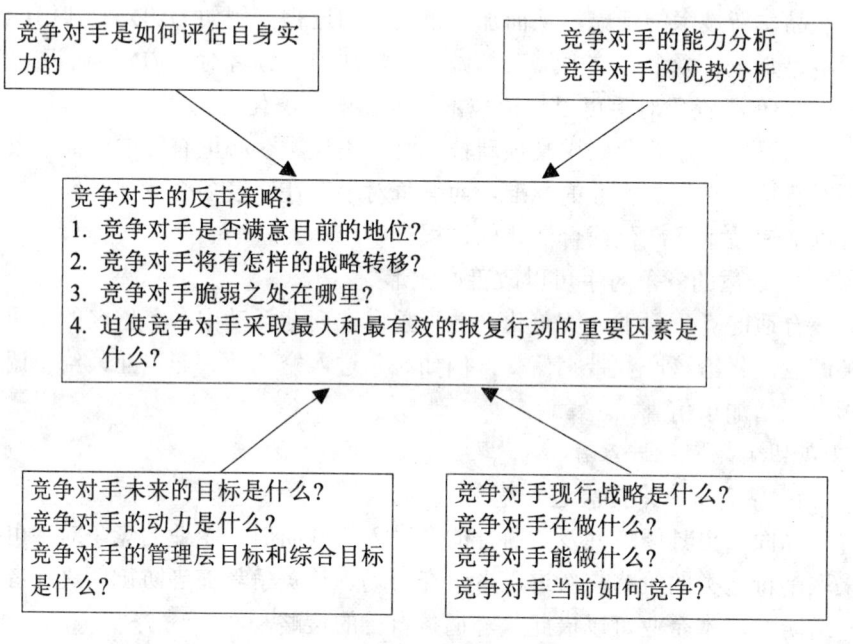

图 2-2　波特竞争对手分析框架

（一）未来目标

分析并了解竞争对手的未来目标，将有助于推断竞争对手对其自身地位及财务成果的满意度，从而可以推断其改变战略的可能性以及对其他企业行为的敏感性。对竞争对手未来目标的分析至少应包括以下内容：

（1）竞争对手已声明和未声明的财务目标是什么？它如何权衡协调各目标（比如获利能力、市场占有率、风险水平等）之间的矛盾？

（2）它所追求的市场地位总体目标是什么？是希望成为市场的绝对领导者，还是行业领导者之一，还是一般的跟随者，还是竞争参与者，还是希望成为后来居上者，还是仅仅安于做一个积极进取的新手？

（3）各管理部门对未来目标是否具有一致性？如果存在明显的分歧甚至派别，那么是否可能导致战略上的突变？

（4）竞争对手的核心领导者的个人背景及经验如何？其个人行为对整个组织的未来目标的影响如何？

（5）竞争对手的组织结构特别是在资源分配、价格制定和产品创新等关键决策方面的责权分布如何？奖励制度如何？会计制度和惯例如何？

（二）自我假设

自我假设包括竞争对手对自身企业的假设和对所处行业及其他公司的假设。自我假设常常是企业各种行为取向的最根本的原因，因此了解竞争对手的自我假设，有助于正确判断竞争对手的真实意图。对竞争对手自我假设进行分析，至少应包括：

（1）在其公开陈述中，它如何看待自己在成本、产品质量、技术等关键方面的地位和优劣势？是否把握精确、适度？

（2）是否有某些文化上、地区上或民族性上的差别因素会使竞争对手对事件的觉察和重视程度产生影响？

（3）是否有严密的组织准则或法规或某种强烈的信条会影响其对事件的看法？

（4）它如何估计同行的潜在竞争能力？是否过高或过低地估计其中的任何一位？

（5）它如何预测产品的未来需求和行业趋势？其预测依据是否充分可靠？对其当前的行为决策有何影响？

（三）现行战略

对竞争对手进行现行战略的陈述和分析，实际上就是看它正在做些什么？正在想些什么？至少应该分析：

（1）其市场占有率如何？产品在市场上是如何分布的？采取什么销售方式？有何特殊销售渠道和促销策略？

（2）研究开发能力如何？投入资源如何？

（3）其产品价格如何制定？在产品设计、要素成本、劳动生产率等因素中哪些因素对成本影响较大？

（4）采取的一般竞争战略属于成本优先战略，还是特色经营战略，还是集中一点战略?

（四）能力

对竞争对手的能力进行客观评价,是竞争对手分析过程的一项重要内容,因为能力将决定其对战略行动做出反应的可能性、时间选择、性质和强度。分析能力包括以下方面:

（1）核心能力。竞争对手在各个职能领域内的能力如何?其最强能力在哪个职能部门?最弱能力在哪个职能部门?这些能力将发生怎样的变化?

（2）增长能力。在人员、技术、市场占有率等方面有增长能力吗?财务方面、对外筹资方面是否能支持增长能力?

（3）迅速反应的能力。在财务上、生产能力上和新产品上是否存在着对竞争者的行动做出迅速反应或发动即时进攻的能力?

（4）适应变化的能力。能否适应诸如成本竞争、服务竞争、产品创新、营销升级、技术变迁、通货膨胀、经济衰退等外部环境的风云变幻?是否有严重的退出障碍?

（5）持久耐力。维持长期较量的能力如何?为维持长期较量会在多大程度上影响收益?

通过对竞争对手的未来目标、自我假设、现行战略和潜在能力的分析评价后,我们就可以推测其行为动向。比如,将竞争对手的未来目标与其现行地位相比较,就可以推测其是否有可能调整战略;根据其未来目标、自我假设和潜在能力,就可以推测最有可能做出些什么样的战略变化;也可以预期可能采取的行动的强度究竟有多大;还可以推测什么事件最易挑起竞争者之间的竞争,什么行动或事件可以阻止其做出迅速而有效的反应。

三、竞争对手分析应注意的问题

企业要做好竞争对手分析的工作,为企业制定战略提供充分的依据。除了掌握一些常用的分析方法以外,还要注意以下几个方面的问题。

1. 建立竞争情报系统,做好基础数据的收集工作

要对竞争对手进行分析必须有一个基础来做保障,这个基础就是竞争情报的系统和竞争对手基础数据库。竞争情报系统包括:竞争情报工作的组织保障、人员配备以及相应的系统软件支持、竞争情报等方面的内容。只有建立了竞争情报的系统,才会将竞争对手的监测和分析变成一项日常的工作,才可能及时地掌握竞争对手的动态,为企业决策提供及时的信息。竞争对手基础数据库的建设非常重要。现代企业的决策,强调科学性和准确性,更强

调基于事实和数据的决策。只有建立了完善的竞争对手的数据库,对于竞争对手的分析才不会成为空中楼阁,才可能落到实处。

2. 建立符合行业特点的竞争对手分析模型

不同的行业有不同的特点,比如有的行业关注投资回报率,有的行业更关注市场占有率。同时行业所处的阶段不同,关注的焦点也会不一样。所以企业有必要建立符合自身行业特点的竞争对手分析模型,绝对不能照搬照抄。

3. 加强竞争对手分析的针对性

对竞争对手的分析,每一项都应该有其针对性。有的企业在对竞争对手进行分析的时候,往往把所能掌握的竞争对手的信息都罗列出来,但之后便没有了下文。所以这里要明确对竞争对手分析的目的是什么。按照战略管理的观点,对竞争对手进行分析是为了找出本企业与竞争对手相比存在的优势和劣势,以及竞争对手给本企业带来的机遇和威胁,从而为企业制定战略提供依据。所以,对于竞争对手的信息也要有一个遴选的过程,要善于剔除无用的信息,避免工作的盲目性和无效率。

本章小结

1. 外部环境是指独立于企业之外,并制约和影响企业行为的多种因素和力量的总和,也是战略环境中最主要、最活跃和最难控制的因素。一般说来,企业无力改变复杂多变的外部环境要素,只能利用其中的有利因素,避开其中的不利因素。企业外部环境中的不利因素构成风险和威胁,有利因素构成机会。企业从事经营活动,就必须分清有利和不利,避开风险,把握机会,扬长避短,发挥优势。

2. 行业的生命周期是指行业从出现直到完全退出社会经济活动所经历的时间。行业生命周期主要包括四个发展阶段:投入期、成长期、成熟期、衰退期。识别一个行业处于生命周期不同阶段的主要标志有市场增长率、需求增长率、产品品种、竞争者数量、进入/退出壁垒、技术变革、用户购买行为等。每一行业均有各自不同的生命周期,就是同一行业也会因其发展的不同而处于不同的阶段。在一个行业的生命周期的不同阶段,企业所面临的微观环境有较大差别,客观上要求企业必须制定相应的匹配战略。

3. 行业的经济结构随该行业中企业的数量、产品的性质、价格的制定和其他一些因素的变化而变化。由于经济结构的不同,行业基本上可分为四种市场类型:完全竞争、垄断竞争、寡头垄断和完全垄断。

4. 迈克尔·波特认为,行业竞争强度的高低主要由五种基本的竞争力量所决定，这些因素的相互作用决定了企业在此行业中发展的机会与最终潜在利润的大小，即一个产业盈利水平和竞争程度，取决于产业中五种力量，即产业内竞争、替代品、供应商、买方和潜在进入者的作用。

5. 在波特的《竞争战略》一书中提出了竞争对手分析的模型。从企业的现行战略、未来目标、竞争实力和自我假设四个方面分析竞争对手的行为和反应模式。通过对未来目标的分析，可以看出是什么驱使竞争对手在向前发展。在企业常用的目标体系中，分析竞争对手的目标多是财务目标。这里我们不只是要了解它的财务目标，同时要了解它的其他方面的目标，比如对社会的责任、对环境保护、对技术领先等方面的目标设定。同时目标是分层级的，要了解总公司的目标，还要了解各个事业单位的目标，甚至于各职能部门的相应的目标。

能力培养指导

- 查找一些企业不了解外部环境的案例，并讨论不进行外部环境分析的后果。以某企业为例，分析它的宏观环境。
- 结合波特的五力模型分析法，分析某行业的竞争结构和格局。
- 选择一家企业，试运用竞争对手分析法分析其竞争对手。

案例应用

不断创新的华为公司

深圳华为技术有限公司（以下简称华为）是一个高科技民营企业。1988年创建时注册资金只有2.4亿元。经过几年的艰苦创业，产值连年翻番，1997年达到50亿元，1999年突破100亿元，并于2002年实现220亿元的销售额。自1994年起，华为连续多年在深圳市开发型高新技术企业的综合排序、销售额排序、利税排序中均名列榜首。

目前，华为在全球建立了三十多个分支机构，在美国达拉斯、印度班加罗尔、瑞典斯德哥尔摩、俄罗斯莫斯科以及北京、上海等地建立了研究所。其产品几乎覆盖了国内电信的主要领域，并且众多产品已经进入德国、西班牙、巴西、俄罗斯、埃及、泰国、新加坡、韩国等四十多个国家。

几乎没有人怀疑过华为的发展潜力，它没有通过炒作和宣传来美化企业的形象，而是一直用事实证明着自己的实力。即使在思科的"骚扰"下，华为也赢得了人们的掌声。华为的成功除了得益于行业自身的快速成长之外，主要归功于它在对企业外部环境的准确判断的基础上，采取了以下两方面的战略措施。

（一）技术创新战略

华为创业伊始，就以国际先进水平为目标，力求领先于世界。它立足于当代计算机与集成电路的高新技术，大胆创新，取得了一系列突破。20世纪90年代，国际经济、政治环境趋于稳定，这对华为的技术创新来说，无疑是一个福音。华为利用这一大好形势，与国内外著名大学、研究开发机构和重点实验室建立了长期广泛的合作与交流，与国际上知名公司和供应商建立了良好稳定的合作伙伴关系，一举奠定了自身在数据技术和核心网络方面的技术优势。目前，华为已跻身于世界少数几家能够提供CAC08—STP数字程控交换机设备的巨头行列，在移动智能网、STP、GPRS等核心网络方面形成了领先的优势。华为并不满足于现有领域的成功，它在行业结构分析中发现了一个新的利润增长点——光网络设备市场，并且正在成为该领域的一颗新星。华为公司传输产品新总工程师郭中梁概括道："华为在这个市场起步不是最早，但是发展最快。"1993年，华为开始进入光网络设备市场；1999年，华为在国内光网络设备市场上与朗讯基本上平分秋色，两家的市场份额之和占了这块蛋糕的6成以上。华为一跃成为国内市场中第二大国内光网络设备提供商，其光网络设备已进入二十多个国家和地区。

（二）市场竞争战略

随着市场环境不断变化，消费者行为日趋成熟，华为的市场战略也经历了从公关型—推销型—营销型—管理型的几次转变和飞跃。如今它还采取以技术换市场的策略，开拓国际市场。华为非常重视发现和培养战略营销管理人才和国际营销人才，培育了一支高素质的销售员、工程师队伍与营销现场管理者队伍。目前从事市场营销和技术服务的人员占员工总数的35%，均具有本科以上学历，并且在全国建立了33个市场、销售办事处，35个用户服务中心。市场战略的成功使华为的销售收入按年均100%的速度递增。

华为今日的成就是来之不易的，激烈的市场竞争环境和对技术的不懈追求，使华为更加专注于寻找强势企业在市场和技术上遗留的空当，使之成为产品和技术差异化的依托，并且加强企业面对突发状况时快速反应的能力。2002年2月，思科状告华为侵犯其知识产权，华为立即迅速地把有争议的产品从美国市场撤回，并随即用思科抓不住把柄的替代品弥补市场空白，没有给思科留下可乘之机，这种快速反应靠的是华为对市场的独特把握和对技术的长期积累。华为的产品和技术从本质上来说，有很多并非是独有的，但却是具有差异性的，这种产品和技术的差异性和快速反应能力为华为避免知识产权纠纷，抵御竞争对手的威胁提供了最有力的支持。

为了更迅速、更完整地了解市场信息，降低研发风险，提高企业适应外部宏观环境变化，以及抵御企业外部竞争对手压力的能力，华为提出"工程商人"的理念，即在华为内部，各岗位是流动的，技术研发人员与市场营销人员和销售人员不断转换岗位。这种方法把咨询、服务和营销有机地结合在一起，技术研发人员可以把自身对现有技术和产品的独特感受和直接从市场上搜集到的信息融合起来，更加准确地制定技术研发的方向，从而有利于把企业的技术优势转化为企业的品牌优势。

当中兴通过小灵通而获利颇丰时，华为并没有盲目跟随。它深刻地认识到自己在无线市话技术上并不占优势，抢占这块市场，对别人来说是机会，对自己而言则是严重的威胁。于是，华为仍将研发和销售重点放在全球高端路由器上，并实现 500 万台的销售量，成为世界上主要的数据产品供应商。华为这种专注的精神打造出了华为独特的品牌优势，有效防止了品牌内涵的流失和扩散，提升了品牌的认知度和美誉度。

资料来源：李亚主编.民营企业发展战略[M].北京：中国方正出版社，2004。

【讨论题】

1. 华为之所以取得今天的成绩，关键原因是什么？

2. 为什么了解、判断和预测企业战略外部环境，对企业的生存和发展有着极为重要的意义？

第三章 企业内部环境分析

学习目标:
- 掌握企业资源的重要性和分类。
- 理解企业资源和能力的关系。
- 掌握企业核心能力的概念以及辨识的标准。
- 理解企业培育和发展其核心竞争力的方法。
- 掌握价值链分析法和 SWOT 分析法。

高露洁的核心竞争力

高露洁的核心竞争力是什么?

高露洁公司是美国一家生产经营洗涤品、牙膏、化妆品的跨国公司。创业的头几年,尽管其产品质量不错,但销量总上不去,因此业绩平平。公司的决策者为了本企业的生存和发展绞尽脑汁,但一直想不出一种有效办法。后来老板横下决心,公开征集良策。他在媒介上登出告示:"谁若能想出使高露洁牙膏销路激增的创意,即赠送 10 万美元奖金。"

10 万美元的奖金是充满诱惑力的,来自世界各地的应征者数以万计。这些应征"创意"中有不少是很有见地的,但高露洁公司决策者仅选中一个。他的创意只有两行字,很简单,只要把高露洁牙膏的管口放大 50%,那么消费者每天在匆忙中所挤出的牙膏,自然会多出一半,牙膏的销路因而会激增。高露洁公司按照该创意办了以后,果然销量急速上升。直至今天,高露洁牙膏的管口仍保持这一"创意"。

高露洁公司能够持续发展,与它坚持产品质量和卫生有很大关系。高露洁的生产车间密布如蛛网的管道,各种大大小小的贮存器都是圆弧状的,光可鉴人的地面没有一个接缝。这种圆弧状设计、无接缝的地面,是为了不让粉尘原料有藏身之处,以保证高露洁的产品卫生和质量,从而保证消费者在使用产品时不会造成任何人身的伤害和损失。而这些又是高露洁 GMP 作业制度的一环。所谓GMP，就是良好的生产作业制度，它对生产过程中有关人员、材料、建筑、设备、仪器、程序、安全、品质卫生、清洁、记录和培训等都有具体要求和规范。实现GMP目标就必须做好避免污染、保证产品品质和安全可靠等方面的工作。高露洁的生产作业制度不只是写在纸上的制度，每年总部要对高露洁遍布世界的生产基地分等级，从11个方面对生产环节中的250项进行严格GMP制度审核。

据了解，GMP为美国最先用于药物生产的质量管理标准，是作为政府对药物质量控制的规范标准。高露洁公司将其引入牙膏生产领域，目前已被许多牙膏生产企业所接受。

高露洁公司的发迹，除了因上述招法外，还与其有效的行销策略有关。高露洁公司十分重视销路的选定。它确定销路时，首先分析各种因素，依据客观允许的条件及自己经营的产品性质等选择最佳的销路。它确立销路的主要依据有以下几个方面。

1. 产品特性

特性包括时尚性、技术性、共用性或通用性，产品的体积、重量、包装、价格和保存条件等。根据这些特性，区别选定行销道路，比如该公司经营的科学器材属时尚性强、技术性高和专用性突出的产品，就直接卖给用户。价格较低的产品，如牙膏，选定的行销道路就长些。

2. 市场特性

一般来说，市场需求潜力较大，顾客的购买频率高而数量不少，就需要选择较长销路，利用中间商，如牙膏就属这类；如果市场潜量少，顾客又集中一次性大批购买，就可不用中间商，直接进行销售。另外，消费的心理、传统购买习惯或消费方式、消费兴趣的转移都应成为选定销路的考虑因素。

3. 竞争情况

竞争情况对选择销路影响较大，特别是同类产品竞争，竞争对手选用何种销路，是值得研究的。有时候可采用与竞争对手同样的销路，这样比较容易进入市场和占领市场，因为消费者已习惯于这种购买行为了。有时候各种销路被竞争者利用或垄断了，就需要换一种销路开展竞争，以新奇的销路产生不同的效果。

4. 企业实力

企业的财力、规模、信誉、管理经验、销售、财务的能力等都对销路的选择产生重大影响。一般来说，企业实力强，可以在国内外市场设立广泛的销售网点或连锁点，这比交给中间商销售效果要好。即使选择中间商进行销售，也要有较大的优势对中间商实行控制。

5. 社会环境

一些国家对某些产品实行配额许可证管理，这些配额许可证不是任何企业都可以领取的。还有些国家或地区流行超级市场销售方式，而有些国家或地区则不兴这种方法。如何根据这些情况及其他变化做出销路的选择，对企业经营是严峻考验，善者胜，不善者败。

评述

高露洁为什么有这么好的销路？是因为会生产，还是因为会销售？高露洁是如何从战略的角度制定自己的行销策略的？一个能在竞争中取胜的公司，必有自己的与众不同之处，能够正确认识自己、分析自己是制胜的关键。因此企业还需要对自身的资源和能力状况进行分析，以推断企业能够做什么，即判断在其资源和能力约束下的企业能够做什么。将企业能够做什么与企业可能做什么加以结合、匹配，才可以决定企业下一步应该干什么，向什么方向发展，从而决定企业的发展战略。

资料来源：根据互联网资料整理。

第一节 企业的资源分析

企业的经营实力首先反映在企业的资源基础上。企业的资源是指能够给企业带来竞争优势的任何要素，是企业参与市场竞争的必备条件，包括有形资源、无形资源和人力资源。每个企业都有多种资源，这些资源各有不同的特点和作用。

一、有形资源

有形资产是比较容易确认和评估的一类资产，它包括财务资源和物质资源，一般可以从企业的财务报表上查到。

（一）财务资源

企业财务资源可以定义为可用于生产或投资的资金来源。它构成企业最基本的资源之一，包括各种内部及外部融资渠道。

1. 未分配利润

未分配利润是企业利润中被保留下来用于新投资的部分，它们没有作为股利发放给股东。未分配利润是实施组织战略最常用的财务资源。它的优点为，企业不需要征求任何团体或个人的意见，不存在筹资成本，企业也不必向银行等外界公布其战略计划以征求同意。它的缺陷为，利润保留以股东股利流失为代价，要求企业有足够多的利润，不适合陷入财务困境的企业。

2．股票发行

股票发行也被称为权益资本融资，常常涉及企业的权益或股权。这种融资方式的成功依赖于现有的和潜在的股东对企业前景的态度，会稀释企业的股权比例。 优点为，可以注入大量新资本（如一次性并购），与银行存款相比无需承诺还本付息。可以在新的投资产生利润后再发放股利，给股东以回报。缺陷为，改变企业的股权结构，股票发行产生大量的管理费用，如承销费用。

3．贷款

在证券市场不够完善的中国，从银行和其他金融机构贷款是一种重要的融资方式，是企业的一项基本财务资源。贷款的种类多种多样，利率和期限各有不同。大额贷款通常需要企业的资产作担保。贷款的融资成本低于股权的融资成本。因为其安全性有保证，但必须还本付息。风险评估在很大程度上决定了借款人对企业的看法，决定其能否为企业提供贷款。企业以往的业绩、新战略的前景、用于担保资产的价值和借贷双方的长期合作关系等各方面均对贷款融资产生影响。其优点为，融资成本低，融资迅速且保持了现有的股权结构。缺点为，融资方式苛刻，增加企业的运营压力，还本付息会成为企业的主要负担。

4．租赁

从专业企业租赁也是重要的融资方式之一。其优点为，它是一种简单快速并可能享有税收优惠的融资方式。由于采取租赁，企业减少了营运所需的资本，从而提高了企业的资本收益。缺点为，这种融资方式有一定的局限性，租用方最后没有获得其租用设备的所有权。

5．调整应收、应付款项

组织可以通过延迟对贷方债权人的支付、减少存货、加速借方的债权回收等几种途径调整其应收、应付款项，为企业增加财务资源。其优点为，这种方式通过更有效地运用组织的现有资源进行融资，因此它与未分配利润方式有许多相同的优点。其缺点为，如果组织已经在合理有效地运作，可能难以运用这种融资方式。组织也许需要大量的资本支出，才能获得此方式带来的成本收益。例如，一个新的计算机存货控制系统虽然可以使存货减少，但却需要追加新的投资。

6. 出售资产

出售企业一部分资产为其他方面提供更有力的资金支持是 20 世纪 90 年代国外一些企业的重要战略。这种融资方式在资源稀缺或业务过于分散时非常有价值。其优点为，这种融资获取财务资源的方式简单明了，将资源集中于优势环节，也没有稀释企业的股权。缺点为，这种方式对企业冲击较大且不可逆转，另外，出售时机的局限性可能导致资产的售价低于其实际价值。

（二）物质资源

物质资源是企业从事生产的基础，它包括企业所拥有的土地、厂房、机器设备、运输工具、办公设施，还有企业的原材料、产品、库存商品等，是企业的实物资源。

物质资源一般可以从企业的财务报表上得到反映。但从战略的角度看，资产负债表所反映企业所拥有的物质资源价值是模糊的，有时甚至是一种错误的指示，这是因为过去所做的成本报价并不能真实地反映物质资源的市场价值。当考虑某项资源的战略价值时，不仅要看到会计科目上的数目，而且要注意评价其产生竞争优势的潜力。换句话说，物质资源的战略价值不仅与其账面价值有关，而且取决于企业的商誉、组织的能力、地理位置、设备的先进程度等因素。假如一个企业拥有巨额固定资产，有些设备还很先进，但位于偏僻的地区，交通不便，信息滞后，则很难快速适应市场需求的变化。

在评估有形资产的战略价值时，必须注意以下两个关键问题。第一，是否有机会更经济地利用财务资源、库存和固定资产，即能否用较少的有形资产获得同样的产品或用同样的资源获得更大的产出。第二，怎样才能使现有资源更有效地发挥作用。

事实上，企业可以通过多种方法增加有形资产的回报率，如采用先进的技术和工艺，以增加资源的利用率。通过与其他企业的联合，尤其是与供应商和客户的联合，充分地利用资源。当然，企业也可以把有形资产卖给能利用这些资产获利的企业。实际上，由于不同的企业掌握的技术不同，人员构成和素质也有很大差异，因此它们对一定有形资产的利用能力也不同。换句话说，同样的有形资产在不同能力的企业中表现出不同的战略价值。

二、无形资源

资产负债表上标明的有形资产一般可以从市场上直接获得，可以用货币加以直接度量，并可以直接转化为货币。相反，无形资产是企业不可能从市场上直接获得,不能用货币直接度量,也不能直接转化为货币的那一类经营资产,包括企业的商誉、技术、文化等。无形资产往往是企业在长期的经营实践中逐步积累起来的,虽然不能直接转化为货币,但却同样能给企业带来效益,因此同样具有价值。

(一)技术资源

技术资源是重要的无形资产,包括其先进性、独创性和独占性。企业要把适应顾客的需求变化,生产并不断开发新产品及服务作为其首要任务。产品及服务的开发和生产依赖企业所拥有的技术资源。一旦企业拥有了某种专利、版权和商业秘密,它就可以凭借这些无形资产去建立自己的竞争优势。

企业所具有的技术能否成为重要的无形资产,除与其先进性和独创性有关外,还与其是否易于转移有密切的关系。如果某项技术易于被模仿,或者主要由某个人所掌握,而这个人又很容易流动,那么,该项技术的战略价值将大大降低。相反,如果某项技术很难被模仿,或者与其他技术方法一起使用才能发挥其应有的作用,这些其他技术方法又掌握在很少人手中,那么,该项技术作为一种无形资产的战略价值就很高。

一个企业不可能独自开发出所需的全部技术,即使能够也是资源浪费。技术资源除了来源于自身积累,企业还需要通过与外部合作获取技术资源,并内化为企业所有。企业与外部合作的途径有以下几条。

1. 联合开发新技术

由企业自行开发新技术,需要大量的人、财、物的投入,并经过应用研究和开发研究,直到试制成功,新产品投入市场,一般需较长的时间,并有很大的风险。联合开发通常是指企业与科研院所或其他企业的研发合作,借助这些单位的科技优势,弥补企业自身开发能力的不足。这些单位往往拥有为数众多的科技人才、科研成果和先进的研制设备,处在某个研究领域的前沿,掌握最新的科研信息,具有丰富成熟的科研经验,与他们联合开发,企业可以节省时间,避免方向选择上的错误,减少风险。另外,联合开发也可以加快科技成果向产品的转化。

2. 委托开发

委托开发也是解决企业自身新技术开发能力不足,加快开发新技术速度的途径。其基本做法是企业将新技术及产品开发项目的某一部分,甚至全部,委托给科研院所或有开发能力的其他单位(受托单位)进行开发,由企业(委托单位)提出开发要求,如性能、规格、外形、材质等,企业并不参与受托单位的开发研制工作。委托开发的形式更有利于企业集中资源做好新产品开发的其他配套和准备工作，并将产品开发的部分风险转移到受托单位。这种形式对受托单位来说也有可取之处，有利于其发挥科研开发的优势，而且它不必承担新产品开发后投放市场的风险。

3．引进技术

引进技术是指企业引进国外某种专用设备和技术来生产某种新产品。引进技术可以绕开研究和开发环节，在短时期内获得新技术，生产出新产品，并缩短与技术先进企业之间的差距。

4．购买专利

专利是公布并实施保护的科学技术上的发明创造。世界上每年公布的专利数目是非常惊人的。在我国大约只有10%的专利得到应用，专利具有很大的应用潜力，应成为企业技术资源的一项重要来源。要挑选适合企业自身的技术、工艺特点的专利。

（二）商誉资源

1．商誉的含义

商誉是指一家企业由于顾客信任、管理卓越、生产效率高或其他特殊优势，而具有的企业形象，它能够给企业带来超过正常收益率水平的获利能力。在产品质量和服务对潜在顾客利益的影响并不明显的行业，企业商誉往往是最重要的资源。一般来说，商誉往往与企业联系在一起，有时也与特定的品牌有关。例如，在软饮料行业，可口可乐和百事可乐是世界上商誉很高的两家企业，这种巨大的无形资产已成为它们最重要的竞争资源。医疗、教育等行业都是更多地依赖于信誉和知名度的行业。信誉和知名度高的企业不仅其产品和服务容易被消费者接受，在同样的质量下可以卖出较好的价格，而且可以在融资、借贷方面得到方便和优惠。可见，在激烈的市场竞争中，如何建立并合理应用商誉，关系到企业的市场绩效。

2．商誉的内容

企业商誉通常包括企业的生产经营能力（生产经营规模、技术水平、财务状况、销售网络、管理水平等）、品牌声誉（商品品质、商标、包装等）和商业道德（经营作风、售后服务、员工素质、竞争方式）等方面的内容。正确理解商誉的特征，依法保护企业的商誉，客观公正地评估商誉的价值，是企业发展中必须解决的战略问题。

3．商誉的特征

（1）复杂性

商誉形成的原因是复杂的。企业所处的地理位置优势、资源优势或由于经营效率高、历史悠久、人员素质高等都可以是商誉的组成部分。商誉是多因素共同作用形成的知识产权，其中包括生产经营能力、商品品质和商业道德等。在市场竞争中，这些因素都是企业决策者们智力劳动的创造性成果，其外在形式表现为社会的评价，其内在实质是企业的一项重要的无形资源。

（2）长期性

商誉是企业通过长期、连续的市场竞争活动而逐渐形成的。企业要取得良好的社会评价，形成良好的商誉，就必须经过大量、长期和有效的市场营销、技术创新、广告宣传、公关活动和优质服务等一系列的智力投入方能形成。而一旦形成，它又具有惯性特征，即可以在较长时间里保持稳定，并发生无形的作用，不会随企业产出的增加而耗减。

（3）依附性

商誉在无形资源中属于不可确指的无形资源，它不能离开企业的其他资源而单独存在和单独出售。它只有在企业整体出售成交或整体合并成功后，这项资源的价值才能真正体现。我国的企业财务制度规定，除企业合并外，商誉不得作价入账。商誉是由企业享有的而且不可分离的权利。企业的商誉是社会或他人包括同业竞争者对其生产、经营、服务标准方面品质的总体评价，而这种评价是通过经营者日常的市场交易行为和竞争活动逐渐形成的，是外界对企业的信用与名誉状况的客观认同。所以，商誉只能归属于某一特定的企业，离开了某一特定的企业，这种商誉就变得毫无价值。

（4）经济性

经济性是指客观公正的评价与良好的声誉会增加企业的经济效益。反之，任何对其商誉的诋毁、贬低行为，都可能使企业的经济效益下降，甚至可能导致该企业破产。

商誉可以为企业带来良好的市场业绩，因而也可能成为竞争对手攻击的对象。侵犯商誉行为者出自敌意，为削弱竞争对手的竞争能力，往往虚构一些无中生有的内容，并将这些虚假内容散布开来，在社会上造成不良影响，导致企业的经济效益下滑。商誉需要企业、法律及社会的保护。

（三）企业文化资源

所谓企业文化是基于共同价值观之上。企业全体职工共同遵循的目标、行为规范和思维方式的总称。当今，企业文化的价值越来越被企业界所重视。人们从海尔等许多大企业成功的范例中发现，这些企业之所以能在快速发展中立于不败之地，是由于它们成功地创造了具有自身特色的企业文化。哈佛学者约翰·科特和詹姆斯·赫斯科特在对数百家企业长期研究基础上撰写了

《企业文化和经营业绩》一书,得出如下研究结论:第一,企业文化对企业的长期经营业绩具有重大影响;第二,企业文化在下一个十年内很可能成为决定企业兴衰的关键要素;第三,影响企业长期发展的起负面作用的企业文化并不罕见,而且容易孳延,即便在那些汇集了许多通情达理、知识程度高的人才的公司中也是如此;第四,企业文化尽管不易改变,但它们完全可能转化为有利于企业经营业绩增长的企业文化。理论界的研究和企业界的实践均已证明,企业文化的力量既可能支持企业的战略管理,助其成功,也可能抵制它们,使其失败。因此,分析企业文化的现状,从中找出能够制约企业战略的关键要素。加以加强或改进,就成为企业战略管理者面临的重要挑战。对企业文化进行分析应注意把握以下内容。

1. 企业文化现状分析

应对企业的物质文化层、制度文化层、精神文化层逐一分析。例如,精神文化层需重点分析为绝大多数员工认同的经营宗旨、价值观、思维方式、行为道德准则、心理期望、信念、具有企业个性特点的群体意识等内容。

2. 企业文化建设过程分析

企业领导人是如何塑造企业文化的?是否有科学的文化建设目标、计划、工作内容、预算保证等?企业是如何宣传贯彻现行企业文化的?现行文化是否为广大员工接受并付诸实践?

3. 企业文化特色分析

企业文化是企业独特的传统、习惯和价值观的积淀。企业文化的生命力和感召性在于其独具特色、震撼人心。例如海尔文化中海尔生存理念的特色是突出危机意识、居危思进、开拓进取。CEO 张瑞敏形象地归结为"永远战战兢兢,永远如履薄冰"。做好企业文化特色分析,准确把握企业文化的特点,是成功进行文化建设的关键。

4. 企业文化与战略目标、战略和内外环境的一致性分析

分析过去几年,企业文化是否与制定的战略目标协调一致,所起的作用是正面,还是负面的,对企业绩效的影响有多大。企业文化是否与社会文化环境和产业文化环境相适应。

5. 企业文化形成机制分析

分析研究现有企业文化的形成机制,弄清企业未来战略目标、战略方向、战略业务选择以及政策方针与员工已接受的企业文化的相容或相悖程度,进而明确下一步文化建设的方向和思路。

三、人力资源

一个组织最重要的资源是人力资源。大量研究发现，那些能够有效利用其人力资源的组织总是比那些忽视人力资源的组织发展得更快。是人的进取心和掌握的技术创造了企业的繁荣，而不是实物资源和财务资源。在技术飞速发展和信息化加快的知识经济时代，人力资源在组织中的作用也越来越突出。

所谓人力资源主要是指组织成员向组织提供的技能、知识以及推理和决策能力，我们通常把这些能力称为人力资本。实际上，确认和评价一个企业人力资本的价值是一项困难和复杂的工作，这是因为人们常常根据他们的工作业绩、经验和资历来评价个人的技巧和能力。然而，个人能力能否充分发挥作用还取决于他所在工作环境的状况。有时，很难直接评价个人对组织业绩的贡献。因此，企业常常通过间接的方式来评价个人的业绩，如考查个人的工作时间、热情、职业习惯和态度等。在环境迅速变化的条件下，如果一个企业想要适应这种变化，并利用新的机会求得发展，更重要的不是考查其雇员过去或现在具有怎样的能力和业绩，而是评估他们是否具有挑战未来的信心、知识和能力。近年来，许多企业，如深圳华为等都已开始对其成员做更广泛，更细致的知识、技巧、态度和行为测评。与此同时，越来越多的企业认识到在评估其人力资源状况时，不仅要考查其成员个人的专长和知识，而且尤其要评价他们的人际沟通技巧和合作共事能力。换句话说，一个企业的能力不仅取决于其拥有的资源数量，而且更重要的是取决于它是否具有将各种资源整合的能力。大量的研究发现，一个具有创造性和内聚力文化的企业具有更大的竞争优势，在这样的企业里，管理人员和企业员工分享共同的理念和价值观。

企业如何面对错综复杂的内外部环境继续生存和发展，关键在于人力资源的开发与管理，在于企业如何充分利用和发挥自身的人力资源的优势，取得更大的经济效益。当一个企业拥有和开发了有价值的、稀缺的、独有的或有组织的资源的时候，它就创造了竞争优势。我们可以用同样的标准来衡量人力资源的战略性影响。

1. 创造价值

通过努力降低成本、向客户提供独一无二的产品和服务，或通过二者的结合，人们创造出了价值。这二者的实现都离不开有创造性的人才。

2. 稀缺性

当竞争对手不能获得与你拥有同等技术、知识和能力的人才时，这些人才就成为了你获得竞争优势的源泉。一些企业已经意识到一些雇员的价值和稀缺性。一流的企业为获得竞争优势，都会在吸引和培训最具优势的人才方面进行大量的投资。

3. 难于模仿

当员工的能力和贡献不能被他人仿效时，他们就成了竞争优势的来源。迪斯尼等企业因创造了独特的企业文化和员工的团队精神而闻名，而这些都是难以仿效的。

4. 有组织

当人们的天才和智慧能够有效地结合在一起，在分配一项新任务后，能够在很短的时间内开展工作，他们同样获得了竞争优势。使员工有效组织的方法是团队精神和相互合作。

以上四条突出说明了人力资源管理与战略管理之间的紧密关系。

第二节 企业能力的构成

企业能力是指企业协调资源并发挥其生产与竞争作用的能力。这些能力存在于企业的日常工作之中。单独一项资源并不能产生实际的能力，能力来自于对各项资源进行有效的组合。能力是企业若干资源有机组合后的结果和表现。企业能力由研发能力、生产能力、营销能力、组织能力等组成。

一、研发能力

在当代的市场中，激烈的竞争要求企业不断推出新产品或改进技术、工艺，这一系列活动都离不开企业的研发。研发已经成为企业持续竞争优势的关键来源。企业投资于研究与开发，能开发出更高级的新产品或服务、提高产品质量、降低成本，能为消费者创造更大的价值，在与对手的竞争中，获得消费者的认可，进而增强企业的竞争优势。新产品开发能力分析应着重从新产品开发计划、开发组织、开发过程和开发效果四个方面进行分析，并将分析结果与主要竞争对手比较，进而判断企业此项能力的强弱，为企业战略的选择提供依据。

二、生产管理能力

生产是企业的基本功能,是厂商为客户提供价值的基础。企业的生产活动包括对所有的投入品——诸如原材料、劳动、资本、机器与设施等进行加工,使之转变为产品或服务并能够为消费者带来价值和效用的所有活动。在不同的行业,由于各自特点不同,企业生产所涉及的投入品、物质转换过程及产出品也不相同。如表3-1所示,罗杰·施罗德(Roger Schroeder)列出了生产管理的五种功能及相应的决策领域——生产过程、生产能力、库存、人力和质量。

表3-1 生产管理的五种基本功能

功能	简述
生产过程	生产过程决策涉及实际生产系统的设计。具体决策内容包括对技术、设施选择,工艺流程分析,设施布局,生产线的平衡,工艺控制及运输分析
生产能力	生产能力决策确定企业的最佳产出水平——不能太多,也不能太少。具体决策内容包括预测、设施计划、综合计划、生产计划、生产能力计划及排队分析
库存	库存决策涉及对原材料、在制品及产成品存量的管理。具体决策内容包括订货的内容、时间和数量及物料搬运
人力	人力决策涉及对熟练及非熟练工人、职员及管理人员的管理。具体决策内容包括岗位设计、工作考核、丰富工作内容、工作标准及激励方法
质量	质量管理的目的在于生产高质量的产品与服务。具体决策内容包括质量控制、抽样检查、测试、质量保证及成本控制

生产过程往往占用企业大量的人力及资本,是形成企业产品、服务成本优势或差异化的主要来源,生产功能中的优势与弱点决定了企业能够做什么,不能做什么,是企业制定战略的依据,对竞争优势的形成有重大影响。

三、营销能力

一个企业营销能力的强弱往往体现在其产品竞争能力、销售活动能力和市场决策能力上。因此,营销能力分析通常从这三个方面来进行。

(一)产品竞争能力分析

产品竞争能力分析是对企业当前销售各种产品的市场地位、收益性、成长性、竞争性和结构性等方面进行分析,分析结果将为改进产品组合和开发新产品指明方向。

1. 产品市场地位分析

产品市场地位分析除通过市场调查,分析判断该产品的知名度、美誉度、产品形象之外,还要定量测评市场占有率和市场覆盖率。

市场占有率= 本企业产品销售量/市场上同类产品销售量 ×100%

市场占有率是产品市场地位的重要标志,也是企业最重要的战略目标之一。企业应分品种、分地区、分时期进行统计,并与竞争对手比较以便发现问题和查找原因。另外还要注意,当前企业竞争的焦点已开始由过去的市场份额规模增长,转向了市场份额质量(用市场份额与忠诚顾客的百分比来衡量)的提高,因而在分析市场占有率的同时还要注意忠诚顾客的比率。

市场覆盖率=本企业产品投放地区数/全市场应销售地区数×100%

公式中的销售地区可以是省、市、县、区。

2. 产品收益性分析

产品的收益性高低直接决定企业的效益,企业应确立高收益的产品组合。收益性分析可采用如下方法进行:

(1)进行销售额的 ABC 分析,以找出需深入调查的 A 类重点产品。

(2)进行边际利润分析,以明确企业各种产品的边际利润贡献度。

(3)进行量本利分析,以查明经营安全性和确定目标销售量。

3. 产品成长性分析

通常是把企业最近几年的销售量或销售额按时间顺序画成曲线,来观察其增减变化趋势,采用的指标主要有销售增长率和市场扩大率。

市场扩大率=某年度市场占有率/上年度市场占有率×100%

4. 产品竞争性分析

就是分析相对于竞争产品,本企业产品在质量、外观、包装、商标、价格、服务等方面所具有的优越性。

5. 产品结构性分析

产品结构又称产品组合。产品结构可分为深度结构和宽度结构。宽度结构是指产品的系列结构,深度结构是指同一系列的规格结构。产品结构分析的目的是发现优势产品和弱势产品,弄清产品结构不合理的地方,进而改进产品组合,为保持和提高产品竞争力奠定基础。具体可运用波士顿矩阵等方法进行分析。

(二)销售活动能力分析

销售活动能力分析是在产品竞争力分析基础上,以重点发展产品和销路不畅产品为对象,对其销售组织、销售绩效、销售渠道、促销活动等方面进行分析,以判断企业销售活动的能力、存在问题、问题成因,进而为制定战略提供依据。

1. 销售组织分析

销售组织分析主要分析以下内容:

(1) 销售组织机构,包括人员编制、业务分工、责任权限、管理方式等方面的分析。

(2) 销售人员素质,包括销售队伍结构、业务能力、专业资格、培训进修情况、综合素质等方面的分析。

(3) 销售管理,包括销售计划统计报表、顾客档案、市场调查、薪酬制度等方面的分析。

2. 销售绩效分析

销售绩效分析主要分析计划完成率、地区发展状况以及销售活动效率等内容。主要指标及计算公式如表 3-2 所示。

表 3-2 销售绩效分析

项目	计算公式
1. 销售计划完成率	实际销售额/计划销售额
2. 销售额增长率	(本期销售额-前期销售额)/前期销售额
3. 销售价格保持率	实际销售价格/计划销售价格
4. 销售毛利率	销售毛利润/实际销售额
5. 销售费用率	直接销售费用/实际销售额
6. 欠款回收率	本期回收金额/(上期末应收款+本期销售额)
7. 顾客平均销售额	实际销售额/顾客总数
8. 新顾客销售额比率	新顾客销售额/实际销售额
9. 老顾客销售额比率	老顾客销售额/实际销售额
10. 平均访问销售额	实际销售额/总访问次数
11. 平均每日访问次数	访问总次数/实际访问天数
12. 访问成交率	成交件数/总访问次数
13. 顾客意见发生率	顾客意见总数/固定顾客数
14. 新顾客开发率	新顾客增加数/访问新顾客数

3. 销售渠道分析

销售渠道分析主要分析以下内容:

(1) 销售渠道结构。分析企业直接销售和间接销售的各种形式,绘制销售渠道结构图,计算各个销售渠道的销售额构成比例和利润贡献度,分析现有渠道结构的合理性。

（2）评价中间商。依据与各中间商交易额大小及交易额增长率高低，从各中间商的重要性和发展性两方面进行分类和评价，确定今后需重点管理、扩大交易的中间商。

（3）销售渠道管理分析。分析企业的渠道整合和渠道管理方针，重点分析企业与中间商是否建立了双赢的合作伙伴关系。若没有，问题何在？怎样建立？

4．促销活动分析

促销活动分析主要对企业开展促销活动的方法、内容和效果进行评价，如促销经费占销售额的比例是否适度、促销组合是否合理、促销活动对提高产品知名度、扩大销售的贡献如何等。

（三）市场决策能力分析

市场决策能力分析是以前述产品市场竞争力分析、销售活动能力分析、新产品开发能力分析的结果为依据，对照企业当前实施的经营方针和经营战略，来发现企业在市场决策中的不当之处，评估判断企业领导者的市场决策能力，并探讨企业中、长期所应采取的经营战略，以提高企业领导者的决策能力和水平，使企业获得持续的成长和发展。

四、组织效能分析

企业的一切活动说到底都是组织的活动，组织是实现目标的工具，是进行有效管理的手段。分析组织效能、发现制约企业长远发展的组织管理问题并加以改进，则为企业战略的正确制定和成功实施奠定了坚实的组织基础。

进行组织效能分析，首先必须明确评价组织效能的一般标准。良好组织应符合以下基本原则：目标明确、组织有效、统一指挥、责权对等、分工合理、协作明确、信息通畅、沟通有效、管理幅度与管理层次有机结合、有利于人才成长和合理使用、有良好的组织氛围。

遵从以上评价标准具体进行组织效能分析时可以从多角度进行。

（1）从分析组织任务分解入手，对组织任务的分解过程和分解结果进行逻辑分析，进而对组织任务分解的合理性做出判断。例如分析职能管理体系的分工，如果任务分解不合理，任务交叉、任务割裂、任务空当、轻重不分、横向协调不畅等，那么据此建立的职能组织结构也不可能合理。

（2）从分析岗位责任制、职责权限对等性入手发现改善的机会。在企业组织的等级链上，每一个环节即职位上都要贯彻责权对等原则。如果某个职位的责权不清晰、不对等,等级链就缺乏牢固的连接环,整个组织就会松垮、低效。

（3）从分析管理体制入手,对企业集权与分权的有效性进行分析。在分析时要注意分析影响本企业职权集中和分散的各种因素,例如组织的规模、职责和决策的重要性、组织文化、下级管理人员数量和素质、控制技术的发展程度、环境的影响等,切忌"一刀切"。一般而言,规模较大的企业职权应适度分散,反之则需适度集中。从内部扩展起来的公司集权较多,合并或联合起来的公司分权较多。各级管理人员数量、素质不足则倾向于职权集中,反之则倾向于职权分散。实行多元化经营分权较多,实行单一化经营集权较多。其实集权和分权对于一个组织而言都是必要的,没有绝对的集权,也没有绝对的分权。该由下级获得的权力过于集中,是上级"擅权"。该由上级掌握的权力过于分散,是上级"失职"。分析组织效能时,要考虑的不是分权好还是集权好,而是如何合理确定集权与分权的程度,哪些应集权,哪些该分权。

（4）从分析组织结构入手,确定现有组织结构是否适应未来战略方向。现代企业组织形式主要有直线职能制、事业部制、矩阵制、扁平式、网络式、虚拟式等。各种组织形式各有优势,此项分析旨在确定适应未来战略方向的最佳组织形式。

（5）从分析管理层次和管理幅度入手,发现新增或合并管理职能部门的可能性。管理层次决定组织的纵向结构,管理幅度决定组织的横向结构。古典组织学家主张狭窄的管理幅度以实现有效的控制。现代组织学家认为下级憎恶限制人们动机和行为的严密管理,主张管理的宽幅度以减少管理层次,加速组织中信息的传递。现实中,管理幅度和管理层次的确定需综合考虑企业规模、生产特点、经营性质、授权程度、组织协调程度、管理者的能力、下级的成熟程度、工作的标准化程度、工作条件、工作环境等多种因素。

（6）从分析人员入手,根据组织任务分解、职位标准和职务手册等对企业所有现职管理者承担现职工作的能力和职业前景进行分析判断,看现职管理者的胜任程度和职位标准等是否应当修正。以上逐一讨论了进行企业研发能力、生产管理能力、营销能力、组织效能分析的基本框架和方法。综合以上分析,便可得出企业能力强势所在和弱势所在的结论,进而准确锁定企业面临的战略问题。例如,基于企业资源、能力的强势和弱势,哪些市场机会最适合本企业。现存资源、能力弱势的严重程度如何,要纠正资源、能力弱势,防范外部威胁,应采取什么措施;企业现行战略的优劣势是什么,企业是否可以在做出某些局部调整后继续执行现行战略，或者必须对现行战略做重大变革。

第三节 企业的核心能力分析

企业的能力往往是多种多样和多层次的，不仅表现在企业各种生产经营环节或各职能领域内，而且还存在于企业内部各层次上。有的能力在经营中起一般的必要的作用，有的能力起支持帮助企业赢得竞争优势的作用，有的能力持续地支持企业赢得某种竞争优势。能够帮助企业持久地建立竞争优势的能力，称为企业核心能力。前面提到企业资源和能力是企业制定战略的基础，也是企业取得竞争优势和获得超额利润的源泉，特别是企业的核心能力。所以，20世纪90年代以来，企业的核心能力成为企业管理界和实际工作者讨论的热点。西方各大企业都非常重视核心能力的培养，我国企业面对激烈的市场竞争和全球经济一体化，也必须抓紧研究和培育自己的核心能力。

一、核心能力的概念

核心能力也称独特能力和核心竞争力，是一个企业能够比其他企业做得出色，使企业长期、持续地拥有某种竞争优势的能力。通常表现为企业经营中的累积性常识，尤其是关于如何协调不同生产技能和有机结合多种技术流的学识。它可能出现在特定的业务职能中。核心能力与一般能力是有区别的。核心能力并不是企业内部人、财、物的简单叠加，它能够使企业在市场中获得和保持战胜对手的竞争优势，能帮助企业获得商机和超额利润率。

企业核心能力的概念最初是由C.R.Prahalad和Gary Hamel在《哈佛商业评论》上的一篇文章中提出的。从那时起，有关企业核心能力的观点和著作愈来愈多，研究也在不断深入和细化。但遗憾的是，直到今天，企业核心能力还没有一个能为大家普遍接受的、较为清晰的定义，而且由于不同研究者关注的问题不同和视角上的差异，对核心能力理解上的歧义有进一步扩大的趋势。由此给企业核心能力的识别和培育造成了相当大的困难。因此，需要对企业核心能力的内涵做更多的研究和讨论。

Prahalad和Hamel给出了一个关于企业核心能力的形象化说明，如图3-1所示。如果把一个企业比喻成一棵大树，树干和大树枝是核心产品，小树枝是企业的不同业务单位，树叶、花和果实是最终产品，而为这棵大树提供营养和保持稳定的根系就是核心能力。尽管上述有关核心能力的定义还远远不能说明企业千差万别的现实，而且概念上比较模糊和交叉，但经过十几年的努力，人们还是在某些方面取得了普遍共识。

（1）核心能力是指某些技能或知识集合而非产品和功能。毫无疑问，一个具体的产品或某项产品功能，包括那些受到专利保护的产品和特殊功能也很容易被他人复制，或为一些替代品所替代，而技能或知识集合可能掌握在一群人手中，而这群人的技能和知识集合又是通过组织协调才能发挥作用，所以它们才是竞争者难以模仿的核心能力。

（2）企业核心能力不仅是产品生产技能的协调和技术集成，它也涉及组织和价值传递。例如核心能力常常涉及跨组织边界的沟通、包容和深刻的承诺，核心能力往往是跨越各部门技能或知识的集合。

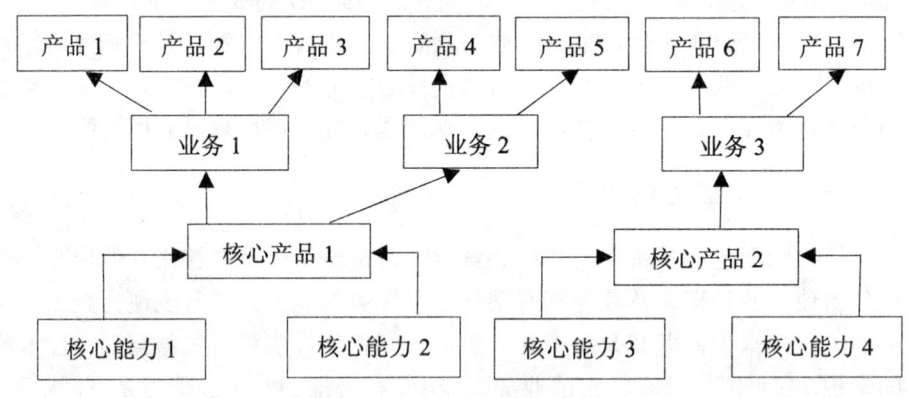

图 3-1　企业的核心能力

（3）企业核心能力并不等同于"核心产品"，尽管它们之间有着密切的联系。核心产品只是企业核心能力在产品上的一种具体体现，换句话说，某一核心产品可能因市场环境的变化不再受消费者的欢迎，但具有核心能力的企业会根据需求的变化迅速采取行动，在不改变核心能力的情况下生产出差异化产品，满足顾客的新需求。当然，在大多数情况下，核心产品在一定程度上反映了企业核心能力。

（4）核心能力根植于整个组织系统，不能仅仅依靠一两个魅力型领袖或天才人物的存在，它是通过整个企业的组织系统和文化价值传递而发挥作用的，一旦形成这种以整个组织体系和共同的文化价值为基础的组织能力，竞争对手就难以通过简单模仿或挖走几个关键人物复制这种能力。

（5）不存在外延方向上统一的"核心能力"，但存在内涵上统一的核心能力，关键在于"核心"和"能力"两个方面的统一。换句话说，不是所有成功的企业都拥有一种为大家所共同承认和易于识别的核心能力，每一个企业都可以拥有自己独特的核心能力，但这种能力一方面必须为企业带来相对持久的竞争优势，另一方面又不是一般意义上的组织或管理能力。即如果一味地扩充核心能力涵盖的内容，那么核心能力也就失去了"核心"。

二、核心能力的识别和特征

核心能力的形成要经历企业内部资源、知识、技术等的积累、整合过程。正是通过这一系列的有效积累与整合，形成持续的竞争优势后，才能为获取超额利润提供保证。但是，并不是企业的所有资源、知识和能力都能形成持续的竞争优势，都能发展成为核心能力。要成为核心能力必须具备以下4个方面因素。

（1）有价值。也就是说，核心能力必须能够提高企业的效率，可以帮助企业在创造价值和降低成本方面比其竞争对手做得更好。

（2）异质或稀缺的。核心能力是企业所独有而未被当前或潜在竞争对手所拥有的，或只有少数竞争对手才拥有的。

（3）难以模仿。如果核心能力易被竞争对手所模仿，或通过努力很容易达到，那么它就不可能给企业提供持久的竞争优势。那些内化于企业整个组织体系、建立在系统学习经验基础之上的专长，比建立在个别专利或某个出色的管理者或技术骨干基础之上的专长，具有更好的持久的竞争力。

（4）难以替代。一般产品、能力很有可能受到替代品的威胁，但核心能力应当是难以被替代的。例如，美国联邦快递公司的核心能力是准确、快速的物品传递能力，其优势在于其工作系统可以保证第二天将用户的包裹寄送到美国任何地方；麦当劳的核心能力是标准化的经营管理能力与在不同分店的食品递送能力，其遍布全球的几千家店可以向用户提供几十亿个质量、口味相同的汉堡包，这也不是其他快餐公司所能做到的。

三、核心能力的竞争层次

未来的核心能力竞争将是多层次的，了解每个竞争层次的本质，对于赢得建立核心能力领先地位的竞赛十分重要。

1. 开发与获取构成核心能力的技能与技术之争

第一个层次的竞争目标是获取或开发构成核心能力的技能或技术，以形成一定的核心能力。这一层次的竞争发生在技术、人才、结盟伙伴和知识产权的市场上，有远见的企业会争取获取那些可形成总的核心能力的单项技能或技术。意欲在全新领域形成核心能力的企业，可能会优先获得政府科研合同，竞先吸引潜在用户签订长期开发合同。竞争核心能力领先地位的另一途径是争取率先注册专利，以保护其造福用户的方式不被模仿。

这一阶段善用资源的方式，主要是获取或"吸收"外来的技能或技术。亚洲的一些公司，特别是日本公司，素来善于从西方引进科学和构想，然后将其组合成世界级核心能力。引进西方技术的主要渠道包括战略联盟、技术转让协议、聘用留美回国的学生和向新兴公司进行产权投资。

2. 整合核心能力之争

各企业在聘用关键人才、争取独家许可、结交合作伙伴上是短兵相接、正面交手，但在把分散的技能整合成核心能力方面，则是比较间接的较量，尽管后者的重要性并不亚于前者。核心能力宛如一幅织锦，它是由不同的技能和技术纺织而成的。特别是将各种各样分散的技能和技术融合在一起需要的是通才，而不是知识面很窄的专家。正如吸收与发明同等重要一样，整合的重要性可能也不在发明之下。如果说日本公司的发明能力在过去几年中的发展远远赶不上一些西方竞争对手，但日本公司的吸收和整合能力却足以弥补这方面的不足，且绰绰有余。

在整合核心能力阶段，善用资源不是通过外借他山之石，而是通过多方重复利用既有核心能力来实现的。例如，电子数据系统公司把时程、预订票系统和在纵向市场上进行追踪的能力，广泛应用到车辆租赁、空中运输和卡车运输等不同行业中。

3. 核心产品份额之争

第三个层次的竞争主要围绕着核心产品（在服务行业则是核心平台）展开的。核心产品一般是介乎核心能力与最终产品之间的一种中间产品。许多企业会以原始设备制造商的方式（即 OEM）向其他企业甚至竞争对手出售其核心产品，作为占领市场份额的一种途径。这一阶段的善用资源则是靠"借用"下游合作伙伴的销售渠道和品牌来实现的。这种市场份额的扩大及由此获得的收入和经验，可使企业加快核心能力建设的步伐。

企业的竞争目标实际上应是在某种核心能力领域建立垄断或尽可能接近垄断的地位。建立最终产品垄断地位会受到法律和分散的销售渠道的约束，但是核心产品份额则不受这些限制，核心能力份额也因此可以自由发展，已有越来越多的公司认识到出售核心产品的价值。自 20 世纪 90 年代开始，IBM改变了公司的一贯政策，自愿把核心产品（零组件与模拟件）出售给任何人，无论敌友，一视同仁。

4．最终产品之争

这是通过扩大现有最终产品的市场份额来扩大收益。这是一条传统的竞争途径，也是一种传统的竞争方式。

最后需要指出的是，区分以上 4 个层次的竞争具有战略意义。因为全球竞争在各个层次上所遵循的规则和产生的利害关系是不同的。要在长时间固守领先地位，企业似乎应成为各个层次上的胜利者。但是资源、能力和市场的局限常常使不少企业采取以下战略：为保证企业在目标市场上核心竞争力的领先地位，不断努力寻求商机，使其在核心产品的世界制造份额中最大化；然后，由制造销售核心产品所获得的收益以及积累的市场经验，决定核心竞争力被加强的方向和扩展的步伐。

四、核心能力的培育与保护

核心能力的培育，首先应考察现有资源和能力及其在某一市场机会中的价值，然后确定与未来可能存在的商业机会所要求的资源和能力之间的差距，再来弥补这种差距。其基本途径如下：

（1）自我发展。通过自身努力，建立内在的核心能力。这种方式对企业素质要求较高，需要企业具有较强的能力基础；否则，可能造成"欲速则不达"，不但没有培养出核心能力，反而丢失了现有阵地。但是，这一方式形成的核心能力优势很有可能大幅度提高企业的竞争力。如 20 世纪 80 年代初期，微软公司为了形成自己的独特优势，全力以赴开发 Windows 操作系统，并终于取得成功，从而开始了其在 PC 机操作系统市场的霸业。

对我国大多数企业来说，由于发展水平落后，在初期借助外部力量构建核心能力是必不可少的，但这一过程应尽可能缩短。据相关研究，我国在 20 世纪 90 年代从国外引进的"软技术"如技术服务、技术咨询、技术许可与合作生产等只占 17.4%，而"硬技术"如生产线和关键设备等则占到了 82.6%。重"硬"轻"软"、重"引进"轻"消化"的现象，说明我国企业对发展自己核心能力的不重视或对企业能力的误解，或是没有从长远发展的观点出发去建立自己的核心能力。这方面做得最好的是日本，日本企业从国外引进技术后，充分消化吸收，并逐步培育了自己的全球性的核心能力。

（2）与拥有互补优势的企业形成战略联盟。夏普通过与雷声公司（微波炉技术发明者）合作获得了生产微波炉的技术。我国在前几年所组建的许多企业集团，其实质就是为了实现"资源共享，优势互补"，但由于大多数企业之间的结合，既没有充分考虑到各个企业之间的能力互补关系，又没能把相互拥有的能力进行更高层次的整合，以产生"2+2>4"的效果，因此，它们的失败就成为必然。

（3）兼并收购拥有某种企业所需要的专长的企业。自进入 20 世纪 90 年代以来，这种方式就在国际上广为流行，甚至有人把它称为一次新的兼并浪潮。如原来德国宝马公司拟收购英国劳斯莱斯公司，正是看中了劳斯莱斯公司在驱动力、减噪、安全性等方面的技术，通过收购将其纳入自己的核心能力体系，进而增强自己的核心能力。这样既能降低研究开发成本，又能缩短核心能力的培育时间。

但是，在培育和发展核心能力的过程中，会出现一些逆向行为。如核心能力携带者的流失而导致核心能力丧失或无法发挥作用，与其他企业合作而造成技术外泄，放弃某些经营不善或前景不好的业务而失去一些具有潜在价值的核心能力。但是更有可能发生的还是在企业发展良好时，由于资金或人为的原因看不到未来的发展方向而导致核心能力的丧失。

第四节　企业内部环境分析的方法

本节将讨论对企业内部条件进行分析确定和评价企业内部战略要素，从而发现企业的能力及不足之处的分析工具。

一、价值链分析

（一）波特的价值链理论

对企业资源进行分析的一个常用工具是波特教授提出的价值链。所谓价值链，是指企业为创造价值而从事的各种活动，包括设计、生产、营销、发运及支持性活动的集合。价值链概念的提出基于以下基本逻辑关系：经营资源→价值活动→竞争优势。在市场经济条件下，一个企业的竞争优势最终是由其产品或服务的价值体现的，并由消费者接受与否以及接受程度决定的，而消费者是否接受的关键则在于他们对企业提供的产品或服务的价值与其他竞争者的价值判断，也可以说，他们对企业设计、生产、销售、供货及支持活动完成方式的价值评价。当他们寻找到真正渴望得到的价值并愿意为此支付价格时，企业便在市场上实现了产品或服务的价值，从而在产品或服务的竞争中建立起自己的竞争优势，反之亦然。所以，企业要想在竞争中获得优势，就必须把自己的资源通过各种活动创造为价值。也就是说，企业内部的各种活动都应该是创造价值的活动，由于这些活动在企业内部犹如一条链条，因而称为"价值链"。

价值链分析的重点在于价值活动分析。波特提出的价值链，把价值活动可以分为两大类：基本活动和辅助活动，如图 3-2 所示。基本活动是涉及产品的物质创造及销售、转移给买方和售后服务的各种活动；辅助活动是辅助基本活动，通过提供外购投入、技术、人力资源以及各种企业范围的职能以相互支持。

图 3-2 中的虚线反映了基本活动与辅助活动之间的相互联系以及共同支持整个价值链。因此，价值活动是企业内部各种相互分离活动的组合，决定着一个企业竞争优势的大小。

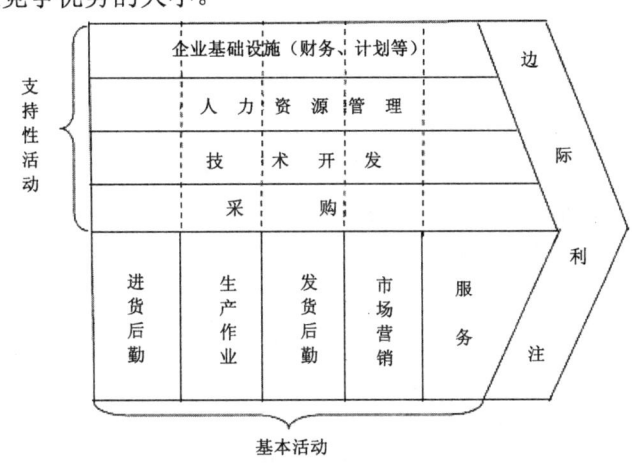

图 3-2 波特提出的一般价值链

1. 基本活动内容

（1）进货后勤。提供产品或服务所需要的接收、储存、输入物资以及分配产品的各种活动，如入货、仓储、存货控制、车辆调度以及向供应商退货等。

（2）生产作业。将投入品转变为最终产品的活动，如机械加工、组装、测试、包装、设备管理及维修等。

（3）发货后勤。产品收集、存储、散发和分销给客户的活动，如产品库存、搬运、送货、订单处理、车辆调度和进度安排与控制等。

（4）市场营销。提供吸引客户购买产品的活动，如广告、定价、公关促销、人员促销、销售渠道选择等。

（5）服务。提供维持和增加产品价值的活动，如免费送货、安装调试、培训与咨询、配件供应、保养维修等。

2. 辅助活动内容

（1）采购。采购是指购买所需资源，获取各种资源输入的全部活动，如材料、机器设备、试验设备、办公设备、房屋建筑物等。采购行为需要专门人才进行管理，熟练地掌握与供应商打交道的程序与技巧，审定选择供应商的原则及货源信息系统。采购行为作为价值链的重要环节，其行为的好坏直接影响价值活动的质量，如果采购环节出现失误，必然导致高成本、低质量，给整个价值活动带来灾难性冲击。

（2）研究开发。研究开发是指可以改进企业价值活动的一系列技术活动。每项价值活动都包含着技术因素，它普遍渗透在技术诀窍、工艺设备、生产过程、计算机程序、信息管理系统、财务分析、办公自动化、产品研究与设计、促销手段、服务管理等行为之中，它对于各种行业的竞争优势都是重要的，在某些技术或资金密集型行业充当着竞争优势的关键支撑点。

（3）人力资源管理。对价值链起着支持性甚至决定性作用的因素是人力资源的开发与管理，即对所需人员的招聘、培训、激励等项活动的管理。高素质的管理人员、营销人员、财务人员、工程技术人员及操作人员，他们的敬业精神、创造欲望、进取态度和专业知识与技能，是保证企业立于不败之地的首要因素，是企业长期获得竞争优势最重要的战略资源。

（4）企业基础设施。企业基础设施主要是指常规管理系统和管理活动，如计划、财务、会计、组织机构、法律服务、信息管理系统、办公自动化等管理行为支持着整个价值活动。从职能上看，它们相互独立，各自发挥特有的功能；从功能和效率上看，它们相互作用，没有整体的协调、配合、互动，就难以充分发挥各自特有的功能和效率。管理活动作为一个系统，绝非孤立的行为，如果只强调某种管理的质量或功能，企业整体效益就无从产生，也根本无法形成整体的竞争优势。

（二）价值链的分解与描述

作为旨在了解企业竞争优势的现有和潜在来源而对企业活动进行分析的一种有力工具，价值链分析主要包括三项基本内容，即识别和界定活动、描述价值链的技术经济特性和确定每项活动的结构性驱动因素。

1. 识别和界定活动

图3-2给出的只是对制造企业价值链的一个简单分解，为了清楚地认识竞争优势的来源和增强优势的有效途径，往往需要对创造价值的过程进行细

化分解，比如把加工制造分解为热处理、精密机加工、组装及测试等项活动；把销售活动分解为促销、广告、销售队伍管理、货品管理等项活动。对不同产业、不同企业甚至是不同时期的同一企业而言，每项活动的内容又存在着或大或小的差别，一个单纯从事家用电器组装生产的企业与从事零部件加工制造的企业，其物流活动的内容可能很复杂，生产制造活动则相对简单。对活动的分解可以一步步地持续下去，这就产生了合理分解的程度问题。如果对活动的划分过于笼统，就很难挖掘出竞争优势的真正来源；但如果过细，又可能因那些琐细的枝节而扰乱了分析思路，甚至使分析失去了战略意义。在识别和界定活动的过程中，应该力求把识别出的活动数量控制在最低水平，但要注意区分不同属性的活动。

（1）应分离出对产品价值有重要贡献的活动。这些活动的改进应该在整个战略中占有特殊位置，是改造的重点；将其他活动和这些活动混淆在一起，可能会使战略失去焦点。

（2）分离出占成本比重较大或费用正在迅速上升的活动。运用结构性驱动因素控制这类活动的成本，也是整个战略中的一项重要内容。

（3）将具有不同结构性驱动因素的活动分开。这样有利于在结构性驱动因素和活动之间建立起清晰的对应关系，让人们认清对哪些结构因素进行调整可以改变哪些活动，使战略方案更具有可操作性。

特别需要指出，企业在识别和界定活动时不能将分析范围局限于自己担负的活动，还应将自己未担负的重要活动包含在内。价值链分析是从顾客需求的角度，而不仅仅是从企业内部来认识创造价值的过程。只有对创造价值过程进行完整分析，才可能发现价值链的缺陷。

2. 描述价值链的技术经济特性

识别企业的价值活动仅仅是价值链分析的第一步，为了便于寻求竞争优势的根源，企业还要对各项价值活动本身进行研究，特别是描述其技术经济特性。具体包括3个方面的内容，即每项活动对价值的贡献、每项活动的技术水平和每项活动的成本费用。

（1）每项活动对价值的贡献。一项活动存在于价值链之中的意义在于它能够创造价值。有些活动直接创造着价值，如零部件加工、质量检验、销售业务、广告、产品设计等；有些活动间接创造价值，如维护、进度安排、设施管理、销售管理、科研管理等，它们保证直接创造价值活动的持续进行。在战略定位、技术演变、需求变化等因素的影响下，过去对价值有贡献的活动，可能已经失去意义；一些过去看来不太重要的环节，可能演变成价值链中的关键环节。分析每项活动对价值贡献的目的是识别重要的活动和不能创造价值的活动。但这种分析的困难在于，顾客价值并不是一个由单一指标构成的标准，而是由产品的功能、质量等一组标准组成，要把不同的活动置于多项标准下进行比较，需要一些复杂的分析方法。

（2）每项活动的技术水平。价值链也是理解技术在竞争优势中所起作用的基本工具。作为各种活动集合体的企业，也是各种技术的集合体。其中，技术包含在企业的每个价值活动当中，并且技术变革会对所有的价值活动产生影响。实际上，每种价值活动都运用一定的技术来完成其特定的任务，就连那些支持性活动也需要技术，如人力资源管理中的人员测评技术、基础管理中的信息技术等。每项活动的技术水平对活动的效率都有很大的影响。对每项活动的技术水平进行分析，主要是把这些技术同最先进的适用技术作一比较，找出差距，并分析每一项差距对价值的影响。

（3）每项活动的成本费用。企业开展经营活动的主要目的之一就是获取利润，而利润与成本之间存在着此消彼长的关系。企业在识别和界定价值活动以后，还必须对每项活动的成本进行分析。对于实施低成本战略并希望获取成本优势的企业，这项分析活动更是具有十分重要的意义。

区分不同活动引发的费用是一件困难的工作，一是许多费用不是按活动记录，二是许多活动之间存在着共同费用，需要合理分摊。近年来广为流传的作业成本法（Activity Based Costing），为活动分析提供了一种有力的工具。

3. 确定每项活动的结构性驱动因素

所谓结构性驱动因素，是指影响价值活动的成本状况或差异化程度的结构因素。例如，当规模影响到单位产品的广告成本时，规模就成为广告这一环节的结构性驱动因素。对这种因素的调整总会引起企业内部某些结构的变化，因此属于战略决策的范畴。确定结构性驱动因素的目的是对企业相对成本地位或差异化优势的来源以及如何才能改变它们有一个深刻的认识，以便找到增强竞争优势的具体措施。

价值链把一家公司的所有职能分解成许多具体活动，每项活动都有自己的成本驱动因素。企业的实践表明，主要有10种成本驱动因素决定价值活动的成本行为，它们分别是：规模、学习、生产能力利用模式。各项活动之间的联系、价值链之间的联系、上下游整合、时机选择、企业内部政策、地理位置和政策因素。

这些成本驱动因素是活动成本的结构性因素，在一定程度上都能够置于企业控制之下。需要指出的是，没有一种驱动因素是企业成本地位的唯一决定因素，常常是几种驱动因素联合作用的结果，其中，各驱动因素之间的相互作用既包括相互对抗，也包括相互加强。企业可以通过控制这些因素来达到控制活动成本，乃至总成本的目的。

企业的价值链也为差异化优势提供资源。企业经营的差异性都来自其所从事的各种具体活动和这些活动影响买方的形式。任何一项价值活动都是差异性的一个潜在来源，也都受到一些结构性驱动因素的影响。就人们识别出的结构性驱动因素而言，差异化的驱动因素与成本驱动因素大体相同，但作用机制并不一样。例如，原材料采购能影响最终产品的成本和性能，扩大原料采购规模有可能降低采购成本，但未必能增强产品的差异性。又如，扩大售后服务网络的规模有助于提高顾客的满意度，但会引起成本的增加。

从价值链分析中可以看出，企业谋取竞争优势的两个主要途径是：第一，使自身的经营活动内容有别于竞争对手；第二，以更高的效率来组织和完成这些活动。价值链分析的意义也在于优化核心业务流程，降低企业组织的经营成本和经营风险，旨在帮助企业建立一套与市场相适应的战略管理模式，提高业务管理水平和经营效率，维系企业的竞争力。

小链接

俄亥俄州牛排包装公司

在牛排包装行业中，传统的成本链包括：在分布很稀疏的各个农庄和农场饲养牛群，将这些活牛运到劳动密集型的屠宰场，然后将整块牛排送到零售商处，其屠宰部再把牛排砍成小一点，包装起来卖给购物者。俄亥俄州牛排包装公司采用了一个完全不同的战略改造了传统的价值链，建立大型的自动化屠宰场，并将屠宰场建在便于经济运输牛群的地方，在加工厂将部分牛肉砍成更小一点从而数量会随之增多的牛肉块，之后装盒，然后再装运到零售商那里。该公司的入厂牛群运输费用在传统价值链下是一个主要的成本项目，但现在因减少了长途运输而大大减少了；同时，不再整块运送牛肉因而也减少了高额的牛肉废弃，大大减少了出厂成本。该公司采取的战略非常成功，从而取得了美国最大的牛肉包装公司的地位，一举超越了先前的行业领先者。

二、SWOT 分析法

SWOT 分析法就是确认企业所面临的优势（Strength）与劣势（Weaknesses）、机会（Opportunities）与威胁（Threats)，并据此确定企业的战略定位，最大程度地利用内部优势和机会，使企业劣势与威胁降至最低限度。常用的方法是详尽地明确行业状况和企业内部战略环境。对所列的因素逐项打分，然后按因素的重要程度加权并计算其代数和，以判断其中的内部优劣势与外部的机会与威胁。企业 SWOT 分析如表 3-3 所示。

表 3-3 SWOT 分析

	潜在外部威胁（T）	潜在外部机会（O）
外部环境	• 市场增长较慢 • 竞争压力增大 • 不利的政府政策 • 新的竞争者进入行业 • 替代产品销售额正在逐步上升 • 用户讨价还价能力增强 • 用户需要与爱好逐步转变 • 通货膨胀递增及其他	• 纵向一体化 • 市场增长迅速 • 可以增加互补产品 • 能争取到新的用户群 • 有进入新市场的可能 • 有能力进入更好的企业集团 • 在同行业中竞争业绩优良 • 扩展产品线，满足用户需要及其他
	潜在内部优势（S）	潜在内部劣势（W）
内部条件	• 产权技术 • 成本优势 • 竞争优势 • 特殊能力 • 产品创新 • 具有规模经济 • 良好的财务资源 • 高素质的管理人员 • 公认的行业领先者 • 买主的良好印象 • 适应力强的经营战略 • 其他	• 竞争劣势 • 设备老化 • 战略方向不明 • 竞争地位恶化 • 产品线范围太窄 • 技术开发滞后 • 营销水平低于同行业其他企业 • 管理不善 • 战略实施的历史记录不佳 • 不明原因导致的利润率下降 • 资金拮据 • 相对于竞争对手的高成本及其他

（一）增长型战略（SO）

当机会较多、优势较大的时候，采取增长型战略。企业应该集中于某单一经营领域，利用自己的优势占领市场。企业可以选用纵向一体化向自己的上游供应商或下游销售商扩展。企业可以对少量的相关产品进行多样化的经营，同时利用自己的优势，拓展市场上的机会。

（二）扭转型战略（WO）

当市场机会多，但是企业处于竞争劣势时，企业需要扭转现状，摆脱自己的劣势竞争地位。推荐企业在某一经营领域制定集中战略，以某一个领域为突破口改变现状。如果条件允许，企业应考虑与同行业的其他企业合并。为了减小风险，企业可以进行多样化经营，产品和当前业务相关性大小均可进行。如果这一切难以奏效，请放弃这块市场。

（三）防御型战略（WT）

当市场威胁大，企业又没有优势的时候，企业只能采取防御战略。推荐的方法是谋求与竞争对手合作或合并，以加强竞争地位。企业也可以从某一个领域突破，制定集中的战略。企业可以选用纵向一体化和多样化经营。如果难以成功，企业可以将该市场中的业务分离出去，或者把资源收回，用到其他领域。

（四）多样化战略（ST）

当企业有较大的竞争优势，但市场机会不多的时候，企业适合采取多样化经营战略，把企业带向有更大发展空间的市场。另一种进入新领域的方法是寻找合作或合资经营的机会。企业可以通过纵向一体化，进入上游或者下游行业。

SWOT分析是战略分析中非常重要的工具，也是一种战略性的思维方法。企业需要不断地练习并熟练地使用它。当然，SWOT分析的正确使用来源于知识、经验、充分的信息、战略思维和商业直觉，可以说，它是一个非常综合性的思维过程。

本章小结

1. 企业的经营实力首先反映在企业的资源基础上。企业的资源是指能够给企业带来竞争优势的任何要素，是企业参与市场竞争的必备条件，包括有形资源、无形资源和人力资源。

2. 企业能力是指企业协调资源并发挥其生产与竞争作用的能力。这些能力存在于企业的日常工作之中。单独一项资源并不能产生实际的能力，能力来自于对各项资源进行有效的组合。能力是企业若干资源有机组合后的结果和表现。企业能力由研发能力、生产能力、营销能力、组织能力等组成。

3. 核心能力也称独特能力和核心竞争力，是一个企业能够比其他企业做得出色，使企业长期、持续地拥有某种竞争优势的能力。通常表现为企业经营中的累积性常识，尤其是关于如何协调不同生产技能和有机结合多种技术流的学识。它可能出现在特定的业务职能中。核心能力与一般能力是有区别的。核心能力并不是企业内部人、财、物的简单叠加，它能够使企业在市场中获得和保持战胜对手的竞争优势,能帮助企业获得商机和超额利润率。核心能力的形成要经历企业内部资源、知识、技术等的积累、整合过程。正是通过这一系列的有效积累与整合,形成持续的竞争优势后,才能为获取超额利润提供保证。但是,并不是企业的所有资源、知识和能力都能形成持续的竞争优势,都能发展成为核心能力。要成为核心能力必须具备以下四个方面因素:(1)有价值;(2)异质或稀缺的;(3)难以模仿;(4)难以替代。

4. 核心能力的培育,首先应考察现有资源和能力及其在某一市场机会中的价值,然后确定与未来可能存在的商业机会所要求的资源和能力之间的差距,再来弥补这种差距。

5. 价值链概念的提出基于以下基本逻辑关系:经营资源→价值活动→竞争优势。在市场经济条件下,一个企业的竞争优势最终是由其产品或服务的价值体现的,并由消费者接受与否以及接受程度决定的,而消费者是否接受的关键则在于他们对企业提供的产品或服务的价值与其他竞争者的价值判断,也可以说,他们对企业设计、生产、销售、供货及支持活动完成方式的价值评价。当他们寻找到真正渴望得到的价值并愿意为此支付价格时,企业便在市场上实现了产品或服务的价值,从而在产品或服务的竞争中建立起自己的竞争优势,反之亦然。所以,企业要想在竞争中获得优势,就必须把自己的资源通过各种活动创造为价值。也就是说,企业内部的各种活动都应该是创造价值的活动,由于这些活动在企业内部犹如一条链条,因而称为"价值链"。

SWOT分析法就是确认企业所面临的优势(Strength)与劣势(Weaknesses)、机会(Opportunities)与威胁(Threats),并据此确定企业的战略定位,最大程度地利用内部优势和机会,使企业劣势与威胁降至最低限度。常用的方法是详尽地明确行业状况和企业内部战略环境。对所列的因素逐项打分,然后按因素的重要程度加权并计算其代数和,以判断其中的内部优劣势与外部的机会与威胁。

能力培养指导

- 如何分析企业资源?以一个企业为对象分析其资源,并总结企业资源分析的过程。
- 如何分析企业的能力?以一个企业为对象分析其能力,并总结企业能力分析的内容和步骤。
- 针对一个熟悉的企业进行价值链分析。

- 试用 SWOT 分析法分析某企业。

案例应用

沃尔玛公司的成功之路

沃尔玛是有史以来最神奇的商业成功之一。这家在 1962 年由山姆·沃顿创建的公司已经成长为世界上最大的企业。在 2004 年 1 月 31 日结束的财务年度中，这家秉持"天天平价"宗旨的折扣零售商的销售额接近 2560 亿美元，在 10 个国家中拥有 5000 家店面（其中 1000 家在美国），雇员人数高达 130 万。在美国，大约 8% 的全国零售销售额是由沃尔玛创造的。沃尔玛同时也是零售业内非常赚钱的一家公司。2003 年，沃尔玛公司的投资资本回报率为 14.7%，大大高于竞争对手 Costoc 和 Target，后者分别为 9.4% 和 10%（另一家主要竞争对手凯玛特在 2004 年不得不申请破产保护）。沃尔玛公司多年来一直保持着高于竞争对手的盈利能力。

沃尔玛公司卓越的盈利能力反映着通过实施一系列成功战略所带来的竞争优势。沃尔玛公司是第一批将杂货连锁店所发起的自助超市商业模式推广到普通商品销售的企业之一（它的两个主要竞争对手 Costoc 和 Target 也是同年成立的）。与专注于在市区和近郊开设店面的竞争对手不同，沃尔玛公司的店面集中在竞争对手所忽略的南方小镇。由于定价低于传统的老爸老妈杂货店，沃尔玛公司获得了快速的发展，在此过程中往往将这些老式的商店一扫而光。当 Costoc 和 Target 意识到小镇市场足以支持一家大型的普通商品零售企业时，沃尔玛已经建立了牢固的地位。这些小镇的规模只能容纳一家折扣零售店，无法再容纳第二家，沃尔玛由此获得了有保障的利润基础。

沃尔玛的成功远比选址深奥得多。这家企业还是信息系统、物流和人力资源管理方面的创新者。这些战略结合起来创造了更高的生产力和更低的成本，从而得以在低价销售的同时保持高的利润水平。沃尔玛在开发和应用复杂的条形码货品跟踪系统和收银台扫描器技术方面居于全美零售业的前列。沃尔玛公司利用这项信息技术跟踪销售动态，相应调整库存，实现库存和当地需求的配比。由于避免了低效率的货品库存，沃尔玛公司无须定期进行打折促销以出清过剩库存。经过长期的努力，沃尔玛公司将这一信息系统同遍布全国的分销网络联结起来，这些分销中心以 300 英里为半径每天向店面提供储存和供货服务。通过分销中心和信息系统的结合，沃尔玛公司得以降低店面的库存，减少库存占用的资本，将更多的宝贵空间用于销售。

山姆·沃顿亲手确立了公司人力资源管理的原则，他主张员工应当得到尊重并且分享公司绩效改善的成果。根据这一思想，沃顿将员工称为合伙人（Associates）而不是雇员。他还建立了涵盖全体员工的利润分享方案。1970年公司上市之后，他制订了一个计划——让员工可以用低于市价的价格购买公司的股票。沃尔玛公司受益于这一方法，由此而带来的高生产率转化为低运营成本和更高的盈利能力。

随着沃尔玛的成长和采购规模的不断扩大，公司得以压低供货商的价格，以低价的形式将节省的金额让利给顾客，这反过来帮助它扩大市场份额，进一步获得了相对于供货商的优势。为了减缓供货商持续降价的痛苦，沃尔玛将销售信息逐日同供货商分享，从而帮助后者配合沃尔玛的销售更有效地组织生产。

到20世纪90年代的时候，沃尔玛公司已经成为全美最大的普通商品销售商。为了保持增长，沃尔玛实行多元化进入食杂业，开设了营业面积高达20万平方英尺超级店（Superstore），同时销售普通商品和食杂。

沃尔玛公司还创办山姆会员店进入会员店销售市场。2001年，沃尔玛进入墨西哥市场，开始了国际化扩张。尽管沃尔玛公司极为成功，但它也面临着自己的问题。在美国某些地区，如加利福尼亚和东北地区，出现了反对沃尔玛的声浪，一些小镇的居民认为沃尔玛对当地零售业构成了威胁。沃尔玛越来越难于在这些地区获得新店规划许可。此外，尽管公司将善待员工视为信条，但仍然有员工起诉公司要求长时间加班而不支付加班费，还有女员工指控公司文化歧视女性。有些观察家认为这些问题无足轻重，但另一些人则认为这是公司规模过大、遭遇利润增长极限的信号。

资料来源：根据互联网资料整理。

【讨论题】
1. 沃尔玛的核心竞争力是什么？具有什么特点？
2. 沃尔玛应如何来保持和发展自己的核心竞争力？你有何建议？

第四章　企业的远景和使命

学习目标：
- 掌握企业远景的概念和作用。
- 掌握企业使命的概念和内容。
- 理解企业使命与企业远景的联系。

中国奥运会组委会的规划

北京奥运行动规划

在党中央、国务院的正确领导下，在全国各族人民和海外华人、华侨及国际友人的热情支持下，经过不懈的努力，2001年7月13日，北京赢得了2008年奥运会的承办权，为北京乃至全国的发展增添了新的强大动力。为了实现承办一届历史上最出色奥运会的承诺，指导和统筹奥运会的各项筹办工作，特制定本规划。

（一）总体战略构想

1. 指导思想

指导思想：以江泽民同志"三个代表"的重要思想为指导，贯彻中央关于办好奥运会的指示精神，以"新北京、新奥运"为主题，突出"绿色奥运、科技奥运、人文奥运"的理念，坚持勤俭节约，全面促进首都经济发展、城市繁荣和社会进步，为中国及世界体育留下独特的遗产，为中华民族的繁荣、昌盛做出应有的贡献。

2. 战略目标

承办一届历史上最出色的奥运会。通过13亿人民的积极参与，让奥林匹克精神得到最广泛的弘扬和传播；体育设施符合奥运会的各项技术标准，主体育场及重要场馆建成代表当代一流水平的体育建筑精品；竞赛组织工作科学严谨，高效有序，公平公正，为运动员创造良好的比赛条件；各项服务体现"以人为本"，做到热情周到，方便快捷；在先进可靠的基础上，有若干项最新高科技成果在奥运史上首次采用；文化活动体现中华文明的博大精深和无穷魅力，成为东西方文化交流与融合的广阔舞台；安全保卫部署严密，防范有力，氛围宽松，做到祥和安宁，万无一失；组织管理和市场运作注重创新，并获得良好的经济效益。

促进全国以及首都的现代化建设。充分发挥奥运会对全国经济发展的促进作用，推动我国现代化建设事业加快发展。力求首都在经济发展、城市建设、社会进步和人民生活改善等方面实现突破性的变化，到 2008 年，全市人均国内生产总值达到 6000 美元以上，经济现代化、城市现代化和社会现代化水平大大提高，构建起现代化国际大都市的基本框架，使北京进入一个崭新的发展阶段。

塑造首都改革创新和全方位开放的新形象。以奥运项目为载体，加大改革力度，扩大对内对外开放，实行公平准入、公平竞争，基本形成与国际规范接轨的社会主义市场经济的管理体制和管理方式；完善政策法规体系，加强知识产权保护力度；培养和使用高素质人才，学习和借鉴国际先进经营理念和管理经验，博采中外各家所长；在政府工作中，坚持开放、公正、高效、廉洁，增强务实精神，提高办事效率，力求奥运筹备工作和项目运作成为体制创新、机制创新、管理创新的典范。

努力实现我国体育事业的全面发展。大力提高我国竞技体育科研管理水平，加快建立和培养一支高素质的竞赛组织管理人才队伍，造就一批在科学选才和科学训练方面的优秀研究员和教练员，培养出一批竞技运动的新尖子人才；争取参加 2008 年奥运会所有大项和更多小项的比赛，力争金牌总数有新的突破，综合实力有明显增强；认真实施《全民健身计划纲要》，不断提高全体人民的身体素质和健康水平；加强体育法制建设，不断深化改革，加快体育社会化，促进体育事业持续、快速、健康发展。

3. 战略方针

第一，把举办奥运会与全国人民的广泛参与结合起来。

第二，把举办奥运会与推进现代化建设结合起来。

第三，把举办奥运会与扩大开放结合起来。

第四，把举办奥运会与推进精神文明建设结合起来。

第五，把举办奥运会与提高人民生活质量结合起来。

4. 战略阶段

前期准备阶段：2001 年 12 月—2003 年 6 月。制定并实施《奥运行动规划》；组建奥运会组织领导机构；全面落实奥运场馆、设施的前期工作和施工准备；环保设施、城市基础设施及一批文化、旅游设施开始建设；市场开发工作启动运行。

全面建设阶段：2003年7月—2006年6月。全面完成"十五"计划确定的各项任务；奥运场馆建设和其他相关设施建设全面展开。到2006年6月，基本完成奥运场馆及设施的工程建设；各项准备工作基本就绪。

完善运行阶段：2006年7月—2008年奥运会开幕。各项建设工作全面完成，全部场馆和设施达到奥运会要求；对所有建设项目和各项准备工作进行检查、调整、测试和试运行，确保正常使用；组织工作、安全保卫工作以及各项服务工作全部就绪。

（二）奥运比赛场馆及相关设施建设（内容略）

（三）生态环境和城市基础设施建设（内容略）

（四）社会环境建设（内容略）

（五）战略保障措施

1. 大力发展首都经济，以发展助奥运

雄厚的经济基础是举办奥运会的最基本条件。要牢牢把握"以奥运促发展，以发展助奥运"的原则，充分发挥"奥运经济"的作用，抓住机遇，乘势而上，全力以赴搞好首都经济建设，开创首都改革、发展和稳定的新局面，为办好奥运会营造一个繁荣的经济大环境。

2. 加快推进科技进步，以科技助奥运

从奥运需求出发，加强重点领域的科研攻关、技术集成和引进技术的消化吸收，推动高新技术成果在奥运会各环节的应用。

3. 加强组织领导，科学民主决策

筹办奥运会是一个庞大的系统工程。要组织各方面的力量，树立全局意识、采用民主科学决策、严格按规划落实各项工作，集中全体人民的智慧和热情，把筹办奥运会作为当前和今后一个时期全市的重点工作。

4. 坚持市场化运作方向，加强资金的筹措与管理

要坚持以市场化筹资为主的原则，在充分发挥政府的组织、引导作用的基础上，大胆探索市场筹资的新渠道。同时，要从组织、制度、程序等多方面加强资金管理，确保资金有效、安全使用。

5. 加强人力资源开发，为奥运会提供可靠人才保障

要举办一届历史上最出色的奥运会，必须选拔、培养和使用一大批高素质、国际化、复合型人才。要充分发挥北京人才密集、国际交往活跃的优势，同时，发掘利用国内智力资源，引进吸收国外智力资源，为奥运会提供可靠

的人才保障。

6. 建立健全监督约束机制，确保奥运会筹办廉洁高效

按照"关口前移，重在预防，全程介入，严格监督"的原则，建立健全各项规章制度，从体制、制度、机制上预防腐败现象的发生。

我们相信，通过执行"北京奥运行动规划"，团结一心、埋头苦干、艰苦奋斗、求实创新，在党中央、国务院的领导下，在全国人民的参与下，21世纪的中国北京，一定能够承办一届历史上最出色的奥运会。我们将为此而努力奋斗！

评述

充分发挥奥运会对全国经济发展的促进作用，促进全国以及首都的现代化建设，推动我国现代化建设事业加快发展。力求首都在经济发展、城市建设、社会进步和人民生活改善等方面实现突破性的变化，使北京进入一个崭新的发展阶段。塑造首都改革创新和全方位开放的新形象。以奥运项目为载体，加大改革力度，扩大对内对外开放，实行公平准入、公平竞争，基本形成与国际规范接轨的社会主义市场经济的管理体制和管理方式；完善政策法规体系，加强知识产权保护力度；培养和使用高素质人才，学习和借鉴国际先进经营理念和管理经验，博采中外各家所长；在政府工作中，坚持开放、公正、高效、廉洁，增强务实精神，提高办事效率，力求奥运筹备工作和项目运作成为体制创新、机制创新、管理创新的典范。

资料来源：http://sports.sina.com.cn，2002年03月28日。

第一节 企业的远景

一、企业远景的概念

目前对企业远景（Corporation Vision）尚没有一个规范化的定义，根据国内外许多学者的各种见解，综合归纳成以下定义：企业远景是根据企业使命，在汇集企业每个员工个人心愿基础上形成的全体员工共同心愿的美好远景，它能激发出强大的力量，使每个员工都渴望能够归属于一项重要的任务和事业，它是企业战略的重要组成部分。企业远景是一幅关于公司未来发展的蓝图——详细地反映了公司在技术和顾客方面的重点、所追求的区域市场和产品市场、公司所致力于培养的能力以及管理者努力创造一个怎样的公司

等问题。

企业远景实际上是为企业描述未来的发展方向，描述了企业在实现自己的使命时喜欢怎么做，远景是个人或群体所渴望的未来的"状态"。它回答企业将成为一个什么类型的公司，要占领什么样的市场位置，具有什么样的发展能力等问题。贾维顿（Javidon，1991）强调，远景除了包括一系列目标之外，还包括参与者内心的抱负，它极大地激励人们朝那个方向努力。例如，麦当劳公司的远景是占领全球的食品服务业，在全球范围内处于统治地位；英特尔公司的远景是在世界范围内出现 10 亿台彼此连接的电脑、几百万个服务器、价值达几万亿的电子商务活动。

企业在很长的时间跨度内，提出和制定具有创业精神并且清晰的企业远景，这是一项很艰巨的任务。它要求企业凭借直觉和创造力，洞悉出企业现有业务中将要发生的变化以及将要出现的市场机会，客观地对待所要面临的市场环境、竞争环境、技术环境、管理环境以及社会环境，客观地对待自身的资源和能力，理性地分析所需要采取的措施，提出一个可行的并且具有吸引力的企业远景，进而规划企业的行动，激活企业的战略。

小链接

服务不是产品缺陷的纠正措施

本公司是全球性的农用机械制造商，致力于向公司股东提供真实的价值。为此本公司的远景表示为：

第一，在我们的各个业务领域保持和增强领先地位。

第二，加强我们在全球农用机械市场中的领先地位。

第三，创造新的机会，以巩固 John Deere 品牌在全球的地位。

二、企业远景的要素

（一）界定企业的当前业务

即回答我们是谁的问题。这个问题看起来简单，但从战略角度看却不那么容易回答。例如，美国 AT&T 公司的业务是长话业务、电话业务，还是通信业务？可口可乐公司的业务是软饮料业务还是饮料业务？如果是软饮料业务，则公司的战略注意点就应该集中在战胜百事可乐、七喜等软饮料上；如果是饮料业务，公司的战略重点就在如何同其他的水果饮料、茶饮料、瓶装水、运动饮料、牛奶和咖啡等方面进行竞争。可口可乐如果不是从软饮料的角度，而是从饮料的角度制定公司的企业远景，就可以更好地寻找一个营销的切入点。

（二）确定企业的发展方向

即要回答我们去向何处的问题。这一部分描述了企业在宏观上和长期发展中面临的机会。要使远景中确认的机会得到普遍认可，并能指导战略分析，对机会的描述需要有针对性，可以具体一些，但不应该局限在具体的产品或具体的细分市场上。

（三）界定实现发展规划的具体步骤

即要考虑我们如何到达那里的问题。远景的长远指导性质决定了它所描述的实现企业方向的方式不可能是具体的。由于企业面临的关键环境因素具有较高的动态性，因此，这里主要是强调技术的趋势，包括实现企业发展方向的关键技术的未来发展、技术扩散的可能、对技术利用上的不同途径所具备的机会，以及相应的市场机会。

（四）确定衡量效益的标准

即回答我们如何衡量效益的问题。企业的每一项业务都要为实现企业的目标做出自己最大的贡献。例如，人力资源部门要更好地使员工满意，加强培训；技术部门则要改进技术，提高效率。

（五）界定企业远景的特殊性

即不同的公司对远景有不同的表述，不具有普遍性。这样企业才能制定出具有自己特性的与众不同的战略。即使在同一行业里，企业的远景也会是不同的。例如，迪康药业的远景是迪康生命活力守护人类健康，贡献卓越品质的药品，为人类生命健康永远服务；而同仁堂公司则是弘扬中华医药文化，领导"绿色医药"潮流，提高人类生命与生活质量，目标是以高科技含量、高文化附加值、高市场占有率的绿色医药名牌产品为支柱，具有强大国际效力的大型医药产品集团。两者虽有相似之处，但走的却是截然不同的战略发展道路。所以，提出和制定企业远景的意义是将自己同行业中的其他公司区别开来，独树一帜，有一个独特的业务着重点，有一条独特的发展道路。

当然，企业所面临的环境不会是一成不变的。当企业的环境发生变化时，这些变化往往会影响企业的远景，要求企业对自己的发展方向做出重新的确定。英特尔公司的总裁安德鲁·倍罗夫把这种情况叫作"战略转折点"。

三、企业远景的作用

在快速变化和不确定的世界中，为企业规划一个预想的未来并就此进行沟通，这是总经理们的领导职责。有时战略专家的，甚至企业的附加价值都取决于远景的创造性和创新性。特别是对于新组织或战略方向正发生根本变化的企业来说,要吸引和激励员工及投资者,提出清晰的、打算把企业带到哪里去,以及为什么它有成功机会的远景非常重要。管理者们自己也相信,远景是高层管理者的一个关键任务,例如,一项调查表明,98%的跨国企业高层管理者认为,传递强烈的远景意识是一个 CEO 最重要的任务,制定实现远景的战略是 CEO 最重要的技能。例如,沃沧·本尼斯和伯特·纳努斯这样描述远景的作用:"为了选择方向,领导者必须首先形成一个可能的和理想的组织未来状况的蓝图……我们称之为远景。远景为组织描述了一个现实的、可信的和有吸引力的未来……通过远景,领导者搭建了一座非常重要的联系组织的现在和未来的桥梁。"

拥有未来的远景可能(也经常确实)有助于形成优秀的战略,也能够激励企业员工实现这一战略。实际上,正如我们所见,如果企业没有说明自己所追求的长期目标,就很难明确表述战略。我们可以从以下几个方面来阐述企业远景的作用。

1. 远景重视对机会的把握

远景可以向企业提供未来的发展方向,为企业指明发展道路,使企业认识到未来的机会,根据远景设定战略,并根据战略正确合理地将企业有限的资源分配到未来的机会上。

2. 远景具有凝聚功能

通过培育企业成员的认同感和归属感,企业远景能建立成员与企业之间的相互依存关系,使个人的行为、思想、感情、信念、习惯与企业的目标有机地统一起来,形成相对稳固的文化氛围,凝聚成一种无形的合力与整体趋向,激发企业成员努力去实现企业的共同目标企业远景这种自我凝聚、自我向心、自我激励的作用,构成了企业生存发展的基础和不断前进的动力。瑞斯密罗在描述远景的重要性时说:"远景是组织的第六感,使我们在这个世界上与众不同。它是真实但无形的联系纽带,培育和维持价值。它是组织肌体的脉搏,维系着关系、指导着行为。"

3. 远景对战略的制定是十分重要的

企业远景通常对公司决策和战略的制定具有很大的价值。管理者始终面临着一个重要的问题,放眼未来,从战略的高度思考下述问题:将来出现的新技术的影响;顾客需求和期望正在发生怎样的变化;赶超竞争对手需要采取怎样的行动;哪些内外部因素使公司有必要为其未来的发展做好准备等。如果管理者不能首先对未来发展变化的趋势做出合理的推断,并据此从多种可能的战略选择中做出基本的选择的话,那他就不可能称得上是一名成功的组织领导者或战略制定者。有了清楚的、经过精心制定的、组织可以遵循的发展路径,管理者在资源配置和制定公司将向哪里发展的战略方面就有了明确的方向。如果公司的管理者忽视从战略的高度思考公司未来的发展方向,或者对于公司空间沿着哪个方向发展犹豫不决的话,公司很可能就会随波逐流,不可能发展成为行业的领先者。

4. 指导企业的战略实施活动

远景规划是企业资源分配的依据,可以用来指导实施层的决策,使之与企业战略一致。特别是能够协调企业内存在的共享性资源和活动,使企业整个流程能更好地连续。同时,远景还能起到激励人们工作热情和团体协作的作用,因为每一个人都清楚知道自己应该干什么,应该与哪些人合作,以及自己的工作对企业实现使命的作用。

5. 提供了可能的期望

企业远景为企业的客户和供应商等提供了可能的期望,是企业与外部利益集团进行交流的最好形式之一,它使外部利益集团能了解企业的发展动向,企业对自己的设想和企业努力的方向,因而能更实际地支持企业的活动。需要指出,既然远景可以被外部利益集团所共享,企业的竞争对手也会就此了解企业的原则性动向,这就是为什么企业一般不在远景中深入涉及自己的具体产品、技术等方面战略部署的原因。

远景对于战略来说并非总是必要的,更为重要的是,只有远景远远不够。一些几乎没有创新并且非常让人厌烦的战略也能获得成功,尤其是在变化缓慢而且渐进的产业中,成功的战略可能不需要远景。相反,没有战略支持的伟大远景是不可能实现的。一些企业由于缺乏支持其成功的战略而失败,远景并没有给出指导企业获取和使用资产能带来竞争优势的战略。远景至多能够指导战略规划,但绝不能替代战略。

第二节 企业的使命

一、企业使命的概念

(一)企业使命的含义

企业的终极目的——使命是什么?这是每个企业都必须回答的问题。在市场经济体制下，问题的答案似乎很简单——"赚钱"。事实上一个企业主要有两类目的：一类是正式发布的企业目标，或称使命；另一类是企业实际追求的经营性目标。两者虽都是企业的目标，但是有区别的。使命强调对社会、对人类的贡献，经营性目标注重的是利润，通俗一点地说，使命讲的是理念，经营性目标讲的是赚钱；使命反映的是设立的目标，经营性目标反映的是实际目标；使命是企业的最终目的，经营性目标是为使命服务的一种手段，而使命并不为经营性目标服务。在本节中，我们讨论的是企业使命。

企业使命描述企业的远景、共享的价值观、信念以及存在的原因，是对企业力图实现的结果带有哲理性的正式说明，是企业的座右铭，通常会载入企业的政策手册和年度报告中。它是企业管理者确定的企业发展的总方向、总目的、总特征和总的指导思想。它反映企业的价值观和企业力图为自己树立的形象，揭示出企业与其他企业在总体上的差异。企业使命实际上反映的是自身存在的特定的理由，成功的企业通常都有简洁有力、深入人心的使命说明，如 TCL 公司的"为顾客创造价值"，诺基亚的"科技以人为本"。一般来说，绝大多数企业的使命是高度概括和抽象的，企业使命不是企业经营活动具体结果的表述，而是企业开展活动的方向、原则和哲学。

企业使命有狭义和广义之分。狭义的企业使命是产品导向的。例如，一家电话电报公司将自己的使命定义在电话电报上，这一表述清楚地确定了企业的基本领域；同时也显然限制了企业的活动范围，甚至可能剥夺了企业的发展机会。因为任何产品和技术都存在一定的市场生命周期，都会随着时间的推移而进入衰退阶段，而市场需求却是持久的。因此，广义的企业使命是从本企业的实际条件出发，以市场为导向来定义的，着眼于满足市场的某种需要。前面提到的这家公司，如果将其企业使命定义为"向顾客提供先进的通信工具，以满足顾客对高科技产品的需要"，这一表述相对比较模糊，但为企业经营活动指明了方向，就不会在未来电话电报惨遭淘汰之时失去方向，失去经营领域的连续性。在《营销近视》一文中，西奥多·莱维特提出了下述观点：企业的市场定义比企业的产品定义更为重要。企业经营必须被看成是一个顾客满足过程，而不是一个产品生产过程，产品是短暂的，而基本需要和顾客群则是永恒的。马车公司在汽车问世后不久就会被淘汰，但是同样一个公司，如果它明确规定公司的使命是提供交通工具，它就会从马车生产转入汽车生产。

（二）企业使命的主要内容

所有的组织都有其存在的理由，虽然使命宣言的形式多种多样，如用价值观、指导方针、经营哲学、宗旨、社会责任、基本准则、纲领、行为精神等其中的某些组合来表述企业的使命。但基本上，企业使命应该包含两个方面内容，即企业宗旨和经营哲学。

1. 企业宗旨

企业宗旨是企业准备为什么样的顾客服务，以及将来成为什么样的组织或者所期望的企业类型是什么。这就集中反映了企业的发展方向和战略意图，它对企业经营思路的拓宽和经营业务的展开具有积极的指导作用。企业宗旨也体现着企业的价值观和决定企业政策的根据。企业宗旨所选择的方向、所追求的理想组织特征一定是企业价值观所看重、崇尚、鼓励和提倡的，有什么特色的价值观也就决定了有什么样的企业宗旨，二者相辅相成。

确定企业宗旨，一个很重要的问题是企业经营业务的定义。它应由产品导向转变为需求导向。例如，美国艾维斯汽车租赁公司将其宗旨表述为：我们希望成为汽车租赁业中发展最快、利润最多的公司。这一宗旨规定着艾维斯公司的经营业务，它排除了该公司开设租赁旅馆、航空线路和旅行业务的考虑。

规定企业的宗旨还要确定它与顾客的关系。彼得·德鲁克对此曾有过论述："要了解一个企业，必须首先知道它的宗旨，而宗旨是存在于企业自身之外的。事实上，因为工商企业是社会的细胞，其宗旨必然存在于社会之中，企业宗旨的唯一定义是创造顾客。"彼得·德鲁克的论述指明了企业宗旨的核心理念。根据这一论述，要确定一个企业的宗旨，就得首先确定它现有的和潜在的顾客。因此，要确定一个企业的任务，就得首先回答两个大问题：一是我们现在的企业是什么，即分析现在的顾客；二是我们的企业将来应该是什么，即要分析和确定潜在的顾客。

（1）企业是什么的分析

分析的目的是明确企业现在所从事的活动，是什么性质的企业，以及在企业性质不变的情况下，企业的事业能有什么发展。要弄清几点：①顾客分布如何；②如何接近顾客；③顾客购买什么；④顾客为何来购买；⑤顾客的价值观是什么，即顾客购买商品时期望得到什么。

（2）企业应该是什么的分析

分析的目的在于了解有什么新机会，以及可以创造些什么机会，以便明确企业的事业将如何改变。它一般对下列问题进行分析和回答：①市场发展趋势及市场潜力如何；②目前顾客的哪些需求还不能靠现有产品和服务得到充分满足；③随着经济的发展、消费风尚的改变或竞争的推动，市场结构会发生什么样的变化;④何种革新将改变顾客的购买习惯;⑤企业的经营业务是否适当,是否应根据外部环境的变化来改变其经营业务。

在确定企业宗旨时,企业高层管理人员要避免两种倾向:一种是宗旨确定得过于狭隘,另一种是过于空泛。狭隘的企业宗旨束缚管理人员的经营思路,可能丧失很多发展机会。表 4-1 列出了几个过于狭窄的企业宗旨和合适的宗旨定义。

表 4-1　狭窄的和合适的企业宗旨定义的比较

公司	狭隘的宗旨	合适的宗旨
化妆品公司	生产化妆品	出售希望和美丽
复印机公司	生产复印机	帮助提高办公效率
化肥厂	出售化肥	帮助提高农业生产力
石油公司	出售石油	提供能源
电影厂	生产电影	经营娱乐
空调厂	生产空调	为家庭和工作地点提供舒适的气候

一般来说,企业的经营哲学应保持稳定,而宗旨应定期地进行分析,以决定它是否需要改变。因为竞争地位、市场人口统计特征、政府法规以及消费者需求的变化都会导致企业宗旨的改变。一个企业的宗旨不仅要在创立之初加以明确,而且在遇到困难或企业繁荣之时,也必须经常地予以确立,以便使企业能够保持明确的方向和目标,保持强大的生命力。

2. 经营哲学

所谓经营哲学又称经营理念,是对企业经营活动本质性认识的高度概括,是包括企业的基础价值观、一致认可的行为准则及共同信仰等在内的管理哲学,是企业在社会活动及经营过程中起何种作用或如何起这种作用的一个抽象反映。经营哲学一旦形成,就会对企业活动发挥指导作用。它主要通过企业对外界环境和内部环境的态度来体现,对外包括企业在处理一个顾客、社区、政府等关系时的指导思想,对内包括企业在处理与员工、股东、债权人等关系时的基本观念。它是一条纽带,将企业的信念与最高追求连在一起,用以激励员工,指明方向,同心协力地争取经营成功。它是企业的战略意志和经营"真谛",是企业最持久、最显著的发展动因。

一般地,企业经营哲学由于受文化的影响具有较大的共性,同时,不同国家的企业在管理理念上表现出明显的差别。例如,美国企业在经营哲学的描述上侧重于企业在市场上获得成功的因素:如"公司发展事业的基础是技术革新、生产率和市场占有率"；而日本企业的经营哲学旨在向员工表明企业的远景，唤起员工承担责任的激情和创新精神：如"像自来水那样不断生产，创造无穷物质财富，建设人间天堂"（松下电器公司）。

国际商用机器 IBM（公司）前董事长华森阐述了 IBM 的哲学。

（1）尊重个人。这虽是一个简单的概念，但在我们公司，它却占去了管理者的大部分时间。我们在这方面所做的努力超过了其他任何方面。

（2）我们希望所有公司，都能给予顾客最好的服务。

（3）一个组织应该树立一个信念，即所有工作任务都能以卓越的方式完成。

今天，在华森阐述了这些基本信念几十年后，该公司前董事长卡里说："我们的工艺、组织、市场经营和制造技术已经发生了若干次变化，并且还会继续发生变化，但是在所有这些变化中，这三条基本信念依然如故，它们是我们顺利航行的指路明灯。"

经营哲学主要由两个方面构成：核心价值观与指导方针。

核心价值观是企业文化的集中体现。它被一个企业的经营活动方式所确定，是在全体员工中意识化了的最主要的信仰和行为准则。它集中反映了企业及其员工愿为企业使命奋斗的精神，同时也反映了企业员工为人处世、从事生产经营活动的价值取向。一个成功的核心价值观对于企业实现其存在的价值、做出社会贡献、形成团体的向心力、发挥员工的积极性与创造性等方面，都有着巨大的作用。Canon（佳能）公司的核心价值观包括如下。

目标：①创造世界第一的产品，促进文化的提升；②创造理想的公司，追求永远的繁荣。

社风：①拥有自发、自觉、自治的"三自"精神；②以实力主义为格言，追求人才的运用。③互相依赖、促进了解，贯彻人和的精神；④以健康与明朗为格言，促进人格的涵养。

3. 指导方针

指导方针指企业根据自己的使命，向与之有着共同利害关系的各个方面展示其据以行动的基本原则。它规定了企业经营活动的规范，用以确保一切部门按照共同的基本准则来行动。指导方针的主要作用在于提出企业成员在处理有关事项时应予考虑的方向或指南，它要求执行者在符合方针的范围内自由地选择最有效的办法来解决所面临的各种具体事务。

实践中，许多企业并不严格区分企业的核心价值观和指导方针，而是将二者的内容一同陈述。

小链接

IBM 和松下电器的经营哲学

IBM 公司的经营哲学是：①尊重每一个人；②为顾客提供尽可能好的服务；③寻求最优秀、最出色的成绩。对 IBM 公司的发展历史有所了解的人都一致认为，IBM 的这些经营哲学所起的作用，远远大于技术发明、市场营销技巧、财务管理能力等因素的影响。又如松下电器公司经营哲学包括如下：

纲领：作为工业组织的一个成员，努力改善和提高人们的社会生活水平，要使家用电器像"自来水"那样廉价和充足。

基本准则：①通过公司和顾客之间的互利来增长；②获利是对社会做贡献的结果；③在市场上公平竞争；④公司和供应商、经销商、股东之间互利；⑤全体雇员参与经营。内部行为精神：①松下为整个产业服务；②公平和忠诚；③和谐与协作；④为改善而奋斗；⑤礼貌和谦让；⑥适应和吸收；⑦谢意。

国外的管理学者对那些生存超过 40～100 年的国际知名企业研究的结果表明，尽管这些企业从事的经营业务不同，竞争的战略也大相径庭，但是，它们都是在公司创立不久就确立了企业的使命。正像 IBM 公司一样，世界经济的环境发生了很大的变化，它们的经营业务发生了很大的变化，唯一不变的是企业使命。正是这种相对固定的具有激励作用的企业之魂，使得这些企业在激烈竞争的环境中保持了较强的学习能力，充满了勃勃生机。这些经验对于中国企业而言是十分珍贵和有借鉴意义的。

二、企业使命的界定

（一）企业使命的作用

企业是社会的细胞，可以看作是社会系统中的一个子系统。它在整个社会系统中担负着何种使命、起何种作用，这是企业在经营战略规划中必须首先确定的问题。企业的经营使命就是它在社会中借以存在的依据。企业的存在是为了在宏观经济环境中实现某种特殊的社会目的或满足某种特殊的社会需要。每个企业从其建立开始，就应该承担相应的责任并履行相应的使命。企业使命的作用主要表现在下述六个方面。

（1）界定企业的经营领域。这是所有企业明确自己使命的出发点。企业建立之初确定企业使命，决定了这个企业的初始前进方向。大多数企业在经营领域方面的问题，是将所拥有的资源与实力投入某一行业，并在该行业找到自己的地位。这一地位可以是该行业所提供的全部产品或服务的一部分，也可以是按规模、地区或其他特点选择的一组用户，而这正是企业存在的基础。企业的所有者或经营者都会相信，企业使命传播出去，一定会被顾客接受，进而树立起良好的公众形象，因而就成了企业前进的方向。企业使命明确了企业的基本业务方向，以及未来企业的理想状况，企业的经营业务的发展要坚持这一基本方向并对企业使命具体化。因此，企业使命从根本上指导企业经营领域的界定。

（2）指导企业的经营资源配置。企业经营资源的积累和配置是企业战略管理的重要任务。企业资源的积累需要比较长的时期才能完成。因此，企业需要高瞻远瞩、从长计议，避免急功近利的短期经营行为给企业资源所造成的浪费。如前所述，企业使命表示一定的方向或前景，但在没有投入资源以前，任何设计都不可能产生实际效果。因此，企业使命尽管不能规定资源分配、使用的具体细节，但可确定其大概的指向，使资源为完成企业使命发挥应有的作用。企业使命应从企业未来的长期发展方向指导企业资源的配置和积累，既有利于资源的优化配置，又有利于资源的长期积累。当然正确的企业使命才能够达到这样的目的，错误的企业使命往往导致企业资源的方向性配置错误和浪费。只有有了明确的企业使命，企业才能正确合理地把有限的资源分配到真正能够保证企业使命实现、使企业兴旺发达的经营事业和经营活动上去。

（3）形成企业总的基调或组织气候。所谓组织气候，指企业的领导方式、管理方法以及员工彼此相处的情况综合而成的企业情境。企业的使命传达出企业所追求的基本价值，由此提供了组织气候形成的基础；另外企业使命中所揭示的"有所为，有所不为"，也建立了企业活动的某种基调。组织气候对员工的行为动机有着举足轻重的影响，它能够统一企业各级管理者的思想，也能够统一全体员工的思想，使大家能够有共同的价值观、行为准则和共同的努力方向以及奋斗理想。共同的奋斗目标和价值观是培育员工拥有共同的精神、文化的重要基础，这样才容易使员工对企业所倡导的行为、反对的行为产生共鸣，从而促进企业文化的形成。企业价值观、信念所起的巨大作用比技术、资金更重要。因此，企业若能凭借自己的使命创造出一种友爱真诚、奋发向上的组织气候，员工必然愿意发挥自己的才能，企业具有较大的向心力，即使待遇略差也不会使员工轻易离职而去。

（4）激励功能。高露洁（Colgate）公司前任首席执行官鲁本•马克（Reuben Mark）认为企业使命是："当它将每一个员工召集在公司的旗帜下时，重要的是在全球树立统一的形象,而不是在不同的文化中传达不同的信息。其奥妙在于要使公司的形象简单而高大……你不要指望仅仅靠财务目标就能够使每个人都能够冲锋陷阵。你必须提供一些使人们感觉更好,感到自己是某种事业的一部分。"企业使命能够使员工感到是未来事业的一部分,为每个员工提供了自我成长、自我满足的机会。通过对企业使命的灌输,让企业使命根植于员工的心中,使员工树立一种积极向上的价值观,既能促使员工产生高层次的自我实现的需要,又能提高企业活动的结果对员工个人的价值,还能对员工的行为强化提供判断的标准。当员工的行为符合企业使命所倡导的价值观时就起一种正强化的作用,否则就起一种负强化的作用。员工通过企业使命看到了组织奋斗的目标和企业发展的未来,从而能够满足他们成就事业的需要,产生积极工作的态度和行为。这种目标激励的作用是物质激励难以达到的。

(5)为企业战略制定和实施提供前提基础。首先,企业使命规定了企业的任务、目的和责任,指明了企业的方向,这一切是企业确定战略目标的根据,它规定着企业战略目标的性质、范围、项目与重点。只有明确地对企业使命进行定位,才能正确地树立起企业的各项战略目标。其次,企业使命是战略方案制定和选择的依据。企业在制定战略过程中,无论是制定备选方案,还是进行方案选择,都要把企业使命及其决定的战略目标作为依据,符合其方向和要求的战略方案才是可行的方案,才会被选为正式方案。

(6)有利于协调企业的不同利益相关者的关系。利益相关者是在企业有特殊利益或权利的个人或集团,主要有三类,即资本市场利益相关者(股东、主要资本供应者)、产品市场利益相关者(顾客、供应商、社区和工会)和组织内的利益相关者(员工、管理与非管理者)。通常,不同利益集团的要求和所关心的问题不同而且往往对立。例如,股东对企业的盈利尤为关注,而员工则更关心待遇和福利,顾客则希望企业的产品质优价廉,给予顾客的较高回报可能以降低资本市场利益相关者的回报为代价。明确的企业使命反映了利益相关者对自己未来的憧憬,共同的远景目标反映了利益的共同性,使他们统一思想与行动,形成整体力量。

(二)企业使命与企业远景的联系

企业使命侧重于强调企业正在从事或者将要从事的业务范围的规定,即对"我们的企业是什么"问题的回答,而远景则更加注重描述企业将来所希望达到的状态,也就是对"我们要成为什么"问题的回答。莱因·史密斯(Rhine Smith,1993)认为,虽然一个企业的远景与企业使命是相似的并且经常难以区分，但是它们之间仍存在着微妙的差别。

（1）企业使命是指这个企业的目的，而远景则描述了这个企业在实现自己的使命时喜欢怎么做。

（2）远景是个人或群体所渴望的未来的"状态"，使命包括企业广泛的目标，很大程度上包括了长期的远景。

（3）企业使命说明的是企业的根本性质和存在的理由，而企业远景说明的是在这种企业使命下企业如何做才能做得最好，或者说，企业应该怎样做才能实现企业的使命。

（4）企业使命是比较抽象而长期的，而企业远景是比较具体的，其期限必须与战略期限相一致。

（5）企业使命决定了企业的远景，而企业远景又决定了企业战略，先有使命，才有远景，再有战略。

（三）界定企业使命时应考虑的问题

1. 要以消费者的需要为依据

企业使命是社会需要的反映，是企业满足社会某种需要和如何满足这种需要的说明。社会对企业的需要是多方面的，但是，无论哪个方面都是以满足消费者的需要为基础的。而且，无论是社会生产需要还是社会生活需要，都会直接表现为消费者的需要。所以在确定企业使命时，要深入调查研究消费者需要，认真分析谁是企业的消费者，消费者在哪里，消费者买什么，消费者的价值是什么等问题，要以消费者的需要为依据，用消费者的需要来确定企业使命。

2. 全员性与通俗性

从前面的论述中可以看出，企业使命的完成，既不是单独靠某个部门，也不是单独靠某个成员（包括领导个人），而必须依赖于企业所有成员的共同努力。企业使命是企业文化的重要组成部分，它只有根植于成员的心中，被成员理解接受，才能激发成员的主动性、积极性和创造性并转化为企业的核心竞争力。而企业成员的素质是参差不齐的，要做到企业使命被企业成员普遍接受，就必须保持企业使命的通俗性。比较好的做法是以讲故事的形式向成员灌输企业使命，就像基督教以讲故事的形式宣传圣经一样。

3. 要具有鼓舞性和激励性

一个好的企业使命，要反映企业员工的长远憧憬，共同的远景目标反映了利益的共同性，这可以使企业员工的精神境界从具体的日常工作中得到升华。一个有效的企业使命，能够唤起人们对企业的好感和热情，并为之付出行动；还会使人们感到企业一定会成功，发展方向非常明确，值得为其付出时间，给予支持，进行投资。总之，要提高企业的声誉，强化企业对顾客的吸引力，促进有关部门的支持，使企业员工产生使命感、光荣感、自豪感，更加自觉地为实现企业使命而努力工作。

4．稳定性与动态性

企业使命事关企业的发展方向，是对企业未来的一种规划，具有一定的超前性。企业使命确定后应当是稳定的，不应随便改动，这样才有利于企业使命的功能发挥，减少或避免决策失误，提高企业运营效益。但是，当社会条件变化，企业会面临新的机遇和威胁，企业不得不对其使命做调整时，企业要重视社会条件的调查研究，及时重新审视企业的使命，调整原有的使命，以谋求动态上的平衡，争取经营管理上的主动。

（四）企业使命的界定

由于企业使命所体现的是企业发展的大方向，所以在界定企业使命时不能太过狭隘，这样会限制企业的经营范围，狭隘的企业使命往往将目光局限于自身生产的产品和提供的服务上，而忽视了满足市场和消费者需求这一原则。以美国铁路业为例，因为决策人把其经营范围定为"铁路业"，而非"运输业"，以致受到其他运输业的打击而一蹶不振。美国好莱坞电影业也是如此，开业初期，好莱坞大亨强调其是"电影制作者"，而非"娱乐业"，结果几乎惨遭毁灭，后因及时调整其经营范围才重振雄风。不过，企业使命也不能太过广阔。太过于广阔往往会流于空洞而无法发挥实际指引的功用，或者由于过分的理想化，导致仅仅是堆砌陈词滥调而无法实现，过于广阔也会使企业投身于非力所能及的虚幻事业上，对公司极为不利。例如，像"服务社会，造福人群"这样的企业使命便订的太宽而漫无限制，好像做什么都符合使命，无法实际产生指引的效果。这样反而会使企业的员工无所适从。

企业使命的界定是在对自身业务清晰界定的基础上进行的。从战略角度来讲，企业可以从三个方面界定自己的业务。

（1）顾客的需求，即企业需要满足顾客什么方面的需求。一般来讲，企业产品或服务只有在满足顾客的某种需求和需要的时候，它才具有重要的意义，才真正成为企业的一项业务。

（2）顾客群，即企业需要满足的对象是谁。企业必须对此做出明确的回答。因为顾客群代表的是一个需要提供服务的购买者的类型，需要覆盖的市场和地理区域。

（3）满足顾客的需求的方式，即企业采用什么样的技术和活动来满足顾客的需求。这一点的重要性表现在企业如何满足顾客的需求，即企业生产经营活动的重点放在价值链的哪些方面。

这其实就是要企业回答三个基本性的问题："什么、谁以及什么方式"。在实践中，能用一个简单精悍的句子回答企业所要满足的需求、所要满足的对象以及开展活动的方式并不容易。各个公司的表达方式是不一样的，因而他们所要实现的战略也是不同的。麦当劳公司在回答"什么、谁以及什么方式"是一个典型的例子。该公司界定自己的使命时，宣称是"一张有限的菜谱，质量一致的美味快餐食品，快速到位的服务，超值定价，卓越的顾客服务，便利的定位和选址，全球的市场覆盖"。

企业使命是由企业的高级管理层界定的。在界定企业使命时有许多因素可以参考，比如，可向股东、顾客、经销商等有关方面广泛征求意见，并且必须考虑如下诸因素。

（1）企业的历史和文化。每个企业都有自己的历史，它记载着企业的辉煌业绩，也反映它的经验教训。现实和未来是相互连接的，不了解过去，就无法规划未来。一家向来以大众市场为服务对象的零售企业，一夜之间转向高档市场，即使这是一个有利可图的机会，也常常使人感到有悖常理而难以接受。贾维顿认为，企业使命的界定取决于对组织目前的现实（文化、历史、建立的环境）的理解，并且对组织的将来有一个明确的方向，这极大地受到领导者个人固有的价值观和哲学观的影响。

（2）企业周围环境的发展变化。市场环境不是一成不变的，企业周围环境的发展变化会给企业造成一些威胁或市场机会。企业要抓住机会，避开威胁，形成顺应时代潮流的企业使命。

（3）企业资源的情况。企业资源是实现其使命的物质基础，它往往决定企业的使命。不同的企业，资源条件必然不一样。资源条件的约束，决定了一个企业能够进入哪些领域，能够开展哪些业务。例如，文莱皇家航空公司的使命如果是"成为世界上最大的航空公司"，显然是不切实际的。

（4）企业的所有者和高层管理者的意图和想法。每一个领导人，都存在着个人世界观、人生观和价值观方面的差异，对公司各种问题形成自己独特的偏好。这种偏好对企业使命的界定有很大的影响。企业的所有者或董事会，对企业的发展和未来有一定的考虑和打算；企业的高层管理人员，也会有自己的见解和追求。这些都会影响到企业使命的界定。

（5）核心能力和优势。企业应把它的使命放在它能最好地为其工作的业务上。每个企业都能从事很多业务，但是只有它最擅长、拿手和肯定优于竞争者的特长,才能够成为它的优势所在。界定企业的使命必须结合它的核心能力,使之能够扬长避短,倾注全力发展优势,才能有出色表现。例如,日本本田公司在培育它的核心能力——生产引擎。它设计和改进引擎的技术为它进入最终产品——摩托车、汽车、割草机等打下基础。

以下列举一些著名的使命界定实例。

(1) 维萨信用卡(Visa):将该企业使命界定为顾客"交换利益"的事业。因此顾客可将任何资产,包括现金存款、寿险或住宅权益等,来交换其他任何价值,甚至是世界任何地方的任何事物。

(2) 美国电话电报公司(AT&T):原先界定为"电话事业",后来改为"通信事业",而后又重新界定为"信息事业"。

(3) 露华浓化妆品(Revlon):我们出售希望。

(4) 密苏里太平洋铁路:我们是人与货物的运输者。

(5) 哥伦比亚制片公司:我们营销娱乐。

(6) 劳力士手表:我们卖的不是手表,我们卖的是奢侈品。

企业在战略管理中,必须经常注意界定自己的使命,但这并不意味着它只能一成不变。实际上,企业要繁荣兴旺,就必须对其使命进行不断的审视,尽管这要耗费一定的时间。对企业使命进行审查,有助于人们明确企业为何而存在,并提醒人们注意环境提供的机遇。但是,要获得效能,企业使命需要保持一定的连续性。因为有了连续性,才会有相应的稳定性,否则,企业行为难以预测,甚至前后矛盾,会由此付出不必要的代价。因此,企业领导者必须设法在企业使命的可变性与连续性之间保持平衡。

三、企业使命的表达

企业使命是其目标的最一般的说明,是对其存在理由的一种表达。如果一个企业对使命定义存在各种分歧,在确立企业目标与战略方案时,就难以达成共识。如何表达企业使命,并不存在唯一的最佳方式,在长短、内容、格式等方面,都可随着企业特定条件的不同而有所不同。

为了对企业使命有一个好的说明并使其非常有用,应该强调以下方面。

(1) 应该是富有想像力的,并且可以持续很长时间。这是企业持续稳定发展的基础,在此基础上,企业的具体目标与战略方案可随时间与环境的变化而进行相应调整。

(2) 应该清楚企业的关键目标,明确企业为什么而存在,应该描述企业的关键业务和企业希望在行业中所取得的地位。

（3）应该阐明企业的主要价值观，尤其要说明有关利益相关者的态度。

（4）企业应该有愿望且有能力完成企业的使命。

（5）尤其应该关注的是如何兼顾各相关利益者的要求，使用顾客、股东、员工、社会等都可以接受的措辞，并突出"顾客导向"的思想。

（6）在兼顾企业财力与经营性质的基础上，在目前业务领域上提高一个层次，并考虑实际经营可能性。

（一）评价企业使命表达的参考指标

（1）顾客——谁是企业的顾客。

（2）产品或服务——企业的主要产品或服务是什么。

（3）市场——企业主要在哪一个地区或行业展开竞争。

（4）技术——企业采用的基本技术是什么。

（5）对生存、发展和盈利的关注——企业对近期、中期和远期的经济目标的态度。

（6）经营理念——企业的基本信仰、价值观念和愿望是什么。

（7）自我认知——企业最独特的能力或最主要的竞争优势是什么（企业也应该了解自身的主要竞争劣势，在企业使命中渗透些企业的劣势因素并表达自己不断努力的意愿，可以使企业更具真实性）。

（8）对公众形象的关切——企业希望的公众形象是什么。

（9）对员工的关注及其他利益相关者的协调——企业对员工的认识和态度怎样，企业使命的表述是否有效地协调和反映了各相关利益主体，如顾客、股东、员工、社区、供应商和销售商的要求。

上述九个基本要素是绝大多数企业所共同关注与重视的，企业使命表达的范围一般都在上述要素所涉及的内容里。因此，可把上述要素作为确定或评价企业使命表达的参考指标。

（二）企业使命的表达应注意的问题

1. 表达应是"需求导向"而不是"产品导向"

立足需求特别是创造需求来概括企业的存在目的，可以使企业围绕满足不断发展的需求，开发出众多的产品和服务，获得新的发展机会。表 4-2 比较了企业以"需求导向"与"产品导向"两种不同的思路表述使命的差异所在。

表 4-2　比较需求导向与产品导向的使命表述

公司	"产品导向"表述	"需求导向"表述
玛丽化妆品公司	生产女士化妆品	创造魅力和美丽
美国电话电报公司	生产电话设备	提供信息沟通工具
埃克森公司	出售石油和天然气	提供能源
迪斯尼公司	提供娱乐场所	组织娱乐休闲

2．企业使命表达的宽窄度

表述使命的难点在于限定业务范围的"宽"与"窄"的问题。表述的范围太宽或太窄都会给企业战略运行带来不利影响。范围太宽可能超出企业的能力，有使企业缺乏业务核心和分散精力的危险，从而丧失了企业的特色；范围太窄，会由于语言上的局限而失去指导意义，限制创造性，失去与目标市场相似领域中的重要战略机会而限制企业的发展。

最好的办法是，在企业目前产品需求的基础上提高 1~2 档的抽象水平进行措辞，并注意多元化发展企业可有较宽泛的使命。这样做既有利于企业进一步的发展又不致失去具体的业务方向。

在这里，关于提高一档抽象水平，还可用下例来进一步说明。例如，对于一个生产纸张的企业，在回答"业务是什么"这一问题时，直接问答是"生产纸张"。再问"纸张有何用"，回答是"载体"，再问"承载什么"，回答是"信息"。这样不断问下去，可能得到"传递信息"、"促进人际交流"等回答。而在这个例子里，所谓提高一档抽象水平，指的就是"载体"。至于为什么说提高一档抽象水平比较合适，主要是因为停留于对业务的直接描述，会使企业安于现状，看不到更宽范围与层面的竞争；而抽象层次太高，又可能会脱离企业实力现状，使企业在操作上感到无从下手。对于多元化发展企业可再提高一档抽象水平，应有较宽泛的使命。

（三）企业使命说明书

为了更好地表达企业使命，企业决策层应制定书面报告形式——企业使命说明书。企业制定使命说明书是为了让他们的经理、员工在许多场合与顾客和其他公众共同负有其使命感。根据国外一些企业的经验，这不是一件轻而易举的事。有的甚至花上一两年的工夫，才能完成一份满意的使命说明书。

企业使命说明书的形式多种多样，其共同的要素有以下内容。

1．明确企业的活动领域

表达企业要在哪些方面发挥作用，参与竞争。一般可从以下角度说明。

（1）产业范围，说明企业拟在哪些产业开展活动。有的企业始终坚持在某一产业领域内，有的则喜欢跨行业、多元化经营。如杜邦公司钟情于经营工业市场，而化学公司愿兼顾经营工业品与消费品市场。

（2）市场范围，指企业拟为哪些市场或类型的顾客服务。有的企业以城市市场为主，有的深入农村市场；有的专为高收入顾客服务，有的以大众化为其特色。例如，资生堂生产高级化妆品，而花王主要迎合低端市场。

（3）纵向范围，指企业内部自给自足生产的程度。纵向范围的一个极端，是企业完全依靠自身力量，完成许多相关的生产经营活动。比如美国福特汽车公司，曾经拥有自己的橡胶园、玻璃制品厂和一些钢铁厂。另一个极端，是完全依靠外部力量，即社会分工和专业化生产。就像有的"皮包公司"，只有一个人，守着一部电话和一张办公桌，设计、制造、营销和实体分配统统外包。

（4）地理范围，即企业希望活动的区域。一个极端是公司只在一个特定城市经营；另一个极端是跨国公司，它们几乎在全世界所有的国家和地区都有经营业务。

2．阐述企业的主要政策

使命说明书要强调企业在其活动领域准备实施的主要政策，用以指导员工如何对待顾客、供应商、经销商、竞争者和一般公众，目的在于使整个企业的全体员工在重大问题或原则上能够步调一致，有共同的标准参照和遵循。使命说明书规定的方针，必须尽量缩小个人任意发挥和自主解释的余地。

3．提出企业远景和发展方向

使命说明书要提出或揭示企业今后若干年，比如未来10年、20年的远景和发展方向。

一般而言，企业的任务不需要随着经济形势的变化或无关的新机会出现每隔两三年就改变一次。当然，如果使命对企业失去可靠性或不再成为企业的适宜路线时，企业必须重新确定其使命。

在制定使命说明书时，使尽可能多的管理人员参与是很必要的。这样做，有助于管理人员了解公司目标任务制定的全过程，反映他们的看法，从而增强他们对公司的责任感。所以，制定战略使命书的过程实际上又是一个上下级之间互动与学习的过程。一般来说，大多数公司在制定使命说明书时要经过下面五个步骤：

第一步，建立一个由外聘专家和高级管理人员组成的公司目标使命说明书起草委员会，并由该机构专门负责有关的事宜。

第二步，由委员会负责挑选几篇同行业中其他公司目标使命说明书的范例，交给公司所有管理人员作为背景材料参考，并要求每一个管理人员在规定的时间内独自为公司撰写一份目标使命说明书。

第三步，委员会负责把管理人员撰写的目标使命说明书收集起来，并在综合各种意见的基础上制定出公司目标使命说明书草案。

第四步，将公司目标使命说明书草案分发给所有的管理人员，要求大家提出各自的修改意见，并在此基础上进行修改。经过如此几次反复的征求意见和修改，最后形成正式的版本。

第五步，设计出合理的目标使命说明书的宣传方法，并在公司全体员工和用户中开展广泛的宣传工作。

小链接

两个公司的使命说明

（一）康佳集团

"创新生活每一天"是康佳的核心价值观，也是康佳对全人类做出的承诺。它包含四个方面的含义：①创造新的生活品质是康佳的经营宗旨。康佳要站在时代的最前列，引导消费潮流，为人们奉献卓越的产品和服务，使生活的每一天都充满时尚、快乐、美好的感觉。②创新是康佳的风格，也是康佳持续发展的根本动力。康佳要坚持不懈地进行观念创新、科技创新、管理创新、产品创新、服务创新、勇于变革、超越自我、增强国际竞争力、提升股东权益报酬率。③敢为天下先。每一位员工都要开拓进取，创新工作思路和方法，以新的精神面貌、新的工作成绩为康佳做出新的贡献。④康佳视人才为最宝贵的资源，每一位员工都能够获得施展才能的条件和接受培训的机会。公司对具有创新精神、做出创新业绩的员工给予丰厚的报酬。

（二）福特汽车公司

福特汽车公司在汽车、汽车相关产品和服务及其他新兴工业如航天、通信金融服务等领域是全球领导者。我们的使命是要不断提高我们的产品和服务质量，以满足客户需求，使我们的企业繁荣发展，并对我们的股东和所有者提供合理的回报。

第三节 企业的战略目标

制定正确的企业战略仅有明确的企业远景和使命是不够的，必须把这些共同的远景和美好的构想转化为企业战略目标，企业战略才具有操作性。企业在规定了组织的使命、进行了组织的外部环境分析和内部条件审计之后，下一步的战略管理工作是确定企业的战略目标。所谓战略目标是指企业在一定的时期内，根据其外部环境变化和内部条件的可能，为完成远景和使命所预期达到的成果。战略目标是企业战略的重要内容，它指明了企业的发展方向和操作标准。

一、战略目标的概念

（一）战略目标的含义

企业使命从总体上描述了企业存在的理由和发展前景，而战略目标则具体指明在实现使命过程中所需追求的最终结果。显然，一个简洁、清晰、生动、明确的使命表述，再辅之以深入、细化、现实、可行的企业目标，一定能够起到激发士气、鼓舞人心，从而充分调动员工积极性的作用。

战略目标是指企业通过战略期内的战略行动而想达到的结果。它是根据企业远景和企业使命延伸展开确定的。它所能表现的是企业的具体期望，它所指明的是企业的努力方向。它在时限上一般是3至5年以上。战略目标是企业战略的重要组成部分，它反映了战略思想和企业使命，也是制定、选择战略方案和战略实施、控制的依据。

提出目标，用以指导为达成目标所进行的各项活动，并不是战略管理的特有方法。早在20世纪50年代，在战略管理的概念形成之前，彼得·德鲁克就已经提出了目标管理（MBO）的概念，他所倡导的通过明确而且可以衡量目标来改进管理工作的思想已经广泛地被人们接受，并在一些企业中取得了成功。事实上，不只对企业，即使是对某一个人或任何一个组织来说，确定一个在一定期限内要求达成的明确的奋斗目标都能起到重要的指导和激励的作用。

（二）战略目标的主要内容

由于企业战略目标是企业使命的具体化，一方面有关企业生存的各个部门都需要有目标，从不同侧面反映企业的自我定位和发展方向；另一方面，目标还取决于个别企业的不同战略；除此之外，战略目标还受最高管理层的社会价值体系的影响，往往由掌握组织关键资源的那些人按照自己的社会价值体系来制定。因此，企业的战略目标是多元化的，既包括经济性目标，也包括非经济性目标；既包括定量目标，也包括定性目标。尽管各企业的目标差异较大，但还是可以将它们归划成类。

彼得·德鲁克认为各个企业需要制定目标的领域都是一样的，所有企业的生存都取决于同样的一些因素。他在《管理实践》一书中提出企业战略目标的内容主要在八个关键领域：①市场地位；②创新；③生产率；④资源状况；⑤获利能力；⑥人力资源；⑦工人绩效与态度；⑧社会责任。

格罗斯在其所著的《组织及其管理》一书中归纳出组织目标的七项内容：①利益的满足；②劳务或商品的产出；③效率或获利的可能性；④组织、生存能力的投资；⑤资源的调动；⑥对法规的遵守；⑦合理性。

德鲁克主张目标包括七个主要方面，并可将它们归纳为相应四个层次结构：①获利能力；②生产率——基本目标层次；③公共责任——社会责任层次；④革新；⑤市场信誉产品——市场战略层次；⑥物质资源和财力资源；⑦经理的绩效和态度——结构层次。

详细说来，大多数企业在建立长期战略目标时可以考虑如下具体目标的组合。

1. 赢利能力

企业的经营成效在很大程度上表现为具有一定的盈利水平。盈利为企业的发展、所有者的投资报酬以及企业成员物质待遇的改善提供财源。在我国社会主义条件下，盈利更意味着为国家积累资金。它通常以利润总额、资金利润率和销售利润率等来表示。

2. 生产效率

企业的发展通常与其生产效率的提高有直接联系。生产率及生产效率指的是单位时间的产出，或单位投入的产出。它经常用投入产出比率、年产量、设备自动化水平等指标来表示，有时也会把产品成本降低率、产品质量、废品率等指标作为企业生产效率指标提出来分析。

3. 市场竞争地位

企业在市场竞争中相对地位的提高，是企业战略追求的重要目标。特别是一些大企业常把市场竞争地位列为一个重要目标以测定其在发展和盈利方面的实力。企业如何确定其在市场竞争地位上的目标，往往标志着它在长期经营中雄心的大小。通常以市场占有率、总销售收入、准时交货、增加售后服务项目、顾客满意度、比竞争对手有更好的企业形象等指标来表示。

4. 产品结构

合理的产品结构是企业生存发展的保证。企业提供的产品在种类上的增加或淘汰，各类产品生产能力的扩大或压缩，相应的物质设施的增添和紧缩，以及组织机构的变革等，都是企业战略目标的组成部分。反映产品结构的指标，常用的有产品线的宽度与深度、企业新产品产值占企业总产值比率、新产品销售额占总销售收入的比例、新开发产品数、淘汰产品数等。

5. 财务状况

财务状况是企业经营实力和运行能力的表现，通常以资本构成、流动资金、新增普通股、红利偿付、固定资产增值、总成本、收益增长、提高资本回报率、获得经济附加价值、良好的证券和信用评价等指标来表示。

6. 企业成长

企业应适应内外环境变化的需要而不断发展，因此企业的建设和发展应成为企业战略目标中的一个重要内容。这方面的指标有：年产量增加速度；经济效益提高速度；企业生产规模的扩大；生产工作面积的扩大；生产能力的扩大；生产自动化、数控化、计算机化水平的提高；企业管理水平的提高等。

7. 研究开发和技术领先程度

企业在本行业中在技术上将置身于何种地位，亦即在技术上的领先程度，构成企业长期经营目标的一个重要方面。技术领先程度与企业的研究开发工作直接相联系。企业提出的目标可以是争取技术上的领先地位，也可以是只保持某种技术上的追随地位，运用得当都可以取得经营的成功，但二者在研究开发工作和其他工作上的重点和部署却有明显的不同。这方面的指标有：应完成的开发和创新项目；新产品开发费用占销售额的百分比；新产品开发速度；新产品获得的专利数；技术上的新颖度等。

8. 人力资源

企业的发展在很大程度上取决于其员工的素质和积极性。为员工提供培训和发展机会，保持旺盛的士气，造就和吸引人才，是企业战略目标的主要内容之一。这方面的指标有：在未来几年内企业培训人数及培训费用；技术人员在全体员工中比例的增长；各种技术职称比例的增加；员工技术水平的提高；人员流动率、缺勤率及迟到率、淘汰率的降低等。

9. 员工福利

企业内员工的福利待遇满足状况对企业生产经营有直接的影响，这是企业的内在动力，是衡量企业经营效果的一个尺度。因此，改善企业内人群关系和提高员工福利待遇是企业战略目标的一个组成部分。这方面的指标有：在未来几年内企业人均工资水平的提高、员工生活福利设施的建设、对有贡献的技术人员及其他人员的奖励水平的提高等。

10. 社会责任

企业作为社会中的一个子系统,对社会需要承担一定责任,因企业只履行自身的经营责任是远远不够的,它还要考虑到社区、消费者、相关企业、股东、社会整体以及国家的利益。因此,企业不仅应有经济观念,还应具有社会观念、公众利益观念及人类生存与发展观念。企业在力所能及的范围内也要支持政府及各种社会团体组织的各项工作。其指标有环境保护、节约能源的措施、对社会和地区各项事业的支持等。

前面所讲的是企业战略目标的主要内容,一个企业并非在上述所有的方面都制定自己的战略目标。一般而言,凡是成就和成果直接影响企业生存和繁荣的方面,都需要制定长期战略目标。

小链接

几个公司的战略目标

(一)麦当劳公司

每天在每一个饭店为每一个顾客提供100%的顾客满意度。

(二)3M 公司

公司30%的年销售额必须来自那些低于4 年的产品。

(三)Anheuser-Busch

使我们所有大公司的领导者在他们所在行业中拥有很高的素质,同时超越顾客的期望。

获得美国啤酒市场50%的市场份额。

为我们所有的职员提供富于挑战性和有益的工作,令人满意的工作环境,个人发展和提高的机会,竞争性的工资补偿。

在国际啤酒市场上建立和维持占统治地位的领导地位。

获得两位数的年度每股收益率,提高与收益增长相一致的红利发配,在机会合适的时候重新购买股票,追求有利可图的国际啤酒业的扩张,获得高质量的公司收益和现金流汇报,通过达到这些目标为股东提供卓越的汇报。

(四)McCormick & Co.

获得20%的资产回报率。

每年获得10%的净销售增长率。

保持每年每股收益平均增长率为15%。

保持全部的资产负债率低于40%。

净收入的 25%~35%用于支付红利。

二、战略目标的特征

企业战略目标是指企业在一定时期内沿其战略经营方向所预期达到的成果。在企业战略管理过程中，目标的制定及其合理与否起着十分重要的作用。德鲁克认为，企业的使命必须转化为目标。他说，并非先有工作，后有目标；相反，正是因为有了目标，才能确定每人应做的工作。企业的战略目标作为指导企业生产经营活动的准绳，必须是恰当的。不恰当的经营目标，非但难以起到应有的指导作用，而且会在各种内外条件制约下，对本来就已十分复杂的企业经营增添人为的矛盾和摩擦。

战略目标应具备以下七大特征。

（1）宏观性。战略目标是一种宏观目标。它是对企业全局的一种总体设想，它的着眼点是企业整体而不是局部。它是从宏观角度对企业未来的一种较为理想的设定。它所提出的是企业整体发展的总任务和总要求，它所规定的是整体发展的根本方向。因此，人们所提出的企业战略目标总是高度概括的。

（2）现实性。在制定企业战略目标时，必须在全面分析企业内部条件的优劣和外部环境的利弊的基础上，判断企业经过努力后所能达到的程度。既不能脱离实际将目标定得过高，也不可把目标定得过低。因为过高的目标会挫伤员工的积极性、浪费企业资源；过低的目标容易被员工所忽视、错过市场机会。也就是说，战略目标必须适中、可行。

（3）挑战性。先进的、具有挑战性的目标能激励人们为达到目标做出努力并不断前进。目标本身是一种激励力量，特别是当企业目标充分体现了企业成员的共同利益，使战略大目标和个人小目标很好地结合在一起时，就会极大地激发组织成员的工作热情和献身精神。一方面，企业战略目标的表述必须具有激发全体员工积极性和发挥潜力的强大动力；另一方面，战略目标必须具有挑战性，但又是经过努力可以达到的。因而员工对目标的实现充满信心和希望，愿意为之贡献自己的全部力量。

（4）可度量性。即企业战略目标要尽量数量化，数量化的战略目标有三个好处。①便于分解。未来的战略目标可以按年度分解为年度目标，然后再把年度目标分解为业务单元的目标及各职能部门、各车间、各班组的目标，这样战略任务才算落实了。②便于检查。数量化指标便于比较，便于检查，若没有完成，也便于查找原因。③便于动员全体员工为之奋斗。全体员工都明确每年的年度目标及自己每年应当完成的任务目标，因而能激发起每个员工的创造性、积极性、主动性,为实现这一目标而努力奋斗。

(5) 可接受性。企业战略目标的制定从企业内部来说涉及一系列纵向的和横向的相互关系,应基于企业内外部现状的分析、远景的预计以及众多的手段和目的之间关系的研究。所有这些,都需要各有关方面对有关的重要数据、假设前提等进行充分的协商和讨论。经过与各方面磋商、经过分解并得到认可的目标,明确了各自承担的责任,有利于战略目标顺利地实施。企业的目标不仅应为企业内部各方面所接受,而且要考虑到社会的可接受性。当企业的目标与社会对企业的要求相符时,目标就易于实现。

(6) 相对稳定又不乏灵活性。战略目标既然是一种长期目标,那么它在其所规定的时间内就应该是相对稳定的。这样,企业员工的行动才会有一个明确的方向,大家对目标的实现才会树立起坚定的信念。当然,强调战略目标的稳定性并不排斥根据客观需要和环境的变化而对战略目标做必要的修正。因为企业面临的是动态的环境,这就要求企业的战略目标能随环境的变化做相应的调整,应具有一定的灵活性而不应是僵化的。

(7) 可衡量且有时间约束性。提出的目标应当是明确可衡量的,而不应是模糊不清的。目标应有时限上的要求,即要求实现的日期,特别是近期目标实现的日期更为重要,否则长期目标是否达成无法断定。战略目标必须清晰地表述出在什么时候、在多大程度上完成什么样的业绩,因此战略目标应该避免诸如:"取得最大化的利润"、"降低成本"、"提高销售额"等一般性表述。

三、战略目标的制定

(一) 战略目标的作用

企业战略目标是企业使命的具体化与明确化,是企业在实施其使命过程中所追求的最终结果。战略目标的功能在于反映在一定时期内企业经营活动的方向和所要达到的水平。它既可以是定性的描述,也可以是定量的计量。战略目标是否合理,对企业战略管理有着十分重要的作用。战略目标是管理者和组织中一切成员的行动指南,规定了企业在特定时期内要完成的具体任务,从而使整个组织的工作能在特定的时期完整地融合成一体。具体如下。

第一,战略目标能够帮助实现企业外部环境、内部条件和企业目标三者之间的动态平衡,使企业获得长期、稳定和协调发展。

第二,战略目标为具有不同价值观的管理者制定协调一致的决策提供了基础。在企业内,将各利益相关主体联系起来的因素很多,但战略目标是最基本的条件,即战略目标能把各种力量、各种资源统一协调,按照战略目标的要求去发挥作用,促使企业切实地凝结为一个统一的整体。通过在战略制定活动中使管理者对目标达成共识,使其成为企业员工的共同追求,企业可减少在目标实施过程中的潜在冲突。

第三,由于战略目标具有可衡量性和可分解性,从而为战略方案的制定和实施提供了评价标准和考核依据。

第四,战略目标描绘了企业发展的远景,突出了企业的经营重点,明确了各级管理者和每个员工的要求,这是对员工的一种鼓舞、一种动员,它会激励员工充分发挥自己的积极性和创造性,为完成企业使命和任务而努力。

（二）战略目标的制定过程

在一个具有多项经营业务的公司内,不仅公司最高管理层制定全公司的长期战略目标和短期目标,而且在此之后,各战略经营单位或职能部门也必须确立自己的目标。通常这个企业目标的制定过程包括如下几个步骤。

（1）目标制定过程以最高管理层宣布企业使命而开始。

（2）然后确定达到这个使命的长期战略目标。

（3）由长期战略目标导致建立分阶段实施的短期目标。

（4）每个战略经营单位、主要事业部或经营单位建立自己的长期和短期目标。

（5）每个战略经营单位或主要事业部内的职能部门（如市场营销、财务、生产等）制定自己的长期目标和短期目标。

（6）这个目标的制定过程通过组织结构层次一直向下继续进行,直到个人。

以上第（1）、（2）、（3）步工作的开展、目标的制定和落实,通常由组织高层管理者负责。第（4）步的目标制定和落实工作,由各业务部门主要领导负责,而第（5）步的目标制定和落实工作,由各职能部门主要领导负责。第（6）步的个人目标制定,由本人和所在部门领导负责,落实情况由所在部门检查。

（三）战略目标的制定原则

正确的企业战略目标来自于环境分析的结论和企业远景与使命的引导,企业在制定战略目标的过程中,应遵循以下基本原则。

1. 关键性原则

这一原则要求企业确定的战略目标必须突出有关企业经营成败的关键性问题及关系企业全局的问题,切不可把次要的战术目标作为企业的战略目标，以免滥用企业资源而因小失大。

2．可行性原则

确定的战略目标必须是经过努力能够如期实现的。因此，在制定战略目标时，必须全面分析企业各种资源条件和主观努力所能达到的程度。既不要脱离实际凭主观愿望把目标定得过高，也不可不求进取把战略目标定得过低。

3．定量化原则

企业的战略目标必须用数量指标或质量指标来表示，而且最好具有可比性，以便检查和评价其实现的程度。

4．平衡性原则

它又称一致性原则。它要求：第一，战略目标组合中的各个分目标之间应相互协调，相互支持，在横向上形成一个系统；第二，总体战略目标与职能战略目标协调一致，形成系统，而不能互相矛盾，互相脱节。

5．激励性原则

制定企业的战略目标既要具有可行性，又要考虑到它的先进性。所谓先进性，就是要求制定的目标要经过努力才能实现。只有那些可行而先进的战略目标才具有激励和挑战作用，才能挖掘出人的巨大潜能。

6．权变原则

这一原则要求企业应根据宏观经济情况不同，制定多种目标方案。企业战略目标的制定是基于对一定环境条件的假设，当环境发生变化时，战略目标必须做出相应调整，这就是目标制定过程中的权变原则。权变的观念要求识别环境变化中的关键变量，并对它做出灵敏度分析，提出这些关键变量的变化超过一定的范围时，原定的战略目标就应当调整，并准备相应的替代方案，也就是说企业应该对可能发生的变化及其对企业产生的后果，以及应变替代方案，都要有足够的了解和充分的准备，以使企业有充分的应变能力。

7．连续性原则

战略的适应性和连续性是战略的两难选择，也是战略的两大课题。战略的本质就是适应，要求随着环境的改变而改变，快速适应环境的变化。但战略目标和战略都是关系到企业发展各阶段和各方面的决策和行动。企业战略目标的实现和相应资源的积蓄，往往都需要企业进行重大而且持续的投入。它们不能轻易决定，也不能轻易改变；否则，会打断战略的实施过程，付出巨大的甚至是惨痛的代价。

四、战略目标的表达

为了使战略目标反映企业使命的要求，又具有可操作性，必须统筹兼顾企业内外部环境动态发展和企业短期运作的不同要求，并贯彻结果导向的原则。任何一个企业的战略管理者，都必须掌握确定企业战略目标的基本技能和方法。企业目标的多元性要求管理者能协调处理好各类目标之间的关系，企业目标的层次性要求管理者实现多层次、多部门目标之间的协同，而企业目标的时间性则要求管理者在界定战略目标时应指明其时间区间，并根据环境的变化及时调整与修改战略目标。因此，在具体表达企业战略目标时，管理者应根据企业使命要求，选定目标参数，体现多种目标之间的协调性，兼顾目标的可衡量性、可操作性、可分解性及其激励效果。目标表述的 SMART 原则（见表 4-3）同上述对战略目标表述的要求基本一致。

企业为了更好地表达战略目标，往往将其形成企业战略目标体系。战略子目标与战略总目标相互关联，企业战略目标应围绕企业使命展开，低层次的战略目标应围绕高层次的战略目标展开。通过对企业使命与战略目标按层次或时间进行分解，可构造成一个战略目标体系，使企业的各个战略业务单元甚至每个员工都能明白自身的任务与责任。这样，既能有效避免企业内不同利益团体之间的目标冲突，使战略目标之间相互联合、相互制约，又能使战略目标进一步细化为具体的工作安排，转化为实际行动。

表 4-3 战略目标表达五要求：SMART 原则

原则	描述
具体性（Specific）	具体、明确
可衡量性（Measurable）	结果可考核
可实现性（Attainable）	可达到性、激励性
相关性（Relevant）	围绕使命，相互关联
时间性（Time-bound）	有完成期限、可追踪

企业战略目标体系的构成可以分为三个层次。

（1）企业战略目标。企业战略目标反映企业的经营范围、经营规模、投资方向、资本运营方面的目标。

（2）战略经营单位（SBU）战略目标。战略经营单位战略目标反映某一具体业务的发展方向、经营水平、竞争方向的目标，战略经营单位的战略目标要与企业战略目标相协调，在企业战略目标的指导下制定。

（3）职能战略目标。职能部门承担着具体的在某一职能方面的战略任务，企业职能部门和战略经营单位的职能部门其战略目标都要分别与其对应的上层战略目标相协调，设定具体的战略目标。

以上三个层次的战略目标形成一个既相互区别又相互联系的目标体系，共同体现企业的战略任务。这种目标的层次是和企业的组织层次相联系的。在这个意义上，也可以把企业使命理解为最广义的目标。最广义的目标涉及企业整体目标，由此派生出涉及企业各项事业的是战略经营单位的目标，再往下派生出来的涉及职能部门的则是职能部门的目标等，以此类推直至每个成员的个人目标。

在实际操作中，由于企业在不同发展阶段所遇到的经营问题不同，因而其战略目标体系中的侧重点也不一样，于是便形成了不同类型的战略目标体系。常见的有三种类型。

（1）以市场占有率为重点的战略目标体系

以市场占有率的提高和扩大市场份额为重点的战略目标体系，其特点是以市场为目标，旨在开拓市场，提高企业的竞争地位和能力。其保证、支持性目标有：市场开发、市场渗透、大批量生产、多产品等。

（2）以创新为重点的战略目标体系

以创新为重点的战略目标体系，其特点是以新技术、新产品、高质量等为目标，保持或争夺行业领先地位。为此，要求以新产业组合、新产品开发、人力资源开发等作为保证、支持性目标。

（3）以生产率为重点的战略目标体系

以生产率为重点的战略目标体系着眼于改善产品品种结构、组织结构、实行集约化生产、达到规模经济，以高效率、低成本获得市场竞争的优势。

本章小结

1. 企业远景是根据企业使命，在汇集企业每个员工个人心愿基础上形成的全体员工共同心愿的美好远景，它能激发出强大的力量，使每个员工都渴望能够归属于一项重要的任务和事业，它是企业战略的重要组成部分。企业远景是一幅关于公司未来发展的蓝图——详细地反映了公司在技术和顾客方面的重点、所追求的区域市场和产品市场、公司所致力于培养的能力以及管理者努力创造一个怎样的公司等问题。

在快速变化和不确定的世界中，为企业规划一个预想的未来并就此进行沟通，这是总经理们的领导职责。有时战略专家的，甚至企业的附加价值都取决于远景的创造性和创新性。特别是对于新组织或战略方向正发生根本变化的企业来说，要吸引和激励员工及投资者，提出清晰的、打算把企业带到哪里去，以及为什么它有成功机会的远景非常重要。

2. 企业使命描述企业的远景、共享的价值观、信念以及存在的原因，是对企业力图实现的结果带有哲理性的正式说明，是企业的座右铭，通常会载入企业的政策手册和年度报告中。它是企业管理者确定的企业发展的总方向、总目的、总特征和总的指导思想。它反映企业的价值观和企业力图为自己树立的形象，揭示出企业与其他企业在总体上的差异。企业使命实际上反映的是自身存在的特定的理由。

3. 企业使命侧重于强调企业正在从事或者将要从事的业务范围的规定，即对"我们的企业是什么"问题的回答，而远景则更加注重描述企业将来所希望达到的状态，也就是对"我们要成为什么"问题的回答。

能力培养指导

- 列举一些公司的企业使命，对其进行评价。
- 企业战略目标的内容及制定原则是什么？

案例应用

万向集团的战略目标实践

万向集团，这一被誉为企业界常青树的民营企业，其经营的成功主要得益于它明确的发展战略。在经管主业方面，它选择了包括万向节在内的汽车零部件产业；在企业发展规模方面，它确立了21世纪初跻身世界10000强的战略目标；在企业实施策略方面，它制定和实施了人才、资金、市场和技术等一系列子战略。

自1969年创业开始，万向所经营的产品除万向节外，还生产船钉、铁犁、锄头、镰刀、链条等，直到1979年厂长鲁冠球果断决定，将万向节之外的产品全部停产，企业的主业才得以定位。从此之后，万向节厂步入了良性发展的轨道。随着实力的增强，万向又经营轴承、传动轴、等速万向节、减震器等，进入了多品种经营的进程。当汽车零部件产业做大后，它采取多元化发展策略，进入如房地产、贸易、投资银行业等领域。但所有这些多元化产业都密切围绕着其主业，即汽车零部件产业展开。同时，随着企业的发展，万向集团的战略目标也不断更新与升华。在创业初期，企业的目标是带领一部分农民摆脱贫困，过上富裕的生活。当企业初期目标实现后，接着把目标调整为在国内万向节市场上争取市场份额的目标，以后又发展到在国际万向节市场上争取市场份额，并树立起"赚洋钱为荣"的雄心壮志。随着企业主业定位的日益明确，万向集团提出了要把企业办成世界知名企业的宏伟目标。

为了实现上述宏伟目标，万向实施了一系列的子战略。在人力资源的开发上，鲁冠球用了很大的精力致力于改造农民的工作，不厌其烦地加强对农民工（万向集团的前身是乡镇企业，工人绝大多数是农民工）的思想政治工作，要求他们树立时间观念、质量观念和组织观念，并最终把他们改造为合格的现代企业员工。同时广泛招聘各方人才，现在工作、生活于万向集团的大学生已达千人。在资金筹措上，万向集团不仅重视自我积累和银行贷款，而且重视通过股份合作制和股票上市，从企业员工和资本市场筹集资金。在营销策略上，鲁冠球长期坚持"三三制"原则，即 1/3 外销，1/3 配套，1/3 维修，始终保持在国内万向节市场上龙头老大和出口创汇先进典型的地位。在技术创新上，鲁冠球实施了"高起点投入、高精尖设备、高层次人才、高档次产品"的"四高"政策。在组织上鲁冠球构建了大集团模式、小核算体系的企业构架。全集团几十家子公司都由作为母公司的万向公司来控股。除了重大决策外，子公司作为独立的法人主体，一律独立自主经营。这就保证了整个集团能做到大而活，大而强。在企业文化建设上，鲁冠球强调以人为本，让人人都有当老板的感觉，人人都有主人翁的意识和行动。鲁冠球提出的"想主人事、干主人活、尽主人责、享主人乐"的企业主人翁精神已成为万向文化的一个重要组成部分。正因为有了以上这些切实有效的措施，才使万向集团的战略目标的实现有了一个现实、可靠的支持体系。

资料来源：王方华，吕巍编著. 战略管理[M]. 北京：机械工业出版社，2004 年 12 月。

【讨论题】

1. 万向集团由一个不知名的乡镇企业成长为一个著名的企业集团，其企业的使命和战略目标起到了什么作用？
2. 简述万向集团的战略目标体系。

第五章　公司战略的制定

学习目标：
- 掌握成长战略的概念和特征。
- 掌握密集增长型战略的实现形式，了解密集型增长战略的优势与风险。
- 掌握一体化成长战略、多元化成长战略的内涵，了解企业通过并购实现一体化成长和多元化成长的异同点。
- 熟悉密集增长型战略和一体化战略的理论依据。
- 能结合本章内容的学习分析现阶段我国企业集团建设存在的问题。

好想你的成长战略

好想你圆梦太空　　蒸蒸日上开新篇

1978 年，新郑裴李岗文化遗址被发掘，发现了 8000 年前的碳化枣核，证明当时新郑一带，先民们已开始种植红枣。8000 年后的今天，先民们怎么也难以想到，穿越历史长河后，名为"好想你"的红枣竟超脱地球，飞向了浩瀚的太空。

成就红枣"飞天之梦"的是被人誉为"红枣司令"的石聚彬，好想你枣业股份有限公司的"掌舵人"。这个喜欢在公众场合以红西服、红领带形象诠释红枣文化的红枣界领军人物，从幼时吃上第一颗红枣到开发出 230 多个红枣单品，也从未想过红枣能飞上太空，但传奇就是在不经意之间诞生了，他和他的红枣从此将和太空结缘。2011 年，对好想你枣业股份有限公司来讲有太多不平凡。这一年，擅长剑走偏锋的石聚彬带领他的团队除了让"好想你"红枣种苗、组培苗搭上了"神八"遨游太空，还成就了好想你枣业成为全国第一个红枣加工上市企业。与此同时，公司业务发展持续向好，各区域采购工作顺风顺水，并成功推出健康情系列新产品，可谓赢取了"满堂红"。

1. 飞天之路点燃激情

2011年11月1日5时58分07秒，"好想你"红枣种子搭载的"神八"飞船在酒泉卫星发射中心成功升空。同一时间，千里之外，好想你枣业股份有限公司董事长办公室里石聚彬难掩心中喜悦，开怀而笑，庆祝好想你红枣种子终于如愿进入太空。

据了解，在正常情况下，植物育种产生变异需要成百上千年时间，而航天育种可以使这个速度大大加快，明显缩短育种周期，使育种更高效、更快。因此，航天育种作为现代农作物育种的高新技术，对加快推进现代枣业发展，促进枣果产量和提高枣果品质具有非凡的意义。经过此次航天育种后，红枣种子可能获得基因突变，并有望筛选出更有价值的新品种。

其实，"好想你"红枣种子的飞天之路并非一帆风顺。这之前，为让"好想你"红枣种子有一张搭乘"神八"飞船的票，好想你枣业股份有限公司的技术人员先后30余次到中国航天科技集团、中国农业科学院、国家航天育种中心、中国空间技术研究院、中国航天博物馆、中华航天基金会等单位拜访相关领导、咨询相关专家，并与他们反复展开讨论。

"精诚所至，金石为开"。在认真撰写航天搭载申请书，向中国高科技产业化研究会咨询申报材料的要点内容及程序；向中国农科院请教航天搭载的相关事宜；与中国空间技术研究院联系，关注航天搭载最新发展动态等等，"好想你"红枣种子终于从全国3000多个产品中脱颖而出获批搭乘"神八"飞船。喜讯传回新郑，公司上下一片欢腾。为庆祝申报成功，好想你枣业还专门举行了隆重的航天育种传递仪式。以新郑黄帝故里为始发站，中途经过新郑专卖店、河南中医学院、纬二路专卖店、黄河路专卖店、河南农大等十个站点，最终在好想你枣业总公司完成了整个航天育种的传递。至此，新郑灰枣、鸡心枣、辣椒枣3个红枣品种得以如愿升空。

2. 丰收壮美红色事业

2011年，对好想你枣业来讲，能比肩飞天之喜的另一喜是该公司在采购上打了一个漂亮仗。"巧妇难为无米之炊"。好想你枣业的"根"在红枣上，每年红枣的成色、产量直接决定着好想你枣业来年事业发展的好坏。近两年，随着"好想你"这一品牌在全国叫响，专卖店星罗棋布各省大街小巷，红枣销量陡然增加，甚至某些产品常会出现脱销的情况。面对越来越庞大的购买需求，打好每年的"采购战"被列为好想你枣业的"头等大事"。

"灵宝苹果潼关梨，新郑大枣甜似蜜。"虽然新郑盛产大枣，但对于已经上市、成为"航空母舰"级枣加工企业的好想你公司来讲，还需要更多成色好、质量高的红枣，来满足产品推陈出新的需求。人无远虑必有近忧。其实，好想你枣业的高层早在几年前就已经意识到了原料采购对公司未来成长战略的重要性，所以早早就在新郑之外的新疆、河北等适宜红枣生长的地方开辟了种植基地。2011年，好想你枣业在新疆的红枣产区更是异军突起，成为"奇兵"，不仅大获丰收，且红枣品质十分出色。一位有着多年枣树种植经验的圈内专家表示，去年新疆红枣增长幅度较大，主要是因为花期没下雨、无风沙，加上秋季气温相对稳定，丰收的红枣绝对属于上乘佳品。得知新疆好想你红枣产区喜获丰收，好想你枣业派出的精干采购队伍立即行动。在阿克苏采购网点经理卢付安的带领下，员工们团结一致齐上阵，为完成公司的采购任务奔忙不停。成功采购足量红枣后，卢付安又带领采购人员把收购来的红枣及时卸车并在厂区空地上晾晒。卸车、过磅、摊晒，员工们常常是忙到晚上十一二点才结束当天的工作，但没有一个人叫苦。多日奋战之后，新疆好想你枣业收购网点立即装车运往新郑总公司。当满载着丰收之喜的卡车抵达新郑总公司时，天色已暗，但好想你公司却是灯火通明，员工们齐心协力挽手上阵，将丰收来的红枣归仓保存。

好想你枣业董事长石聚彬介绍说，2010年，公司主打产品"健康情系列"的一些单品由于原材料短缺，导致断货。2011年，红枣大丰收，品质优良，各主打产品不会再出现断货现象，广大消费者可以放心购买。同时，因去年红枣在丰收、运输、入库等环节上做的比较到位，生产出来的枣产品也将比往年同级产品的质量更好，营养也会更丰富。

3. 乘势而为捧出新品

从1992年的一个红枣加工车间，发展到今天拥有10大系列230多个单品，集红枣种植、红枣加工、冷藏保鲜、科技研发、贸易出口、观光旅游为一体的综合性企业，好想你枣业成功的秘诀凭的是两个字——创新。

虽然，2011年好想你枣业各项事业如鱼得水，来得顺心如意，但却始终保持着心底那份对创新的执着。去年，好想你枣业创新的"头牌"是——公司旗下"健康情系列产品"，这个被董事长石聚彬视为公司第一宝的优质产品，被寄予"挑大梁，走前头"的厚望。的确如此，作为好想你枣业的"龙头产品"，健康情系列产品在产销量、市场占有率及消费者美誉度上都遥遥领先其他品牌产品。此次创新，可谓是脱胎换骨，根据石聚彬的设想，健康情系列产品将实现"三新"：即新包装（包装创意、形式、材质、工艺）、新原料（高品质新枣）、新标准（公司参与制定的"免洗红枣"国家标准）。

在包装创新方面，好想你枣业经过反复市场调研和管理层的思想碰撞后,最终达成了包装的"新"要在三个方面体现的意见:第一,创意设计要有文化品位但不落俗气;第二,包装形式要有内在突破但不要小气;第三,印刷工艺要有难度挑战但不失洋气。为达到预期的包装效果,好想你枣业设计部经过周密的任务分解,明确了专人负责包装创意设计、专人负责包装元素绘制,专人负责包装打样,专人负责内外协调。最后,经过设计师们一次又一次的精心设计,一次又一次的不断完善,一次又一次的包装打样,健康情系列包装历经近三个月时间后最终通过了董事长、销售中心及生产中心领导的审核。

据介绍,健康情系列产品的新包装在创意及画面设计上体现出了朴实的枣乡风情及浓郁的文化底蕴,在包装形式上既有延续常规的稳重也有突破传统的大气……可以说是成功实现了完美变身。另外,在原料方面,好想你公司还根据产品创新要求制订健康情原料采购新标准,对红枣原料的等级质量、检验方法、检验规则、标签、标识和包装、运输、贮存等内容都设置了详细的指标。同时,还制订了详尽完善的生产工艺标准:红枣原料从进入车间到最后包装成品,中间的每一步工艺流程都有严格的操作规范控制,比如如何清洗原料、水温多少、清洗多长时间,清洗后如何检验等流程也都设置了详细的指标,以确保产品实现标准化生产。在产品质量标准方面,要求严格执行公司参与制定的"免洗红枣"国家标准,并制订了详尽的产品质量标准,对成品进行感官、理化、微生物等一系列指标检测。在最新的产品质量标准中,除了对红枣产品进行最终检验外,对于产品的包装,也规定了详细的标准及检验方法,包括内包、外包、纸箱、手提袋的材质、尺寸、感官指示等,力求尽善尽美。

目前,新产品已经陆续与消费者见面,销售异常火热,市场反响良好。以崭新姿态亮相的健康情系列产品,正在为好想你枣业打开一片新天地。

4. 再突破引领新潮流

从"红枣上市"到"红枣上天",一颗小红枣在好想你枣业的光环下实现了一个又一个令人咋舌的突破。而今,伴随着小红枣驰名中外,它又准备着实现一个新的突破:引领"木本粮"走上百姓餐桌。2007 年,"红枣司令"石聚彬和"好想你红枣"处在热恋期,石聚彬像关心爱人一样关注着红枣的一点一滴。在长期观察和总结过程中,石聚彬发现百姓食物构成品种无非是作为主食的草本粮食(麦、稻、豆、玉米等)和副食类的肉、蛋、奶、果、菜。其中,肉、蛋、奶又主要以消耗"草本粮"为置换条件,本质上仍依赖"草本粮"。但是,诸如大枣、核桃等长在树上,又具备营养价值的果实,却被人忽视，只能是茶余饭后，不能走上餐桌。于是，石聚彬率先在全国提出了"发展'木本粮'、树上粮仓"的概念，希望实现"木本粮"走上百姓餐桌的愿望。同年11月，好想你枣业又广邀专家在公司总部召开了"好想你首届'木本粮'专家研讨会"，与会专家得出的一致结论是："木本粮"与"草本粮"应该是相辅相成的，若能走上百姓餐桌，将是人类饮食的又一次大革命。

有句话说的好："林中也有粮千升。"其实，石聚彬提出"树上粮仓"这一概念对"木本粮"而言不仅是一次新突破，也是一次理性的回归。通俗的说：果实中的核桃、板栗、大枣、柿子等干果，在我国传统中都被称为"木本粮食"，尤其是红枣，自古就有"木本粮食，铁杆庄稼"的美誉。

那么，究竟是"草本粮"好，还是"木本粮"优呢？石聚彬为什么敢于拿着被冠以"木本粮"的红枣挑战几千年未曾有过变化的百姓餐桌呢？其实，剖一剖"草本粮"和"木本粮"的老底，不难发现答案。传统的"草本粮"多为一年两生或两年三生植物，根系多为须根，分布在土地表层 30~50 厘米深处，容易受到化肥、农药的侵蚀，需要精耕细作，多生产在平原良田；"木本粮"一般生长周期较长，为多年生植物，根系发达，可深达几米甚至十几米，不易受土壤表层的污染，并能够吸收土壤深层的营养物质。另外，"木本粮"大多适应性强，对干旱、盐碱有一定抗性，多生产在沙荒、丘陵地带，用于荒山绿化，有益改善生态环境。

可以看出二者是各有所长、各有所短，且二者之间并不存在矛盾，反而是可以相互依赖。比如说，在枣树下种植花生、小麦等"草本粮"，可以实现收获双重效益；"木本粮"抗旱耐瘠，管理粗放，移栽成活率高，可以使贫瘠的沙土重新变得肥沃，有利于"草本粮"生长。

红枣是"木本粮"中优秀果实的代表，好想你枣业把"红枣"推向"木本粮"复兴的前沿，由此看来意义颇深。

如今，在石聚彬"发展'木本粮'、树上粮仓"这一概念的倡导下，好想你枣业从上到下掀起复兴"木本粮"的热潮。据了解，该公司已经研发出"木本传奇"的新产品编入"好想你"产品大军中，这种包含了核桃、大枣等具有高营养价值的"木本粮"产品，正在积蓄力量，等待进入市场撑起一片新天。

"潮平两岸阔，风正一帆悬。"历经风雨彩虹，中国红枣第一品牌"好想你"已日渐成熟，正以前所未有奋发之势甩开步伐，拥抱新的未来。一段新的传奇，即将在中华大地上流传开来。

评述

在动态的环境竞争中，成长是企业的一种求生手段。不断的变革能够不断的创造更高的生产经营效率和效益，从而能在不同的环境重视应并生存。企业要实施成长战略，就必须从环境中获得更多的资源。如果未来阶段宏观环境和行业微观环境较好的话，企业比较容易获得这些资源。另一方面，从需求的角度看，如果宏观和中观环境的走势都较为乐观的话，消费者的需求者和投资品需求者都会有一种理性的预期，认为未来的收入会有所提高，因而其需求幅度将会有相应的增长，保证了企业成长的需求充足。当然，企业自身也必须有足够的人力资源、信息资源等去实施成长战略。（资料来源：郑州日报，2012-1-5，第四版.）

第一节　成长战略概述

企业成长战略是企业战略管理中的核心内容。企业在明确了战略发展方向和制定了战略目标之后，首要的问题是自身成长战略的确定。企业成长战略意义是由企业成长战略本质特征决定的。因为企业成长战略有四个本质特征，所以它的意义表现在四个方面。

一、谋划企业整体发展

企业是一个由若干相互联系、相互作用的局部构成的整体。局部有局部性的问题，整体有整体性的问题，整体性问题不是局部性问题之和，与局部性问题具有本质的区别。企业发展面临很多整体性问题，如对环境重大变化的反应问题，对资源的开发、利用与整合问题，对生产要素和经营活动的平衡问题，对各种基本关系的理顺问题。谋划好整体性问题是企业发展的重要条件，要时刻把握企业的整体发展。轮船撞上冰川，全部客舱都进水，所有乘客都遭难。不要认为经理们都能把握企业整体发展，只见树木，不见森林的经理到处可见。

二、谋划企业长期发展

企业存在寿命，寿命有长有短。投资、经营者应该树立"长寿企业"意识。为了使企业"长寿"，不但要重视短期发展问题，也要重视长期发展问题。

企业长期发展问题不是短期发展问题之和，与短期发展问题具有本质的区别。希望"长寿"的企业面临的长期性问题很多，如发展目标问题、发展步骤问题、产品与技术创新问题、品牌与信誉问题、人才开发问题、文化建设问题。打希望长寿的企业就要关心未来。对未来问题不但要提前想到，而且要提前动手解决，因为解决任何问题都需要一个过程。为了吃桃子，就要提早种桃树；为了防老，年轻时就要生孩子。要正确处理短期利益与长期利益的关系。到了夏季，农民不但要忙于夏收，也要忙于夏耕和夏种。预测未来是困难的，但不是不可能的。谁也想象不到未来的偶然事件，但总可以把握各类事物的发展趋势。人无远虑，必有近忧。领导人不关心企业未来，只知道"火烧眉毛顾眼前"，就等于拿企业的寿命开玩笑。应当指出，不关心企业未来的领导人甚多，正是由于这个原因，少则几年、多则十几年就倒闭的企业为数众多。

三、对企业发展进行整体性、长期性谋划时把握基本性

树叶长在树枝上，树枝长在树叉上，树叉长在树干上，树干长在树根上。在一个企业，树叶性的问题有成千上万，树叉性的问题有成百上千，树根性的问题可就不多了。这类问题虽然不多，但非常重要。要是树根烂了，任凭你怎么摆弄，树叶也不会再绿。领导人要集中精力谋划企业发展的基本性问题。假如企业发展的基本问题解决不好，那么即使再发动员工努力奋斗也不会收到成效，甚至越努力奋斗赔钱越多。领导人要增强基本问题意识。不要只注意把决定的事情办好，也要注意决定本身是否有毛病；不要只忙于摆脱困境，也要忙于铲除困难产生的根源。

四、在研究企业发展时谋略

企业成长战略不是常规思路，而是新奇办法。企业成长战略应该使企业少投入、多产出，少挫折、快发展。谋略是智慧结晶，而不是经验搬家和理论堆砌。智慧之中包含知识，但知识本身并不是智慧。智慧与知识具有本质的区别。许多军事家都有"空城计"知识，但没有诸葛亮那样的智慧，先知为智。智慧是对知识的灵活运用，也是对信息的机敏反应。谋划企业发展靠智慧，谋划企业整体性、长期性发展靠大智慧。谋划企业发展固然要借鉴先进理论和先进经验，但如何借鉴还要靠智慧。

第二节 密集增长型战略

一、基本概念

密集增长型战略是指企业在原有生产范围内充分利用在产品和市场方面的潜力,以快于过去的增长速度来求得成长与发展的战略。该种战略又称作集中性成长战略或集约化成长战略,是较为普遍采用的一种公司战略类型。实施这一战略的基础是企业首先从以下诸问题查找缺口,这些问题是:在相关市场内缺少一条完整的生产线(产品线缺口);在有关市场内或通向有关市场的销售渠道上,缺乏实体分配,分流式系统不完善(分配缺口);市场未充分地被利用(市场缺口);竞争对手的销售量(竞争缺口)等。

采取密集增长型战略的企业将全部或绝大部分的资源集中使用于最能代表自己优势或有严重缺口的某一项业务上,力争取得该业务的最优业绩。事实上,随着消费需求的多样化,业务种类的增多,没有哪一个企业能成功地解决所有用户的所有问题,只有为一个范围内的市场提供用途更大的产品的企业才能成为市场上的领先者。

二、实现形式

采取密集增长型战略并不等于以同样的方式重复同样的事。为了获得业务的发展并取得财务业绩的改善,企业需以不同的途径实施密集增长型战略。

(一)市场渗透战略

市场渗透战略是以现有的产品在现在的市场范围内通过更大的营销努力提高现有产品或服务的市场份额的战略。这种战略比较适合于市场处于成长期,企业即使不进行新产品和新市场的开发,也能够由于现有市场容量的增长获得总量的增长,其经营风险小。但当市场处于成熟期时,由于竞争的加剧,采取此战略可能遭遇较大的风险。为此提出实施市场渗透战略的下列条件:

(1)当企业的产品或服务在当前的市场中还未达到饱和时,企业采取市场渗透战略就具有潜力。

(2)当现有用户对产品的使用率还可显著提高时,企业可以通过营销手段进一步提高产品的市场占有率。

（3）在整个行业的销售额增长时，企业竞争对手的市场份额却呈现下降局面，这样，企业就可获得市场份额的增加。

（4）企业在进行产品营销时，随着营销力度的增加，其销售呈上升趋势，二者的高度相关能够保证市场渗透战略的有效性。如果营销的收入并不能带来销售额的增加，则采取这一战略很难达到预期目标。

企业通过市场渗透战略取得市场份额的增加，使企业达到销售规模的增加，这种规模能够给企业带来显著的市场优势时，渗透战略才是有效的。否则，该种战略就是失败的。通过市场渗透战略谋求企业的发展，必须系统地考虑市场、产品和营销组合策略，一般地，企业要增加其现有产品在现有市场上的销售量，可以从影响销售量的因素入手。企业提高产品销售量有以下基本途径：

途径一，增加现有产品的使用人数。主要有以下方式：（1）转化非使用者。企业可以通过各种有效方式，把非使用者转化为现有产品的使用者。例如，通过宣传全民补钙，把奶制品的消费者从过去的儿童，扩大到各个年龄段，使过去不爱喝奶的也主动养成每天喝奶的习惯。（2）发掘潜在的使用者。对于现有产品存在潜在的消费要求，但由于种种原因，并未实现购买的顾客，企业可通过各种营销手段，使其实现购买。例如，许多饭店采用的电话订餐、送饭上门的服务就是发掘潜在顾客的重要手段。（3）吸引竞争对手的顾客。这实质上是一种重新瓜分市场的竞争策略。例如，各家电视台，运用节目的趣味性娱乐性等手段，吸引广大电视观众，提高收视率，进而增加广告收入的策略。

途径二，增加现有产品使用者的使用量。这主要从两方面着手，一是增加对产品使用次数，企业可通过广告宣传使顾客更频繁地使用现有产品。例如，牙刷生产企业从健康角度宣传应该经常更换新牙刷。二是增加每次的使用量，企业努力使顾客在每次使用现有产品时都增加使用量。例如，许多儿童食品生产企业开展的买食品集图案换取纪念品的促销活动，就起到了诱导儿童增加消费量的作用。

途径三，增加产品的新用途。企业可以发掘现有产品的各种新用途。一方面，由于产品所附带的新用途，会增加产品使用人数，另一方面，也会因新用途而使得现有产品的使用量增加。

途径四，改进现有产品的特性。企业通过改进现有产品的特性，例如，提高产品的质量，改进产品的式样，增加产品的附加功能，提高产品的安全性、可维修性等，这样既可以增加产品的使用人数，也可以增加使用量。

（二）市场开发战略

市场开发战略是密集增长型战略在市场范围上的扩展。它是将现有产品或服务打入新的地区市场战略，它比市场渗透战略具有更多的战略机遇，能够减少由于原有市场的饱和而带来的风险，但也不能突破由于技术的更新而使原有产品遭受淘汰的风险。它一般适用于下列条件：

在空间上存在着未开发或未饱和的市场区域，为企业提供市场发展的空间；企业可以获得新的、可靠的、经济的、高质量的销售渠道；企业必须拥有扩大经营所需的资金、人力和物质资源；企业存在过剩的生产能力；企业的主营业属于正在迅速全球化的行业。当然，除满足以上条件外，更重要的一点是企业在目前的经营领域内获得了极大成功，有实力进行新市场的开发。

实施市场开发战略一般有以下三种途径：

途径一，市场瓜分。企业将现有产品打入销售同类产品企业的市场中去，以进行市场的争夺和重新细分市场。例如，格兰仕微波炉在1995年，借蚬华被美国惠普公司控股之机，以迅雷不及掩耳之势，进军并站稳了上海市场。

途径二，市场创造。是指企业将现有产品投放到别的企业尚未进入的刚刚开始形成的市场中去。这种方式比市场瓜分的风险要大，因为往往在一个新兴市场上需要进行先期的市场调研和市场培育工作。例如，食品生产企业在对原有产品进行包装调整后，在保持原有专业食品这一分销渠道的前提下，增加了为超市提供食品的业务。

途径三，市场撤离。企业在原有市场已经饱和衰退的情形下，及时从现有市场撤离，迅速转移到新的市场中去，这既可以进入同类产品的市场进行市场瓜分，又可以进入一个新兴的市场进行市场创造。例如，发达国家把一些低层次的产品从本国撤离，转移到发展中国家进行生产和销售。我国黑白电视机企业开辟广阔的农村市场。

（三）产品开发战略

产品开发战略是密集增长型战略在产品上的扩展。它是企业在现有市场上通过改造现有产品或服务，或开发新产品或服务而增加销售的战略。从某种意义上讲，产品开发战略是企业成长与发展的核心，通过这一战略的实施，以产品的生命周期或充分利用现有产品的声誉和商标，进而吸引对现有产品有好感的用户对新产品的关注。这一战略的优势在于企业对现有市场的了解。产品开发针对性强，容易取得成功。但另一方面，由于企业局限于现有的市场上，也容易失去广大新市场的机会。它一般适用于下列条件：

企业拥有很高的市场信誉度，过去的产品或服务是成功的，这样可以吸引顾客对新产品的使用;企业参与竞争的行业属于迅速发展的高新技术产业,企业在产品方面进行的各种改进和创新都是有价值的;企业所处的行业高速增长,使得企业必须进行产品的创新保持竞争力。反之,如果企业所处行业增长缓慢或趋于稳定,则企业进行产品创新要承担较大的风险;企业在产品开发时,提供的新产品能够以较高价格性能比,比竞争对手更好满足顾客的需求;企业必须具备很高的研究和开发能力,不断进行产品的开发创新;完善新产品销售系统。

实施产品开发战略一般有以下途径:

途径一,产品革新。企业在现有市场上通过新技术的应用,推出新一代的产品。这一战略没有从成本控制、增加型号等方面来提高企业价值,而是从一个新的角度来为顾客创造新价值。但企业基本还是沿着过去产品的思路进行革新,没有突破原有产品的范围。

途径二,产品发明。指企业在现有市场上发明出别的企业从未生产销售过的新产品以创造新价值。这种新产品可以是一种与原有产品截然不同的新产品,也可以是一种与原有产品相关的新产品。例如生产打字机的企业,利用新技术,发明、生产和销售打印机,以满足顾客新的不同的需求。

(四)产品市场创新战略

产品市场创新战略是实施密集增长型战略的关键。这里的创新有两层含义,一是产品创新,即不断向市场提供全新或经过较大改进的产品,成为市场的领先者。二是市场创新,即对企业原产品革新的旧产品和开发的新产品,不断开拓新的市场,扩大市场份额,提高市场占有率。对于前者仅介绍实行产品创新的基本步骤,但它在某种意义上也适合市场创新。对于后者仅介绍市场进、出时机的选择策略。

实行产品创新战略一般要经过以下四个步骤。第一步,形成创意。创新始于创意。创意可以来自企业内部,由企业的职工提出,也可以来自企业外部,从其他企业或组织购买,例如咨询公司。创意可以是市场导向的,即根据市场上消费者的需要设计和提出创新设想。创意也可以是技术导向的,即由某项技术突破而形成的创新。随着技术的发展,特别是新的设计技术方法的问世和计算机辅助设计的开展,企业的创新过程将大大缩短。第二步,创意甄别。为了使企业在创新上的投资能有更高的成功率,需要按一定标准对创意进行识别和筛选。一般来说,这些标准包括:企业的总体目标、生产销售财务等方面。例如,生产标准包括,新产品生产的技术可行性,与目前加工方式的差别,对劳动力、加工设施的布局及生产能力、原材料供应等。财务标准包括生产规模、投资需求量、投资的风险程度、年销售额、单位产品毛利，预期产品的生命周期等。第三步，开发与测试。经过筛选后的创意还要在技术上进行全面的测试。这里要经过样品制作、过程评估、销售检验等过程。通过测试以保证正式生产并销售的产品在技术上可行，经济上合理，受到用户的欢迎。第四步，产品最终设计。现阶段需要制作产品说明书、加工程序和有关图表等。出色的设计是使创意变为现实产品的关键。

采取密集增长型战略的企业，要推行市场创新，必须把握着市场进入和退出的时机，基本的市场进入和退出时机组合有表 5-1 所列出的三种情形。

表 5-1 企业进入和退出市场时机组合

进出时机组合	进入市场时机	退出市场时机	适用的生产体系
早进迟退型	引进阶段	衰退阶段	从小批量多品种生产转向大批量低成本生产
早进早退型	引进阶段	成熟阶段	小批量多品种
迟进迟退型	成长阶段	衰退阶段	大批量低成本

1. 早进迟退型组合

采取早进迟退型组合的企业在产品尚处于引进阶段时就进入该产品的市场，直到产品生命周期行将终止时才退出市场，因而能最大限度地利用产品生命周期长度。在这一较长的时期中，企业将经历从小批量多品种生产体系向大批量低成本生产体系的转变过程。

早进迟退型组合的优点是进入市场早，因而容易抢占市场份额，比后进入企业更早地获得产品生产和销售方面的经验，因而能较早地具备成本优势。早进迟退型组合的缺点是生产体系的转化难度较大，企业越是进入成熟阶段，转化过程就越困难。而且早进企业还需要承担进行市场教育和用户教育、培育产业协作体系等成本。企业在这些方面的投资不但有利于企业自身战略的成功，也有利于其他竞争对手相应战略的成功。

需要注意的是，传统上一般认为早进企业可以采取撇油价格获得较高的前期收益，以补偿有关市场教育和用户教育成本。但近年产业发展实践却表现出前期撇油期缩短的倾向。这一方面是因为产品生命周期整体性缩短的原因，另一方面也是因为信息技术的发展使许多技术创新的传播速度加快、信息障碍降低的原因。所以，除了那些能从产业标准上进行创新，并始终把握标准变化主动性的企业，如计算机产业是微软公司外，每一单个创新的收益推动和收益独享的效应是在降低。即使是微软公司，其对计算机标准的占有也需要通过传统的大规模生产体系的支持,并不断受到反垄断起诉的打击。

2. 早进早退型组合

采取早进早退型组合的企业在产品生命周期的引进阶段进入产品的生产,在成熟阶段退出。这是因为,当产品进入成熟阶段后,销售量接近或达到顶峰,竞争日益激烈。迫使企业采取各种促销手段保住或争夺市场份额,导致成本上升。此时的产品虽然仍能继续盈利,但单位利润已趋近于零。一般来讲,具有规模较小、生产体系灵活性较强、能及时以较低成本完成产品品种转化的企业,特别适合采取早进早退组合。

3. 迟进迟退型组合

采取迟进迟退型组合的企业,在确信新产品已经在市场上站稳了脚根并有很大的销售潜力时,才迅速装备起高效率自动化设备投入生产。这些企业由于对销售前景有充分把握,所以愿意采用大批量低成本的生产方式,并以远低于其他竞争者的价格向市场销售产品。这种后发制人的方式不仅能避免在引进阶段进入市场所需要的大量研究开发投资和失败的风险,以及改变生产体系的麻烦,还能利用已经初步形成的大规模销售渠道。由于新产品已经表现出了盈利能力,因此,企业也比较容易从资本市场募集到进入市场所需的大额资金。采取迟进迟退型组合要求企业具备成本和规模优势,因而是许多大型企业经常采用的方式。

三、理论依据

密集增长型战略的理论依据是规模经济原理、学习曲线原理和供求规律原理的结合。

(一)规模经济原理

根据成本理论,企业生产某种(类)产品发生的总成本量由固定成本和变动成本两个部分构成。在短期条件下,两个成本部分与产量的关系表现为:固定成本总量在一定的生产规模下基本上不发生变化,随着生产量的增加,单位产品上分摊的固定成本量将相应减少。变动成本总量随产量的增加而增加,但是单位产品的变动成本量始终保持不变。所以,在固定成本的能力范围内,随着产量的增加,平均变动成本对平均总成本增加的推动影响受到平均固定成本降低因素的制约而被削弱,使得平均总成本呈现出随产量增加而降低的趋势。

从长期看,企业的任何投入要素都是可以变动的。由于生产固定设施的企业在生产中力求实现规模效益的努力,使其固定设施的能力在同样成本的条件下得以提高，或是使具有同样生产能力的固定设施价格具有逐渐下降的可能，导致使用固定设施的企业的规模效益具备了进一步提高的潜力。所以，即使是已经充分利用了现有固定设施生产能力的企业，仍然会为了利用规模效益作用强化了的固定设施所能提供的成本效益，而对现有固定设施进行调整，进一步实现生产规模的扩大。

规模经济除了来自于固定成本的杠杆作用外，还来自于生产中分工程度加深，使用专门设备和专业操作工获得的工厂规模经济，即学习曲线原理，以及实现一体化和多样化经营的企业由于一部分职能共享，例如共享销售渠道、共享研究开发成果等带来的企业规模经济。当然，规模经济也不是无限的，在超过一定规模后，由于管理层次增加和不同管理活动之间协调上的困难，使企业管理效率下降，导致成本的上升。这一结论与长期成本曲线在达到成本最低点的规模后，随着规模的进一步扩大而上升的趋势是一致的。

（二）学习曲线原理

密集增长型战略的优势不仅仅反映在固定成本的作用上，还表现在由同一活动重复导致的活动效率的提高上。产品的生产不仅需要利用固定设施，更需要利用人的能力。与固定设施随着使用产生的磨损、其能力将逐渐降低的性质不同，人随着对某一种活动的多次重复将积累起经验，因而提高工作效率。学习曲线原理研究的就是这种经验积累对成本的影响。其表现是随着工人累积产量的增加，单位产品的成本和工时就会降低。

由于学习曲线原理以人的活动为研究对象，所以涉及的是有关人工成本。影响人工成本的因素主要有人工工时和单位工时的人工报酬（工资率）。只有当由于学习曲线作用导致的人工工时减少而减少的人工成本量大于由于职工能力提高而增加的单位工时人工报酬量时，学习曲线原理才会形成人工成本的实际减少。

（三）供求规律原理

采取密集增长型战略的企业总是力求利用规模经济的效益。但是，企业生产规模将受制于供求规律的影响。企业整体在一定价格水平上愿意并能够提供的商品量应该与消费者有支付能力的需求量相一致，这是供求规律的基本原理。根据这一原理，企业在选择和确定生产规模时，需要所确定的生产规模与企业能够获得的市场容量（包括潜在市场容量和市场开发可能性）相当，一旦所选择的生产规模超过了市场容量，企业产出的一部分产品就不可能在原有的价格水平上出售。而当降价幅度完全吞噬了因扩大生产规模所获得的增加收益时，规模收益就到了尽头。

各国政府的反垄断干预也为企业规模设置了限制。在不存在政府反垄断干预的情况下，很少的几个甚至一个企业，有可能通过较早地实现规模经济将其他处于同一市场上的企业排斥出市场，而成为某一市场上的垄断企业。此时的这个企业会出现两种行为：一种是因为市场容量得到扩大而进一步增加了扩大规模的要求和可能；另一种是由于垄断破坏了供求规律，使得垄断企业得以通过约束产出量而维持价格水平，获得超额利润。不管出现哪一种行为，明智的企业管理人员都不会在此时放弃密集增长型战略。

因此，规模经济原理和学习曲线原理是支持密集增长型战略的基本经济理论，而供求规律原理和政府的反垄断干预则成为约束密集增长型战略的经济和非经济因素。

第三节 一体化成长战略

在第二节我们讨论了企业如何在原有生产范围内求得成长和发展的问题，即企业怎样通过改进老产品或设计新产品适应老顾客的需求变化，以及如何将已有产品推向新市场，尤其是新的地区领域的问题。在本节我们将讨论企业应该如何处理其经营范围，主要是如何处理那些企业当前活动有关的竞争性活动和上下游生产活动的问题，即所谓的一体化成长问题。

一体化成长战略是指企业在现有业务的基础上或是进行横向扩展，实现规模的扩大；或是进行纵向的扩展，进入目前经营的供应阶段或使用阶段，实现在同一产品链上的延长，以促进企业进一步成长与发展的战略。一般来说，一体化成长战略根据物流方向包含三种形式：物资从反方向移动称为后向一体化；物资从顺方向移动称为前向一体化；对于性质相同的企业或产品组成的联合体称为水平一体化。同时前向一体化与后向一体化又统称纵向一体化，而水平一体化又称横向一体化。一体化成长战略有利于深化专业分工协作，提高资源的利用深度和综合利用效率。

一、横向一体化战略

横向一体化战略是指企业以兼并处于同一生产经验阶段的一个或多个企业为其实现长期目标的途径。这种兼并能使企业增强生产经营能力、扩大市场份额、提高资本利用率、减轻竞争压力，同时并不偏离企业原有的经营范围和核心技术，因而不会引起管理上太大的困难。而且由于横向一体化所带来的优势基本上来自于对两个兼并企业现有能力的重新组合，所以风险也较小。

例如，中国一汽集团自 1986 年以来，陆续对轻型车厂进行了一系列的并购，用分期资金补偿的方式收购长春轻型车厂、轻型发动机厂和齿轮厂、吉林轻型车厂等，扩大了对轻型车的生产规模。四川长虹于 1996—1997 年度控股长春无线电厂和南通三元实业总公司，实现了低成本扩张的目的。1999 年戴姆勒—奔驰和克莱斯勒的合并更起到了多项优势互补的作用。戴姆勒—奔驰汽车型谱中也是空当，合并后可实现技术上互补，又可使各自的特长得以充分发挥。合并后的新企业扩展了产品线，拓宽了产品组合的宽度，产品系列相互补充，能更好满足不同用户的需求。另外，合并后对两家公司都是空当的车型可共同设立开发项目，共用一个生产平台，从而节约设备投资，提高资本利用率。合并还可以起到扩大市场的作用，克莱斯勒可以借题帮助戴姆勒—奔驰的销售网络扩大其欧洲市场份额，节省建立营销网络的费用。合并后企业的市场份额比合并前两家企业市场份额之和有较大幅度。在劳动生产率方面，两个制造商之间差别很大，戴姆勒—奔驰公司每辆车总工时为 216 小时，克莱斯勒公司仅为 75 小时，是前者的 35%。克莱斯勒公司具有汽车生产商最好的效率和最精益的生产方式及工艺和开发系统，统一管理后，戴姆勒—奔驰公司可向克莱斯勒公司学习先进的管理方法和经验。

值得注意的是，虽然横向一体化对单个企业来说不失为迅速扩大企业规模和市场份额的有效方式，但它本身并不会直接导致生产规模和市场份额的扩大。这是因为企业在兼并另一个处于同一生产阶段的企业之前，这两个企业就已经存在了，它们本身已经具有各自的生产规模和市场份额。兼并的结果只是原本属于两个企业名下的生产规模和市场份额，经过一体化行动后只属于一个企业而已。只有当一体化发生在其中一个企业虽然具有一定的生产规模，但由于各种原因企业自身已经丧失了继续有效利用现有生产规模的能力，而且相应于这一生产规模的市场需要仍然存在的情况下，一体化才会显示出对社会总体而言的生产规模和市场的扩大。另外，如果在一体化过程中经过合理化调整，除了原有两个企业在独立情况下重复的活动，或是原本存在的不合理的流程和活动组织，一体化才会产生协同效益。可见，一体化战略与企业的组织调整和组织变革是分不开的。

由以上分析可以看出，横向一体化的战略利益主要包括规模经济，减少竞争对手和较容易的生产能力扩张。横向一体化的风险来自于企业对同一产业的过分投入和由此带来的管理问题，同时横向一体化企业还容易成为行业反垄断组织的靶子。美国微软公司就是最好的例子。

二、纵向一体化战略

纵向一体化战略是密集增长型战略在业务上的延伸。前向一体化战略是企业自行对本公司产品做进一步深加工，或对资源进行综合利用，或公司建立自己的销售组织来销售本公司的产品或服务的战略。例如钢铁公司自己轧制各种型材，并将型材制成各种不同的最终产品；汽车制造公司开设销售分公司和维修部等。后向一体化战略则是企业自己供应生产现有产品或服务所需要的全部或部分原材料或半成品。如编织厂自己纺纱、洗纱；双汇集团自己兴办养殖厂等。

下面一些因素可促使一个企业去寻求前向或后向一体化战略，这也是纵向一体化战略的益处所在。（1）后向一体化战略可使企业能对所用原材料的成本、可获得性以及质量等有更大的控制权。（2）如果一个原材料的供应商能获得较大利润时，通过后向一体化企业可将成本转化为利润。（3）前向一体化战略可使企业能够控制销售和分配渠道，这有助于消除库存积压和生产下降的局面。（4）当企业产品或服务的经销商具有很大毛利时，通过前向一体化战略企业可增加自己的利润。（5）采用纵向一体化战略，通过建立全国性甚至全球性的市场营销组织机构以及建造大型的生产厂从规模经济中获利。（6）一些企业采用前向或后向一体化战略来扩大它们在某一特定市场或行业中的规模和势力，从而达到某种程度的垄断和控制。在某种情况下，纵向一体化战略是企业成长与发展的恰当和合理的战略，但它也存在着一定的风险。首先，纵向一体化使企业规模变大，要想脱离这些行业就非常困难。其次，由于规模大，要使企业的效益有明显的改善，就需大量投资于新的经营业务。同时要求公司技术的全面化和带来管理上的复杂化。最后，由于前向、后向产品的相互关联，不利于新技术和新产品的开发，也可能产生生产过程中各个阶段的生产能力不平衡问题。

三、实现形式

企业可以以多种方式实现一体化成长，如内部开发、合并、收购、组建企业集团等，它们同样适用于下节将要讨论的多元化成长。下面仅就收购、合并、组建企业集团的有关问题做一简单讨论。

（一）收购

通过收购发展新业务的方法在西方发达国家呈现波浪化的趋势，并且因行业的不同而不同。随着市场经济体制的不断完善,以及企业的不断分化,我国企业的收购倾向也在不断加强,同时将日益走上规范化的轨道。实际上,通过收购来发展业务,尤其是国际化业务对许多行业都非常重要,如报纸、媒介、食品业、饮料业和休闲娱乐业的许多企业都是如此。

进行收购的一个重要原因就是其允许公司以更快的速度进入新的产品和市场领域。在很多情况下,由于产品和市场变得很快,以至于收购成为企业成功进入市场的唯一方式,因为内部开发的速度太慢。采取收购方式的另外一个原因是企业缺少内部开发所需要的相关知识和资源。例如,接收某个公司可能主要是为了得到这个公司的研究开发能力,或者是得到它在某特定类型的生产系统方面的知识。

竞争环境可能会影响企业对收购的选择。在已有公司的市场占有率相对比较稳定的静态市场内,一个新公司想进入市场是非常困难的,因为它的出现会打乱原有的平衡。但是,如果这家新公司采取收购的方式进入市场,其遭到竞争性对抗的风险就会减少。当行业中已有的供应商收购了一个竞争者,其目的是为了获得它的订单,以增加市场占有率,或者在某些情况下是为了关闭其生产能力,以帮助恢复供需平衡时,收购仍然是一种有效的进入方式。

收购还有其财务方面的好处。如果一个企业的股票价格或市盈率很高,那么,通过收购股票价格或市盈率低的公司,该企业可以获得很高的财务收益。如果一个企业的股票价格低于它的真实市场价值,那么,该企业将成为一个正准备进入该市场的公司的收购对象。实际上,获得财务益处常常是那些积极进行收购或兼并活动的公司的主要动力之一。收购的极端例子是资产榨取,其主要目的是通过购买低价的资产然后高价出售来获得短期利益。采取收购战略的又一个原因是其可以提高企业的成本效益。当被收购的企业的生产规模已处于经验曲线的后半部分,而企业通过内部开发很难快速获得同一效率时,通过收购可以提高企业的成本效益。

实际上,收购面临的最主要问题之一是将新企业融入到老企业中的能力,当两个企业具有不同的企业文化,尤其是属于不同民族和国家时,这常常会引起各种文化冲突,需要管理者特别加以注意。

(二)合并

广义上说,合并可以分为三种类型,第一种是横向合并,即在同一产品市场内两个或两个以上直接竞争者之间的合并;第二种是纵向合并,它将处于某一特殊市场不同生产阶段的企业联合在一起;第三种类型是联合式合并,在这一合并中,所合并的企业既不是直接竞争对手,同时也不是在同一生产链上。

1. 通过合并可以加快企业进入新市场的过程

众所周知，进入新市场是一项非常复杂和困难的工作，它要求有效地配置各种资源，如劳动力、管理人员和设备等，对需要复杂技术和大型设备的行业尤其如此。因此，如果企业想快速进入市场，与现有企业合并也许是一个最明智的选择。例如，1992年美国可口可乐公司进入德国市场主要是通过收购已有装瓶厂而不是建新装瓶厂来实现的。

2. 通过合并进入市场不致引起生产能力的大量过剩

很显然，如果企业通过投资进入新的业务领域，那么势必导致行业生产能力的增加。如果所开发的新产品具有显著的规模经济效应，而新进入者又希望达到最小有效规模，那么行业的生产能力将很快扩张，结果势必导致市场价格的下降，除非市场需求也以很快的速度上升。换句话说，通过合并或收购进入新的市场可以避免市场价格的大幅度下降。我国很多行业的生产能力大量过剩和价格下跌的原因固然很多，但各地区、各部门及不同企业多采取新投资建厂方式进入市场显然是最重要的原因，这种情况在汽车、家电、纺织、大型零售业都曾不同程度地发生过。

3. 横向合并可以提高企业在市场中的竞争地位及与顾客和供应商的讨价还价能力

例如，如果两个合并伙伴是行业中两个较大的企业，而且这一行业中的企业数量有限，那么，合并后的企业就可以控制和提高市场价格。当然，这种合并要受到反托拉斯法或反不正当竞争法的制约。

尽管合并与收购的原因相似，但是，合并通常是两个企业自愿地结合在一起的结果，这可能是因为它们都想获得协同效用。此外，合并也可能是环境变化所提供的机会与威胁对它们共同作用的结果。相反，收购更多地是一方主动、一方被动的产物。

（三）企业集团

企业集团作为一种高级组织形态，实际上是横向一体化和纵向一体化的高级形式，它具有多种功能和作用。在企业发展到一定阶段，组建企业集团不失为一种重要的成长战略。

1. 企业集团的概念和基本特征

所谓企业集团是以一个实力雄厚的大型企业为核心，以产权联接为主要纽带，并附以产品、技术、经济、契约等多种纽带，把多个企、事业单位联结在一起，形成具有多层次结构的以母子公司为主体的多法人经济联合体。

概括说来，企业集团具有如下的主要特征：

(1) 企业集团应以产权联结为主要纽带，以母子公司为主体。这是企业集团的基本特征。

(2) 企业集团必须有一个能起主导作用的核心企业，这个核心企业也称为集团公司或母公司，或控股公司。不同称谓应用于不同场合，但指同一企业主体。这个集团公司可以是一个既从事生产经营又从事资本经营的混合经营型公司，也可以是一个专门从事资本经营的单纯管理型公司。在我国，集团公司规模必须达到国家大型企业标准，或注册资本达到1亿元以上。在企业集团内，集团公司依据产权关系，统一行使出资者所有权（产权）职能，统一投资决策，统一配置资源，统一调整结构，统一负责国有资产保值增值。集团企业间应有内在的技术、经济联系，能在市场配置资源的机制中形成利益共同体。还要有明确的通过企业集团体制实现的市场目标。企业集团应有整体成长战略和发展规划。

(3) 企业集团母公司、子公司和其他成员企业均具有法人资格，为法人企业，依法享有民事权利和承担民事责任。分公司和事业部不具有法人资格，不作为独立的成员单位。企业集团不是法律主体，不承担民事责任。它既不是统一纳税、统负盈亏的经济实体，也不具备总体法人地位。企业集团只是一种建立在控、持股关系上的法人集合。单个法人企业或大型联合企业（托拉斯）不能称之为企业集团。

(4) 企业集团具有金字塔式垂直控制的分层次的组织结构按产权关系及投资、持股比例分为：母公司（核心公司）；全资、控股子公司（紧密层企业）；参股关联公司（半紧密企业）；子公司的全资、控股子公司（二级子公司）；无产权关系的协作企业（松散层企业）。企业集团以母子公司为主体，是基本结构形式。企业集团的母公司（核心企业），一般称为集团公司或控股公司。是指对被投资企业拥有控制权的企业。

企业集团的控股子企业含全资、控股子公司，是指被母企业拥有控制权的子企业。它包括由母公司直接或间接控制其过半数以上权益性资本的被投资企业和通过其他方式控制的被投资企业。

这里所指权益性资本是指能够据以参与企业经营管理，对经营决策有投票权的资本。在投资企业，它体现为长期投资中的股票投资和其他投资（包括固定投资、无形资产投资、货币资金投资等），在被投资企业，它体现为所有者权益中该出资者所享有的份额。这里所指通过其他方式控制的被投资企业，主要指以下几种情况。

——通过与该被投资企业的其他投资者之间的协议，拥有该被投资企业半数以上表决权；

——根据章程或协议，有权控制企业的财务和经营决策；

——有权任免董事会等权力机构的多数成员；

——在董事会或类似的机构会议上有半数以上表决权。

控股分为绝对控股和相对控股。绝对控股是指投资企业在被投资企业的持股比例超过51%；相对控股是指投资企业在被投资企业为最大股东，一般持股比例超过30%。

企业集团参股企业，是指集团公司（母公司）虽持有股份但未到控股程度的企业。参股企业不应称为参股子企业。子企业只相对控股企业而言。

协作企业指与集团公司和子公司以合同、协议方式建立较为稳定协作关系的企业，它们之间是非产权关系。承认企业集团章程的协作企业称之为集团协作成员企业。

（5）集团母公司应至少拥有5个以上控股子公司。之所以对集团子公司有数量上的限定，是由于集团母公司拥有子公司的控股权，不同于一般出资盈利为目的的持股行为。集团公司在选择是否持有一个公司股权时，应有明确的市场目标，要通过控制一定数量的子公司达到占有某些产品一定市场份额的目的。也就是说，企业集团有双重目标：市场目标和盈利目标（以资本增值为标志）。单纯以盈利为目的的持股公司，一般只有单一的盈利目标。如各种基金，当被持股公司盈利水平达不到出资者预期及社会平均利润率水平，会通过"用脚投票"方式转让所拥有的股权，转而投向盈利水平更高的公司。这些持股公司作为出资者也会同时持有众多其他公司的股份，但持股公司与被持股企业之间并无内在的技术、经济联系，这说明他们之间并无共同的市场目标。因此不能称之为企业集团。

2．企业集团的组建方式

将集团企业间的非产权关系转化为产权关系的方式分为两种：市场方式与半市场方式。

（1）市场方式

就是通过投资、兼并、收购等方式确立企业间的产权关系。这是市场经济国家企业集团发展的基本途径，也是以后我国企业新组建企业集团应采取的主要方式。具体地说，市场方式有以下几种类型。

①分立式

所谓分立式是指一个实力雄厚、市场前景良好的企业，根据市场和竞争的需要，从企业母体中分立出一部分实体资产，独立注册成法人实体，与母企业法人构成母子公司关系。如一个汽车制造厂所属的转向器分厂，其产品不但本企业需要，社会也有广泛需求，总成产品的经济规模又大大超过整车经济规模，如继续以分厂—分公司的组织形态发展生产规模，显然很不适应市场需要，不利于企业效益的提高，不利于处理好各种经济关系，此时最好使分厂单独成立子公司，以便其充分发展。还有一种情况，母体企业为了避免因出现大的经营风险而连带母体本身，故将生产高风险产品的单位分立为有法人资格的子公司，母体企业以其出资额为限承担有限责任。母体企业将成建制实体资产独立为子公司，即为分立式。分立的子公司要独立编制资产负债表。母企业的长期投资在子企业的资产负债表上表现为实收资本。

②对外投资式

母企业以资金、实物、无形资产作为资本独资或与他人合资设立一个法人企业。这个新设企业成为母企业的独资或控股或参股企业。采用这种方式时，往往是由多个股东共同出资设立企业，开辟新的经营项目，或是由于异地、异国投资设厂。当地法律规定新设企业必须独立注册和独立纳税时，常采用这种方式。

③购买兼并式

企业兼并是指优势企业购买其他企业的产权，其他企业或失去法人资格与优势企业合并，或改变其股权结构，成为优势企业的控股子企业（保留法人资格）。购买兼并的方式有以下几种：

——以现金购买股票式兼并，是指 A 企业使用现金购买 B 企业的全部或大部分股票，以实现兼并（一般通过股票市场）。

——以股权交换股权购买资本式兼并，是指 A 企业向 B 企业股东发行新股票换取其持有的 B 企业股权，使 B 企业的股东转而成为 A 企业的股东，A 企业拥有 B 企业的股权。

——以股票交换股票式兼并，是指 A 企业向 B 企业股东发行股票以交换其持有的 B 企业股票，使 B 企业的股东拥有 A 企业的股票，A 企业拥有 B 企业的股票。

以上几种兼并中，兼并全部产权（股份）的，可以保留或取消被兼并企业的独立法人资格，兼并部分产权（股份）的必须保留被兼并企业的独立法人资格。

购买式兼并最典型的案例就是一汽集团公司购买金杯股份公司（上市公司）51%的股份，从而使金杯股份公司成为一汽集团公司的控股子公司。

④承担债务式

所谓承担债务式是指当B企业的资产与债务数额相等，即B企业账面净资产为零时，A企业以承担B企业债务为条件接收B企业的全部资产以实现兼并。它的实质是零字购买，属于现金购买产权（股份）的一种特例。兼并后，可以保留或取消被兼并企业的独立法人资格。

⑤补偿式

A企业欲兼并B企业，由A企业与B企业的股东协商签订兼并协议。A企业对B企业的股东做出承诺，兼并后按协议分期偿还B企业股东应得的资金。这种协议一旦签订，即实现了A企业对B企业的兼并，也就是A企业拥有了B企业的产权。B企业可以并入A企业，也可以仍然独立经营，作为A企业的子公司。兼并后B企业与原股东已无产权关系，剩下的只是A企业与B企业原股东间的债权债务关系，实质上是现金购买产权（股份）的一种非即期交易方式，是以分散付款方式兼并企业。这是我国第一汽车集团公司创造的兼并模式。如第一汽车制造厂对吉林轻型车厂和长春轻型车厂、长春发动机厂、长春汽车配件厂的兼并即采取了这种方式，既实现了资产合理配置，提高了资产效益，减少了重复投资，发挥了集团优势，又解决了购买企业资金困难问题。实践结果是五方（吉林、长春四企业所在地方政府，吉林、长春四企业本身，一汽集团公司，一汽集团，国家）均得到了利益。

⑥等值换股式

在集团公司（A企业）缺乏足够的资金对被兼并企业（B企业）投资入股达到控股的情况下，可以通过A企业与B企业存量股权的等值置换实现控股。假设A、B企业均为独资公司，并且企业股本等于企业市场价值，如A企业有10亿股本，B企业拥6亿股本。A企业增资扩股6亿股份，B企业股东以价值6亿股份的B企业投入A企业，享有A企业增资扩股的6亿股份。股权置换后，B企业股东与B企业则不再有产权关系。B企业或并入A企业，或成A企业的子公司，构成母子公司关系。等值换股式实质上是股票交换股票。由于A企业股本大于B企业股本，交换后，A企业股东除了仍控制扩股后的A企业，同时通过A企业控制了B企业。

⑦租赁、承包式

通过以上各种方式建立母子公司式的产权关系，其前提条件就是要有资金用于入股。这一点即使对于许多实力雄厚的大企业来说也有困难。在这种情况下，可以采用租赁、承包式，即在承包、租赁其他企业期间，承包企业将承包、租赁费用交给被承包企业的股东。被承包、租赁企业所产生的超过承包、租赁费用的利润被承包企业作为承包企业的资本投入，被承包企业存量资本不再增加，经过若干年后被承包企业即成为承包企业的控股子公司。

通过以上各种方式形成企业集团内的母子公司关系，是市场经济条件下的通常做法。

（2）半市场方式

半市场方式是指同一所有制下的企业的所有者根据市场和企业发展的需求所进行的产权重组和产权划转。半市场方式我们称之为授权投资或授权持股，是我国特定历史条件下的产物。企业集团国有资产授权持股定义为："国有资产授权持股（授权经营）是指国有资产管理部门将企业集团中国家以各种形式直接投资设立的成员企业的国有产权授权集团公司统一持有，以确立母子公司产权关系。集团公司依据产权关系成为授权范围内集团成员企业的出资者，依法统一行使出资者所有权，即：资产受益、重大决策、选择管理者等权利。统一对国有资产保值、增值负责。"具体地说：

①授权的主体是国有资产管理部门。这一点在国务院批转国家计委、国家体改委、国务院生产办公室《关于选择一批大型企业集团进行试点的通知》中已有明确规定。

②授权的客体是企业集团的集团公司。

③授权持股的范围是国家以各种形式直接设立的成员企业。授权持股后，集团公司即作为授权范围内集团成员企业的出资者（持股主体、投资主体、产权主体），统一行使出资者所有权，即资产受益、重大决策、选择管理者等权利。

但同时应当明确，授权持股范围不包含集团公司自身，即集团公司不能持有自己的股权。集团公司的股权归政府持有。集团公司拥有法人财产权，包含直接占有的实物资产和长期投资（含授权其持有的子企业的股权）。集团公司在法人财产的范围内负责统一决策，统一调整结构，统一配置资源。集团公司对其占用的（含授权持股范围）全部国有资产负保值、增值的责任。

④授权持股后，集团公司与授权范围内的集团成员企业形成母子公司产权关系。在股权性质上，集团公司为国家资本，成员企业原国家资本转为法人资本。与此相对应，在会计财务上，需将授权范围内成员企业的国有资本之和相应调增到集团公司的国家资本和长期投资上，并与成员企业的法人资本对应。

⑤授权持股后，授权范围内的集团成员企业与集团公司直接投资设立的集团成员企业，与集团公司的产权关系是一样的，均为母子公司产权关系。

在法律关系上是平等的。集团公司要统一对国家承担其占用的国有资产的保值、增值责任。其占用的国家资产既包括集团公司直接占用的国有资产,也包括新调增的授权持股范围内企业国有资产之和。两者之和即为财务并账调整后的集团公司国有资产总额。

授权持股的实质是确立集团公司与成员企业(非关系)间的母子公司关系。即将集团公司与原非产权关系成员企业间原有的行政隶属关系、统一承包关系、统一计划单列关系、紧密联营关系转化为母子公司产权关系。

四、理论依据

(一)市场内在化原理

市场内在化原理是指在可能的情况下,企业有将外部市场活动内部化的冲动。这是因为,对绝大部分企业而言,它们在外部市场活动中并不总能占据支配性地位,由此造成企业投入物和产出物很难在较长的时期中保持数量、价格及交货时间等方面的稳定,影响到企业发展的稳定性。这种经营的不稳定性形成了企业经营的附加成本和风险。如果企业能通过实施纵向一体化战略,使原来受制于其他企业的前后项业务活动成为企业能够进行有效控制的内部业务,则企业生产经营中所受到的环境影响和风险就能有所减少,经营成本也会降低。

(二)设施的不可分原理

设施的不可分原理是建立在设施基本产出规模和规模经济性原理的基础上的。企业的每一固定设施都有一个最低的产出规模,当企业的产出规模小于固定设施的最低产出规模时,设施的利用效率就低(如果产出物的市场价值能补偿其投入物的市场价值),甚至出现负效率状态(如果产出物的市场价值不能补偿其投入物的市场价值)。即使是在经济景气的年代,单个企业也无法适应长期的设施利用低效率和负效率状态。为了提高固定设施的利用率,很多企业不得不选择产出规模较低的设施,使设施的产出与企业现有的市场占有率相一致。这种做法的实质是放弃企业利用新技术和扩展市场的机会,同时也放弃了规模经济性。通过横向一体化战略的实施,企业的产出规模得以扩大,因而能充分利用固定设施的产出能力,或使用效率更高的设施。与此同时,企业的利润余量会因为成本结构的改变而扩大,使企业的市场竞争能力相应增强。

(三)协同效应原理

协同效应原理,是指当企业能将不同业务单位的某些共同职能活动集中起来，就能使用较少的投入资源完成同样的、甚至更多的业务量，而且取得较好的协调和沟通。采用一体化战略对企业的业务种类没有任何改变，而原本两个或两个以上企业的同类业务活动甚至可以不需要调整就实现集中。采用纵向一体化战略时，同类业务在不同企业虽然有差别，但它们之间又有一定的联系，当不同企业同类业务之间的联系较大时，集中这些业务活动就会产生协同效应。当然，在纵向一体化情况下集中某些业务活动，会需要对这些业务活动的运行及其相应的组织结构进行一定的调整。

（四）比较优势原理

将比较优势原理运用于一体化战略，是指在现有的企业中，总有一些企业的经营效益比较高，也总有一些企业的经营效益比较低。特别是存在经济的地区割据力量时，如不同地区政府（或是不同行政部门领导）追求本地区（本部门）经济的独立性，对地区政府（或部门）工作业绩的评价以地区（部门）经济自给自足的能力为主要标准，在地区（部门）间缺少资源经济性流动的渠道等，即市场功能不完整时，就会出现人为鼓励低效益企业存在的情况。在客观上已经存在多年经济地区分割和部门分割历史的我国，认识比较优势原理，同时趁当前企业改革正处于资产重组阶段的时机，通过一体化战略实现跨地区和跨部门企业资产的重组，不但能实现局部资源的有效利用，消除资源浪费现象，还能实现经济整体资源利用的高效率。

第四节 多元化战略

一、基本概念

社会经济的不断发展，引起市场需求和企业经营结构的变化。企业为了更多地占领市场和开拓新市场，或避免经营单一的风险，往往会选择进入新的领域，这一战略就是多元化战略。多元化战略已成为当今世界上大企业，特别是跨国公司普遍采用的战略。

多元化战略也叫多角化或多元化经营战略，最初是由著名的产品市场战略专家安索夫在20世纪50年代提出的。一般有两种含义，一是指一个企业同时在两个或两个以上行业中进行经营，如机械、电子、化工、食工等。二是指企业同时生产或提供两种或两种以上的产品或服务。而鲁梅特根据产品之间的关系和收入比例将多元化战略分为以下几种：（1）不相关多元化。一个企业的主营业务收入低于企业全部收入的70%，而且其他业务与主营业务之间不具备相关性。（2）相关关联型多元化。主营业务收入占总收入的比例低于70%，但是与其他相关业务（并不与主营业务直接相关）总共所占的比例超过70%。（3）相关限制型多元化。主营业务收入比例不超过70%，但与其他直接与主营业务相关的业务一起占比例超过70%。（4）纵向型多元化。纵向整合的业务收入占总收入的70%以上。一般教科书中又采用水平多元化、纵向多元化、同心多元化和复合多元化的四分法。而本书按照现有业务领域和将来的业务领域之间的关联程度，简单分为相关多元化和非相关多元化。相关多元化又称为中心多元化，是指虽然企业新发展的业务具有其新的特征，但它与企业原有的业务具有战略上的适应性，它们在技术工艺、销售渠道、市场、管理技巧、产品等方面具有共同的或是相近的特点。非相关多元化又称为混合多元化，即企业新发展的业务与原有业务之间没有任何战略上的适应性。

二、实现形式

按照以上的分类多元化战略主要有两种实现形式，即中心多元化和混合多元化。

（一）中心多元化战略

中心多元化是合理组合企业投资的有效途径，它能使企业在保持核心业务的同时分散风险。另外，中心多元化还能使企业将其竞争优势运用于多个有关的业务。当分散的业务与企业原有业务的结合能增强企业的优势或机会，并降低企业劣势及风险时，企业就会选择中心多元化战略。由此可见，中心多元化如采用兼并方式，兼并对象一定是那些在产品、市场、技术、销售渠道或资源上的兼并企业相近，能相互协作，但又不完全相互依赖的企业。

中心多元化战略一般通过以下方式实现：

（1）生产与企业原产品类极其相似的产品类。例如，生产香皂的企业生产厨房清洁剂；生产面包的企业生产饼干等。

（2）扩展利用企业的技术，将现有技术加以改进制造其他产品。例如，生产化肥的企业生产农药或其他农用产品。与技术有关的中心多元化在加工业采用的很多。

（3）利用企业的生产能力，提高生产能力利用率。例如，生产一次性圆珠笔的企业将业务扩展到生产一次性打火机、一次剃须刀等产品，以充分利用其大批量生产和销售能力。

（4）充分利用已有的原材料资源。例如，生产家具或纸制品的企业开设一个可以利用其木材边角料生产玩具、木雕等其他木制品的企业。

（5）收购可以使本企业大大提高经营能力的企业。例如，妇女化妆品经营商收购专门经营珠宝或其他妇女用品的企业，因为这些业务所服务的对象具有相同的购买方式和价值观念。

（6）利用企业的商标或信誉。例如，耐克公司在运动鞋之外生产的运动服、背包就是利用其已被市场接受的"耐克"商标；雀巢公司在咖啡之外生产柠檬茶也是在利用其"雀巢"商标。

（7）收购可以显著提高本企业现有地位的新业务。例如，生产罐装水果的企业生产罐装蔬菜和其他速冻食品，收音机和录音机制造商逐渐增加电话、计算器、电子钟、电子智力玩具、微型计算机等产品也属于此类。

（二）混合式多元化战略

有些企业，特别是一些大型的企业，有时会兼并另一个能代表良好投资机会的企业。这时，兼并的着眼点是兼并结果所反映的未来财务能力的协同作用，而很少考虑兼并活动与现有业务的协同性。这种重视利润，而多元化结果往往与企业原业务有较大距离的多元化战略，便是混合多元化战略。有些企业是因为原来的主要业务缺乏竞争力，或是因为原有业务的范围太窄，无法进行相关多元化发展，或是原来的业务缺乏进行相关多元化发展的机会，因而采取混合多元化战略。还有些企业把混合多元化作为退出衰退产业或改变企业对某一项业务过于依赖的途径。

企业一般通过以下方式实现混合多元化战略：

（1）现金流动量较大但发展机会较少的企业，可以兼并机会较多但现金流入量较少的企业，从而实现现金和机会的平衡。例如，产品生产周期长、资金占用量大的企业，可以经营一些短、平、快项目，以弥补其主要业务的现金需要，获得理想的投资组合。

（2）具有周期性销售特性的企业，可以兼并或自我形成具有与有企业销售周期相反的业务，以平衡企业的经营周期性。

（3）负债量较大的企业，可以兼并负债较少或不负债的业务，以平衡企业的资本结构，提高企业的举债能力。

（4）在企业内形成几个相互无关的业务群，而每个业务群内的业务是相关的。这样做既可以避免由于行业环境突然变化而形成的风险，又可以在每一个业务群内采取相同或相近的产品—市场—技术组合。

（5）兼并那些能提供高于目标水平利润量的任何业务。

企业在决定可否采取混合多元化战略时，需要认识到混合多元化存在以下一些问题：

混合多元化使企业进入了新行业，在这些新行业中，企业不一定具有相应的管理经验和应付困难局面的技能；经混合多元化组成的企业内各项业务之间缺乏战略上的一致性和协调性，使得企业总体经营并不一定会比各个业务经营效果之和要好，公司的集中管理政策会妨碍各项业务潜力的最大发挥，从而压抑了各项业务的发展；通过混合多元化平衡业务周期的目的很难实现，而由此引起的管理困难和混乱的风险并不一定就比投资单一的风险要小。美国通用电气公司根据自己的经验，提出了多元化的三条准则：多元化应建立在专业化的基础之上，能利用专业化形成的核心专长和核心竞争力；对多元化业务制定必须实现的投资回报率指标，根据该指标对多元化投资项目进行分析。只有能达到这一指标的多元化投资才能够被接受。公司为多元化投资确定的投资回报率是12%；多元化业务的市场占有率应能名列前茅。

20世纪60、70年代是西方国家企业执行多元化战略的高潮时期。但是到了20世纪80年代，这些企业出现了机构庞大、决策缓慢、缺乏沟通、对市场不敏感等"大企业病"症状，企业逐渐认识到多元化投资引起的管理权力过于分散，管理部门重叠，高层管理部门脱离经营现场等结果给企业带来的伤害，远远大于可能降低的风险给企业带来的好处。整个经济的不景气也使那些投资过于分散的企业无法再继续为处于不同产业的企业提供发展、甚至是维持的资金。因此，西方国家的企业开始出售或分离那些与企业主营业务完全无关的业务部分，重新回到密集增长型战略或一业为主的战略。

三、理论依据

（一）投资组合理论

支持企业进行多元化发展的主要理论依据是投资组合理论，即通过不同业务种类之间、不同业务周期的差别来分散风险。根据投资组合理论，每项投资都有其独特的活动周期特征，只要两项投资之间呈现出负值的相关系数，表示不相同的活动周期特征，将这两项投资组合后形成的组合风险将会缩小。投资组合中互为负相关的投资的种类越多，每项投资在总投资量中所占的比重越小，组合降低风险的效果就越好。只要两项业务具有不完全相同的业务周期，经过多元化组合后都会使业务周期的变化幅度的降低就意味着风险的降低。业务周期可以表现为业务量的周期性、业务的季节性、业务的现金流动、业务的生产能力调整周期等。

根据投资组合理论，投资者的投资面临着两类风险：系统风险和非系统风险。系统风险是指经济系统整体因素的变化对企业经营活动及结果造成的影响。常见的形成系统风险的因素有利率的变动、汇率的变动、通货膨胀率等。系统风险对在同一经济系统内活动的企业都会产生影响，因此，个别企业是无法回避系统风险的。非系统风险是那些由有别于经济系统整体的因素造成的风险，它的作用范围往往局限在一个产业或是一个行业。例如，不同行业对最低投资规模的要求所引起的不同资产结构、不同产品生产的周期性差别等。由于非系统风险因素的变化只发生在特定的产业和行业，其表现方式、变动方向、变动幅度和时间在行业之间是不同的。所以，企业得以通过投资的多元化组合使行业之间的风险变动相互抵消，在一定程度上降低非系统风险。多元化组合对系统风险并不产生影响。

（二）协同效应作用

与一体化战略相同，合理的多元化战略也可以通过更有效地使用企业的资源而产生相当明显的协同效应，以更低的成本创造出新的价值。而且，协同效应可以采取不同的形式。例如，虽然多元化的两项业务不存在投入产出的经济技术关系，但只要它们使用了某些相同的原材料，就会产生原材料使用上的协同效应；如果两项业务可以使用相同的销售网络，总销售成本就能降低，就是销售组合的协同效应；如果两项业务能互为利用部分生产废料，就能在增加某一业务原料来源的同时降低另一业务的废料处理成本，这是综合利用的协同效应。

（三）业务选择理论

在选择多元化业务方面，企业一直缺少比较合适可行的工具。20世纪70年代盛行的业务组合理论利用现金流特征将业务进行分类，为企业平衡业务组合和配置资源提供了一个统一的标准，但这种方法并没有解决企业如何选择新的多元化业务的问题。80年代G.K.Hamel等提出应以核心能力作为企业创造价值的基础来建立业务组合，并建立相应的组织机构和管理模式。尽管这一观念非常诱人，也提高了人们对企业组织的认识，但它无法解释像ABB、GE等高度分散化也能成功的原因，而且由于缺乏有效的分析工具，这一观念并不能为多元化企业在选择业务方面提供太多的帮助。这里将介绍最初由Ccmpbell等人提出的匹配性评价矩阵，并结合我国典型企业的实例讨论企业在资产重组和开展多元化经营时应注意的问题。

正如同评价某一特定管理者是否适合某一特定工作一样，评价多元化企业应该选择哪一业务也是非常困难的，但采用以下方法有助于企业更好地选择多元化业务：第一，分析某一经营业务时，首先要分析其关键成功因子，以便判断企业对该业务的影响在哪些地方是积极的，在哪些方面是消极的；第二，明确可以从哪些方面改善该项经营业务；第三，分类探讨多元化企业的特征，以便判断其是否适合于经营业务的发展机会和需要；第四，判断多元化企业的特征和经营业务的关键成功因子与母合机会之间的匹配性。

1. 经营业务分析

（1）关键成功因子

在每种业务领域内，都有某些关键成功因子，它们是成功经营和形成优势的关键。例如对快餐业务而言，品牌、地点和操作过程标准化是其关键成功因子；对食品业务而言，产品设计、产品组合和规模效益是其关键成功因子；而对运输业务而言，交货时间、安全性和运输费用是关键成功因子。一般说来，不同业务领域的关键成功因子也是不同的，因此，企业在选择多角化业务时必须分析其关键成功因子，这样才不致于在经营该业务时破坏其价值。

（2）母合机会

所谓母合机会指一种经营业务能被进一步完善的可能性，也就是企业能为其创造价值的机会。

下面是 Compell 等人总结的十种常见的母合机会。

①大小和历史：历史悠久、规模庞大的企业是否因过去的成功而滋生了官僚习气和过多的管理费用；而反过来，小的、年轻的业务是否存在职能技术不足、管理不规范和财力不足等问题。

②管理能力：与竞争对手相比，业务单位是否雇用了一流的管理人员，管理者的目标是否正确，该业务是不是有赖于吸收并保留那些具有难得技术的人才。

③业务界定：业务管理对业务的看法是否有错误，目标市场是否太大或太小，业务组合中的每一项业务是否都有利于提高企业的竞争优势。

④错误的可预测性：业务的性质和地位是不是容易使管理者犯错误，例如，坚持以前的决策可能会放弃更佳的替代方案；过长的生产周期可能会对老产品产生过分的依赖性等。

⑤业务联系：一项业务是否可能与其他业务有效地结合以提高其效益或市场地位，在没有外部帮助的情况下，业务单位之间的联系是否比较复杂或难以实现。

⑥共享的能力：该业务是否具有可以与其他业务共享的能力。

⑦特殊的技能：一项业务是否可以从母公司的特殊能力中获益。

⑧外部联系：母公司是否能更好地管理业务单位的外部关系，如股东、政府、行会和供应商。

⑨重大决策：是否要在缺乏经验的领域内对业务进行重大决策，如：进入外国市场和兼并收购等。

⑩重大变更：业务单位是否要在管理层缺乏经验的领域做出重大变更决策。

2. 多元化企业的母合特征分析

多元化企业影响业务单位绩效的资源、能力等特征称为多元化企业的母合特征，可以从下面五个方面来分析。

（1）指导多元化企业主管的指导思想和管理模式，即指导多元化企业主管与业务部门打交道时的价值观、行为的规则、形成的偏见等，也包括管理者对企业发展方式的认识，这些都影响主管对母合机会的认识以及母公司与业务单位之间的理解。

（2）多元化企业的组织结构、系统和程序，即多元化企业创造价值的机制，包括管理层的数量、组织结构、任命业务主管的方式、预算体系和计划程序、内部定价系统以及其他的协商和联系机制。这些都是母公司影响业务单位绩效的重要方式。

（3）中心职能、服务部门和重要资源，如公司拥有的专利、品牌、特殊的外部关系，或获取稀有资源、金融资产的能力等，这些都是很重要的母公司特征。

（4）多元化企业主管的特质、经验和技巧。这里强调的是多元化企业中的关键人物在为业务创造价值过程中的重要性。有许多多元化企业的母公司都是由某个特定的有影响力的人控制，如联想集团的柳传志和四通集团的段永基，二人在个性、用人态度、管理策略和战略思想上的差别决定了联想和四通截然不同的发展道路，也决定了母公司为业务部门创造价值的不同方式。

（5）多元化企业分权度。它决定着多元化企业一般会对业务的哪些方面施加影响，哪些方面会让业务主管自主决策，这一般反映在权限的设置、工作的分配、任务的性质、工作程序等方面。

研究表明：可以通过以上五个方面来研究多元化企业可能施加的影响。

3. 匹配性评价矩阵

在分析业务单位和企业的主要特征以后，就可以进一步分析：

（1）多元化企业的特征是否与业务的母合机会匹配。

（2）多元化企业的母合特征是否与业务的关键成功因子匹配。

将这两个匹配性判断综合起来，就可以总结出 Compbell 等人在 1995 年首次提出的矩阵，矩阵的水平轴代表多元化企业特征和业务母合机会之间匹配性的高低——匹配性评价中的第一组判断。匹配性的高低代表多元化企业为业务创造价值的可能性的大小。

Compbell 等人在最初提出匹配性评价矩阵的时候，匹配程度仅仅是一个模糊的主观概念。但实际上，这一概念还可以进一步明晰。一个业务可能具有多个母合机会，但其中只有一部分能与多元化企业的母合特征相匹配。在这里姑且将其称为第一组匹配性的"量"，即与多元化企业匹配的母合机会的个数。同时，另一方面，这种匹配性也存在着程度上的深浅，匹配程度越深，创造价值的可能性和量也就越高，这一特征可以称为第一组匹配性的"质"。这里当然还要考虑母合机会对业务单位的重要程度，这也将影响母公司对业务单位创造价值的高低，可用以调整母合机会的匹配数，而匹配性的"质"可以分成一定的档次，赋予一定的权数。"质"和通过权数调整的"量"的乘积则可以比较精确地表示出母公司为业务创造价值可能性的多少。

如某一业务单位共有 10 个母合机会，其中有 5 个母合机会与母合特征匹配，对每一个母合机会而言，其对业务单位的重要性可以用权数（0～1）来表示，而其与母合特征的匹配程度可以用 di（0～1）来表示，这里，这一业务单位的匹配性高低就可以用来 n 表示，其中 n 为匹配的母合机会数，即 5。如果定义不匹配的母合机会的 di 为零，则可用来表示匹配性的大小，其中 n 为业务单位的母合机会数，即为 10。

匹配矩阵的垂直轴表示多元化企业特征和业务的关键成功因子不匹配性的高低——匹配性评价中的第二组判断，良好的匹配性会减少破坏业务价值的可能性，需要注意的是这里用的是"不匹配性"。如成功经营某一业务的关键是部门必须有充分的自由度，灵活多变才具有竞争优势，而多元化企业成功的关键却在于母公司强有力的领导和稳扎稳打。这就存在不匹配性，而这一点就会破坏业务的价值。当然，与第一组匹配性判断一样，这一"不匹配性"也存在"质"和"量"的问题，也可以采用类似的方法来分析。

根据以上这两个匹配性判断，企业业务组合中的每个业务均可在矩阵中标出。

4. 业务类型描述

（1）核心业务（Heart Land）

位于矩阵右上角的业务是适合多元化的业务，也是企业未来发展的希望。对例子中的餐馆业务，企业在食品采购、账单管理、人员配置等方面能够提供高质的服务，而且企业的母合特征与业务的关键成功因子不冲突，因此不会破坏业务价值。

核心业务在企业的业务组合发展中应该具有一定的优先权，这些业务应该成为多元化企业的核心。

（2）边缘业务（Edge of Heartland）

有时很难对某业务做出明确的判断。有些企业特征与业务匹配，而另外一些却不匹配。我们把这些业务称为边缘业务。如例子中的零售业，企业在人员配置、品牌管理、组织结构等方面的技巧会增加业务的价值，但其在财务管理和选址方面的要求与餐馆在这方面的要求却不同。换句话说，多元化企业既可能增加边缘业务的价值，也可能破坏其价值，其次效果很难判断。

（3）压舱类业务（Ballast）

大多数企业的业务组合都有一些压舱类业务，多元化企业很难抓住这些业务的母合机会，不过却与这些业务的关键成功因子匹配。也就是说，企业很难为业务创造价值，但一般也不会破坏价值。例如在食品公司中，地产业务就属于这类业务。该项业务拥有许多地产，并出租给第三方。由于找不到母合机会，企业现在无法创造价值。当然，由于管理者很了解这项业务，所以企业也不会破坏该业务的价值。

压舱类业务是稳定经营的重要基础，为企业提供稳定的现金流和可靠的盈利。但是这些业务也可能是企业的包袱，会减慢企业增值的速度，使管理者疏忽那些更有前途的业务。而且，更危险的是，业务环境的变化可能会导致压舱类业务转为下面要谈到的异族业务，而企业却不容易察觉。

（4）异族业务（Alien Territory）

许多企业的业务组合中都有这样一种业务，没有什么创造价值的机会，却有可能会破坏价值，这些业务就是企业的异族业务，是企业在多元化时必须避开的业务。如例子中最大的食品业务基本上就属于这一类。尽管这一业务曾经是企业的核心业务，但由于当前这一业务已成为全球性产业，而该企业的管理者又缺乏管理国际化业务的经验，这时企业的影响就是破坏价值，而非创造价值。

（5）价值陷阱业务（Value Trap）

这类业务与母合机会匹配，但是与关键成功因子不匹配。在上述食品企业的例子中，旅馆业务是这一企业的价值陷阱类业务。即在食品采购、资产管理、绩效标准方面具有母合机会，但母公司在旅馆业和所需要的销售技巧、其他业务的配合和选址方面的影响却是消极的,结果在投资五年以后,该业务只值初始投资的一半。

(6) 企业在资产重组过程中应注意的问题

匹配性评价矩阵是多元化企业业务选择或业务重组的重要工具,尽管目前还缺少定量手段或标准,但对正在进行资产重组中的我国企业仍有重要的启示。具体地说,企业在资产重组或进行多元化时应注意以下一些问题。

①一般说来,对多数企业,尤其是实力不太强的中小企业,除非现有产品市场已经饱和,需求趋于下降,或竞争对手太强而难以维持销量,不要盲目进行多元化。

②研究表明,企业的长期竞争力来源于它的核心能力,公司增值的基础是建立核心能力并在不同业务之间利用这些核心能力,因此,当两个或多个业务结合起来使用共同的生产设备、销售力量或广告服务并使成本降低时或在单一行业经营风险太高时应开展多元化经营。

③当某一业务在生产过程中产生很多副产品,通过综合利用可以变废为宝或大量增加附加值时应开展多元化。如甘蔗制糖厂可以利用蔗梢和蔗渣生产纸、酒精等。

④当某一业务的市场开拓遇到困难,或所需要的原料难以保证,而企业又有相应能力时,沿着整个生产过程向上游或下游产品市场发展。

⑤企业确有必要进行多元化经营时,应根据匹配性评价矩阵来选择业务,即应首先采用中心多角化的形式,即以相关技术或市场作为统一的核心来进行多元化,充分利用协同作用,而不要像巨人集团那样先是开发计算机产品,继之转产生物脑黄金,再后是兴建巨人大厦,在几个基本没有技术关联和市场关联的领域进行混合多元化。

⑥在资产重组过程中,应该为压舱类业务寻找新的母合机会,使之成为边缘业务或核心业务。若要兼并其他企业,应选择具有较多压舱类业务的企业。

⑦对于异族类业务,无论其是否有增长的潜力,是否受重要管理者的青睐,都应尽早分离出去,因为这种业务与多元化公司之间的关系是在破坏价值。

⑧一个公司的母合特征在很大程度上是建立在公司的价值观之上的,很难改变。每个企业都无法与所有的母合机会和关键因子匹配,只能在某一方面具有突出的优势,从而去寻找合适的业务。

本章小结

　　1. 企业成长战略意义是由企业成长战略本质特征决定的。因为企业成长战略有四个本质特征，所以它的意义表现在四个方面：(1) 谋划企业整体发展；(2) 谋划企业长期发展；(3) 对企业发展进行整体性、长期性谋划时把握基本性；(4) 在研究企业发展时谋略。

　　2. 密集增长型战略是指企业在原有生产范围内充分利用在产品和市场方面的潜力，以快于过去的增长速度来求得成长与发展的战略。该种战略又称作集中性成长战略或集约化成长战略，是较为普遍采用的一种公司战略类型。实施这一战略的基础是企业首先从以下诸问题查找缺口，这些问题是：在相关市场内缺少一条完整的生产线（产品线缺口）；在有关市场内或通向有关市场的销售渠道上，缺乏实体分配，分流式系统不完善（分配缺口）；市场未被充分利用（市场缺口）；竞争对手的销售量（竞争缺口）等。

　　3. 一体化成长战略是指企业在现有业务的基础上或是进行横向扩展，实现规模的扩大；或是进行纵向的扩展，进入目前经营的供应阶段或使用阶段，实现在同一产品链上的延长，以促进企业进一步成长与发展的战略。一般来说，一体化成长战略根据物流方向包含三种形式：物资从反方向移动称为后向一体化；物资从顺方向移动称为前向一体化；对于性质相同的企业或产品组成的联合体称为水平一体化。同时前向一体化与后向一体化又统称纵向一体化，而水平一体化又称横向一体化。一体化成长战略有利于深化专业分工协作，提高资源的利用深度和综合利用效率。

　　4. 多元化战略也叫多角化或多元化经营战略，最初是由著名的产品市场战略专家安索夫在20世纪50年代提出的。一般有两种含义，一是指一个企业同时在两个或两个以上行业中进行经营，如机械、电子、化工、食工等。二是指企业同时生产或提供两种或两种以上的产品或服务。按照现有业务领域和将来的业务领域之间的关联程度，简单分为相关多元化和非相关多元化。相关多元化又称为中心多元化，是指虽然企业新发展的业务具有其新的特征，但它与企业原有的业务具有战略上的适应性，它们在技术工艺、销售渠道、市场、管理技巧、产品等方面具有共同的或是相近的特点。非相关多元化又称为混合多元化，即企业新发展的业务与原有业务之间没有任何战略上的适应性。

能力培养指导

● 企业成长战略的类型很多，在实施不同的成长战略时对企业自身的要求有哪些。
- 结合所学内容,能分析现阶段我国企业集团成长战略的实施过程中存在的问题。
- 试比较企业实施多元化战略的优势与风险。

案例应用 1

三步棋走活新春兰

家电企业纷纷试水汽车产业,是 2003 年的一大经济现象。最早率春兰涉足汽车业的陶建幸不愿评论,他只是干脆利落地说:"春兰从 1996 年起就不能叫家电企业了。"确实,春兰早已不再是人们记忆中的那个春兰了。时至今日,春兰集团的多元化战略布局已经清晰而完整地呈现在人们面前,用陶建幸自己的话来说:"家电业将继续大幅度发展,卡车制造业将以更快速度发展,以高能镍氢电池为代表的新能源产业前景广阔。"面对春兰稳健的发展态势,没有人再会怀疑春兰在多元化的道路上走不远,而更让人叹服的,则是当年春兰在一片反对、质疑、批评声中毅然决然进行跨行业调整的胆识和远见。

1. 多元化经营,兰花盛开

春兰是靠空调起家的,而且春兰空调的品牌形象在人们印象中依然很深,不过陶建幸的兴奋点显然不在空调:"一台空调的净利从上千元降到了百十元,还有什么可谈的?"1990 年,正是在国内家电业旺上加旺、大规模进行同心圆扩张的时候,陶建幸大胆预言:中国家电企业的利润会越来越薄,单一的家电企业今后将基本无法生存,多元化势在必行。陶建幸开始默默而执着地为春兰的多元化谋篇布局。

春兰试探着进入了非工业资本领域。1991 年,由春兰投资,在香港成立了香港正大投资公司,将经营触角伸向了海外的金融市场和房地产市场。春兰还通过投资新建、收购兼并等方式涉足商业领域,在国内外成立了 6 个贸易公司,主要从事国际、国内贸易和进出口业务以及春兰成套技术、设备的出口。

1994 年底,春兰投资 20 多亿元兴建了年产 100 万辆摩托车和 100 万辆摩托车发动机的生产线,迈出了春兰多元化经营决定性的第一步。

这一举措如石破天惊,立即引来了潮水般的争议和反对。在很多人看来,空调年产量达到了空前的 150 万台的春兰,反而放弃空调业龙头老大的舒坦宝座,转而进入陌生领域搞多元化,是得不偿失的。

伴随着人们从未停止过的疑问，春兰在多元化道路上越走越远，投资了电动车项目、兼并了南京东风汽车制造厂、投资卡车产业等。特别是卡车产业，是春兰多元化战略中极其关键的一步，成为春兰人最终的选择。

汽车作为资本密集型行业，进入的门槛高、风险大，春兰上摩托车尚且引起众人哗然，何况上汽车呢？特别是在经历了亚洲金融危机后，面对韩国、日本大企业的衰退、倒闭，"多元化恐惧症"一度在国内经济圈子里蔓延，"多元化陷阱"便是对国内企业进行多元化成长战略忧心忡忡、丧失信心的一个典型口号；对于春兰卡车和春兰多元化的前景，人们的担忧多于期待。从收购到生产，历时3年的整合，春兰豪华中型卡车终于在2001年5月批量投产，一举改写了中国卡车的低俗形象，刚一面市就供不应求。2002年9月，春兰集团在北京召开了"高能动力镍氢电池及应用发布会"，标志着这个跨度更大的新能源产业成为春兰的又一个支柱产业。到2003年，春兰卡车首期投资已经全部收回。2003年，春兰二期投入50亿元，使卡车生产形成6万辆的规模，其中有相当一部分是15—20吨的重型卡车。陶建幸预计，未来几年，春兰仅卡车的年收入就将接近200亿元"。

春兰的多元化布局并未停留于此。从家电到汽车再到新能源，从劳动密集型到资本密集型再到技术密集型，春兰集团用10多年的时间，完成了一个由知名空调制造商向国际国内享有较高知名度的大型综合性企业集团的角色转变。同时，也用雄辩的事实打消了人们对多元化经营的重重疑虑和误解，使业内外认识到、在国际经济一体化和中国加入WTO的今天，加快融入世界多元化的潮流，应该是更多希冀成长为世界著名企业的中国企业的抉择。

2. 摸清脉络，稳健前行

与时俱进、永立潮头，是每个企业的梦想。要做到这一点，先决条件在于对时代、环境、行业和企业自身的发展趋势做出超前而正确的分析判断。在空调业一片红火时激流勇退，在汽车业多年不振时大举进入，在高能动力电池在国内还是一片空白时捷足先登，陶建幸带领春兰集团所迈出的每一步，似乎都与众不同，标新立异。难怪有媒体称陶建幸很"另类"，春兰很"别样"，做了篇文章叫《叛逆春兰》。其实，陶建幸的思维和做法非但不是"逆水行舟"，反而正是"顺水放船"；其中的关键，就在于他对行船之水流的方向和深浅有清醒的预见。

早在20世纪90年代初国内家电业还是形势一片大好之际，陶建幸发现，任何一个行业都有发展的高潮和低潮，当一个行业碰到低潮乃至面临全行业亏损境地时，单一产业的公司就会面临倒闭的危险，唯有多元化的产业架构才能保证公司的可持续发展,因而,国际上的家电企业大都已经多元化,像日本家电企业中的松下、索尼、东芝等公司。同时,他发现在当今世界500强企业中,相当多的公司都是跨行业、多元化经营的公司。

陶建幸因此断言,日本、美国、欧洲家电业的演变规律,迟早会在我国家电业出现。"20世纪90年代中期的时候,我觉得中国家电业已经显露出日本当年的迹象,主要是市场进入者太多了,竞争激烈。当时一万多元的彩电现在降到800多元,6000多元的空调降到2000多元,这种打击哪个企业能够承受?"

正是看清了家电业的发展脉络,陶建幸迫切感到春兰急需调整产业结构,春兰家电部门想"做齐家电产品":年产空调300万台、冰箱200万台、洗衣机200万台、彩电300万台,年销售收入500亿元。这个计划一出笼就被陶建幸否决了,1993年,他明确提出"产业转移"的战略,逐步缩减对空调行业的投入。也就是从1995年起,春兰在空调上不再注重规模扩张。至今,春兰空调的产能控制在150万台左右,是1996年达到的规模,再没有发展。

进入汽车领域,陶建幸同样经过了深思熟虑。在国内,春兰最大的竞争对手当属一汽、二汽。不过,这两位老大哥都把主要精力放在了轿车上,卡车产量已从几十万辆下降到10万辆,而且技术装备沿用20世纪70年代的。"他们给了我一个切入市场的空当。我集中兵力于卡车,就像田忌赛马一样,以我好马,对人劣马。"

外国的竞争对手情况怎样呢?春兰的调查显示,卡车在中国是生产资料,对价格性能比特别敏感,都想买5吨的车拉10吨的货,这一点我们要有优势,仅从价格上看,同一级别的卡车国外的要贵一倍多。

对高能动力镍氢电池技术前景和应用前景的正确预见,是陶建幸深刻把握时代和行业走势的又一经典范例。在石油危机和环境污染双重威胁的今天,高能电池以其无污染、免维护,寿命长等优点,被称为"绿色能源"。专家预测,新兴的高能电池技术将催生新的电动汽车时代,美国通用、日本丰田、法国雪铁龙等世界著名公司都把开发电动汽车作为未来发展的方向。早在10多年前,春兰集团就将极其敏锐的目光投向高能电池领域,确立了以高能电池为首的12项跟踪世界科技前沿水平的前瞻性技术,并相继投入了数亿元,旨在开创新的产业群。

1997年,春兰正式成立能源研究中心。经过4年的苦心研究,20AH高能动力镍氢电池首先取得成功,填补了国内空白,其综合性能指标与美国等发达国家的同类产品处于同一起跑线上,其中体积能量比等一些关键指标甚至有所超过，处于世界领先地位。随后不久，春兰 25AH、40AH、45AH、60AH、80AH、100AH 等大容量动力型高能镍氢电池相继研制成功。春兰成为国内首家具备生产系列化高能动力电池能力的企业，已被国家科技部认定为"十五"国家 863 计划成果产业化基地。

说到这一点，一向稳重的陶建幸也不禁兴奋之情溢于言表："7 年前，谁也不敢说哪个方向正确；7 年后，春兰不仅把握对了，还掌握了一项世界领先的且能产业化的核心技术。春兰不仅抢在了国内企业的前面，也抢在了众多财大气粗的跨国公司的前面。春兰又拥有了发展的一大高能动力。"对企业而言，今年的胜利是 3 年前的努力，今年的失败是 3 年前种下的苦果。这是陶建幸对春兰一系列超前性战略部署的最直白的描述。在实践中，春兰将每一步战略调整的时间表提前了何止 3 年？春兰和对手比拼的不只是智慧和勇气，还有耐性。

3. 曲径通幽，花香四溢

粗看春兰的多元化棋盘，每一枚棋子好似天马行空，互不关联，事实上，只要人们贴近陶建幸和春兰的思维方式，就会意识到，春兰的多元化战略始终有着一条清晰的路径。陶建幸为春兰所进入的每一个新产业都设置了两道相同的门槛：一是资金的门槛，二是技术的门槛。春兰进行大规模扩张的新产业，都兼具资本密集和技术密集的特点。通过这两道高门槛的设置，春兰将众多竞争对手拦在了门外。

说到老本行空调，陶建幸觉得唯一可谈的就是"科技"。这些年来，春兰空调尽管在规模方面一直没有继续扩大，但在技术方面却始终加大投入，有效地形成了技术专利和技术壁垒。春兰运用"制冷系统仿真技术""声音质量评价与控制技术"等世界前沿科技成果，开发出"静博士"等达到世界先进水平的新一代空调，促进了中国空调行业整体水平的提升。

陶建幸格外重视掌握产业的核心技术。春兰生产空调器，同时具有年产 100 万台空调压缩机的生产能力；生产摩托车，同时拥有 100 万台发动机生产工厂，自行研制的电子喷射发动机填补了这个项目的世界空白；生产电冰箱，同时建起了自己的 200 万台冰箱压缩机的生产线，春兰每年投入的科研经费达 7 亿元之巨，发动机、压缩机技术与世界保持同步；小马力电喷发动机为国际首创；计算机仿真技术研究登上了国际技术讲坛；高能动力电池率先通过国家最高级别认证，关键指标达国际先进水平。春兰从根本上解决了以前与国外先进技术和产品之间"等距离赶超"的怪圈，从而始终处在市场竞争的第一集团军里。

陶建幸对记者说:"不要小看发动机、压缩机这些体积很小的东西。它们的技术含量都很高,利润贡献率相应也就非常高。压缩机的技术含量占空调整机的70%,技术难度是3倍关系,投资规模是6倍关系。只做整机,毛利最大不过25%,但我们连上压缩机这一块,毛利可以达到50%~60%。搞核心部件难度高、投资大、时间长,所以很多企业偷懒,不愿搞,急功近利,而春兰一直坚持要有自己的核心技术和技术物化的核心产品,要掌握更多的战略选择权,这是我们能赚得更多的原因。"

陶建幸多次说过,没有空调,就没有春兰。春兰从20世纪70年代起就开始生产空调,1989年成为中国空调市场上的老大,市场占有率连续6年在30%以上。更深层面的意味则是:没有空调,就没有多元化的春兰。春兰之所以能气定神闲地涉过多元化的急流险滩,一个最大的前提是空调业所积累的丰厚利润为其打下了坚实的资本基础。自1991年始,春兰就开始将生产空调器获得的工业利润大量转向新的产业和新的行业,先后进军冰箱、摩托车、彩电,洗衣机、卡车、电子信息、投资贸易等领域,经过不断的碰撞、尝试和取舍,形成了今天的多元化布局。

反过来说,多元化产业结构的成功调整,又为春兰空调的持续增长助一臂之力。10多年前和春兰同期起步的空调企业有一大批,但现在再回头看看,曾一同拼杀的兄弟几乎全被市场"扳倒"了,幸存者只有春兰一家。为何?因为在陶建幸的棋盘上,春兰空调已不是孤军奋战,而是有了一个多元化的团队。2003年摩托车加上汽车的利润,已经超过家电。据悉,春兰家电将进行又一轮扩张。他打了一个形象的比喻,当前的家电市场,就像一帮人在打架,等大伙都累得精疲力竭的时候,春兰忽然多了几个帮手,你说会不会赢?素好棋艺的陶建幸果然深谙下棋之道。在看似天女散花的散淡手法中,春兰围紧了一个遥相呼应、紧锣密鼓、丝丝入扣的包围圈。

4. 开拓创新,矩阵管理

2004年1月31日,记者见到陶建幸的前一天,他刚给全体员工发了一封公开信,谈的是春兰2004年的成长战略和主要计划。2月1日晚,接受完采访的他又挑灯夜战,撰写第二天要在集团内部所做的演讲稿,内容是关于企业进行系统性调整的。他对记者说,春兰10多年来的最主要经验,就是不断地调整,在不断调整产业结构的同时,春兰始终在进行与之相适应的企业管理体制的调整与创新,从而为集团多元化战略的成功夯实了根基。

1996年以前,春兰的主导产品比较单一,采用的是典型的直线职能制管理模式。春兰多元化战略布局初步完成后,1997年,春兰组建了电器、自动车、电子、商务、海外等5个产业公司,下辖42个独立法人单位,企业的管理层次越来越多。为适应这种变化,集团公司将中央集权式管理改为"扁平化管理"。各产业公司独立面对市场的竞争意识和竞争能力显著提高,保持了企业持续发展的势头。

但问题逐渐显现:总部的战略决策不能得到很好的实施;出现了滥用权力和权力不能得到正确运用的情况;信息衰减和信息反馈不及时的情况比较严重;产业公司各自为政,资源难以共享;管理上出现了一定程度的失控。怎样克服"一抓就死、一放就乱"的管理难题呢?1999年底,陶建幸创造性地提出了"创新型矩阵式管理"。创新型矩阵式管理以法规控制和搭建矩阵式管理平台为主要特征,其指导方针是16个字:"横向立法,纵向运行,资源共享,合成作战"。前8个字解决集团和产业公司集权与分权的矛盾,力求放而不乱,提高运行效率。后8个字解决原来资源不能共享的问题。

所谓"纵向运行",就是保留按产业公司运行的特点,以产业为纵向,不改变产业公司是利润中心,工厂是成本中心的性质,鼓励其直面市场。"横向立法",是将集团的法律、人力、投资、财务、信息等部门划属横向部门,负责制定运行的规则,并依据规则对纵向部门实施监督,使其依"法"运行。陶建幸解释说:"没有空间就没有积极性,没有边界就会飞上天。"怎样进行"资源共享,合成作战"呢?办法是将横向职能部门划分为两个系列;一个系列负责"立法",一个系列负责实现对春兰内部资源的共享,为产业公司提供专家支持和优质服务。为此,春兰设立了营销平台、资金管理平台、物资采购平台、科技平台、人才培训平台等五大平台。比如物资采购平台。物资采购一改原来的分散、混乱状态,统一成立全集团的采购中心,对集团所需的原材料、配套零部件、办公用品等各种大宗物资,实行面向全球招标、比质竞价、集中统一采购,工厂则对所购产品实行质量首检,跟踪,双方共同确认后才可定点采购,集中采购后,既大大降低了采购成本,又提高了采购的质量。节约采购资金1999年为13958.85万元,2000年为22654.8万元,2001年为18000万元。比如资金管理平台。实施创新型矩阵式管理后,在资金管理条例规范下,将全集团的资金流进行了整合利用,大幅度地提高了资金的利用效率,真正做到了资金全部实现预算管理。由于资金集中调控,资金流加快,资金流量绝对值下降,平均年流量下降0.8至1.2个百分点;2000年节约银行利息1351万元,2001年节约资金5000万元。整个集团公司财务状况良好。

为了更好地支撑创新型矩阵式管理模式,南京大学计算数学专业毕业的陶建幸亲自带领信息化小组成员攻关，终于开发出前文所提到的"春兰现代企业资源动态管理信息化系统"。这是一个数据平台，一个资源控制系统，一个自动化办公系统。它通过密集的、遍布于事件发生的数据采集点，实现了对企业资金、采购、生产、销售、科研、管理等数据的自动采集；能够解决企业信息的及时性、准确性和真实性，从而为规范的高效管理提供了数据信息系统。

"管理手段和管理体制上的创新，为春兰的可持续发展奠定了百年根基。"陶建幸非常欣慰地谈到，"在高度信息化基础上的矩阵式管理模式是开放的，如果春兰因产业转型、退出或扩张而出现某一'行'某一'列'的增减；对集团的整个管理架构几乎没有什么影响。春兰的快速反应机制已经形成了。而且，这种开放的高度信息化的管理平台，使管理层对企业运转的监控非常有效、准确和灵活。也许你不会相信，我有70%的时间无事可做。"

那么陶建幸都在做什么呢？"思考，研究、把握企业战略方面的问题。值得安慰的是，事实证明，这18年来，春兰的成长战略没有大的失误。"春潮带雨晚来急。从陶建幸那沉稳、自信的语调中，我们听到了春兰集团即将发力的隐隐雷声，我们期待着一个在市场经济中永远迎风盛开的春兰！

资料来源：根据互联网资料整理。

【讨论题】

1. 春兰集团成功实施多元化战略的基本经验有哪些？你所得到的启示是什么？

2. 选择一个实施多元化战略失败的企业，试分析其失败的原因。

第六章 企业品牌战略

学习目标：
- 掌握品牌的含义和作用。
- 掌握品牌战略的内涵和品牌战略的实施过程。
- 掌握品牌命名的步骤应遵循的程序，在给品牌命名时，应考虑的因素。
- 理解并熟悉品牌标识的类型。
- 掌握品牌推广的概念和进行品牌推广时应注意的一般原则。

实践中的品牌战略

海尔的品牌战略

海尔集团是我国家电行业的特大型企业，拥有员工3万多人。产品有电冰箱、洗衣机、空调器、电视机、冷柜、多用展示柜、微波炉、厨房用具等40多个门类，8000余个规格品种，2002年品牌价值498亿元，为家电行业首位。2003年12月，全球著名的战略调查公司Euro monitor公布了2002年全球白色家电制造商排序，海尔以3.79%的市场份额跃升至全球第二大白色家电品牌。2004年1月，由世界知名的财经媒体英国《金融时报》和全球最大的会计师事务所普华永道公司举办的"世界最受尊敬的公司"排名揭晓，海尔集团再次位居中国公司首位。海尔的成功，是和它成功的品牌战略分不开的。

回顾海尔多年来的发展历程，在实施品牌战略，争创国际知名品牌的道路上，以下几方面是至关重要的。海尔首先为品牌树立鲜明的个性。海尔的整体形象在外界做了一个统一的形象。从Haier这几个英文字母到两个小孩"海尔兄弟"的品牌标识，既新款独特同时也给人一种亲切感，它从单纯的产品识别演化为产品全方位的代表，赋予其人格化个性化的品牌形象，从而拉近了企业与消费者之间的距离，其品牌内涵不断扩展，成了消费者对产品认知的总和。人们一看到海尔的标志马上会产生一种亲切感,让消费者与品牌之间而不是与产品和企业之间建立关系。同时,海尔努力在市场上树立高质量、高品位、高科技含量的品牌特色,作为海尔品牌的定位。并通过"海尔,中国造","海尔,真诚到永远"等独特的品牌诉求突出海尔完美的品牌形象,体现了海尔的价值理念:振新民族品牌;服务理念:海尔产品+服务;折射出海尔的质量观念:高标准、精细化、零缺陷。

(一)海尔的品牌文化

当你走进海尔公司;首先映入眼帘的正是有着强烈企业特色的巨型徽标"青岛海尔";镶刻在公司三楼的"无私奉献,追求卓越"八个金色大字闪闪发光。走进接待室,身着礼服的礼仪小姐热情地打开闭路电视,让你通过电视了解青岛海尔集团的全部风貌;在产品陈列室礼仪小姐以标准的国际公关水准向你一一介绍几十个品种的"青岛—利勃海尔"系列产品;在奖品陈列室,陈列着无数个国家、部、省级奖杯、奖章、锦旗和奖品。你能体验到青岛海尔的品牌文化效益。海尔的品牌文化还突出表现为:

1. 真诚到永远

"真诚到永远",让我们熟悉了海尔,同时它也显示了海尔独特的品牌文化。对用户的真诚,是赢得用户的分水岭。企业拥有了用户,便拥有了市场;失去用户,便必然失掉市场。企业卖的不只是产品,更主要的是企业的信誉,企业的文化,是通过产品与用户的"感情交流"。海尔人要"以对用户的真诚,换取用户的钟情"。企业要发展,就必须充分利用市场资源,而市场的最大资源就是用户的忠诚。海尔投资300万元成立了"售后服务中心"。配备了专业技术人员44名和国内一流的通信设备、冰箱检测手段;并利用计算机管理;建立了用户档案、产品维修档案和维修卡、用户监督卡、维修人员服务单等制度;在全国28个省市设立了218个维修点。他们坚持在售后服务中做到服务圆满;带走用户的烦恼;留下海尔的"真诚到永远"。

2. 敬业报国,追求卓越

走进海尔集团,随处可见代表着海尔精神的"敬业报国追求卓越"八个大字。这八个大字,是海尔文化的核心。如果说海尔文化是营养海尔的血液,那么这种精神就是造血的精髓。它使海尔人深深懂得,国家强盛,来源于企业的兴旺;企业的兴旺,来源于企业每个职工的实际奉献。为国家、为人民有所奉献,是人生最大的欣慰;反之,无所作为或中饱私囊,则是人生最大的遗憾。这种精神时时刻刻激励着海尔人遵照"三个有利"的准则,以卓越的产品、卓越的服务、卓越的声誉报效国家,造福人民。

（二）不断创新

海尔认为：企业在市场中的位置如同斜坡上的小球，要使小球不下滑就须对小球有个止动力，但仅有止动力只能使小球维持原来的高度，而唯有打破平衡，创造新动力，才能带动企业攀上新的台阶，这就需要企业的每一个人都保持创新精神。创新对海尔的发展是至关重要的。海尔理解为可以创造一种新的资源；创造一种新的市场。在发展过程当中，海尔没出现大起大落的局面，基本上保持持续高速增长，从只生产一个型号的电冰箱，到现在几乎所有的电器产品都能生产。

（三）海尔的品牌定位和核心价值

因为海尔的产品具有很高的使用价值，又缺少一定的象征意义，很难给消费者带来如劳力士品牌一样的心理满足感，所以海尔企业在分析海尔产品主要是给消费者带来的是理性功能的基础上，再结合海尔产品相对竞争对手来说的优势后，确定了其品牌具体的核心价值，主要选择了功能价值属性、质量价值属性和技术价值属性。一句"海尔，真诚到永远"让消费者联想到海尔信得过的产品质量、优良的售后服务和高科技含量的品牌特色。而海尔是如何让消费者有了对海尔的这样认识和定位，并依此来购买海尔品牌的产品的，体现在下面两点：

1. "有缺陷的产品就等于废品"的质量意识

1986年，在海尔，有一次投产的1000台电冰箱检查出76台有缺陷，为了给全厂职工树立"有缺陷的产品就是废品"这个理念，张瑞敏带头把有缺陷的76台电冰箱砸碎，这让工人们对"有缺陷的产品就是废品"有了刻骨铭心的理解与记忆，对"品牌"与"饭碗"之间的关系有了更切身的感受。借这个机会，张瑞敏又推出了著名的"零缺陷"管理机制。在海尔每一条流水线的最终端，都有一个"特殊工人"。流水线上下来的产品，一般都有些纸条，在海尔被称为"缺陷条"，这是在产品经过各个工序时，工人检查出来的上一工序留下的缺陷。这位特殊工人的任务，就是负责把这些缺陷维修好。他把维修每一个缺陷所用的时间记录下来，作为向"缺陷"的责任人索赔的依据。他的工资就是索赔所得。同时，当产品合格率超过规定标准时，他还有一份奖金，合格率越高，奖金越高。这就是著名的"零缺陷"机制，这个特殊工人的存在使零缺陷有了机制与制度上的保证。目前，这一机制有了更加系统、更加科学的形式。这一制度的推出，使海尔的产品、服务、内部各项工作都有了更高的质量平台。这个做法给海尔的工人们牢固树立了品牌的忧患意识。从此，海尔在质量管理、生产管理、经营管理、成本管理上形成了其他企业所不具有的竞争优势，也形成了海尔的品牌优势。

2. 海尔的优良服务

在产品日益同质化的今天，产品服务作为销售的一部分已经成为众商家争夺消费者的重要领地，良好的产品服务是树立企业口碑和传播企业形象的重要途径。在这方面，海尔在中国企业中是做得最早的，"海尔式服务"成为企业产品服务的一个标准。海尔认为，服务不单纯指售后服务，还包括售前服务、售中服务。售前的产品咨询、售中的送货上门都是服务。他们还认为，服务不单是指上门安装维修，还要包括征求用户的意见和需求。售后服务的完结就是新产品研制的开始。

（四）海尔重视技术的创新

正如海尔集团首席执行官张瑞敏在参加十六大时的发言中所说："海尔创业 17 年来，创新始终是海尔发展的灵魂。现在回过头来看，这些年海尔的成功源于创新，海尔发展中的不足还是因为创新不够。"是的，正是在以创新为核心的价值观的指导下，海尔集团实施了科技创新，在国内外市场上不断有创新之举。海尔先后招聘了 3350 名大学本科生和研究生，设立了中央研究院，开办了海尔大学，建设了国际培训中心，并与十几所高等学府建立了科技合作关系，同 26 个世界一流企业签订了技术联盟。在全球主要经济区架起了贸易网络、设计网络、制造网络、营销与服务网络。创新速度快，是海尔的一大优势。当前已形成平均每天开发 1.2 个新产品，申报 2.5 项专利的大好局面。海尔强调在具体的技术创新工作中不允许闭门造车，每一个技术创新课题都要在高起点上开发，必须从全球范围去考虑，"站在巨人的肩膀上"，全面、动态地了解全世界在这一课题上的现状及趋势。在世界现有水平的起点上，有针对性地开展技术创工作。如在制冷行业的全球性课题 CFC（氟里昂）替代工作上，海尔不是从头开始研究，而是先去了解目前全球在这一方面的研究进展情况及趋势，制定课题及主攻方向，并同国内外的科技资源相结合，攻克这一世界性技术难题，并成功地将这一技术应用到 BCD-222A，BCD-268 等产品上，在美国地球日博览会上引起轰动。无氟超级节能冰箱以其卓越的技术水平，获得了国家科技进步二等奖。

（五）海尔的品牌延伸

品牌延伸可以使企业利用其成功品牌的声誉来推出新的产品。海尔在海尔冰箱取得了成功之后，又利用海尔品牌及其图样特征，成功地推出了空调、洗衣机、电视机等新产品，并使这些新产品迅速占领了市场，实现了企业的多元化发展。经过不到 20 年的发展，海尔迅速成长为拥有白色家电、黑色家电和米色家电的中国家电第一品牌。人们了解海尔也正是从海尔的冰箱开始，时至今日，海尔不再是一个单一的产品名称，而是实现了由产品到品牌的转化，发展为一个海尔品牌的王国。

（六）海尔的品牌传播

海尔集团在创立和打造自己的名牌战略时非常注意运用各种营销活动和宣传攻势，提高海尔的知名度，提升海尔的品牌形象。张瑞敏就总是不厌其烦地接受各家新闻媒体的采访，并在网络上接受新闻采访，为海尔在消费者心中树立了信赖度，建立了良好的信赖关系。海尔公司的经营实践被选入了哈佛商学院的教学案例的信息，一度成了新闻报道的热点，有利地提升了海尔的品牌形象。海尔依靠其成功的品牌形象与标识在全球得到很好的评价。它能因不同的市场做出调整显示其营销方面的核心能力，其广告方式也因不同的地域有不同的选择。在国内，海尔的名字和两个小孩的形象深入人心，期间推出的以这两个小孩为主角的动画形式的广告使得广大消费者对海尔产品产生亲和力；在国外，美国，海尔用"HAI ER ANHAIER"，就是"海尔越来越高"作为广告词，正好和美国的一首流行歌曲完全一样，广告具有说服力，美国人可以很快接受它。到了法国，主要体现标识中那两个小孩，法国女士买海尔产品的很多，他们非常喜欢那两个小孩。但是到中东去，就要拿掉两个小孩的标识，因为没穿衣服在中东是一种忌讳。海尔就是这样把自己的商标融入到当地文化，采取合理的广告手段吸引消费者的。而海尔的广告诉求也紧跟时代脉搏，初期较多地强调产品的质量、功能和服务。随着社会的发展和消费者消费观念的日趋成熟，对产品的"绿色、健康"产生了强劲的需求，于是他们适应时代需要推出了 A+有氧绿色家电系列产品，通过在各大媒体上的宣传，使海尔"绿色产品"这一概念深入人心，有力地推动了其新产品的销售。

评述

当今市场竞争中，品牌的作用可以说是举足轻重。它不仅体现的是一个企业整体的素质和形象，还体现了一个国家的经济实力和竞争能力。一个成功的品牌，代表着良好的信誉、卓越的质量、良好的服务、先进的技术和优秀的业绩。这是因为好的品牌有着自己优良的企业文化和核心价值观，并在这种良好的价值观的引导下，注重企业人才的培养，注重技术的创新和新产品的研发，注重品牌的策划和产品的营销。所以，品牌战略是企业长远发展的必然选择。

资料来源：赵仕红. 我国企业的品牌战略研究. 南京理工大学，2008.

第一节　品牌概述

一、品牌概述

首先，要明确品牌的概念。品牌是什么？多数人认为品牌是商标、是企业名称，这只是人们对品牌产品感知的片面认识。因此要明确品牌的真正含义。

（一）品牌的概念

品牌与商标既有联系、又有区别。企业有了注册商标，才真正意义上有了自己的品牌，就像人有了自己的名字，才能把自己和别人区别开来，一说到某人的名字，就会让人想到许多他的体貌特征等。但商标和品牌不是一回事。一提到商标，就会出现许多与它相关的用语，如注册情况、所有权、打击假冒商标等，这就体现出了商标的法律含义。一提到品牌，人们会想到该牌子的商品特征、性能、服务情况及喜好程度等，这就体现了品牌的市场概念。我们习惯说某牌子的商品好，而不是说某商标的商品好，就是因为品牌的市场概念。品牌是源于商标发展起来的，但它的内涵却更加丰富，不仅代表了商品的合法性，还代表了商品的质量可靠、信誉可靠、商品的特点甚至是企业的文化理念等都传递给了消费者。商标是合法的实体标志，品牌是商标所代表的一切与产品相关的无形信息。就像海尔的品牌标志是海尔兄弟，人们看到它就会想到一系列和海尔有关的产品和服务相关的信息。所以说，品牌是商标、企业形象、产品质量、售后服务等一些能让消费者感知的整体概念。企业品牌战略的实施，就必须注重质量、企业文化、服务、研发能力、品牌营销及品牌管理等各方面的内容。

（二）品牌的作用

拥有一个强势品牌可以为企业创造长期的、也许是永远的利润。也是国家促进可持续发展的重要保障。具体说来，品牌具有以下几个方面的作用：

1. 品牌是提高竞争能力的重要手段

近年来，全球经济竞争日趋激烈，市场已经由"产品消费"走向"品牌消费"。在日益多样化、个性化、细分化和复杂化的市场中，企业凭借一般竞争手段取得竞争优势的难度越来越大，依靠贴牌生产获得的成长空间也越来越小。同时，品牌作为一种资源，不仅本身具有巨大的价值，而且可以通过有效运作来控制更多的资源。世界公认的 2014 年全球品牌价值排行榜中,排在前五位的是:谷歌高达 1588 亿美元,苹果为 1478.8 亿美元,IBM 为 1075.4 亿美元,微软公司为 901.9 亿美元,麦当劳为 857.6 亿美元。由此可见,品牌产品和知识产权已成为企业增强核心竞争力的关键因素。企业必须要靠创新树立品牌,靠品牌占领市场。只有这样,企业才能获得持续的发展能力,才能在竞争中立于不败之地。目前,国际上流行的"一流企业卖标准,二流企业卖品牌,三流企业卖产品,四流企业卖苦力"的经营理念,就是对这一现实的生动描述。

2. 品牌是推动产业发展的重要途径

产业发展本质上就是落后产业的淘汰、传统产业的改造和新兴产业的涌现。对一个国家来说,产业发展不仅要重视产业规模的扩大和生产工艺的改造,更要关注核心技术的研发和自主品牌的创立。事实上,没有核心技术,传统产业就不会得到实质性改造,即使改造了,素质也不会有大幅度的提升;没有自主品牌,新兴产业体系很难建立,即使建立了,根基也不会稳固。只有培育和拥有核心技术,产业才有持续发展的源动力;只有创立和做大、做强自主品牌,产业才有不断提高的竞争力;只有核心技术和自主品牌有机结合,经济才有持续快速协调健康发展的可靠保障。目前,全球产业结构优化升级步伐越来越快,靠品牌推动产业发展、靠品牌培育新的经济增长点的趋势越来越明显。

3. 品牌是获得高额利润的重要保证

目前,品牌特别是知名品牌,是赢得市场、获得高额利润的重要保证。从国际市场的价值链看,生产环节创造的增加值只占 30%,剩下的 70% 来自于以品牌为标志的研发和营销环节,知名品牌的增值效应更加明显。在当前日益激烈的国际竞争中,许多跨国公司的经营策略就是以知名品牌为纽带,构建全球性的生产和销售体系,从而达到控制各类资源、抢占国际市场、获得高额利润的目的。据联合国发展署统计,在国际市场上,知名品牌在全球品牌中所占比例不到 3%,但在全球市场的占有率却高达 40%,销售额超过 50%,个别行业(如汽车、计算机、软件)的销售额超过 90%。在国内市场上,2013 年 80 多种主要消费品销量前 10 位品牌的市场份额达 65%,其中,最高的家电行业达到 80%。缺乏自主品牌,就只能处在全球价值链的最低端,靠廉价出卖资源和劳动力来获取微薄的贸易收益。不掌握核心技术,不拥有自主品牌,仅靠低价优势扩大出口规模、以量取胜的外贸增长方式,在新的国际贸易环境下已经难以为继。

4. 品牌能使企业避开产品价格的竞争

企业在市场上经常遇到来自竞争者的降价压力，结果，价格越来越低，毛利减少，整个行业处于无序的价格竞争之中。但好的品牌却能够使企业避开价格竞争，这就是品牌的力量和品牌的优势。例如，宝洁公司的最著名的洗发品牌"海飞丝"，在商品激烈的角逐中，以它鲜明的个性，最好的承诺，牢牢站稳了市场，即使洗发产品的广告铺天盖地，但"海飞丝"仍然深入人心，市场销量可观。白酒行业中的五粮液和茅台酒，打印机行业中的惠普也都是在同类产品价格降声一片的情况下靠着自身的品牌站稳了市场。品牌可以使其产品区别于其他产品，这就是品牌在价格竞争中的优势。

5. 品牌是体现经济实力的重要标志

对于一个企业而言，品牌是企业以自己的注册商标为发展载体，长期苦心经营所形成的有别于其他企业的经营理念、商业信誉和企业形象的生动集中展示。对于一个国家而言，品牌是其技术创新能力、市场拓展能力、核心竞争能力的集中体现。从这个意义上说，知名品牌的多少和国家的强弱有着必然的联系。一个品牌弱国，不可能是一个经济强国。从更高层次上说名牌是一个国家、一个民族实力的重要表征，可以带动整个国家的经济腾飞。据联合国工业计划署统计，全球共有8.5万种知名品牌，其中发达国家和新兴工业化国家拥有90%以上，处于垄断地位，而广大发展中国家的国际知名品牌寥寥无几。美国是世界上经济实力最强的国家，其拥有的知名品牌也是最多的。有人预言：21世纪将是知名品牌争夺天下的世纪。以知名品牌的经济实力为后盾来分割世界资源、拓展全球市场，将是国际经济运行的一大特点。

二、品牌战略概述

（一）品牌战略的概念

品牌战略就是公司将品牌作为核心竞争力，以获取差别利润与价值的企业经营战略；是企业以品牌的营造、使用和维护为核心，在分析研究自身条件和外部环境的基础上所制定的企业总体行动计划。它是许多企业总体战略构架中重要的不可或缺的组成部分。如果品牌没有上升到战略高度，则只能是策略而不是战略。因此企业必须将品牌作为核心竞争力来打造，而品牌也的确能够发挥核心竞争力的作用。如果品牌不可能成为某些企业的核心竞争力，则品牌同样难以上升到战略高度。品牌最终必须能为企业获取长期的差别化利润。

品牌战略的发展历程反映了市场经济的演变历程。商品经济初期，生产力水平较低,卖方市场特征突出,消费者的消费行为简单,没有必要强调产品与服务的外在特征,因而,生产经营主导着企业管理,产品的品牌化程度较低,买方市场的发展引发了消费革命,企业和产品的趋同要求开发产品功能之外的能使消费者动心的异质特色,品牌的文化标识功能得以彰显,品牌战略的作用开始突显。由于市场发展的反复和不平衡性,一早期的品牌仅仅是市场营销的基本工具,甚至仅仅处于营销策略层次。即使企业进入战略经营后,企业管理仍仅仅围绕营销的四大要素——产品、价格、地点、促销,品牌战略与企业组织战略、人才战略、投资战略、产品战略、技术战略、跨国经营战略等并列齐观,成为企业诸多战略选择的一种。随着当代经济从卖方市场逐步向买方市场的转变,更多的企业意识到要想赢得更多的市场份额,获取更高的价值,就需要实施品牌战略、对企业品牌进行管理,提升企业品牌的市场竞争能力。

(二)品牌战略过程分析

品牌战略作为多种管理要素和营销要素结合在一起而生成的一种企业战略,如果作为一个过程而被分解成几个营销和管理阶段,而这种营销和管理手段是企业的管理人员所熟悉和掌握的,则这种战略将被更好的实施。作为一个完整的战略过程,品牌战略应该具有品牌的设计与塑造阶段、品牌的推广阶段和品牌的保护阶段,如图6-1所示:

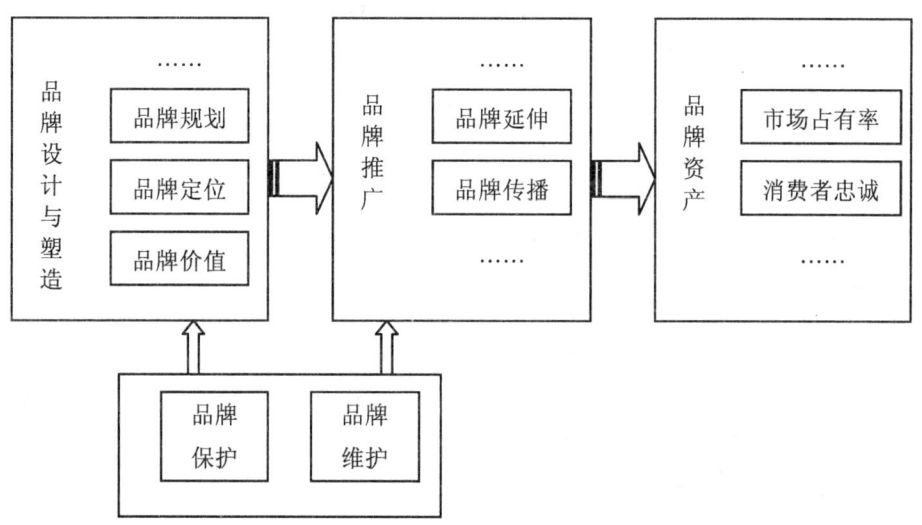

图6-1 企业战略过程图

第二节　品牌设计

借助企业独特的价值观念（文化）、团队构成、技术特色和企业资产等软性因素，逐步建立起一种组织联想，并通过舆论、广告和促销行为传播移植于消费者脑海之中，让目标对象对企业自发地产生良好的形象，这就是企业品牌的设计和形象塑造。品牌设计和塑造具有整合及强化品牌认同的作用，并且使消费者对品牌的认同更加深刻，为品牌的成功奠定了基础。所以，从这个意义来讲，品牌的全部意义都浓缩在品牌设计和塑造过程中，包括商标、名称、涵义和价值。百年品牌的发展演变为品牌塑造战略的不断完善。

一、品牌设计概述

品牌设计是品牌战略行动的基础，品牌设计得好，就容易在消费者心目中留下深刻的印象，增强消费者的购买欲望。实践表明，品牌设计的好坏与否，在很大程度上影响品牌的市场竞争力。品牌标志实际上是企业与消费者之间沟通的桥梁，富有感召力和亲近感的品牌，有利于增强品牌的宣传效果，缩短企业与消费者的距离。正因如此，许多企业不惜花费重金去设计自己的品牌。例如，美国新泽西标准石油公司为了给自己的产品创造一个能够通行全世界、为全世界消费者所接受的品牌名称和标识，曾动员心理学、社会学、语言学、统计学等各方面专家历时6年，耗资1.2亿美元，先后调查了55个国家和地区的风俗习惯，对约1万个预选方案几经筛选，最后定名为EXXON，堪称世界上最昂贵的品牌。这一案例表明西方企业对品牌设计的重视，也说明品牌设计中充满了艺术性和创造性。

二、品牌名称设计

品牌要素中，品牌名称是最重要的一个因素，因为它往往简洁地反映了产品的中心内容，使人产生关键的联想。品牌名称是信息传递中极其有效的缩写符号，消费者理解营销信息花费的时间，少则半分钟，如一则广告，多则几分钟，如一个销售电话。然而，注意、理解并记住一个品牌名称却只需几秒钟。艾·里斯说："实际上被灌输到顾客心目中的根本不是产品，而只是产品名称，它成了潜在顾客亲近产品的挂钩。"正因为品牌名称是和消费者对品牌的印象紧密联系在一起的，因此在设计品牌名称之前必须经过深思熟虑和调查研究。

不同的企业可以生产相同的产品，而品牌却很容易地把它们区分开来。因为，品牌名称提供了品牌联想，最大限度地激发消费者的直接联想力，这是成功品牌名称的基本特征之一。品牌名称作为品牌之魂，体现了品牌的个性和特色，它使消费者自然而然地产生一种很具体、很独特的联想。一提到某一品牌名称，人们就会很快对该品牌所代表的产品质量、形象、售后服务等产生一个总体的概念。例如：可口可乐代表了丰富的美国文化意蕴；奔驰代表了尊严；索尼象征着高质量；万宝路体现了男子汉的豪迈、自由；摩托罗拉、诺基亚则象征先进的移动通信技术等等。

品牌名称对产品的销售同样有着直接的影响。以日本的胶卷市场为例，在富士公司垄断市场之前，富士公司和樱花公司同时作为日本胶卷市场的两大巨头。20世纪50年代，樱花公司在胶卷市场上的市场占有率超过了50%，然而后来富士的市场份额越来越大，以致最终击败樱花公司成为市场霸主。根据调查，樱花公司失败的原因并不是产品质量问题，而是产品名称。在日文里，"樱花"一词代表朦胧的、桃色的形象，樱花公司因此而受到其"樱花牌"胶卷名称的拖累。相反，"富士"一词则同日本的圣山"富士山"联系在一起，象征着明净、纯洁。樱花牌胶卷受制于这一不幸形象，各种广告宣传也无力回天。可见品牌名称作为品牌的核心元素会直接导致一个品牌的兴衰，因此，企业在一开始就要确定一个有利于传达品牌定位方向且有利于传播的名称。

（一）品牌命名的策略

品牌命名既是一门艺术，也是一门科学，独创性总是与品牌命名联系在一起。为品牌起一好的名字，可以引起消费者的注意，拨动消费者的心弦，唤起消费者的联想，最终对消费者的消费行为产生正面的引导和促进作用。在给品牌命名时，可以考虑以下几个方面因素。

1. 目标市场定位

一个品牌要进入市场，首先要找准自己的目标顾客，以此目标顾客为对象，为他们度身定制产品和服务，从而在目标市场形成特别的市场定位。因此，依据目标市场的消费特征进行命名，通过品牌名称将这一目标对象形象化，从而通过这一品牌名称清晰地告诉市场：该产品的目标消费者是谁。同时，品牌名称所承载的形象也成为一种特殊的营销力。例如"太太口服液"，"太太"一词直接明了地表明了其目标消费者是谁，而且"太太"本身蕴含了中国传统文化的特征，无形中为品牌增添了一份文化意蕴，并因此让目标消费者产生一种亲近感，同时品牌名称也很好地成为品牌传播的一种手段。

2. 产品属性特征

产品都有其自身的属性特征，消费者在产品消费经历中会产生某种切身的心理、生理体验，因此，这种产品消费给顾客带来的消费体验也就成为许多产品差异化竞争定位的战略选择。品牌的命名也可以在此基础上进行，例如"海飞丝"去头屑、"飘柔"飘逸柔顺、"汰渍"净白等。这些品牌的名称可以很好地体现了产品本身的功能、效应、利益、使用场合、档次和其所属类型，使消费者从中领会到该产品的功效。

3. 人名导向效应

将产品与名人、明星或企业首创人的名字联系，借助人名效应，也是品牌命名的一种有效方式。人名导向的命名方式有两种，一种是通过授权直接使用名人名字或者企业首创人的名字作为品牌名，如"李宁""丁家宜""乔丹"等；另外一种是利用谐音方式，即使用与名人名字相近的谐音来迅速提升品牌知名度。例如"泻停封"，就借用香港明星谢霆锋的名字，同时"泻停封"这个名字与其产品属性（止泻）又十分吻合。以名人命名的品牌在市场上随处可见，尤其在服饰、美容化妆品行业更是比比皆是。

4. 本地化与全球化

全球化的时代需要全球化的营销，品牌命名也必须考虑全球通用的策略。一个完善的品牌应当易为世界上尽可能多的人发音、拼写、认识和记忆并在任何语言中都没有歧义，这样才有利于品牌名称在全球市场上传播。品牌名称绝对全球通用往往并不现实，因此在执行上，更多采用的是"全球思考，本土执行"和"全球兼顾当地"的做法。全球品牌命名首先考虑如何使品牌名称适合当地，在向全球推广时，可采用另起名或翻译原有名称的方法。如宝洁公司的飘柔洗发水在美国叫 Pert—Plus，在中国是飘柔，在亚洲其他地区则改名为 Rejoice。将本国品牌名称翻译成他国文字时，采用音译和意译相结合的策略，能更好地译出一个品牌名称。"Benz"如果直译便是"本茨"，译为"奔驰"则是一个极佳的品牌名；"Coca—Cola"最初被译为"科科啃蜡"，之后才被译为"可口可乐"这一绝妙的名称。

（二）品牌命名的步骤

品牌命名是一个系统复杂的过程。虽然品牌命名具备一定的艺术性和创造性，但是一个科学的品牌命名并不是随意的名称选择，它需要遵循一定的规则和程序。

1. 战略思考

品牌发展需要战略思考，品牌名称也需要战略思考。战略思考需要对产品或服务、消费者、市场、竞争对手、未来发展、企业文化等各方面进行综合考虑。这实际上是给品牌一个明确的方向。在对品牌名称进行思考时，除要考虑上述的几个基本原则外，还特别要注意品牌名称应具有的理想含义及该品牌在公司品牌集合中的角色、该品牌与其他品牌的关系。

2. 提出备选方案

在品牌命名战略方向指导下，尽可能多地创造能够描述产品或服务的名字和概念。任何可能的来源都可以用来进行名称的创造，如公司管理层、员工、现有和潜在顾客、零售商、供应商、广告代理、专业机构等。在收集备选名称时，可以使用"头脑风暴法"。头脑风暴法可以用集思广益的方式在一定时间内得到大量的候选品牌名称，如丝宝集团在为洗发水起名字的时候，就是让营销人员尽可能列出与头发相关的文字，然后进行组合，并要求品牌名称不是语言文字的习惯组合，但又能很好地寓意产品，如"舒蕾""风影"便是这样组合的产物。

当然，在选择品牌名称备选方案时要考虑几个要点：（1）所选的品牌名称应该预示出稳健与诚信；（2）品牌名称应该包含与该产品特征相关的字眼；（3）避免带有负面形象或含义的品牌名称；（4）最好能够避免缩写或代号，它既不能说明公司的性质，也不能让人联想到产品；（5）回顾过去的历史；（6）令人振奋和愉悦。

3. 品牌名称筛选

将所获得的品牌名称按照一定的标准和营销要素，连同一般的感觉一起进行筛选，得到一个操作性较强的名录。例如，通用面粉公司进行筛选时否定了以下几种类型的名称：（1）有不必要的双重含义的名称；（2）比较难读、已被使用或与已有名称过于接近的名称；（3）明显会引起法律纠纷的名称；（4）与产品定位有明显冲突的名称。此后，通用面粉公司又与管理层和营销伙伴展开深入的评估讨论，进一步精简了备选清单。同时进行了"粗线条"的法律检索，剔除一些在法律上可能有问题的候选名称。

4. 消费者调研测试

名称筛选后，接下来就是对所剩下的名称进行测试分析。在对消费者群体进行调研之前，先进行一个全面的国际法律研究，以确保所选的名称不会引起法律上的争端。消费者调研的目的是为了验证管理层对该名称的可记忆性和有意义性的预测。消费者测试可以采用各种形式，例如企业可以向消费者展示产品及其包装、价格或促销手段，使消费者领悟品牌名称的含义及产品的使用方法。同时还可以展示真实产品的三维包装、生动的广告等。

5. 品牌名称确立

经过测试，对选定的品牌名称进行持续的公开，包括何时用口头、何时用书面等。然后，基于以上收集的所有信息，从而最终确定使公司品牌和营销目标实现最大化的品牌名称，而后正式登记注册。

三、品牌标识设计

品牌标识是指品牌中可以被识别、但不能用语言表达的部分，即运用特定的造型、图案、文字、色彩等视觉语言来表达或象征某一产品的形象。品牌最大的功效是对人的视觉的满足。在创建品牌过程中，品牌名称的作用较大，而当消费者到市场购买这些品牌时，品牌标识的作用更大。正因为如此，世界名牌商标不仅拥有一个诱人的品牌名称，还常具有一个风格独特的品牌标识。

（一）品牌标识的作用

现实世界大多数公司和产品是相当类似的，公司之间存在的差别，例如服务的质量，很难以有效的、可信的方式沟通交流、传递宣传。当区分产品和服务变得越来越困难时，标识由于是品牌价值组合的中心，因此成为主要的区分性特征。标识自身能够创造认知，产生品牌联想和偏爱，而这些又反过来影响品牌忠诚和可感觉的质量。与产品名称相比，品牌标识更容易让消费者识别。品牌标识作为品牌形象的集中表现，扮演着无声推销员的重要角色，其功能与作用体现在以下几个方面。

1. 品牌标识形象生动更易识别

我们看到，不识字的幼童看到麦当劳金色的"M"，便想到要吃汉堡包。喜欢汽车的幼童看到四个相连的圆圈，就知道是奥迪，看到三叉星环的标识会大声叫出奔驰。

2. 品牌标识能够引发消费者的联想

风格独特的标识能够刺激消费者产生美好的联想，从而对该企业产品产生好的印象。例如：康师傅方便面上的胖厨师、旺仔牛奶上的胖仔以及骆驼牌香烟上的骆驼等，这些标识都是可爱的、易记的，能够引起消费者的兴趣，产生好感。而消费者一般倾向于把某种感情从一种事物上传递到与之相联系的另一种事物上，也就是说，消费者往往会爱屋及乌，把对品牌标识的好感转化为积极的品牌联想，这非常有利于企业以品牌为中心开展营销活动。

3. 品牌标识便于企业进行宣传

品牌标识是最直接、最有效的广告工具和手段,品牌宣传可以丰富多彩,各种艺术化、拟人化、形象化的方式均可以采用,但核心内容应该是标识。企业应通过多种宣传手法让消费者认识标识、区别标识、熟悉标识、喜爱标识,不断提高品牌标识及其所代表的品牌的知名度和美誉度,开启和激发消费者的购买欲望直至形成购买行为。

(二)品牌标识的类型

1. 名称型

在世界名牌中,有许多品牌是名称与标识合一的,亦即直接用独特的艺术字体来表现名称、文字、数字。它既是品牌的名称,又是与众不同的品牌标识。这种标识选择方法在世界名牌中占一定的比重,如 Sony,Coca—Cola,Nokia,Canon 等。

2. 图案型

有些标识常常被设计成图案的形式,以便以某种方式强调或修饰品牌的含义。如麦当劳的金色拱门、英国石油的太阳花、苹果、小天鹅、熊猫等。

3. 记号型

记号型标识既不像文字标识那样含义明确,又不像图形标识那样复杂。常见的记号标识均来自简单几何图形的组合。记号标识可以是名称的演绎,也可以与品牌名称无关。例如奔驰的三叉标志,奥迪的四环,而中国电信的新标识就是由两个字母"C"组成。

(三)品牌标识设计方法

1. 象形法

象形法指用象形图案直接表现品牌内涵、产品特性、服务项目的设计方法。这种设计方法简单明了,适用于产品和经营项目等内容比较单纯且相对容易表达辨别的品牌。相反,如果内容过于繁琐复杂,则很难用这种办法加以完美地表达。在采用此法时,还要考虑设计上最大限度地表现共性和相对稳定性。

2. 标识法

标识法指直接运用一些字体符号或单纯的图形作为标志的方法。一般所用的字体符号往往是品牌名称或是品牌名称字头的缩写。如美国 IBM 公司的品牌标志,麦当劳的"M"标志等,都是运用了这种方法来设计的。这种方法在向大众显示其识别标志的同时强调了品牌名称,乃至于企业名称。不足之处是比较单调,含义不够丰富,所以在采用这种方法设计商标时,为了加强其识别性，常常在字形结构、字体组合以及装饰点缀或色彩上下功夫，力求突出情致和趣味性，避免单调，以加强印象。如健力宝的标志"J"被设计成健康的人形，有跳跃的动感。

3. 象征法

标识的象征性形象的设计，主要是利用具象或抽象的设计方法，即将自然的形态或人工形态的原始形象、真实形象，进行艺术的、高度概括的提炼，形成具有象征性的形象。用一种高度概括的、具有象征意义的几何图形和色块抽象图案来表现品牌特征性质的手法。

（四）品牌标识色的运用

色彩也是品牌商标产生艺术魅力的一个重要因素，色彩与色调在现代越来越具有表意功能。品牌的色彩有时还代表一个企业和商品的性质特征，所以世界上许多著名品牌的艺术魅力，已经进入了应用色彩的心理感觉阶段。心理学家经调查研究发现，各种颜色对人的感觉、注意力、思维的个性都会产生不同的影响。缤纷绚丽的色彩会使人产生不同的联想，如蓝色，它往往使人联想到晴空、清洁与理智，而在人的生理方面的感觉则是冷的东西。

在品牌标识设计中，色彩的选择需考虑商品、对象、季节、文化和时代等特点。如不同的目标顾客由于受年龄、性别、民族、受教育程度等因素的影响，对色彩的感知和理解不尽相同。如儿童喜欢鲜艳、单纯的暖色，年轻人则偏爱深沉、个性的冷色；男性选择坚实、强烈的颜色，女性青睐柔和、典雅、高贵的色彩。在不同的国家和地区，由于人们思维模式受到各自的民族文化以及不同的社会、环境、知识结构的影响，人与人、民族与民族之间产生明显的差异性，对色彩的象征意义理解也各不相同。

第三节　品牌推广

品牌推广就是将品牌信息传递给消费者的一种传播行为。通过品牌推广，可以使品牌为广大消费者和社会公众所认知，使品牌获得强势。但品牌的推广效果，不仅取决于推广的数量，如广告、公关的次数、支付的费用，而且还取决于推广方式的选择及其设计。

一、品牌推广的一般原则

（一）简洁明了

品牌推广的目的就是要将品牌独有的信息向目标受众进行沟通和传递。要保证信息沟通的高效率，所推广的信息就一定要简洁明了。品牌负载的信息有很多，对于消费者而言，真正有意义的只是其中的某一些信息。所以，企业在推广品牌时，不能一味地将品牌所有的信息都向目标受众进行推广，信息过多反而不能突出品牌差异化优势，而且也不能迅速引起消费者的记忆和回忆。品牌推广简洁明了，就是要集中力量将一两个重点清晰地深入到消费者的心中，将品牌的核心诉求传递给消费者。这个核心诉求就是品牌的独有特点和优势。如"飘柔"的"一梳到底"，"乐百氏"的"27层净化"，七喜的"非可乐"等等。这些简洁明了而又意味深长的诉求能让品牌魅力长驻心间。

（二）凸现个性

在当今这个物质产品极其丰富的时代，要引人注意，给人留下深刻印象，就是要展示所推广的信息特征。凸现个性主要的手段就是独具一格，满足消费者求新的心理。要凸现个性就要与众不同，避免千篇一律，不能人云亦云，做到人无我有、人有我优，做到技高一筹。要凸现个性就要实现典型的个性特征，用个性来展现特点和不同之处，抓住自己最本质的东西进行推广和展示。如台湾"春风纸品"用艺术画包装自己的产品，凸现其艺术个性，别具一格，获得了很好的推广效果。

（三）嫁接消费者自己的理念

在品牌推广过程中，消费者对了解的产品比不了解的产品更能激起购买的欲望。要取得一定的效果就要调动起消费者已有的感知和体验，嫁接自己的理念，从而收到事半功倍的效果。要让消费者有嫁接自己理念的感觉，就要坚持通俗、直截了当，绝不故弄玄虚，让新信息与消费者原有的观念相契合，切不可与消费者的原有观念相冲突，在熟悉的基础上，给人以新意。

（四）倾注情感诉求

在品牌推广过程中，可以通过表现与企业、产品、服务相关的情绪与情感因素来传达品牌信息，以此对受众的情绪和情感带来冲击，诱发购买动机。情感诉求有爱情、亲情、乡情、同情、生活情趣和个人的其他心理感受。情感诉求，不管是从信息的角度，还是从形式（如大幅画面）的角度来看，更易引发人们对品牌的联想和回忆。在广告创意中，往往运用3B原则即

Beauty、Baby 和 Beast 来进行品牌的情感诉求推广。

（五）推广诉求始终如一

要使一个品牌的信息推广在各种媒体上清晰一致地传达，就要在推广时间上坚持定位、坚持风格、坚持核心推广要素稳定不变，在媒体空间上做到口径一致、意义与实质一致。品牌推广的清晰一致，并不是指一成不变，而是指品牌推广的核心价值不变，品牌概念不变，创意策略上的风格不变。但创意的素材可千变万化，创意的主题可因时、因事、因人、因地制宜，要在变化中坚持一致，在发展中创新。

二、品牌推广的形式

（一）大众推广

大众推广是速度快、范围广的信息推广方式，它是企业利用广告、新闻、广播、报刊、电视等大众推广媒体，将信息大量地、系统地传递给社会公众的过程。利用大众推广更多的是影响社会舆论、公众看法和潜在消费者。大众推广形式主要用来促进和保护企业和品牌的形象，特别是对于一些特殊事件的处理，因为它的推广迅速等特点，使得这种推广形式具有极大的营销价值。企业在进行大众推广时要基于目标市场选择合适的媒体，考虑媒体的影响面、声誉、特色及成本等因素，因为它们会影响推广效果。

（二）人际推广

人际推广是人与人之间的直接沟通，主要是通过企业人员的讲解咨询、示范操作、服务等，使公众了解和认识企业的品牌，并形成对其品牌的印象与评价。这种评价将直接影响到品牌形象。人际推广具有交流性强的特点，对零售企业而言，意义尤为重要。消费者在购买过程中常常都会与该店的员工有面对面的接触，在接触中，消费者会直接感受到由营业人员的言行所代表和反映的企业和品牌形象。因此，零售企业的每一位员工都是信息的推广者、创建企业品牌的参与者。这种推广形式可以因人而异地向消费者传递细节内容，其反馈信息可以帮助企业人员提高销售业绩。

（三）展示活动

这是一种介于大众推广和人际推广之间的、由人和物组合而成的信息传递活动。购物场所将零售企业与消费者紧密地联系在一起，商店外观、招牌、橱窗、店堂布置、商品陈列及企业营造的店内气氛和主题活动是企业形象、风格、定位的有形展示，它影响消费者的购买心理和行为，也会影响消费者对企业的感受和认识，是零售企业信息推广和形象展示的重要渠道。总之，无论采取何种推广方式,均应突出企业自身的特点,体现实施品牌战略不同阶段的具体目标。

三、品牌推广的策略

(一)广告推广

近年来,媒体环境发生了翻天覆地的变化。对于消费者而言,广告已经不足以吸引消费者而成为传播的主要方式,但是广告还是企业进行品牌推广不可或缺的一种方式,企业可以在适当的时机进行广告宣传。广告可通过其宣传的面积和效率增强消费者的品牌认知,强化关键的品牌联想或增加另一个联想,或者能够引起消费者的积极响应。

根据消费者信息处理模型,成功的广告传播,首先要根据市场定位确定产品的优势,准确地把握消费者的真正需要,卖点要鲜明,引导和影响他们对产品的认知、偏好以至最终的选择。其次要聚焦目标市场,并且设计具有创意的广告。最终要考虑消费者的理解程度和消费者动机并把握广告的可记忆性。

广告传播系统包括电子媒体、平面媒体、户外媒体、网络媒体、交通媒体等传播通道。广告传播是一种高度大众化的信息传播方式,具有面积广、效率高、速度快等特点,并且广告对消费者的心理可以产生很大的影响力,是进行品牌推广最主要也是最常用的传播途径。

电视广告。电视一般被认为是广告媒介中最有效果的。因为它能兼容图像、声音和动画,并面向广大的消费群。几乎所有的家庭都有电视机,而且平均每天看电视的时间达到5小时左右。电视广告不仅能够生动地显示产品的特征,有说服力地展示对消费者的利益,而且能够生动地描绘用户形象、使用场景、品牌个性等其他无形特点。但是电视广告的转瞬即逝性及高成本性,需要企业要恰当的设计和使用。在设计上不仅要吸引消费者的注意力,同时要传递希望传达的信息。

网络营销。在网上开展营销成本低且定制化程度高。企业可利用网络的互动性,可以创建网站,让所有的消费者选择他所需要或想要的有关品牌的信息,这样可以建立公司与顾客之间的关系。在公司网站信息资源的建设中,传递及时可靠的信息非常重要。网站必须经常更新,提供尽可能多的定制化信息,特别是针对现有顾客的信息。

报纸软文。报纸广告覆盖面广、成本低廉,适合品牌产品的长期宣传。但是在当下"硬广告"铺天盖地的时代,在报纸上进行"硬广告"宣传效果并不明显。以故事或传递知识的形式进行软文宣传，不断地向消费者灌输企业文化以及有关品牌产品的优势，这样消费者会不断地相信品牌产品，企业就会提高品牌的知名度和美誉度。

户外媒体。户外媒体具有高到达率、视觉冲击力强、单位成本低、覆盖率高、形象生动等特点。其广告形象突出，易引起人的注意，而且户外广告发布的期限较长，具有印象累计效果，不同的产品在其目标消费群体密集的地方设立户外广告牌增加宣传的到达率。

（二）销售推广

销售推广具有针对性强、灵活多样的特点。它可以是一次性的，也可以是多次性的、不定期的。企业通常在品牌类似、新品牌刚上市阶段、品牌处于成熟期等情况下，进行销售推广。广告推广提供了购买某品牌商品的理由，销售推广则提供了购买某品牌的刺激。

1. 制定销售推广方案

品牌经营者必须制定详细的销售推广方案，以确保品牌推广活动有计划地进行。销售推广方案主要包括以下内容：

① 诱因的大小。品牌经营者应当确定提供诱因的效果，如要使销售推广成功，所提供的最低限度的诱因。

② 参加的条件。诱因可向每个消费者提供，也可向特定的消费者发放。优惠券不向某些人，如不够年龄的、收入水平偏低的消费者提供。

③ 推广方案的派发载体。品牌经营者必须决定如何宣传和派发方案，例如减价10%的优惠券的派发方式；放在商品包装内，由商店和邮寄派发，不同的派发方式有着不同的影响范围和成本。

④ 推广的持续时间。如果销售推广的时间太短，可能不会影响到有些消费者，而影响到的消费者也有可能来不及再次购买；如果销售推广的时间过长，也可能丧失了对消费者的吸引力。一项研究结果显示，理想的销售推广持续时间约为每个销售季度使用三周时间。当然，理想的销售推广周期要根据品牌的具体情况来确定，不能一概而论。

⑤ 推广预算。品牌经营者还必须确定品牌销售推广的预算。

2. 选择销售推广的方式

品牌销售推广方式主要有三类：消费者推广方式、交易推广方式和营业推广方式。下面以消费者推广方式为例进行讲述。

消费者推广的具体方式有：样品、优惠券、付现金折扣、特价包装、赠品、奖励、免费试用、产品保证、联合促销、销售现场展示和表演。

样品。样品是指免费提供给消费者供其使用的产品。样品可以按家庭住址送上门、邮寄派送、在商店内提供、附在其他产品上赠送。赠送样品是最有效也是最昂贵的介绍新品牌的方式。例如,美国利弗兄弟公司向美国 4/5 的家庭,分送了价值 4300 万美元的新开发出来的"浪花"牌洗涤剂的免费样品,"浪花"牌竟一举成为了全国性品牌。

优惠券。优惠券是一纸证明,持有者用它来购买其特定产品时可少付钱。据一些资料表明,美国 95% 以上的小商品公司已使用赠送优惠券的办法。而且有 2/3 的美国消费者在日常购物活动中使用优惠券。优惠券可以邮寄、包进其他产品内或附在其他产品上,也可刊登在杂志和报纸广告上。优惠券可以有效地刺激处于成熟阶段的产品的销售,诱导消费者对新品牌的早期使用。例如,1985 年,克莱斯勒汽车公司印制了烫金边的捐赠礼券寄给 40 万经过筛选的克莱斯勒用户,并附上由该公司总裁署名的一封信。

付现金折扣。付现金折扣与优惠券差不多,不同的只是减价发生在购买之后,而不是在零售店购买之时。消费者购物后将一张商店提供的"购物证明"寄给生产商,生产商用邮寄的方式退还部分购物款项。

特价包装。特价包装是指以低于正常产品的价格向消费者提供产品。这种价格通常在标签或包装上标明。

赠品。赠品是指以较低的代价或免费向消费者提供某一物品,以刺激消费者购买某一特定品牌产品。其中一种方式是包装内附赠品,即将赠品附在包装内。

奖励。奖励是指消费者在购买产品时,向他们提供获得物品、现金或旅游的机会。例如,某些饮料公司用罐装饮料盖下图案与报纸上宣布的图案相一致的办法向消费者提供获得现金的机会。

免费试用。它是指将产品送给一些消费者,让他们免费试用,以刺激他们对该品牌的兴趣。

产品保证。在消费者对产品质量越来越重视的情况下,产品保证则是一种非常有效的品牌销售推广方式。

联合促销。联合促销是指两个以上的品牌经营者基于相互利益的考虑,共用进行品牌推广活动。

销售现场展示和表演。它是指在销售现场或销售评点进行的推广活动。

小链接

思科（Cisco）

近几年，世界名牌排行榜重新洗牌。过去，满足人们嘴上需要的食品、饮料、香烟等在前 20 名中占据较多位置，今天，高科技企业一花独放，在 2000 年全球最有价值品牌前 20 名排行榜上已占有 6 席，其中上升最快的为思科公司。其在 1999 年品牌排行榜上还未见踪影，2000 年就以 200 亿美元的品牌价值名列第 14 位。2000 年 3 月 24 日，思科公司在纳斯达克的股票市值首次超过微软而成为当时全球市场价值最高的公司。让我们来揭开思科快速创建优势品牌之谜。

（一）思科的品牌策略

用最先进的技术提升品牌价值是思科品牌策略的核心。保持技术一时领先容易，长期领先难。高科技企业要在世界名牌排行榜上争得一席之地，必须保持科技创新优势，不断提升品牌价值。思科系统公司于 1984 年由斯坦福大学的一对教授夫妇创立。当时，在校园网络上不同的计算机语言环境之间不能进行通讯，他们于是发明了第一台能够用多种协议进行通讯的路由器。之后，这对夫妇离开学校成立了思科公司。至 1990 年，思科的年收益达到 7000 万美元。当年上市后十几名思科的员工成为百万富翁，思科已经成为路由器的代名词。思科公司的主要产品有网络接入设备、路由器、集线器、IP 电话产品、网管产品、光纤网络产品、语音服务产品、图像传输产品、安全产品、交换机及无线传输产品。保持一种产品技术优势难，保持所有产品技术优势更难，但思科做到了。

1. 用并购来保证对主流核心技术的控制

IT 产品市场的特点向来是技术主导市场，今天的赢家很可能由于技术标准的改变而成为新的市场竞争的追随者，而原先市场上的中小企业可能瞄准市场缝隙，把握主流技术的发展方向，后来居上而成为新市场的占领者。为了保持对赖以生存的主流核心技术的控制，思科积极实施并购战略，使领先地位在日新月异的科技环境下得以保持。多年以来，路由器是网络设备的主流产品，也是思科公司的起家产品。然而，在 1993 年，随着技术的变革，交换机出现了。这种更便宜的设备由于不需要像路由器一样检测数据然后再发送出去，因而传输数据比路由器更为迅速。新进入网络设备市场的中小竞争者迅速挤占了这个空白市场。思科认识到需要扩大产品线而不能把市场空白留给竞争者。他们采取的不是自己直接投入资金和人力进行产品研发，而是通过并购具有领先技术的公司实现思科的目标——在提供产品和服务的每一个领域占据最大的、或者至少是第二位的市场份额。

1993年，思科现任首席执行官钱伯斯提出兼并收购的扩张战略，他认为，在一项新技术出现之后，对于那些不能在该项新技术领域排名中居前五位的公司而言，唯一的出路就是将位于前五位的某个公司买下。思科的应变措施是迅速用9500万美元股票收购了Crescendo通信公司。现在，Crescendo交换机，加上后来并购公司的产品，使思科公司的销售规模达70亿美元。在这一思想的指导下，思科频频出手，至今，思科已经成功地并购了50多个公司。在并购战略的实施中，思科不仅以换股等方式完成了低成本的并购计划，实现了低成本的扩张，确立了稳固的市场地位，还获得了最宝贵的、低雇佣成本的人才资源，为公司赢得了竞争优势。近年来，当光纤技术已成为通信行业中最前沿的技术时，由于思科还没有专门的光纤技术，因此有被排挤出局的危险。1998年，思科瞄准机会，在该技术尚未成为主流时就购买了能以低廉的价格实现电话和电脑信息在光纤线路上传输的Cerent公司的股权，使思科又得以迅速占领了光网络领域的市场。目前，思科在"IP+光纤"产品领域的市场占有率达到85%，在光网络设备市场，思科的市场占有率已从原来的"一无所有"上升到9%。

2. 用战略联盟提升服务技术水平

市场既存在着竞争，也存在着合作，因为建立战略联盟可以向顾客提供更加全面、周到的服务，实现双赢的目标。思科公司可谓深晓此道，仅1999年思科就两次宣布与其他公司结盟：一是思科与大型财务咨询公司KPMG PeatMar-wick公司宣布结盟，以帮助电信服务商和大型公司提供基于互联网的服务；二是与IBM公司结了多年来分散、割裂的竞争，进行多方面的合作，构造了"相互交织的依赖关系"，使思科的用户得到了更好的服务。事实上，思科公司80%的业务都是通过合作伙伴完成的。思科总裁钱伯斯说过这样一段意味深长的话："我不能什么都自己做，我需要找一个伙伴。"善于合作不是软弱，相反恰恰可以战胜软弱。二是思科的产品策略根据对市场的分析和判断，思科公司将技术定位于解决方案。在1997年之前，思科系统的重心一直是在产品开发方面。1997年，钱伯斯先生对思科的业务结构进行了重新改组，使其转向客户。按照客户类型将研发和销售工作都划为服务供应商、大型企业等业务线，根据他们的需要，提供高附加价值的解决方案。

（二）思科的分销策略

用分销通路实现品牌价值是思科品牌得以迅速建立的重要手段。通路建设是进入目标市场、渗透目标市场和保持市场份额的物质基础。思科将传统的分销通路和现代的电子商务紧密结合起来，用电子商务来促进销售，用传统渠道满足和服务客户。思科在网络上将标准产品展示出来，使一些顾客可以通过在线订购思科的产品，此即思科的电子商务系统，思科再将这些订单分配给分销商和合作商。在传统销售通路上，思科建立了一套分销商管理系统，高端产品一般都是由金牌代理商、银牌代理商这样的系统集成商来销售；低端产品则是通过总分销商透过通路来销售。这样一种新旧通路组合的方式，使思科品牌价值得到了最佳实现。

1. 以顾客为目标进行通路设计

思科针对目标市场，选出若干个主攻行业，例如中小学校、智能小区等方向；每个行业认证2—3方案提供商，提供针对行业用户的应用解决方案，并整合成适合特定行业的全面解决方案；同时，思科公司将发展认证20—30家行业代理商，和总分销商一道提供信息、市场、商务、认证、技术等多种支持，共同推进思科在行业市场上的销售。

2. 对通路成员进行合理分工

渠道建设中的具体分工；在思科公司过去的分销体系中，依然有一些系统集成商在从事一些低利润甚至是搬箱子的销售，思科认为这一部分分销业务应当由分销商去完成，系统集成商应该集中精力去关注方案，扎根行业，借此提高专业化的程度。因此，思科制定了这样的管理制度：系统集成商从思科拿货，每单都会附上最终用户的名字，合同中严格规定集成商不可以转手做分销。以前思科的分销商无权从厂家那里获得高端产品，客观上使得系统集成商从事分销。为此，思科制定了新的代理制度，同时加强政策引导，去帮助这样的集成商培养自己的技术能力，使他们能够为最终用户提供更多的增值业务。

另一方面，思科的所有产品向系统集成商和分销商开放，系统集成商也可以直接向思科购买低端产品。对于分销商来说，在思科的产品线中，中、高端产品占了绝大部分，从只能代理低端产品到思科开放全线产品，为它们提供了更广阔的舞台，更有助于它们发挥在分销方面的特长。

3. 对分销商实施分级管理

思科系统中国公司对系统集成商进行资质认证，并将其从低到高分为授权经销商、高级认证代理商、银牌代理商和金牌代理商四个层次。其中认证代理商作为思科分销体系的基础，以最低端产品为主要销售目标；高级代理商代理思科的全系列产品，要求有一定数量的认证工程师和培训计划，它们不直接从思科拿货，而需通过分销商和金牌、银牌代理商；银牌代理商的要求更高，要求数量更多的工程师必须接受更严格的考核；最高层次金牌代理商除了业务量和工程师有更高的要求外，还必须向客户提供 24 小时×7 的热线服务。除了在国内即将设立的特别代理——铜牌代理商之外，思科在世界范围内都是统一标准化的渠道体系。由于思科的产品深受用户喜爱，从事思科产品销售和应用的系统集成商也越来越多，因此在渠道管理中出现一个新问题，就是生态链上各个环节之间相互竞争。思科（中国）公司的解决方案是：推出渠道分区的计划，在某一地区、应用领域或者行业，选出业务能力较强的代理商给予全面支持和售后服务、销售支持等方面的帮助。这样，一方面提高合作伙伴的利润率；另一方面，代理商在获得政策性的保护之后，能在客户身上做长远投资，这也是思科在渠道策略上很重要的一点。

资料来源：吴唐青. 品牌战略管理[M]. 合肥：安徽人民出版社，2002.

第四节 品牌延伸

品牌延伸是指企业将某一知名品牌或某一具有市场影响力的成功品牌扩展到与成名产品或原产品不近相同的产品上，以凭借现有成功品牌推出新产品的过程。品牌延伸并非只简单借用表面上已经存在的品牌名称，而是对整个品牌资产的策略性使用。在竞争激烈的市场之中，品牌延伸与品牌更新是证明品牌价值，丰富品牌形象，维护、巩固原品牌地位的有力手段。可以说，品牌延伸与品牌更新作为品牌管理全过程的重要环节，是品牌运营的阶段性调整与品牌资产的有效利用。因此不论在国外，还是在国内，品牌延伸与品牌更新都成为很多企业的现实选择。

一、品牌延伸的类型

品牌延伸可以细分为两种类型：持续延伸（或称相关延伸）和非持续延伸（或称间断延伸）。

所谓持续延伸，是指在同一大类或近类产品之间进行延伸。持续延伸往往借助于技术上的共通性进行延伸，如光学品牌可以延伸到复印机上，佳能、美能达、柯达等品牌都是这样的延伸。再如阿迪达斯、耐克、李宁和双星等运动品牌可以包括所有满足运动需求的产品，这意味着延伸与最初的产品技术领域相接近。品牌伞下覆盖了较狭窄的范围。非持续延伸是指品牌延伸超出了产品之间的技术和物理上的局限,覆盖完全不相关的产品类别的行为。即间断延伸抛弃了作为产品之间物理桥梁的技术上的亲密关系。比如海尔电器延伸到海尔生物医药业、金融业,这意味着延伸到远离品牌原有的最初领域,品牌伞下覆盖了宽广的产品范围。

每一种延伸都会对品牌和它的资产产生重大影响。在品牌延伸之前,要认清形势,做出恰当的品牌延伸,使核心产品和延伸产品均能相互受益、相得益彰。

二、品牌延伸的原因

许多公司把品牌延伸作为它们市场营销战略的重要组成部分是因为以下原因:

(一)区分并瞄准细分的消费者群

管理者把产品线延伸看做是满足不同的细分消费群需求的一种低成本和低风险的方法。而且,通过使用更复杂的、低成本的市场调查和直销技巧,他们可以比以前更有效地区分出并瞄准更细的细分消费者群。此外,现在,对电视、广播或印刷媒体的观众、听众和读者情况的信息掌握得更多了,管理者可以在实施其复杂的细分规划时,据此制定有效的广告计划。

(二)消费者的愿望

与以前相比,现在有更多的消费者在转换品牌及尝试他们从没使用过的产品。产品线延伸正是试图通过在一个品牌名称下提供更多的不同产品,来满足消费者想要一些"不一样的东西"的愿望。企业希望,这种延伸既实现了消费者的愿望,又保持了消费者对这一品牌家族的忠诚。 另外,根据购买点广告研究所进行的研究,现在的消费者对日用杂货和健康美容用品的购买决定中,有 2/3 是出自于他们在商店时的冲动。如果零售商愿意将延伸的产品摆上货架的话,那么产品线延伸可以帮助一个品牌占据更多的货架空间,从而吸引消费者的注意力。当市场营销人员把一个品牌产品线中的所有种类产品的包装和标签都协调一致时,这些产品就可以在商店的货架或展台上获得一种吸引消费者注意力的公告牌效果,从而对品牌资产产生积极的影响。

(三)价格跨度

管理者经常极力抬高延伸产品的优越质量,并且为这些产品打上比核心产品更高的价签。这样,在销售量增长缓慢的市场中,市场营销人员可以通过把现在的消费者转移到这些"高档"产品上,从而提高单位产品的利润率。采用这种方法,即使销售额被挤占也是有利可图的,至少在短期内是如此。出于类似的考虑，一些产品线延伸产品的定价要低于主要产品。例如，美国运通信用卡公司提供一种 Optima 信用卡，其所需的年费要低于公司的普通信用卡；而马里奥特饭店则推出了马里奥特公司的庭院连锁酒店，来提供一个价格低于它的普通饭店的替代饭店选择。产品线延伸给了市场营销人员一个机会，使他们能够提供更广的价格选择空间，从而获得更大范围的消费者认可。

（四）过剩的生产能力

20 世纪 80 年代，许多生产企业增添了更快的产品生产线，以提高效率和质量。然而，同样是这些企业，它们并不需要淘汰它们现有的生产线，这样所导致的生产能力过剩，鼓励了延伸产品的推出，因为这样做只需对现有产品进行微小的调整即可。

（五）短期获利

除了促销，产品线延伸提供了迅速、经济地提高销售额的最有效和最现实的方法。产品线延伸的开发时间和成本要比创造新品牌所需的时间和成本更容易预测，而且，不同职能部门之间需要进行的协调合作工作较少。实际上，很少有品牌管理者愿意花费时间或承担职业风险向市场导入新品牌。他们非常清楚，主要的品牌有持久力（在消费者中最知名的 20 个品牌，几乎都是 20 年前这个名单上的品牌）。现在，在美国成功地推出一个品牌的成本估计是 3000 万美元，而推出一个产品线的延伸产品只需 50 万美元。冠以新品牌的产品的成功率很低（5 个商业化的新产品中，只有 1 个在市场上维持了一年以上），而且，消费品生产技术已经很成熟，且到处都可以获得。产品线延伸可以以最小的风险提供最快的回报。

最后一点，高级管理人员往往为新推出的产品设立将来要在销售额中占多少百分比的目标。同时，在面临来自华尔街对每季度收入增长要求的压力下，他们没有在长期研究和开发上投入足够的资金；而这是创造真正的新产品所需要的。这些行为必然会鼓励产品线延伸。

（六）竞争激烈程度

管理者忘不了市场份额和利润率的联系，他们经常把产品线延伸视为一种短期竞争工具，来提高一个品牌对有限的零售货架空间的控制，而且，如果这一大类商品的总需求能够被扩大，还可以增加公司整个这一大类产品所获得的空间。一些主要的品牌经常频繁使用产品线延伸战略，来抬高新品牌或自营商标竞争者进入这一大类商品市场的成本，并耗尽位于市场第三位和第四位的品牌的有限资源。例如，佳洁士和高露洁牙膏都有超过 35 种型号和包装尺寸的产品，在过去的 10 年里，它们通过挤占无法跟得上它们推出新产品步伐的稍小品牌的市场，增加了它们自己的市场份额。

（七）销售压力

大量不同的消费品零售渠道的涌现，从会员商店到超级市场，都在迫使制造商提供更广泛的、富于变化的产品线。尽管零售商不赞成推出大量不同利润率的产品和"跟风"式的产品延伸，但是，它们自己要么让制造商提供特定尺寸的包装，来适应它们特定的营销战略（如低价格的会员商店的大容量包装或多品种套装），要么让制造商提供定制的、衍生的型号，以阻止消费者进行比较购物，这些都对库存品种（SKU）的激增起了推波助澜的作用。例如，布莱克—德克尔公司供应19种熨斗，部分原因就是为了使相互竞争的零售商们能够采购这个产品线中不同的产品。在这个背景下，很容易明白，为什么有那么多的管理者卷入到产品线延伸的狂热中去。但同时应注意品牌延伸的正面效应和潜在风险。

三、品牌延伸的利与弊

（一）正面效应

运用品牌延伸战略，使用企业已经具有良好市场声誉的品牌，借助其影响力，推出新产品，可望事半功倍，一举两得。既能使新产品快速、成功地导入市场，又能进一步扩大原有品牌的影响和声誉。具体而言，品牌延伸能给企业带来以下正面效应。

1. 迅速提高消费者对延伸新产品的认知率

品牌延伸能利用原品牌的影响，降低新产品的广告宣传促销费用，使新产品尽快进入市场，缩短其导入期的产品认知过程。因为原品牌在市场中已确立了一定的知名度和美誉度，这种品牌形象为新产品的市场营销提供了强有力的信任支撑，使得新产品能尽快获得市场的关注、试用和认可，及早地获得高的和稳定的销售额，其宣传和销售不必从零开始。在当今广告宣传促销费用在产品营销总费用中的比重越来越高的情形下，这一优势显得尤其重要并受到企业的广泛重视。

2. 吸引原有品牌忠诚消费者

借助原有成功品牌的良好声誉和影响，能对延伸产品产生积极的辐射。原有品牌经过企业长期的市场培育和开拓，在消费者心目中已留下固定的较好的印象，从而提供了消费者认识延伸产品的捷径，使企业不必由零开始建立品牌知名度。通常人们对熟悉事物的接受度比对新事物的接受度高。在消费者心目中，采用原有品牌的新产品包含有原有品牌中自己所熟悉的因素，因此消费者较容易接受此新产品中所传达的信息，从而有效消除消费者对新产品的抵御心理，缩短新产品与消费者的心理距离，使新产品更易为消费者认同和接受，快速打开市场。

3. 满足消费者多样化的需求

当今消费者的需求是多变的，消费者希望不断地使用"新的"东西，如果一个品牌下的产品缺乏创新和变化，消费者就会寻找其他的品牌。而使用品牌延伸不断推出新产品、宣传新的形象（核心价值不变），满足消费者变化着的需求，以吸引消费者，提高消费者对该品牌产品的购买率，形成消费者对品牌的忠诚。一个产品会满足消费者对某些基本功能的需求，但次要的需求仍未得到满足，消费者仍不满意的，需要通过产品线延伸，增加产品的花色品种，以使消费者满意。

4. 使品牌获得新生

有时品牌延伸可以改变品牌的利益和偏好，使品牌获得新生。成功的例子就是强生婴儿洗发水，随着美国婴儿出生率的下降，美国婴儿洗发水市场日趋缩小，强生公司认识到这一点后，对洗发水做了重新再定位，向成人推销这种不刺激眼睛的洗发水并被接受。通过市场延伸使强生婴儿洗发水品牌获得新生。

（二）负面效应

利益和风险始终是并存的，且两者是对等的。延伸品牌的做法有时的确能够奏效，但策略的使用是有条件的。如果使用时机掌握适当，分寸把握适度，可以使新产品搭乘老品牌的声誉便车，一荣俱荣。反之，如果使用不当，特别是超限度使用，则容易落入品牌延伸的陷阱，一损俱损。

1. 损害原品牌的形象

产品品牌是产品独特性的代表。根据心理学上的"莱斯托夫"效应，特殊事物才容易被人牢记。因此，一个能充分体现产品属性的品牌才能在消费者心目中占据有利地位。当某一品牌产品在市场上取得领导地位后，这一品牌在消费者心目中就有了独特的形象定位，甚至成为该类产品的代名词。如果视目标市场的差异于不顾，在各个细分市场上进行品牌延伸，不但会造成目标市场的混乱，更可悲的是使原来具有独特属性的产品在目标市场上的品质形象受到损害。

2. 品牌淡化

由于"优先效应"起着非常重要的作用，最先进入消费者心里的品牌给消费者留下的印象最深刻。按照商品定位理论，每种商品就是人们心目中的一个阶梯。而该种商品的不同品牌则代表着梯子上的不同阶梯。这个梯子上的某个品牌如果成为该种商品的名牌，那么当人们提到这个品牌时指的也就是这种商品。这时，品牌已不仅是商品的牌子，它已成为类别产品的代名词。但如果这一品牌被盲目延伸，将可能导致其个性的稀释、淡化。这会造成消费者认识上的模糊，从而失去与原有品牌的连接点。因此，这一品牌也很难再成为类别产品的代名词了。

3. 跷跷板效应

一个名称代表两种甚至两种以上的有较大差异的商品时，必然会导致消费者认知的游离和模糊化。当品牌延伸的产品在其市场处于绝对竞争优势时，那么消费者就会把原有成功品牌的心理定位转移到品牌延伸产品上。这样，随着新产品的崛起，它和原有品牌的联想逐渐加强，而原有产品在消费者心目中逐渐失去其原有的位置。这就是艾尔·里斯所说的"跷跷板"效应：一个名称不能同时代表两个完全不同的产品，当一种产品的市场地位上来后，另一种产品的市场地位就要下去。

第五节 品牌保护与管理

企业创出一个品牌，尤其是名牌，需要十几年直至几十年的努力，甚至需要付出几代人的心血。品牌是一种资源，著名品牌意味着较高的市场份额和消费者忠诚度，有着稳定的市场，能够为企业筑起一道森严的市场壁垒，让对手望而却步。改革开放十几年来，中国的经济发展迅速，成就举世瞩目。然而，令人十分遗憾的是，我们已有的驰名商标和名牌产品，在合资中不但未能走向国际市场，反而大量丧失或消失了，损失巨大。我们应该认真总结与吸取这一教训。随着 WTO 对 TRIPS 协议的推进，知识产权问题在世界贸易中的地位得到了进一步的加强，成为当代国际科技与经济合作的基本环境条件之一。我国加入 WTO 后，国内企业应尽快熟练掌握知识产权的国际规则，才能从容应对，把握机会。

一、品牌保护的含义

品牌是一项重要的无形资产，好的品牌，尤其是著名品牌、驰名商标，更具有极高的品牌价值，是企业的一笔巨大财富。企业必须对自己的品牌，尤其是著名品牌和驰名商标，进行充分保护，使这笔巨大的无形资产和宝贵财富不受侵犯。所谓品牌保护,就是对品牌的所有人、合法使用人的品牌(商标)实施各种保护措施,以防范来自各方面的侵害和侵权行为。品牌保护最重要的武器是法律。品牌保护的核心,是商标权的保护,即对商标专用权(经过注册)的法律保护。品牌保护的范围要大于商标权的保护范围。

企业对其品牌的自我保护,既有商标权保护的内容,也有非商标权保护的内容。商标权保护问题,应以商标专用权的保护范围为标准。商标专用权保护范围,以核准注册的商标和核定使用商品为依据。核准注册的商标,指核准注册的商标图样,包括商标名称,文字、图形或其组合,颜色;核定使用商品,指核定使用该商标的商品类别和商品名称。核准注册的商标与核定使用的商品是一个整体,两者的结合构成了商标权的有效范围。而《商标注册证》是商标权有效性的法律文件,它载明了商标权人、商标权的保护范围和商标权的保护期限。作为企业来说,要保护品牌首先应及时取得商标注册。在我国,商标注册是商标得到法律保护的前提,是确定商标专用权的法律依据。商标使用人一旦获准商标注册,就标志着它获得了该商标的专用权,并受到法律的保护。

二、企业对品牌的管理与保护

(一)发挥商标的作用

通过自己动手或是请专业取名公司或专家设计一个非常理想的品牌商标后,接下来的问题就是怎样管理。管理商标,首先要使用好。商标的使用是企业经营策略的重要方面。商标虽然重要,但是只有用好商标,才能发挥商标的作用。有以下几点建议:

1. 注意商标使用的稳定性

一个名牌商标的创立,要经过企业长期的努力,甚至凝聚几代人的心血。如我国的传统出口驰名商标——"虎"牌猪鬃、"梅林"罐头已有六七十年的历史;自行车行业的三大名牌——"永久""凤凰""飞鸽";电子行业的"熊猫""牡丹"商标,也有二三十年的历史。企业要创立名牌,首要的是保证并不断提高自己产品的质量;同时要注意坚持长期使用固定的商标。商标有一定影响之后,更要坚持使用下去,图形、文字、色彩都不要变,使用时间越长,影响就越大,就越有市场竞争力。

2. 注意商标使用的灵活性

要根据不同企业、不同商品、市场销售形势等各方面因素,精心研究商标的使用策略。例如,有的企业集中使用一个商标,这样做的好处是便于宣传，便于扩大对消费者的影响。同时，企业的某种商标成为驰名商标以后，就会使消费群体对使用同一商标的其他商品产生同样的信任感。这种做法往往在机械、电器等行业较为成功。如大家所熟悉的日本的驰名商标——"松下""夏普""丰田"。另一种情况，就是一个企业同时使用多个甚至上百上千个商标。企业可以根据它所生产的商品的不同档次、不同特点、不同品种、不同用途以及市场销售和群众购物习惯等因素，决定具体使用什么商标。这种情况在日用生活品、酒、饮料、化妆品、食品、药品等行业运用较多，而且非常成功。在一些国家，企业生产出一种药就使用一个商标，生产出一种饮料就使用一个商标，而不是用一个商标冠在所有产品上，或给产品起别名。这种做法是很值得借鉴的。

3．突出商标，把商标置于显著位置

目前，有些企业注册一个商标以后，在使用时却把它放在一个非常小的位置，以致人们看不见，而把商品的别名、装潢等搞得特别显著。这种情况在酒、饮料、药品等商品上表现特别突出。这样造成了商标如同虚设，在实际市场销售中，消费者只认名，不认商标，使商标弱化。这种情况是非常危险的，这就需要我们下决心改变我们的商标使用习惯，使商标作用强化起来。在商标的使用这一方面，国外有许多成功的做法值得我们效仿。如1962年克罗克设计了使用在快餐服务上的"麦当劳"。商标"麦当劳"商标和金黄拱门形状的"M"标志总是醒目地置于快餐店门前醒目突出的位置，来往行人在很远的地方就能够看见鲜艳夺目的"麦当劳"商标和"M"标志；至于店内设施上、食品包装物上，"M"标志更是无处不在，给每位光顾的客人留下深刻的印象。

4．注意加强对商标的宣传

消费者都有这样的体会，当面对众多的所不熟悉的商品难于做出选择时，你最终购买的商品往往是自己从广告宣传中听到的对商标印象最深刻的商品。这是广告宣传对消费心理的一种潜移默化影响的结果。人们对某一商标的熟悉主要来源于两个方面：购物实践和广告宣传。从广告宣传中熟悉带有某一商标的商品的人数占有相当比例，由此可见，广告宣传对提高商标知名度是非常重要的。企业做广告的最终目的是使消费者认牌购货，通过认清商标购买商品。因此，广告的核心应该是商标，围绕商标去做广告。不宣传商标的广告是不可想象的。只有大力宣传商标，才能使消费者熟悉你的商标。现在有些广告没有商标的一席之地，那么，消费者怎样去认牌购货呢？结果是钱花了，却收不到应有的效果。

（二）严格要求、严格管理

企业对品牌的自我保护，最重要的是企业对自己严格要求、严格管理。严格要求、严格管理体现在企业活动的各个方面和全部过程。其目的是为了保持和提升品牌竞争力，使品牌更具活力和生命力，成为市场上的强势品牌。

1．"质量第一"是品牌自我保护的根基

要牢固树立"质量是企业的生命"的观念，并把它贯彻到企业的一切活动和全部过程之中。企业要制定切实可行的质量发展目标，形成一批高质量、高档次的名优产品，提高名牌产品的市场占有率。认真贯彻质量管理和质量保证系列国家标准，积极推进质量认证工作，并借鉴国外企业科学的质量管理方法，推行"零缺陷"和可靠性管理，提高企业的质量管理水平。企业要以市场为导向，面向市场，以满足消费者的需要为目标。建立技术创新体系，加快产品更新换代，努力开发一批适应国内外市场需求的新产品，全面提高产品档次和质量水平。符合市场需求的高质量，是企业对品牌自我保护的重要法宝。综观国内外一切成功的企业，其成功的原因固然很多，但无一例外地都把提高产品质量和品牌体现的质量作为战略问题放在企业生存发展大计的首位。如"索尼"产品的质量常常被人称赞，索尼人认为，产品1%的不合格，其结果往往和产品100％的不合格是同样的。他们以飞行员安全飞行1万次，但如有一次故障就可能导致机毁人亡为鉴。因此，索尼员工认识到，就是万分之一的差错，也会关系公司的命运，也应杜绝。

2．最低成本优势是企业对品牌自我保护的又一法宝

为了控制成本，实施成本最低领先战略，就必须采用先进技术，提高劳动生产率，使成本降低建立在先进技术的基础上，同时加强企业的资金管理、费用管理、财务管理、劳动管理、物资管理、设备管理、原材料管理、能耗管理和其他管理，把成本降低到最低水平。

3．防止品牌商标转让的过度化和泛滥化

企业创出的品牌商标，尤其是名牌商标，是一笔可观的无形资产，转让商标使用权过程中，一定要严格把关，防止品牌商标转让的过度化和泛滥化。当企业质量达不到规定标准要求时，绝对不能让它们使用本企业知名的注册商标。在实际经济生活中，有一些知名品牌的企业，为了图一时的蝇头小利，随意转让注册商标使用权，造成信誉下降，倒了牌子。

4．不断创新

创新是企业的灵魂，是企业活力之源，不断创新是企业生存与发展又一重大的永恒课题。创新也是一个系统工程，包括多方面的内容，主要有：观

念创新。企业要牢固树立"创新是企业的灵魂"的观念，坚持用创新思维指导企业实践；技术创新。在技术创新过程中，企业要勇于突破、不断否定自己，不断超越自己，才能取得技术进步的领先地位，提升品牌竞争力；质量创新。必须根据科学技术的进步和消费者的需求，不断提高质量的科技含量和市场需求含量，使质量创新永远为消费者所接受。此外，还要进行管理创新、服务创新、市场创新、组织创新、制度创新等等，全方位、全面地进行创新，企业就会有无穷的生命力和永不枯竭的内在动力，推动企业不断发展壮大。创新也是企业对自己品牌最好的自我保护。

（三）采取切实有效的手段，与各种商标侵权行为做斗争

在加强企业自身管理的同时，要积极主动地抵御企业外部对品牌的各种侵害。在全球，假冒注册商标的行为已经成为一大公害，注册商标尤其是驰名商标更是各种假冒行为的重点。除了假冒注册商标行为以外，还有各种各样的商标侵权行为。商标注册人要想真正保护自己的商标权，就必须采取切实有效的手段，与各种商标侵权行为做斗争。

1. 积极开发和应用防伪技术

所谓防伪技术，是指能增加制造加工难度，降低其制造仿真度的技术措施或手段。近年来，商标产品的假冒伪造激增，已成为最严重的社会问题之一。要有效地保护一个产品品牌或企业品牌，必须综合运用明显可见的和隐蔽的技术去防止假冒。新的防伪技术能快速、便宜、准确地揭示一个产品是真是假，是品牌保护和防止假冒的重要手段。事实上，我国的许多名优产品，如茅台酒、五粮液酒、青岛啤酒、红塔山卷烟等一大批名优产品都采用了各种防伪标志，对保护名优产品本身起了积极的作用。但是，防伪技术不是万能的。有防伪技术，也有反防伪技术、造假技术。现在的问题是，防伪技术的应用比较混乱，防伪技术专业企业良莠不齐，到处上马，管理失控，使这个本应具有严格保密的行业失之过滥，许多防伪产品陷入了防伪——假冒——再防伪——再假冒的恶性循环，迫使一些企业频繁更新防伪标志，消费者难以鉴别，无所适从，监督部门也难以监督。因此，必须加强对防伪技术应用情况的监督和管理，使之真正成为防止假冒、保护名优产品的有力武器。

2. 联合打假

知名度高的跨国公司的产品，是造假者集中"轰炸"的目标。据宝洁公司保守估计，现在市场上各类假冒宝洁产品已占 15% 的市场份额。宝洁因此而损失的年销售额高达 1.5 亿美元。面对如此惨痛的损失，绝大多数跨国企业在华公司都纷纷设立打假机构。宝洁公司成立了由法律部、市场部等 11

个部门组成的打假队伍，配合国家及地方各级公安、工商及技术监督部门展开打假行动。还有一些外商投资企业成立了中国外商投资企业协会优秀品牌保护委员会（QBPG），联合打假。会员有英美烟草、可口可乐、吉列、汉高、强生、宝洁、庄臣、联合利华、阿迪达斯、美国标准等53家外资企业，在华投资已超过100亿美元。

3．认真查阅商标局发布的《商标公告》

商标注册人要安排专人或者委托商标事务所认真查阅商标局发布的每一期《商标公告》，如发现商标局初步审定的商标与自己在相同或者类似的商品或者服务上已注册的商标相同或者近似，或者与自己的驰名商标相同或者近似，或者侵犯了自己其他合法的在先权利的，自公告之日3个月内可提出异议。

4．及时调查商标侵权行为

商标使用人要经常进行市场调查，或者委托中介机构、消费者协会等进行调查，一旦发现商标侵权行为．就立即向工商行政管理部门投诉，要求工商行政管理部门处理，或者向人民法院提起诉讼。

本章小结

1．品牌是商标、企业形象、产品质量、售后服务等一些能让消费者感知的整体概念。品牌具有以下几个方面的作用：（1）品牌是提高竞争能力的重要手段；（2）品牌是推动产业发展的重要途径；（3）品牌是获得高额利润的重要保证；（4）品牌能使企业避开产品价格的竞争；（5）品牌是体现经济实力的重要标志。

2．品牌战略就是公司将品牌作为核心竞争力，以获取差别利润与价值的企业经营战略；是企业以品牌的营造、使用和维护为核心，在分析研究自身条件和外部环境的基础上所制定的企业总体行动计划。作为一个完整的战略过程，品牌战略应该具有品牌的设计与塑造阶段、品牌的推广阶段和品牌的保护阶段。

3．借助企业独特的价值观念（文化）、团队构成、技术特色和企业资产等软性因素，逐步建立起一种组织联想，并通过舆论、广告和促销行为传播移植于消费者脑海之中，让目标对象对企业自发地产生良好的形象，这就是企业品牌的设计和形象塑造。在给品牌命名时，可以考虑以下几个方面因素：（1）目标市场定位；（2）产品属性特征；（3）人名导向效应；（4）本地化与全球化等。

4. 品牌标识的类型主要有：名称型、图案型、记号型。

5. 品牌推广就是将品牌信息传递给消费者的一种传播行为。通过品牌推广，可以使品牌为广大消费者和社会公众所认知，使品牌获得强势。但品牌的推广效果，不仅取决于推广的数量，如广告、公关的次数、支付的费用，而且还取决于推广方式的选择及其设计。

能力培养指导

- 分析品牌塑造的内涵。从案例中分析品牌塑造策略的实施过程。
- 结合所学的知识，找一两个你感兴趣的品牌，分析其品牌塑造的成功与否。
- 找出一些新产品，分析其品牌推广的方式。

案例应用1

安踏公司品牌战略管理

安踏（中国）有限公司创建于1991年，总部设在福建泉州市晋江，主席为丁世忠。十多年来，安踏公司秉承"安心创业、踏实做人、创百年品牌"的经营理念，经过不懈努力，发展成为国内最大的综合性体育用品企业之一。从2001年开始，安踏迈出了决定性的一步，即产品的多元化，开始跨向运动服、配件等服饰系列产品领域。安踏集"中国驰名商标""中国名牌产品""中国品质免检产品"等荣誉于一身，运动鞋市场综合占有率连续七年在全国同类产品中名列前茅。产品范围覆盖服装、鞋及配件，并于2008年推出儿童体育用品系列和时尚鞋品系列。安踏形象代言人从1999年的奥运冠军孔令辉，到NBA著名球星斯科拉、世界女排冠军的中国队队长冯坤，世界乒乓球冠军王暗，CBA的潜力球员王博，体育明星阵容塑造并提升了安踏的专业品牌形象。1998年安踏首创了安踏极限运动精英赛，至今，该赛事已发展为全国规模最大、关注率最高、影响最广的极限运动赛事；此外，安踏公司还先后赞助了中国大学生篮球联赛、中国男、女排球联赛等赛事。2004年10月，安踏斥巨资连续三年赞助中国篮球职业联赛，成为CBA职业联赛运动装备唯一指定合作伙伴。同时，为了CBA系列产品的开发，安踏2005年的一大动作是创建了"运动科学实验室"，实验室位于安踏总部，占地面积，4000余平方米，设备价值2000万元，有近50位研究人员。它的核心战略就是用科技来领航品牌，从篮球、跑鞋等专业运动设备入手打造满足专业运动需求的专业产品。2005年2月，安踏还与中国乒乓球协会正式签约，独家赞助中国乒乓球俱乐部超级联赛2005—2008年连续四个赛季的唯一指定运动装备。2005年,安踏打出新的口号是"永不止步",这句国际化的口号将成为安踏的一个全新的里程碑,是对安踏体育事业最新的阐述,也代表安踏为追求更高目标的拼搏精神。

安踏长期支持中国体育事业的发展。2009年成为中国奥委会合作伙伴,将为2009—2012年十一项国际赛事的中国代表团提供装备和领奖服,同时,安踏签约有五支水上运动国家队,为中国水上运动提供全面支持。安踏签约有多个体育运动领域的世界顶尖选手,为他们订制专属装备,安踏每年还为123支专业球队、3335人次,提供428多个款色,覆盖37个尺码,共计25万件/双以上的产品。安踏体育在2007年于香港交易所上市。2009年,安踏体育向百丽国际收购菲乐(FILA)品牌在中国内地、中国香港及中国澳门的分销商。

(一)品牌战略管理现状

1. 品牌定位

安踏从成立至今,一直将品牌定位于大众市场,由于大众市场对性价比要求最高,因此,安踏致力于提供物超所值的产品。

2. 品牌资产

(1)品牌核心价值

安踏于2005年提出至今的品牌口号"永不止步",概括了公司的品牌理念。即将超越自我的运动精神融入每个人的生活。

(2)策略性品牌资产

①利益点

情感方面:安踏强调民族品牌和国家荣誉感,赞助中国奥委会,为中国代表团提供领奖装备。利用篮球等项目,强化对体育运动的热爱,提出篮球推广主题——"篮球是生命"。功能方面:安踏的弹力胶科技更获"先锋装备点亮现代校园"2010年教育装备评选的"产品技术创新奖"。

②支持点

安踏是国内运动品牌中比较早的建立独立的运动实验室的。其核心技术包括:易弯折功能、吸收地面对足弓的冲击力、室外耐磨橡胶、芯技术、减震技术、旋转设计、全方位透气清爽、弹力足弓等。

(3)执行性资产

①执行要素:安踏品牌Logo。

②广告语:永不止步,Keep Moving。

③视觉识别：安踏品牌标识，主视觉为红色、黑色。

（4）品牌个性

由于提倡的是适合大众的专业体育用品，安踏的品牌个性是低调的，有亲和力的，容易接近的。

（5）核心目标人群

16~25岁热爱运动的青少年。

（6）公司愿景与使命

愿景：成为中国市场美誉度和市场份额双第一的运动品牌，受人尊敬，并可持续发展的世界级体育用品公司。

使命：将超越自我的运动精神融入到每个人的生活。

3. 品牌架构

安踏实行多品牌策略，旗下主品牌为安踏，安踏童装以独立品牌的形式进行运作。此外，还有意大利时尚运动品牌菲乐（FILA）在中国的独家代理权。安踏希望能借助菲乐品牌抢占国内高端运动产品生意份额。

（二）营销组合

1. 产品策略

安踏致力于提供具有一定专业属性的大众运动产品，其中，篮球和跑步是其长期关注的品类。近年来，为了提升其时尚和功能属性，吸引女性消费者，女子健身也成为其主要的品类。安踏比较注重产品的研发，除了与杜邦公司及3M公司合作，还与Outlast Technologies公司合作，将新科技应用在不同的产品。安踏在2012年推出了柔软柱、夜光柔软柱等产品，应用与鞋类产品。同时，推出了应用了纳米银抗菌科技的鞋类产品，有效防止鞋类产品的异味。

2. 价格策略

安踏的价格策略以中低档为主，鞋服产品的价格区间在200~500元。其收购的品牌FILA走高端路线。

3. 分销策略

渠道，大部分以直营零售的形式进行销售，零售终端统一管理，店面的设计、风格、店内的装饰等都有统一的标准。安踏在中国拥有广泛的营销网络，截止到2012年底，安踏的专业体育用品系列店及运动生活系列店共计8075家。（2011年年底：8665家）受整体行业形势的影响，安踏也关闭了一些低效的店铺。目前渠道拓展的原则是增加店效和坪效，关闭低效店铺。安踏新推出第六代门店及16家旗舰店，均采用时尚的设置及陈列，为消费者提供更佳的购物体验。安踏重点店铺设立"中国奥委会专区"及"篮球圣殿",以突显有关产品的特色。

(三) 品牌沟通

1. 广告策略

非常重视电视广告,特别是与央视的合作。电视广告投放以 CCTV5 为主,卫视渠道广告投放较少。以运动明星为主角拍摄的品牌广告,以篮球、跑步、网球为主,在 CCTV5 进行投放。户外媒体投放也较少。在体育类平面媒体和网络上有一定的投放。从 2006 年起,冠名赞助了《CCTV 体坛风云人物》栏目,对于品牌运动属性和公益形象的提升有一定帮助。

2. 公关策略

以明星和产品信息为主要内容,进行常规的公关投放,渠道主要为专业类体育媒体,2012 年 NBA 球星加内特中国行,或运动明星在零售终端的签售活动。围绕中国奥委会的赞助,安踏进行比较多的公关投放,内容以中国奥运代表团的领奖服和明星运动员访谈为主。

3. 新媒体

利用官网,进行一些网络促销活动。官网也建立了互动社区,供网友们留言及讨论营销事件及产品信息。目前安踏微博的数量最多的是安踏篮球,其粉丝数达到 26451 人。

4. 运动营销

安踏在运动营销领域投放的集中度较高。影响力最大的是与中国奥委会的合作,自从 2009 年起,已经合作了一个奥运周期。在 2013 年 1 月 17 日,安踏与中国奥委会续约,成为 2013—2016 年度中国奥委会官方合作伙伴。此外,安踏还赞助了中国水上运动中心的多支国家队、中国冬季运动中心的多支国家队。网球领域的运动员代言人有如网球名将扬科维奇、郑洁,乒乓球有世界冠军王皓。篮球是安踏的核心品类,其签约了 NBA 凯尔特人队球星加内特、休斯顿火箭队球星斯科拉,CBA 球星唐正东、刘晓宇等。此外,安踏还推出了"水泥联赛"这样的户外校园篮球联赛,以便于篮球爱好者有更多的沟通。为了吸引女性消费者,推广女子健身系列产品,安踏签约了跳水明星郭晶晶,娱乐代言人有歌手萧亚轩、张靓颖等。

5. 事件营销

利用公益事业平台,提升品牌形象和内涵。曾发起"快乐运动"公益活动,邀请奥运冠军到贫苦地区赠送体育器材和装备。2013 年 1 月 19 日,安踏携手中国奥委会、冠军基金、萨马兰奇体育发展基金会联合发起的"奥林匹克公益合作联盟"正式启动。联盟将集合四方在体育领域的优势资源，进一步推广奥林匹克精神，并广泛推动全民健身运动的开展。

（四）品牌延伸

安踏已经开始尝试走国际化路线，2012年在意大利开出海外零售店，之前，在海外，安踏产品已经进入东欧的塞尔维亚、匈牙利，东南亚的新加坡、菲律宾，中东的科威特，南美的巴拉圭、秘鲁等20个国家和地区。受制于目前的国际消费环境，安踏的海外战略并没有太多投入，以在当地进行销售代理为主。由于在销售额中所占比例太小，在年度财报中没有提及。除了安踏、FILA、安踏童装，今年安踏有意向往户外体育用品方面发展，时机成熟的情况下，可能推出新的户外品牌。

（五）品牌评估

（1）安踏品牌在国内属第一集团。认知度比较高，但是偏好度与忠诚度一般。

（2）产品主要突出性价比，但是款式和设计一般。

（3）安踏聚焦篮球和跑步的策略正确，这两个项目属于消费者参与程度比较高的项目。

（4）失去CBA联赛的运营权以后，安踏在其核心的篮球品类上失去了品牌、资源的支撑。未来如何推广篮球品牌，具有比较大的难度。

（5）目前安踏的强势品牌资源只有中国奥委会，受制于大型赛事的周期性，在没有赛事的期间，品牌推广缺乏有影响力的内容。

（6）受目前销售下滑的影响，安踏过度谨慎，投放严重收缩。

资料来源：安踏品牌官方网站，http://www.anta.com/，2013-03-10.

【讨论题】

1. 安踏采用的品牌战略管理策略主要有哪些？请加以归纳和总结。
2. 安踏品牌战略管理的成功经验给了我们哪些启示？

第七章　企业战略管理体系

企业战略管理体系一般是指企业完成战略管理过程应经历的几个阶段。根据对战略管理的分析，战略管理过程完成的标志是实现战略管理的自我循环，需要经过四个步骤，即战略分析、战略制定、战略实施和战略评价。

学习目标

- 理解战略管理和经营管理的区别；掌握战略管理体系的职能；掌握战略管理体系制定的制约因素。
- 了解战略管理体系构建与实施的原则；掌握企业战略管理体系的实施步骤。
- 了解战略管理咨询研究的对象；理解战略管理咨询的目的；掌握战略管理咨询分类；掌握战略管理体系咨询的步骤；理解战略管理咨询的价值；了解战略咨询在我国的发展趋势。
- 掌握企业技术创新战略的内涵；掌握企业技术创新战略类型；理解企业技术创新战略选择；掌握企业技术创新战略实施；掌握技术创新战略绩效评估；了解技术创新战略的风险。

实践中的企业战略咨询

安全的中端车

2006年，吉利的市场前景不甚乐观，低端市场的同质化竞争，导致利润越来越低！我用定位理论分析后，认为吉利需要向中端市场过渡，突出"安全"因素。经过李书福董事长的运作，现在吉利已经成功地站上了中端市场！

2006年吉利汽车公司聘请我做他们的市场顾问。我到吉利的第一件事，就是做了三个月的市场调研，发现吉利当时的市场态势非常不乐观。

为此，我设计了五大工具箱，试图帮助吉利还原市场本质，探究其困境背后的原因并引导解决思路。

1号战略咨询工具箱——产业链分析表：为什么你的利润越来越少？

我把产业链分成两个阶级：下游是生产型企业，上游是订单型企业，竞争的加剧导致产业链的利润在上游。"生产型企业"以生产产品为主，是卖方思维。"订单型企业"站在市场的角度看问题，是买方思维。竞争加剧导致生产型企业越来越没饭吃。原因一是竞争对手越来越多，二是它们满足的是低端市场，利润越来越低。基于这两点，吉利当时的市场前景不乐观。因为它一直是一家"生产型企业"，对手与日俱增，直接导致利润越来越低！

2号战略咨询工具箱——竞争态势分析图：如何从竞争中突围？

竞争加剧带来同质化，行业进入微利时代。绝大部分市场份额会被少数一两个品牌垄断。这意味着95%的小规模企业会死掉，因为它们走的都是低端市场，走的是大众化。而在高端市场，只为部分人服务，走的是个性化、小众化。

吉利公司如果要找到新的市场前景，必须要从低端市场走向中端或高端市场。定位就是要为企业寻找三年后的利润池！那么，中端或高端市场该如何区分呢？

3号战略咨询工具箱——细分市场工具箱A：你还在卖产品？

低端市场卖产品，中端市场卖功能，高端市场卖感觉！

就汽车市场而言，中国有许多品牌在低端市场竞争，而高端汽车市场掌握在欧美品牌手中。但通过细分发现，中端市场还有机可乘。所以，吉利汽车从低端市场走向中端市场的前提条件是存在的。

4号战略咨询工具箱——细分市场工具箱B：你只能让少数人满意

市场充分竞争后，大部分消费者会认为一家公司只能为一个阶层服务，满足一类人群，实现消费者需要的一个功能。

通过对吉利汽车的梳理可发现：一、中端市场有空白点；二、中国中产阶级在2025年将占到总人口的80%左右（来源于麦肯锡数据）；三、找到中端市场消费者购买汽车的前十大理由，充分优化前三个！

5号战略咨询工具箱——定位三原则：如何找到你的核心竞争力

定位的三原则就是"我有的，对手没有的，市场需要的"。分析发现在中端市场，吉利有、但对手没有的要素就是"安全"，如果我们抓住了这个特点，就抓住了市场！

而沃尔沃的"安全"形象已经深入人心，因此建议吉利与沃尔沃联合，借用其安全的印象，让中端消费者渐渐认可"吉利汽车"的安全性。吉利汽车一定要做中国市场的白领阶层和中产阶级消费的安全汽车品牌。这样的安全印象符合了"一个阶级"的定位,符合了"我有的,对手没有"的特点,符合中端市场"卖功能"的独一无二的特点。

经过李书福董事长三年运作之后,吉利汽车从主打低端市场的"吉利美日"系列产品,逐步过渡到主打五星安全的"吉利熊猫",成功站在了中端产品市场之中,稳稳抓住了中端汽车市场的份额!(作者为沃顿战略咨询管理有限公司董事长 刘军)

评述

北京大学汇丰商学院特劳特定位总裁班学员王女士点评:(1)吉利收购沃尔沃是因为想要做自有品牌的中档"安全"车?这样的收购理由很奇怪。因为,一则沃尔沃变成吉利公司的一个品牌,本身就有可能贬损沃尔沃的高端车形象。二则这样的定位联想基本上是自说自话,消费者是否认可、能否成功很难预测。以这个理由来进行收购的决策,结果有可能是双输而不是双赢,未免太冒险。(2)吉利熊猫这个名字与"安全的中档车"毫无联系。上吉利官网查了一下,吉利熊猫系列车型价格在3万至6万之间,这并非中档车的价格区间。

私募基金投资人方先生点评:(1)很牵强,谁会认为吉利车安全?有数据证明成功了吗?15万元左右的车卖了多少?这么短时间就成功了值得怀疑。(2)因利润下滑,导致公司必须由生产低端产品转向中高端产品。那吉利熊猫如何与沃尔沃挂上"安全"的钩子?"安全元素"是不是自己加上去的!

第一节 战略管理体系的构建

一、战略管理和经营管理的区别

首先应说明和区分战略管理和经营管理。战略管理是提升企业的发展态势、提升企业生命力,以适应社会环境、市场环境及其他环境变化。企业的经营管理是强化竞争力、扩大收益基础,以增强在市场环境中的地位和作用。由于有两种不同的需要和两种管理职能,也就出现了两种不同的管理体系。

二、战略管理体系的职能

由于战略的本质特点不同于经营,所以战略管理体系并不如经营管理体系那样清晰和庞细,而是座落在最高层次上,即企业的战略管理是董事长和董事会的职责。企业的战略发展部门隶属于董事会，战略发展部作为董事会的参谋机构，承担着战略管理的主要职能。战略管理体系的具体职能，包括战略研究、战略情报、战略组织、战略控制等。

（一）战略研究职能

战略研究职能包括战略研究和战略性研究两个方面。战略研究是针对未来环境的变化，研究企业发展的战略目的、战略和战略规划。战略性研究是在战略研究的指导下，针对变化的某个方面、某个层次、某个局部，研究指导应对的政策和策略。

目前大多数企业没有专门研究政策和策略的机构，常常是某方面工作出现失误或不适应变化了，在总经理工作会上提出某项政策。这种情况一方面反映了企业缺少内在的主动权，常常会制约外在竞争的主动性；另一方面，提出的政策和策略之间易产生抵触。企业的政策和策略研究作为战略性研究必须由战略发展部组织，各经营部门参与。

（二）战略情报职能

战略情报职能不同于企业经营信息管理。战略情报的范围不限于市场环境，还包括社会环境和其他环境。针对不同环境的相互作用对企业发展的直接作用和间接作用，针对竞争搏弈对企业未来发展的作用。战略情报不仅是调查正在发生的变化，还要预见可能发生的新变化，因此战略情报的职能不仅是收集信息、调查情况，还包括更多的研究方面。市场信息常常只是战略情报的一个参考。战略情报中包括了预见调查和预测调查，也包括了不同调查方法的设计研究。

（三）战略组织职能

战略组织是通过组织方方面面的关系和资源，包括可控和不可控的企业内外的各种力量和要素，协同进行战略项目，以创造或取得新的机会。目前中国企业战略组织功能较弱，除了在一些大的公关宣传活动或者近年来的反倾销活动中有一些，大多带经营性的，由于缺少条件，较少开展战略组织活动。但从国际上大的并购活动或抢占大的商机时，都可以看到有实力的大企业或战略组织活动非常多，甚至持续数年，按照庞大的细致计划实施。中国若出现真正的大集团参与大的国际角逐时，这种战略组织协同会出现。

（四）战略控制职能

战略控制包括规划控制、组织控制和战略成本控制、宣传控制等。规划控制是由战略部署和战略规划制约的。组织控制即公司治理结构。目前我国讨论的公司治理结构容易脱离实际，对于不同的公司，或者对一个公司的不同发展时期，战略是不同的，若出现战略同质化，则企业在竞争中（非竞争除外）必死无疑。

企业的未来十年或十年以上发展战略不同，公司治理结构的依据不同，治理结构也应不同，从而才能起到组织控制的作用。脱离发展战略，只从经营规模的量的增加出发讨论公司治理结构，就不可能适应变化，永远也治理不完。

战略成本控制不是直接针对经营的，而是针对企业发展态势、发展主动权的，比如发展中度的关系。企业发展的速度和规模对于企业发展的态势和主动权有直接影响，但是在变化的环境中，尤其是快速变化的环境中，速度和规模的发展不一定起正作用，还可能起负作用，可能使优势变劣势，尤其在企业实行多元化时，战略成本更为重要，否则常常以失败告终。所以说，战略管理体系的四个主要功能是交织在一起的，不可能机械性分开的。

三、企业制定战略管理体系时出现的问题

（一）战略制定随意化、片面化

1. 企业制定战略管理缺乏科学的依据和论证

在制定企业战略管理的过程中，并不从企业本身所在的外部环境和内部环境出发，盲目照搬套用，互相模仿停于形式。国内的许多企业虽然也制定了自己的战略管理，但这些所谓的战略管理体系并不是建立在对企业的内外部环境具体分析的基础上，也没有进行科学的论证，当看到别的企业或行业的战略管理取得成功就盲目照搬，缺乏基础的独立判断能力，导致众多企业经营战略管理大同小异，其最终结果可能是在行业中引起不必要的恶性竞争。

2. 企业制定战略管理片面追求规模效应

在制定企业战略管理时，往往会进入这样一个怪圈，那就是企业任务陈述与企业实际不吻合，片面追求规模生产的光环效应。在国内企业间流行一种定向思维，即认为企业的规模越大越好，随之而来的是企业疯狂兼并和购并之风席卷大江南北。但兼并后的成员企业之间缺乏协调，难以形成相互关联、相互配合的战略管理整体，并不能真正发挥出规模效应和协作优势，并且缺乏核心竞争力，导致预期收益不理想或者因为利益重新分配不当导致冲突、矛盾加剧，或者因为风险忽然放大、管理能力欠缺等而宣告失败。

（二）战略管理体系实施脱离企业实际

1. 新的战略管理与企业旧的组织结构不相匹配

战略管理的变化要求组织的结构也应该发生相应的变化，因为组织结构

在很大程度上决定目标和政策是如何建立的，同时企业的组织结构也决定资源的配置方向。我国许多企业不顾企业经营领域、产品种类和市场发生的巨大变化，仍然以旧的组织结构去实施新的战略管理，这种做法往往使战略管理实施的结果毫无效果可言。

2. 战略管理与企业文化不匹配

由于国内许多企业原有文化是建立在计划经济基础上的，而现代企业战略管理体系是市场经济的管理模式，也就是说，这些企业目前还没有一个适应市场经济、适应现代企业制度的企业文化，所以这些企业在市场经济的激烈竞争中全体员工不能达成共识和步调一致，企业文化就形不成战略管理实施的统一基础。企业文化具有较大的刚性，并且具有一定的持续性，当新的战略管理要求企业文化与之相互配合时，企业原有文化的变革就会非常慢，而旧的企业文化常常会对新的战略管理实施构成阻力。

3. 战略管理与企业人力资源脱节

国内企业在战略管理制定时，成功实施战略管理所需要的个人价值观和技能往往被忽略，所以在战略管理实施的过程中才会注意到需要的人才短缺。有些企业的决策者在企业经过一段高速发展期、已具有一定规模的情况下，只看到新的战略管理所能给企业带来的前途是多么远大，而忽略了自己企业是否具有合适的实施这些战略管理的人才，就匆匆将新战略管理付诸实施，结果就出现了没能将个人的能力与战略管理实施任务相匹配的现象，甚至将一些管理能力、技术能力不强的人推上了重要的工作岗位。而另外的一些企业片面追求员工的高学历，将这些人才招聘到单位后却不能充分发挥其作用，甚至还有高才低就现象发生，使得员工的工作激情颓减。这两种情况所带来的后果就是战略管理实施会偏离正确方向，企业不仅实现不了战略管理规划，还有可能给企业带来重大损失。

（三）战略管理体系控制滞后

我国企业战略管理控制存在的主要问题就是战略管理控制和评价不能持续进行，评价显得过于迟钝。企业在制定自己战略管理的时候，不管考虑得多么周到，但由于市场瞬息万变，正所谓变化快于计划，因此必须适时客观有效地对战略管理进行控制，采取相应行动使战略管理体系不偏离方向。但是国内企业习惯在特定时期的期末或在问题发生后才对实施的战略管理做评价和修正，总结出几大错误却又于事无补。

此外，战略管理体系评价方法滞后，难与时代接轨也是一个突出问题。当今的商业竞争如此激烈，战略管理决策者不得不扩大范围并在越来越大的不确定性中进行战略管理体系决策，而在各种竞争场合通常是拥有最佳信息的一方获胜。随着数字时代的到来，各种信息技术大量涌现，企业只有紧跟时代发展的步伐，才能快速获取第一手的信息，从而在激烈的市场竞争中获得主动。

随着我国经济市场化的日益加快和 WTO 的来临，市场竞争日趋激烈，作为市场经济运行的主要参与者的企业，是我国实现经济繁荣和充分就业的决定因素，加强企业战略管理，是提高我国企业管理水平，提高竞争能力的有力工具，有着重要的理论和现实意义。

四、战略管理体系制定的制约因素

企业决策层如果能用战略管理体系眼光进行观察分析，最大程度地利用外部环境提供的机会和内部优势，同时使环境对企业的威胁和内部不利因素降到最低，那么企业完全能靠适合本企业的战略管理体系得到稳定发展。在制定战略管理体系时，首先要发挥自身优势抓住机会的战略管理体系；其次是发挥优势避开威胁的战略管理体系；再次是克服弱点抓住机会的战略管理体系；最后是尽量克服弱点避开威胁的战略管理体系。

（一）外部环境

1. 认清外部环境发生的变化

商业环境时常处于剧烈变化之中，而环境变化会对企业经营发生重要影响，有些影响甚至是致命的，我们要认请宏观的变化、行业的变革、竞争条件的变化、消费者需求的变化，认清这些变化将会更有利于我们的发展。

2. 洞察变化带来的影响

行业变化是必然的，不过不是所有的变化都会带来对企业的影响，我们要分清行业变革带来的主要影响、次要影响；对企业带来的直接影响、间接影响，并把这些影响系统分析，清晰洞察，做出对策，加以应对。

（二）内部资源和能力

1. 内部资源系统盘点

对企业的人力资源、物质资源、财务资源、生产资源、网络资源、隐性资源（企业文化、员工意识等）等方面进行系统盘整，将之对战略的支持度和可转移性进行分析，财务、销售、成本方面须定量，隐性、网络等方面须定性，资源盘点在于明晰现有资源状况，为战略制定执行打下资源基础。

2. 企业能力盘整

对企业生产力、营销力、盈利力、财务收益力、发展力、营运力等进行系统评估，对各部分的关键要素进行评分，并同行业先进企业、区域先进企业对比，明晰企业的竞争优势所在，明确自己的核心竞争力，并着力构建自己的核心竞争力，同时要评估企业现有能力状况。

（三）内外部分析整合

企业内外部环境分析完毕，企业的商业环境就清晰明确了，我们要对外部的变化影响、内部的资源能力支持评估，进行综合比较，从而确定企业的战略规划。对企业的发展要做出必要的战略假设，对企业所有的可能发展路径进行剖析，并同企业现有的资源和能力进行匹配对比，评估战略假设的可行性，进行效果预测和发展探讨，从而确定企业的发展方向及路径。

（四）明晰企业愿景、使命、价值观

明白企业存在的意义。企业为什么会存在，为什么而发展——这些基础的问题其实就是企业存在的意义，或许是为了获取利润，或许是为了实现企业家价值，或许是为了其他，但做企业战略规划前，首先要明确企业存在的意义，这样我们才能更好地实现企业存在的价值。

对企业发展战略及战略规划的重视，也是近两年企业界的趋势，无论是加入世贸组织后更多跨国公司进入中国内地市场所带来的竞争压力，还是各行业目前激烈程度不同的竞争现状。如何在竞争日趋激烈的市场环境中实现企业的持续发展，如何增强企业适应环境的能力等，已经成为许多企业必须面临的决策焦点。

从目前企业界流行的组织变革、战略转型等话题中可以看出，越来越多的企业决策者与管理者们已经意识到，仅仅重视常规的业务投资与运营管理，已经难以确保企业能够适应环境变化和可持续发展。同时也日益意识到企业自身竞争力和竞争优势等要素的重要性。

第二节　企业战略管理体系构建、实施的原则与步骤

一、战略管理体系构建与实施的原则

（一）战略管理体系工作内容的明确

在战略管理体系的建设过程中，应该逐渐地对组织各部门应该发挥的作用做出清晰的界定。

另外一个重要的问题是，战略管理中的各个模块应该互相衔接，不能将

其割裂开来。如环境分析的内容要能够直接指导目标的制定,战略方案应紧密围绕目标的实现来制定,战略措施则应基于战略目标和战略方案得出,而对于战略的评估则必须有助于其他几个模块的改进,以形成管理闭环。

此外,我们还应将战略信息的管理工作在战略环境分析这个模块中统一起来,在日常的工作中注重对于相关信息的搜集与更新,保证战略管理工作所用的信息都是最系统、最及时的。

(二)战略管理体系的组织构架完善

战略管理工作关系公司未来的发展,是公司的头等大事,不应该是某个职能部门的工作。目前的战略管理工作大多是由各省公司的企业发展部或者计划部牵头组织,其他部门的参与程度较低,且对于战略的制定起不到关键性的作用。为了解决这个问题,应该在公司层面建立战略管理小组,由公司老总担当这个小组的第一责任人,各部门和地市公司都要参与到战略管理小组中来,统一推进战略管理工作的进行。战略管理小组中的每一个人,都对公司未来的发展道路选择负有重要的责任,应该对每一项战略决策的出台负责,并要带头宣传和执行公司的决策。这样,公司的战略才能够是公司集体智慧的结晶,公司的战略才能真正落实到每一个部门和地市公司的日常工作中去。

(三)战略管理体系的制度流程完善

公司的战略管理工作涉及很多的人员和工作内容,为了保证每项工作能够顺利进行、按时完成,在战略管理中应该设计一套合理的工作流程,明确每项工作的前后衔接顺序、每项工作的最迟完成时间、每项工作的负责部门和人员,以及相应的激励惩罚制度。对于战略管理体系中的每一项工作,都应该适当地进行评价,发现或者防范工作中可能存在的问题,并寻求改进的方案。工作流程清晰、工作权责明确,才能够保证战略管理运作高效。

(四)将战略管理体系与企业文化工作更好地进行衔接,用文化推动战略的执行

公司的战略管理最终将落实到企业实际运营的每一项工作中去,为了保证战略能够执行,就要求负责每一项工作的人员能够按照战略的要求去做事情。而工作人员做事情的动力,除了预先设定的激励惩罚制度之外,更会受到公司企业文化的影响。公司的企业文化将直接影响员工的意识、行为和工作习惯。所以,为了保证公司的战略能够执行到位,我们应该将战略管理体系与企业文化工作结合起来进行。比如,在公司战略制定的时候,应该确保战略目标的设定符合企业的使命,战略方案与相应的措施应该与企业的价值

观相匹配。此外，在企业文化的宣传贯彻、实施过程中，还应该与公司的战略管理活动形成互动，比如，企业文化工作每一阶段宣传的重点应与公司战略的阶段性重点相匹配等。总之，将战略管理体系与企业文化工作结合起来进行，能够在软、硬两条线上保障公司战略目标的实现，并能够通过二者的有效互动，使战略和文化都能够落地，都能够直接对企业的经营活动发挥作用。

二、企业战略管理体系的实施步骤

企业战略管理的实施步骤主要包括四个方面的内容，分别是战略分析、战略制定、战略实施和战略评价，它们贯穿于企业战略管理工作的全部过程。根据前面对战略管理有关内容的分析情况，企业战略管理的最重要特点就是自我循环的过程，也就是这四个工作环节的循环。

（一）战略分析

战略分析指的是通过客观的分析，打下良好坚实的基础。战略分析主要包括以下几个方面的内容，分别是环境分析，同行业竞争者的竞争力分析，不同利益相关者的期望值分析等。

（二）战略制定

战略制定需要在不违背企业总体经营目标的前提下，为实现目标需要进行一系列资源配置的决策过程。战略制定复杂多变，与此同时它也是在战略分析基础上所展开的一项延伸性的工作内容，需要结合企业所处的实际环境做出一系列预测，决定企业的发展方向和目标，具体包括生产经营的范围，组织架构形式，资源配置的具体情况。

（三）战略实施

战略实施需要通过精密系统的部署，并联系各个部门的力量执行和认真贯彻，这是一个具有极强组织性意义的战略规划流程，比如说在执行贯彻过程当中，有可能会涉及战略的控制和适当的调整，只有这样才能够确保战略目标万无一失的实现。只有经过了有效的战略过程，才能够让它们变得更加科学合理，与企业的战略管理目标更加贴切。战略实施要结合具体的工作要求，围绕着具体的战略目标制定一系列行之有效的策略，包括组织架构形式，年度目标，在此基础上合理的分配企业内部的一切资源，建立起一套兼具监控与激励的工作管理制度，培育支持战略实施的企业文化，从多个角度让企业的战略更好的实施。

(四）战略评价

战略评价位于战略管理过程当中的末端环节。战略评价的最主要目的在于通过一系列的举措让企业的管理者深刻地认识到，在战略管理进程当中多个工作方面的具体成就以及存在的问题。它需要贯穿于整个战略实施和部署的过程。一般情况下，战略评价主要包括三个方面的内容，首先是通过评估企业的内部和外部的变化因素可能会对战略实施所构成的威胁，结合企业的实际情况进行适当调整；其次是评价管理业绩；最后是纠正措施。

第三节 企业战略管理体系咨询

所谓企业战略管理咨询，是指管理咨询组织及其咨询人员根据客户企业生存和发展的要求，通过对国内环境的调查研究所掌握的各种信息，为企业高层制定、实施和评价战略方案，或修改战略方案提供对策建议，或提供完整的战略方案。下面就重点介绍战略咨询诸方面内容。

一、战略管理咨询研究的对象

每一个企业战略管理咨询项目，都拥有自身的项目发起的实际的操作性缘由，但就战略管理研究本身而言，我们应当认识到："目标企业发展的目标和途径"是战略咨询及战略管理实质性的第一层次的研究对象，称之为本原层研究对象。

其主要的研究模型及分析方法，主要在于追求企业目标和途径在时空范畴内的适配性，这一适配性追求的是企业战略管理本原层次的直接研究对象。如波特提出三种基本类型企业通用战略：总体低成本战略、差异化战略、聚焦战略，三类通用战略实质上是企业发展目标达成的三个途径及战略发展理论。

本原层研究共同的特点是属于企业的主动行为，路径及目标逻辑关联较强，但可操作性相对较弱，其设定的基本逻辑具体是针对战略管理的操作过程。在对企业目标与途径的研究达到一定的深度之后，研究者们就很容易发现，对战略制定与实施、反馈建立完善系统的管理过程，实际上解决不了企业经营成功与失败的关键性问题。随着管理理论的发展，学者们把目光开始更多地投向企业经营的结果性目标，就是我们认为的战略咨询的第二层次的研究对象，即衍生层次的研究对象。即关注于"竞争力""竞争优势""持续的竞争优势"等与结果显著相关的研究目标。

Day 在论述维持竞争优势的战略类型时提出了可持续竞争优势的说法。波特也提出了企业可持续竞争优势(SCA)概念。Hoffman 也提出企业可持续竞争优势就是企业通过实施独特战略而获得的持久的利益,企业实施的这种独特战略既不能被现实的或潜在的竞争者所实施,也不能被它们复制这种战略利益。

二、战略管理咨询的目的

战略管理体系咨询的最终目标是公司长期、持续的卓越绩效,只有通过保持与竞争对手之间的有意义的差异,公司才能实现这一目标。战略管理咨询是决策之上的决策,是指导公司进行决策和采取行动的一系列主要决策,能够对公司目标的实现与否产生重大影响。战略管理咨询主要协助企业完成如下工作:

(1) 战略管理体系咨询审计与梳理。
(2) 企业整体战略管理体系咨询规划。
(3) 业务战略管理体系咨询规划(分子公司战略管理体系咨询规划)。
(4) 职能战略管理体系咨询规划。
(5) 战略管理体系咨询执行方案。

三、战略管理咨询分类

通常来讲,企业要求咨询机构帮忙解决的战略问题是繁复而杂乱的。我们可以根据其性质和影响范围,将这些问题划分为以下几个层次。

(1) 企业总体战略咨询、企业使用和战略目标咨询,这些都属于企业战略体系中高层次的战略咨询课题。
(2) 企业经营单位战略咨询。这是对大中型企业的二级经营单位,如事业部、子公司、分公司的战略咨询课题。
(3) 企业职能战略咨询。这是对企业有关专业职能部门的战略所进行的咨询,属于企业第三层次的战略咨询课题。

分类之后,可进一步构画出战略咨询的基本程序。一般战略咨询方案从与客户讨论确认、付诸实施到显现效果,过程是比较长的,通常要到实施阶段的中后期才见分晓,因此进行战略管理咨询不能急于求成。

四、战略管理咨询的步骤

战略管理咨询是指围绕战略管理咨询生成和实施而展开的一组活动、一组工作。战略管理咨询的步骤是一个连续循环的过程。战略管理咨询的目的是提高战略的成功率,主要包括:环境分析、设定目标、生成战略管理咨询(战略管理体系咨询策划)、战略管理咨询实施和战略控制五个步骤。

(一)企业环境包含所有能够影响企业战略管理咨询收益的组织内部和外部的因素

环境分析的主要任务是认清外部环境的发展趋势,并以此为背景来识别企业的内部结构与外部环境不相适应的部分,即找出战略管理咨询的步骤问题。

(二)检察与分析过去的目标体系并重新设定目标

战略步骤的目标是一个有层次的体系,应从最高目标开始,逐级向下推进。依次设立企业的愿景与使命、战略意图、长期发展目标、阶段性发展目标、近期目标和部门的工作目标。

(三)出色的战略管理咨询是创造性思考与系统分析相结合的产物

在战略管理咨询策划中,要回答的问题包括:如何满足顾客的需求、如何实现成长、如何回应环境变化的挑战、如何进行资源配置以把握机遇、如何设定公司内的活动、如何完成财务目标和战略目标。战略决策就是对一组决策变量(结构性因素)做出选择。

(四)战略管理咨询实施指把企业的战略管理咨询方案转化为具体的行动

通过战略管理咨询变革达到战略管理咨询方案所要求的各项目标,进而达到全局致胜的动态过程。战略管理咨询理论中讲的战略实施,主要是指战略管理咨询付诸行动以前的各种准备。

(1)组织动员。目的是把公司的战略意图渗透给每个员工,常用的手段包括:宣传口号、象征性行动、典型任务的示范。

(2)结构调整。在战略管理咨询付诸行动以前,应该对组织进行必要的调整:确保新的活动、新的职能;消除组织惯性的不良影响;制定内部政策。内部政策主要表现为公司内部的管理制度和工作方针。内部政策是战略方案的展开,也可以说是战略方案的制度化表现。

(3)管理重心调整。每个组织在一定时期内都有自己的管理重心,企业应该对管理重心进行不断调整。高层管理者的管理内容和时间分配是管理重心的具体体现。

（五）战略管理咨询控制是特殊的组织控制

目的在于通过检测和评估企业内外环境改进和提高战略管理咨询运行效果，为战略管理咨询调整提供依据。包括对内外环境的监测和对组织姿态的调整两项内容。对外部环境的监测，如果发现未曾预料的变化，而这种变化又会对企业产生重大影响，企业有可能要重新审定自己的战略管理体系咨询。对内部环境的监测需要一组指标，例如 BSC 方法。

五、战略管理咨询的价值

战略咨询作为管理咨询中的最高层次，其在提高客户战略管理能力，合理配置客户资源，以及推动企业适应环境变革等方面都具有非常重要的作用。从世界各国的咨询实践经验来看，战略咨询至少在这样几个方面对客户具有价值：

（一）明晰战略目标，树立战略远见

以往的战略研究往往太过于强调企业环境机遇、挑战威胁的分析，以及企业战略与资源的匹配，而往往忽视了企业自身战略目标这一基石。事实上，战略目标制定正是许多企业发展过程中的软肋。因为，尽管越来越多的企业高管人员已经意识到了战略的重要性，但知识结构、思维定式等问题总是使其无法对企业的战略目标有一个准确清晰的定位。因此，战略咨询首先要帮助企业解决的问题就是突破企业经营中已有的思维定式，明晰企业战略目标，树立企业的战略远见。

（二）确定企业竞争优势

竞争优势是企业在所处的竞争环境中生存与成功的关键尺度，企业对竞争优势的分析必须从对企业经营的行业和部门，对正在起作用的竞争力进行系统分析开始。在过去的十几年里，战略理论在企业竞争优势分析模型上产生了一大批研究成果，这其中有不少来自于管理咨询公司，如"波士顿矩阵""经验曲线"等。与企业管理者相比，咨询顾问往往要更精通这些分析工具和模型的运用。咨询师运用这些工具，就能够最有效地帮助检查客户的企业，是否真正具有竞争优势，或者制定有助于取得某一优势的战略。

（三）帮助企业有效执行战略

麦肯锡的调查表明，75%的战略失败是由于执行的问题：其中40%是由于企业缺乏实施战略的能力，35%是企业不愿意或者没做好变革的准备。这说明要使一项战略真正取得实效，最关键也最困难的还是在于战略实施。随着战略咨询业务的发展，战略咨询正由传统的偏重咨询理念的传播向强调战

略执行力的方向发展。

(四)帮助企业完成一些特定的战略主题

战略咨询给咨询客户带来的价值还在于帮助企业完成一些特定的战略主题任务,例如企业合并与收购方面的战略咨询、涉及企业转制的战略咨询等。这些非常规经营业务知识涉及面广、关系错综复杂,许多企业都愿意以特定战略主题的方式委托给管理咨询公司进行相关问题的研究。这一方面是因为,管理咨询公司在调研和方案设计中相对独立,看问题更为客观;另一方面则是因为管理咨询公司丰富的行业相关经验和综合方案设计能力,使得它们能在各种可能出现的复杂情况下为咨询客户提供满意的分析结果和解决方案。

六、战略咨询在我国的发展趋势

随着我国市场经济的发展以及加入 WTO 以后国际国内竞争的进一步加剧,中国未来的战略咨询业务将面临新一轮机遇和挑战。

(一)伴随中国企业战略管理意识的增强,企业对战略咨询的需求将持续升温,由此而导致的战略咨询行业内部的竞争将更加激烈

一方面,更多跨国咨询公司将会涌入中国为企业提供战略咨询服务,它们积极开发拥有自身特色的战略咨询服务,并在中国进一步细分市场为顾客提供量身定制的服务;另一方面,国内战略咨询公司之间的竞争也会更加激烈,越来越多的战略咨询公司打破原有的地理限制(以往的许多战略咨询公司机构都在上海、北京、广东等地),将营业机构扩充到了全国各大中小城市,旨在为全国的企业提供更为方便快捷的服务,从而加剧地区间战略咨询服务的竞争。

(二)越来越多的高校和战略管理研究机构也将加入战略咨询的阵营

从现有的国内战略咨询公司来看,它们中许多都具有高校背景,它们的成功示范将启发更多的高校研究机构和战略学者加入战略咨询,由专业人士成立的战略咨询公司将越来越多。

(三)在日趋激烈的竞争中,品牌将会成为战略咨询公司的竞争优势所在

众所周知,外国大型的战略咨询公司的品牌认知程度普遍高于国内公司,其收费也要远远高于国内公司。究其原因,外国咨询公司在多年的咨询工作中积累了丰富的经验,也树立了良好的品牌形象。在战略咨询的未来发展中,好的品牌就代表了成功的方法和经验,而这正是咨询顾客最为关注的。

（四）本土化趋势在战略咨询的发展中将越来越明显

虽然对于外国战略咨询公司而言，它们有着丰富的行业数据与经验，也有着优秀的顾问和咨询工具，但如何将这些资源和方法有效地服务于中国企业将一直是它们不断探索的目标。事实上，国外的这些咨询巨头们早已意识到了这一点，都在致力开发定制适合中国企业的咨询方法、流程，从而确保它们提供的战略方案适应中国国情。

（五）随着客户预算控制的加强以及战略咨询行业竞争的加剧，战略咨询绩效评价将变得越来越重要

一方面随着客户公司预算管理的完善，咨询项目也会和企业任何一项投资支出一样要进行咨询项目的投资收益分析，并以此来对该咨询项目进行绩效评价；另一方面，随着咨询业竞争的日益加剧，许多战略咨询公司纷纷制定咨询绩效评估程序以强化自身的管理，维持自身的行业竞争力。总之，战略咨询绩效评价可以在客户与顾问之间建立一种信任关系，促使管理咨询公司不断提升服务水平，从而更加有利于战略咨询的健康发展。

第四节　企业技术创新战略

技术创新战略是指企业进行技术创新活动的总的谋划，是企业在正确的分析自身内部条件和外部环境的基础上所做出的企业技术创新总体部署以及为实现创新目标而制定的根本对策。

一、企业技术创新战略的内涵

技术创新战略是企业整个竞争战略的一个组成部分，是服务于企业总体战略的职能战略，且必须与其他战略协调起来。

（一）企业技术创新战略的目标

企业技术创新战略选择的目标是帮助企业形成竞争优势。任何企业的基本目标都是通过在市场中竞争，不断增强自身的竞争能力，提升自己的市场占有率，为客户和投资者创造价值，形成竞争优势。企业技术创新不是目的而是获取利润的手段。因此，企业选择何种技术创新战略关键是看其能否和怎样帮助企业增强竞争力，这是企业技术创新战略选择的出发点和归宿。

（二）技术创新战略的核心

技术创新战略的核心是决定企业占有、开发、使用的技术种类。技术创

新战略的直接表现是企业打算占有、开发、使用何种技术,它既包括企业打算在其产品和服务中开发和应用什么技术,也包括企业打算在生产工艺中开发和应用何种技术。

（三）技术创新战略解决的问题

技术创新战略选择也包括技术创新投入。在进行技术创新战略选择时,不仅是明确企业占有、开发、使用的技术种类,还要决定实现其技术创新战略选择需要资源的类型和数量,即技术创新战略不仅包含计划,而且包括计划的执行。总之,技术创新战略应解决以下四大问题:

(1) 应研究开发何种技术。
(2) 应在哪个领域寻找技术领先地位。
(3) 技术转让的方式。
(4) 技术创新合作的方式。

当然,在企业不同层次的经营单元之间,技术创新战略也有所不同。在同一层次的经营单元之间,因面向的市场、顾客、技术成熟度、地理位置的不同,技术创新战略也各不相同。在最小的企业经营单元,技术创新战略的基本要素有：集中技术资源；鼓励在特定产品领域确立领先地位；在短期与长期的项目之间保持平衡；购买其他部门和应用本部门技术的政策；融资和人员配备。

（四）技术创新战略的构成要素

对企业整体而言,技术创新战略的构成要素有：有一个更远的经营眼光；致力于开发对各经营单元通用的技术；确定核心技术对企业的重要性；预测企业的技术需求；确定知识产权的重要程度和制定保护措施；考虑技术如何在企业内各部门间转移。

二、企业技术创新战略类型

弗里曼在谈到技术创新战略分类时曾指出："将战略分类多少有些随意性,并且是粗暴地对待真实世界中的无限多变情况。……实际上在类型之间有无限多等级,……而且个人或公司并不总是按某个类型行动。"但这并不意味着这项工作毫无意义,它起码可以加深我们对技术创新战略的理解。

对技术创新战略可以从不同的角度进行划分。

按技术来源分为自主开发战略、合作开发战略、引进消化吸收创新战略和模仿战略。

按技术竞争态势分为领先战略、跟随和模仿战略按市场竞争策略分为市场最大化战略、市场细分化战略和成本最小化战略。

按行为方式分为进攻战略、防御战略和游戏战略。

目前，安索夫（Ansoff）、弗里曼等人所提出的划分方案普遍为人们所接受。他们把企业技术创新战略分为以下三种：领先战略、跟随战略和模仿战略。当然，这种划分是一种理想型的做法，企业实际战略行动既可能是上面所说的一种，也可能是上面几种战略的混合。这三种战略各有其优缺点和适用范围，企业在进行技术创新战略选择时，必须根据企业具体情况而定。

（一）技术创新领先战略

这种战略的宗旨是，企业全力以赴追求产品技术水平的先进性，在其他企业技术开发尚未成功或产品尚未上市之前，抢先开发成功并投放市场，使企业在市场竞争中处于强有力的领先地位，以取得竞争优势和垄断利润。

领先型技术创新战略有四个方面的战略优势：

（1）由于率先推出新产品，能够满足消费者求新、求奇的消费心理，并在没有或极少竞争对手的情况下，为企业将产品顺利推向市场提供了良好的条件。

（2）由于较其他企业提前一定时期推出某项新技术或新产品，能够使企业有较充分的时间来树立品牌形象，取得"先入为主"的竞争优势。

（3）由于领先采用低成本的产品设计，采用各种降低成本的生产工艺和方法，较早建立原料供应和产品销售网络，可以在市场上获得"低成本—低价格"的竞争优势，从而获得较大的市场占有率。

（4）由于采用了独特的新技术，企业成为产品标准和技术规范的制订者，竞争对手难以模仿，形成较强的技术壁垒，企业可以获得垄断利润，使新产品具有极高的附加值。

当然，实施这种战略的企业也要承担相应的风险，一方面是新技术的开发需要投入很大的资源，特别是建立在基础研究上的一些新技术开发，所投入的资源更为可观，非一般企业所能办到；另一方面，企业要承担技术开发失败的风险。因无先例可借鉴，未来收益难以保证，因而开发与市场风险较大。第三，生产制造需要的熟练技术工人稀缺，新工艺、新设备可靠性差，市场开发、广告宣传、用户使用知识普及方面均需高投入。

采用这一战略的企业应具备如下条件：

（1）具备较雄厚的科研和研发能力，包括进行基础和应用研究的能力，只有具备这种能力的企业，才有可能做到敢为人先和能为人先。

（2）具有雄厚的资金实力，由于这种领先型的技术创新前期投入很大，且存在可能失败的风险，否则，企业难以承担这巨大的风险。

（3）企业决策者具有创新气魄和战略眼光，能够把握科技发展的趋势和市场潮流，勇于创新，善于在高风险中获得高收益。

（二）技术创新跟随战略

这种战略的宗旨是，企业不以抢先研究和开发新技术、新产品为目标，而是采取追随方式，对市场上已出现的新技术、新产品进行及时改进和完善，迅速占领市场，以跟上技术发展的步伐，减少技术领先企业对其造成的威胁。

追随型技术创新战略具有两方面的战略优势：

（1）通过学习、模仿技术领先者的经验和长处，可以减少技术研究和开发的投入，降低成本水平，减少因巨额投资带来的风险。

（2）通过剖析技术领先者的得失，可以发挥其所长，避免其所短，有可能获得"后来居上"的差异化竞争优势。

这种战略也有明显的缺陷，主要集中在三个方面：

（1）当采用这一战略的企业将其仿制技术或产品推向市场时，已经比领先者落后一步，由于对手"先入为主"已取得品牌形象，要改变消费者的心理定势需花费巨大的代价。

（2）如果被模仿的技术或产品市场容量有限，由于追随者比领先者慢了些节拍，就很难取得足够的市场份额以享受规模效益。

（3）领先者有可能对其技术和产品进行专利保护，不允许随便仿制。

采用这一战略的企业也应具备三个条件：

（1）拥有很强的技术情报能力，能够随时了解其他企业的研究动向和成果，以缩短其仿制品与领先者产品的时间差，来赢得宝贵的市场机会。

（2）具有很强的消化、吸收和创新能力，能够巧妙地对别人的研究成果加以利用、改进和提高，以迅速研制出更具市场吸引力的新产品。

（3）具有较强的管理能力，不但可以高效动员企业所有资源集中进行新研制产品的开发和生产，而且能在产品质量、成本、性能、功能、外观设计等方面优于领先者的产品。

（三）技术创新模仿战略

模仿创新战略是指通过购买领先者的核心技术、专利许可或反向工程等方式，模仿领先者的技术创新战略。这种战略一般也属于跟随创新的战略。采取这种战略的企业，技术实力一般较弱，技术的获取主要来自外部，战略的重点是如何快速和低成本地获取所需的技术，本身的技术能力建立在外部技术购买的基础下，自身的技术积累较差。

（四）自主创新战略

自主创新战略是以自主创新为基本目标的创新战略，是指通过自身的努力和探索产生技术突破，并在此基础上依靠自身的努力推动创新的后续环节，完成技术的商业化，获取商业利润，达到预期目标的创新活动。自主创新类似于领先创新，多见于发展中国家的技术创新，与技术引进相对应有一个比较的内涵，即发展中国家的企业如何摆脱对发达国家的技术依赖，在一些领域拥有自己的核心技术，依靠自己的力量创新。

（五）合作创新战略

所谓合作创新战略，是指企业间或企业、科研机构、大学之间的联合创新行为。合作创新通常以合作伙伴的共同利益为基础，以资源共享或优势互补为前提，有明确的合作目标、合作期限与合作规则，合作各方在技术创新的全过程或某些环节共同投入，共同参与，共享成果，共担风险。合作创新战略在某种程度上可视为领先战略与跟随战略的一种混合体。

实际上，不同分类下的具体战略之间隐含着一定的对应关系。比如在竞争态势上采取领先战略者，在行为方式上则很可能表现为进攻型，技术来源倾向于自主开发。

三、企业技术创新战略选择

企业在选择技术创新战略模式时，到底是采用进攻型战略、防卫型战略还是模仿型战略，必须理性地分析企业的内部条件和外部环境。

所谓企业内部条件分析是指对企业可投入技术创新的、现已具备的和可取得的资源的数量和质量进行分析，以确定企业的技术创新能力和企业所具有的优势及劣势。要分析企业的科技人员实力、生产设备的先进性、技术积累和设备状况、实验和中试条件、企业技术协作关系和企业的资金实力等。

所谓企业外部环境分析是指对影响企业技术创新战略实施效果而企业又无法控制的全部因素进行分析，具体内容包括消费者需求变动、竞争对手及其实力、原材料供应及宏观经济形势变化等。通过内部条件与外部环境分析，企业能够了解其技术创新的机会和威胁，继而依据自身技术创新能力和市场竞争能力，选择能充分利用企业资源、市场机遇、风险较小的技术创新战略模式，在此基础上进行风险与收益分析。

（一）企业技术创新战略的影响因素

企业的技术创新战略选择是一项复杂的系统工程，各种影响因素，包括直接的、间接的、主要的、次要的等，都会以其特有的方式影响决策。

1. 企业的规模

企业的规模在一定程度上决定企业对创新资金投入的多少。一般来说，企业规模越大，投入 R&D 的资金可能越多，反之越小。所以，当企业的规模大时应考虑采用自主创新战略；企业规模越小，则宜考虑采用模仿创新。

2. 企业的组织结构

企业的组织结构决定着企业集权与分权的程度以及企业的灵活性与开放程度等，也决定着企业的控制系统，并最终影响到企业的组织效率及具环境适应性。因此组织结构也就决定着企业技术活动中的诸多环节，并将从多方面对企业技术创新战略产生影响。

3. 企业的技术能力

企业的技术能力由生产能力、吸收能力和创新能力构成。它具有积累性、渐进性和有差别性等特点。因此，企业在选择创新战略时应充分考虑其技术能力，技术能力强的宜选择自主创新战略，技术能力弱的应选择模仿战略。

4. 企业的环境

企业的环境分为内部环境和外部环境。

内部环境包括企业的研发能力、技术创新能力、管理能力、销售能力、制造能力、资金筹措能力以及企业文化。

外部环境包括企业所在行业的竞争强度，基础研究的支持力度，企业与企业之间，企业与科研机构及学校合作的环境，企业与银行等金融机构的关系，国家的产业政策等。可以说，企业的内外部环境是战略制定者所必须考虑的问题。

企业的研发能力、企业的技术创新能力、管理能力、销售能力、制造能力强，且有良好的银行信用，则宜选择自主创新战略。企业文化对企业的影响主要在于企业家，即风险承担能力强的企业家偏好于选择自主创新战略；反之则选择模仿战略。企业与外部机构之间的合作关系、技术壁垒或保护性壁垒等的存在都会影响企业技术创新战略的选择，尤其是跨国公司进入国际市场时的国外产业政策。当企业可以融入或充分利用外部资源时，企业就可以根据自身的情况选择需要的战略。

但当外部资源或国外的政策对我国企业进行限制或压制时对技术创新战略的选择也会同时受到严重的影响，企业往往只能选择自主创新战略来发展。

5. 企业制定技术创新战略的经验

企业在制定技术创新战略时，应该对以往活动做出正确评价，对现在企业的技术能力、内外资源等做出合理的估计，然后依据以往的经验则有利于制定符合企业长期发展的创新战略。

6. 企业生命周期

由于企业各阶段的技术、资金以及其他资源条件不同，所以，生命周期也就成为一个影响创新战略选择的重要因素。一般说来，在企业初创期及成长初期，因为资金缺乏、技术积累薄弱、研发条件有限，会倾向于采用投入少、风险小的跟随战略；而在企业的成长后期及成熟期，因为资金充足、技术积累雄厚、研发条件优越，倾向于采用投入多、风险大而收益丰厚的领先创新战略。

（二）技术创新战略选择的步骤

企业进行技术创新战略模式选择的基本步骤为：机会、目标及竞争态势识别—能力评价—机会、目标与能力的匹配分析—基本战略的选择—主要战略部署的决策。分析这个步骤，我们得出这样的结论：首先需要判断企业环境，确认机会与目标，并辨识目前的竞争态势，然后对自身能力进行正确评估，之后对机会、目标与能力之间的匹配程度进行分析，最后选择适合自身发展，与自身内外部环境相匹配的创新战略，这样才能确保策略的可行性并有可能达到理想的效果。

这三方面的匹配程度分析，实际上就是企业在决策技术创新基本战略时，对自身在机会、目标与能力三者之间形成的一种动态平衡，而这种动态平衡最后的结果就是企业最终形成的基本战略方案。在这一过程中，最为关键的因素是企业自身的技术创新能力，因为这关系到企业能否及时抓住市场上的机会，并且将这种机会成功利用，将预期的技术创新目标转化为现实的技术创新成果。这一成果的出现，完全由企业的技术创新能力和技术创新目标之间的匹配程度决定，而这种匹配关系的有效性即成了企业在技术创新战略模式选择过程中的决定性因素。所以，企业技术创新战略必须适应企业技术创新能力——什么样的企业创新技术能力决定了什么样的企业技术创新战略。

（三）技术创新战略选择的依据

1. 创新目标的确定

技术创新战略的目标是创新战略的意图，反映企业创新的目的。具体来说，就是企业在什么时候对怎样的产品在创新性方面进行投资，将创新成本控制在什么范围内，以及可以为企业带来怎样的效益等。

企业技术创新战略模式的选择以企业的创新目标为基础，根据不同的创新目标，选择合适的技术创新战略。确定创新目标，需要判断企业内外部环境，很大程度上还需要企业家的创新精神支持。假如你的目标过高，雄心过度而显得好高骛远，企业实现创新目标所要付出的代价会很高，同时会对企业的其他业务的正常运营带来不利影响；反之，如果目标很低了，太过于保守，将会浪费企业创新资源，不能达到资源的优化配置，同时为企业未来的业务发展埋下隐患。

图 7-1 是企业技术创新的策略意图定性描述示意图。其中，独特的技术创新策略是指开发具有独特效用的新产品；低成本运营能力是指由规模经济带来的研发以及生产效率的比较优势；市场导向的经营策略是指通过品牌、渠道、市场开发为主要投入要素的产品开发；多元化则为范围经济带动下的多元性技术的开发。

多元化经营 （范围经济、多元化技术）	市场导向经营 （品牌、渠道、市场开发）
低成本运营 （规模经济、效率）	独特的技术 （产品开发、效用）

成本领先　　　技术创新优势　　　差异化

图 7-1　技术创新策略意图

2. 影响创新的条件

从企业内部要素考虑，影响企业创新的约束性条件有很多。企业核心资源通过各种经营活动支撑，这些活动既包括主要活动，也包括支援性活动。如图 7-2 所示，从价值创造的角度考虑，主要活动是指能为企业带来实质性运营价值的活动，它们创造企业的显性利润，同时决定了该企业能用以实施技术创新战略的主要约束条件；支援性活动则是企业潜在的经营优势和约束，如前所述，即企业的内部运营体系和机制，这部分资源也是企业的核心资源的主要部分，它们对企业如何实施技术创新战略、在怎样的环境下实施技术创新战略提供了有效的支撑。

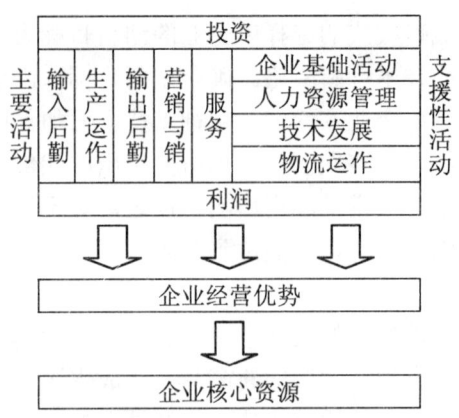

图 7-2　企业核心资源的价值链分析

四、企业技术创新战略实施

企业的技术创新战略确定以后，战略管理过程并没有结束，还必须将战略思想转化为战略行动。如果说战略分析和选择是一种思维过程、一种力量的部署和一种效能的注重，那么战略实施则是一种行动过程、一种力量的管理与运用和一种效率的注重。

技术创新战略通过评估后，企业应从三个方面系统推进战略的实施。

（一）纵向推进

根据初始动力的不同，技术创新可分为技术推动型和需要拉动型，前者包含基础研究、应用研究与开发、生产、销售和市场需要五个阶段；后者包含市场需要、销售信息反馈、研究与开发、生产四个阶段。纵向推进就是要把技术创新的各个阶段视为有机联系的整体，在战略实施中，每一阶段都同等重要，都关系到战略的总体效果。因此，应充分考虑创新活动持续性、稳定性，以保证战略目标的实现。

（二）横向推进

技术创新战略一旦启动，就需要输入相关信息，投入经费和人力资源，使用设备、仪器，进行组织管理。在实施战略之前，企业应建立自己的信息网络，完成所有相关信息的采集、分析、处理和贮存，保证信息随时输出。在创新活动中，技术创新活动从开始到终止，企业经费投入逐渐增加，对战略风险的承受能力逐渐下降，因此，应合理安排预算，保证每一阶段的经费准时到位。技术创新的人力资源主要是专业性很强的科技人员。随着创新活动的深入，人力资源的稀缺性增加。企业应建立一个有效的激励与约束机制，保证人力资源的稳定和可持续使用。创新活动所需的仪器、设备应提前购置、调试，保证随时处于可使用状态。对信息、经费、人力资源、设备和仪器的管理包括两个层次，一是分类管理，二是各类管理之间的协调。

（三）跟踪推进

在战略实施过程中，要不断监测企业内部的物质流、资金流和信息流，工作进展和突发事件，监测企业外部的政治、经济和技术条件变化。对监测结果进行评估，重点评估创新活动是否处于正常状态，外部环境变化对创新活动的影响，下一时段创新活动的可能状态，是否调控创新活动，各种调控方案的选择等。如果评估认为创新活动不在正常状态或下一时段将不在正常状态，则应根据经过论证的方案及时调控，改变战略实施内容。

五、技术创新战略绩效评估

企业技术创新战略的管理是一个系统的动态过程，包括技术创新战略的制定、战略实施和战略评估。战略评估的目的就是要评估战略制定是否合理，实施过程是否监控得当，以便及时调整战略管理中的问题，促进企业快速健康发展。

（一）技术创新战略评估的内涵

1. 技术创新战略评估的含义

技术创新战略评估是指以技术创新战略的实施过程及其结果为对象，通过对影响并反映技术创新战略管理质量的各要素的总结和分析，判断技术创新战略是否实现预期目标的管理活动。

2. 评估的步骤

在实际操作中，战略评估一般分为事前评估、事中评估和事后评估三个层次。

（1）事前评估，即战略风险评估。它是一种对企业所处现状环境与自身能力的评估，其目的是为了规避风险，选择最合适的技术创新战略。

（2）事中评估，即战略实施过程评估。它是在战略的执行过程中进行的，是对战略执行情况与战略目标差异的及时获取和及时处理，是一种动态评估，属于事中控制。

（3）事后评估，即战略结果评估。本书又称战略绩效评估，它是在末期对战略目标完成情况的分析、评价和预测，是一种综合评估，属于事后控制。

3. 技术创新战略评估过程分析

从系统科学的角度来看，评估是一项系统工程。它的基本内容包括：评估原则、方法及指标体系模块；系统结构评估模块；输入、输出、数据资料及专家咨询系统模块。

与之相对应，战略评估也是一项系统工作，需要进行评估时首先要把所涉及的问题、过程、部门或体系等看成一个系统，研究其结构、输入、输出、环境以及环境与结构的交互作用、整体运行等方面，接着通过分析与改造，建立以下功能性的子系统：①评估者模块；②评估对象模块；③评估方法、指标、标准模块；④评估系统组织机构模块；⑤数据资料及专家咨询系统模块。

经过以上构建，最后便得以进行综合评估。所谓综合评估，就是通过定性分析与定量评判两种手段达到全面评估的目的。定量分析通常是用计算机加权综合分析来实现的，而定性评判则是根据评估工程中的各种信息（包括定量分析结果），对于评估对象的以往表现和以后应该注意改进以及渴望达到的状态给予判断性的描述。

（二）技术创新战略评估方法

1. DEA（数据包络分析法）评价法

数据包络分析法（简称 DEA）是由美国运筹学家查尼斯和库泊等学者在"相对效率评价"基础上发展起来的一种多目标决策的综合评估方法。DEA 方法是运筹学、管理学、数理经济学交叉研究的一个新领域，它主要采用数学规划方法，利用观察到的数据样本资料，对多个决策单元进行生产有效性评价或处理其他多目标决策问题。DEA 方法主要是通过保持决策单元的输入或输出不变，借助于数学规划将决策单元（简称 DMU）投影到 DEA 前沿面上，并通过比较决策单元偏离 DEA 前沿面的程度来评价它们的相对有效性。其主要特点是可直接使用不同计量单位的指标；不必事先预定指标间的函数关系；能对决策单元排序和直接显示未达到 100% 有效的各指标欠缺或多余量即松驰变量，提供具体的管理信息。

2. 经济分析法

预先设定某个综合经济指标来评价对象。意义明确，对于不同对象的对比评价效果显著，但若评价对象涉及因素较多时，难以找到统一量纲进行比较。适用于构成要素简单的不同对象比较评价。

3. BSC（平衡记分卡）评价法

平衡计分卡是由 KaPlan 和 Norton 于 1992 年建立的一种企业战略绩效管理工具，其核心概念是，企业的绩效应当支持企业的战略，绩效的实现是战略展开的结果。他们将企业绩效划分为财务绩效、客户需求、内部业务流程、学习成长四个维度，四者围绕企业的愿景与战略，构成图7-3所示的结构关系。

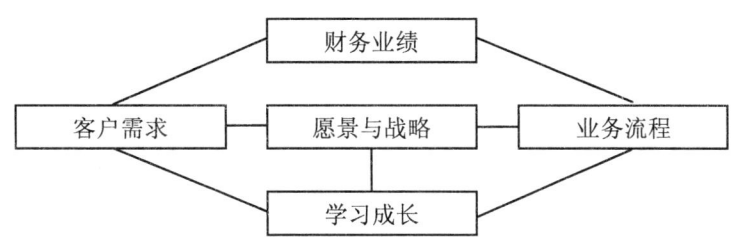

图7-3 KaPlan和Norton平衡计分卡模型

在反映战略绩效的四个维度即财务业绩、客户需求、业务流程、学习成长之间，存在复杂的非线性的因果关系回路，其中的主导关系是，学习成长支持业务流程，业务流程支持客户需求，客户需求支持财务业绩，财务业绩支持业务流程和学习成长，客户需求引导学习成长。

4. PCA（主成分分析法）评价法

在研究实际问题时，往往涉及众多变量从不同角度描述研究对象的特征，这些描述变量都提供一定的信息，但重要性不同；并且变量间也可能存在一定的相关性，造成某一特征的重复判断。利用变量间的相关性构造新的变量，用较少的新变量反映众多原变量的信息，既提高评价准确性，又提高评价效率。主成分分析就是通过构造原变量的线性组合产生互不相关的新变量，从中选取重要的变量进行评价。

六、技术创新战略的风险

（一）技术创新风险的定义

技术创新风险的定义在有关文献中主要有三种方式：

（1）从风险来源定义。技术创新风险，是指由于外部环境的不确定性、项目本身的难度与复杂性，以及企业自身能力的有限性所导致企业技术创新活动中止、撤销、失败，或达不到预期的经济技术指标的可能性。

（2）从风险因素定义。高技术创新的风险，就是指从事创新的企业或集团，由于技术、市场、资金、财务、政策、法规等不确定性因素而导致的失败的可能性。

（3）从技术创新过程定义。技术创新是一个链状过程：设想→原型→中试→批量生产→市场，其中只要有一个环节出现严重障碍，就会导致整个技术创新项目的失败。

可以认为技术创新风险定义中至少应包含三个要素：

一是技术创新主体。技术创新风险必须有特定的承担主体。技术创新的主体是指从事技术创新的组织。创新主体从事技术创新活动有其目的和利益追求，是创新活动可能带来的收益的享有者和损失的承担者。不进行创新的主体，也就不存在技术创新风险，但他们必将面临一种更大的风险，即不创新的风险。美国著名管理专家彼德·杜拉克说过："不创新，就死亡。"这是市场经济规律所决定的。

二是技术创新的客体。即技术创新项目，包括产品创新和工艺技术创新。两者是密切相关的，产品创新是技术创新的核心，工艺技术创新是产品创新的必要条件和基础。创新项目的选择与确定、项目的难度以及项目从产生设想到市场实现的过程至关重要。

三是技术创新过程。这一过程包括从创新构思的产生到创新实现，直至创新成果投放市场及改进创新成果的一系列活动及其逻辑关系。具体地说，技术创新过程是新产品的营销或新工艺的首次商业应用所涉及的技术、工程、设计、制造、管理和商业活动。技术创新过程具有重要地位，其实质是技术的价值追加过程和战略优势的形成过程，必须从竞争战略的高度看待技术创新过程。

基于以上分析，给出的定义是：技术创新风险，是指创新主体在技术创新过程中，由于各种环境因素的不确定性、项目的难度以及创新主体综合创新能力的制约，所导致的技术创新活动的中止、撤销、失败，或达不到预期经济技术指标，而造成损失的可能性。

（二）技术创新风险的分类

1. 按技术创新过程各阶段分类

技术创新风险中的过程包括：开发前风险，指由于调研不准，决策失误所造成的风险；技术风险，指创新活动从立项开始到样品试制阶段的风险；生产风险，指小批试制到生产的风险；商业风险，指消费者难以接受或消费需求变动以及市场竞争与替代所造成的风险。有的分段更细，指出技术创新风险存在于 14 个阶段中。有的分段较粗，高新技术产品创新包括由技术到产品的商品化阶段和从新产品到规模经济的产业放大阶段。高新技术产品化阶段的风险主要为技术风险，而产业化阶段的风险主要为商业化风险。

2. 按风险的特征分类

按风险的特征来分，可分为环境风险、开发前风险、技术风险、生产风险、市场风险和财务风险,指出各类风险存在于相应的阶段,而环境风险存在于整个创新过程之中。有的认为常见的技术创新风险有:市场风险、技术风险、中试风险、生产风险、政策风险、管理风险、资金风险。

3. 按风险来源分类

风险来自于三个方面:①外部环境的可变性、不确定性及不可控性,如市场需求发生变化、竞争对手出现或技术替代而导致科研开发失败;②科研开发项目本身的难度与复杂性;③科研开发主体的综合能力(如资金投入能力、技术能力、抗御风险能力等)的有限性。

4. 按技术开发水平分类

根据新技术开发的水平和对其实现过程进行管理的特点,可将技术开发划分为4类:低级、中级、高级、超高级。后两类技术开发的管理工作最复杂。但是,实现这两类技术开发的风险很大,失败的概率也很大。然而一旦成功,这两类开发成果生产的产品却可以保证获得很大的利润,并能够在市场上获得成功。

5. 从系统的概念对技术创新风险进行的分类

从系统的概念对技术创新风险进行的分类可分为系统风险与环境风险。

系统风险,是指技术创新系统内部的有关因素及其变化的不确定性,而引起创新活动失败的可能性。这里的技术创新系统是指一项技术创新所需的各种要素的集合及其相互关系,并不以创新主体为边界。从企业的创新能力来看,如开发部门的技术能力、人员素质、设备水平、管理水平、投资强度、市场开拓能力等方面导致技术创新失败的可能性。从企业经营管理来看,如市场调研、技术开发、资金筹措、财务管理、生产管理、组织管理、战略管理、决策等方面存在的导致技术创新失败的可能性。

环境风险,是指由技术创新系统以外的环境因素及其变化的不确定性,而导致创新项目失败的可能性。环境可分:宏观环境,包括人口环境、经济环境、自然环境、技术环境、政治环境、法律环境、社会环境、文化环境等;微观环境,包括顾客群、供应商、经销商、竞争对手和社会公众。环境中的风险因素在很大程度上是不可控的,尤其是宏观环境因素导致的风险是难以预测和控制的,而微观环境因素在一定程度上是可以施加影响的。

(三)企业技术创新风险的基本特征

技术创新是高风险活动,是在多种风险因素作用下的一种矛盾运动,风险难以识别和把握,但通过对技术创新风险产生原因的分析以及对大量的技术创新实践活动的总结中,认识到技术创新风险具有如下基本特征:

1. 存在性

技术创新作为一种技术与经济相统一的过程与活动,具有新颖性、效益性、风险性、过程性、周期性、群集性等内在特征,而风险性是其重要特征之一。企业从事技术创新活动都必然要经受风险的考验,这是企业技术创新的根本特征所决定的。不仅所有的技术创新活动都伴随着风险,而且在某一项技术创新活动中的各个阶段,也时刻伴随着风险,即技术创新风险是普遍存在着的。

2. 二重性

技术创新风险中最重要的一个特性,便是技术创新风险的二重性,指技术创新风险中的机会与危险并存的性质。具体表现在:技术创新风险是一种投机性风险,而非纯粹性风险。创新主体希望通过成功的技术创新获取期望的利益。

技术创新系统在外部因素和内部因素的作用下,创新活动最终有三种可能的结果:一是创新成功,实现预期的目标;二是创新失败,没能实现预期目标,甚至无法收回前期投入的资金;三是技术创新没有达到理想的效果,仅使投入与收益基本持平。技术创新风险中的机会,包括从事技术创新活动的企业获得经济优势、竞争优势的机会,获得发展契机、市场份额、技术优势、工业产权优势的机会。这些机会,构成了企业从事技术创新活动的动力。

技术创新风险中的危险,包括因技术创新失败而导致企业发生的资金损失、人力投入损失、市场机会损失、时间损失、心理损失(如屡遭挫折后心灰意冷),这些危险构成了企业从事技术创新活动的阻力。这样,企业技术创新实际上受两种方向相反的力的影响,一种是由技术创新风险中的机会所产生的正向推动力,一种是由技术创新风险中的危险所产生的逆向阻碍力。当推动力大于阻碍力时,便会促进企业的技术创新;反之便会阻碍企业的技术创新。

因而,技术创新的风险决策并非线性决策。也就是说,企业在选择技术创新项目时,不能单纯以期望收益为依据,而是要综合考虑风险与机会两个目标,并进行风险与收益的权衡,即风险—收益权衡机制。

3. 客观性

技术创新外部环境的不确定性以及技术创新项目的难度与复杂性均会给技术创新项目带来客观风险。

技术创新风险的客观性主要表现在:一方面技术创新风险是客观存在的事物,不论是风险因素,或损失、收益的大小都可以用客观的尺度加以衡量;

另一方面技术创新风险可看成是潜在损失的变动,即在特定的客观条件下,在特定的时间内,某种结果发生的可能变动程度,或实际结果与预期结果的变动程度。也就是说客观环境,包括地理、生态、人文、政治、市场等不以个体意志为转移的外部因素的变化给企业技术创新带来的风险。

4. 主观性

人们习惯于把技术创新风险全部归因于外部环境的不确定性。实际上,技术创新风险既有客观性的一面,也有主观性的一面。

技术创新风险的主观性主要表现在:技术创新风险是创新主体心理上的一种观念,是其对客观事物的主观估计,无法用客观尺度予以衡量。也就是说同样一个客观存在的风险,不同的创新主体对它的反应是不同的。也正因为他们在对待风险的主观态度上存在明显的差异,所以导致同样的风险给不同企业造成的损失度也各异。

5. 复杂性

技术创新风险是一种动态风险,有其复杂性。即由技术创新系统的外部因素或内部因素的变动,如经济、社会、技术、政策、市场等因素的变动,研究开发、市场调研、市场营销等方面的管理不到位,均可能导致风险的发生。

一方面,影响技术创新的风险因素很多,而且他们的表现形式各不相同,可能造成的后果及其严重程度各异,因而在创新活动中很难把握;另一方面,影响技术创新的很可能是多个风险因素共同作用在一起的合力,甚至很难辨别到底是什么因素在发挥作用。

6. 可控性

在技术创新这一具有创造性的过程中,必然会受到许多可变因素以及事先难以估测的不确定性因素的作用和影响。这些因素的影响使技术创新的结果具有不确定性。但技术创新过程是创新主体理性行为主导的过程,并不是人们所想象或认为的那样是一个不确定性很强的随机过程。因为,在技术创新过程中所有的工作都是有目的、有组织地进行的,其中每个阶段都包含有分析、评价、决策和实施等符合逻辑的理性行为。因而技术创新风险在某种程度上是可以防范和控制的。

(四) 防范技术创新风险的有效途径

新技术开发是探索性很强的工作,潜在着许多失败的风险。因此,要采取有效的措施,以避免风险的发生,相应的对策有:

(1) 树立风险意识,加强风险管理。风险管理是企业经营管理中的一个重要组成部分。通过风险识别、风险估测、风险评价和风险控制,采取有效措施加强技术创新的风险管理。

（2）加强市场研究。必须进行细致的市场研究,对用户需求有更好的理解,使 R&D 瞄准和满足这些需求。这在产品创新中起着重要作用。有些企业不做细致的市场调研,仅做肤浅的分析,就盲目上马,往往一事无成。

（3）重视分析技术创新过程中的各种不确定因素。有些企业希望高新技术成果能够立刻实现规模生产、创收见效,未待技术完善,未进行小试和中试,就筹措巨资,投资上马。正是由于这种边完善技术、边建立生产线的侥幸心理,导致创新周期过长,成本过高,甚至项目失败的结局。因此识别各种不确定性因素,对防范风险是至关重要的。

（4）加强信息沟通。创新项目在执行过程中,要加强信息沟通,使企业内部各部门协调配合,加强与同行的技术协作,与用户建立密切的联系,建立信息反馈渠道,改进新产品。

（5）加强市场营销。当前在激烈的市场竞争中,缺乏有效的市场营销策略是许多新产品失败的直接原因。对于新产品的市场开拓,制定有效的市场营销策略,注重营销沟通,完善服务,听取用户的建议,完善新产品,是一些企业面临的紧迫任务。

本章小结

1. 首先应区分战略管理和经营管理。战略管理是提升企业的发展态势、提升企业生命力,以适应社会环境、市场环境及其他环境变化。企业的经营管理是强化竞争力、扩大收益基础,以增强在市场环境中的地位和作用。由于有两种不同的需要和两种管理职能,也就出现了两种不同的管理体系。

战略控制包括规划控制、组织控制和战略成本控制、宣传控制,等等。规划控制是由战略部署和战略规划制约的。组织控制即公司治理结构。目前我国讨论的公司治理结构容易脱离实际,对于不同的公司,或者对一个公司的不同发展时期,战略是不同的,若出现战略同质化,则企业在竞争中（非竞争除外）必死无疑。企业的未来十年或十年以上发展战略不同,公司治理结构的依据不同,治理结构也应不同,从而才能起到组织控制的作用。

企业发展的速度和规模对于企业发展的态势和主动权有直接影响,但是在变化的环境中,尤其是快速变化的环境中,速度和规模的发展不一定起正作用,还可能起负作用,可能使优势变劣势。尤其在企业实行多元化时,战略成本更为重要,否则常常以失败告终。所以说,战略管理体系的四个主要功能是交织在一起的,不可能机械性分开的。

2. 企业战略管理的实施步骤主要包括四个方面的内容,分别是战略分析、战略制定、战略实施和战略评价,他们贯穿于企业战略管理工作的全部过程。根据前面对战略管理有关内容的分析情况,企业战略管理的最重要特点就是自我循环的过程,也就是这四个工作环节的循环。

3. 战略管理咨询是企业管理咨询中的重要组成部分。企业战略管理咨询主要解决企业的战略发展规划问题。战略管理咨询的过程包括:诊断、分析、规划、实施等。

4. 企业的生存和发展需要依靠技术的发展,技术能推动企业的生产力的发展,而生产力的领先就会成为一种竞争力,能始终保持这样的一种领先就意味着始终能在商品经济时代发展壮大屹立不倒,而要保持这样的技术优势,势必需要制定技术创新战略。研究了领先型,跟随型,模仿型和依赖型四种企业技术创新战略分别有其特有的发展模式和优劣势。

能力培养指导

- 通过课堂理论教学→案例教学→学生实践性学习的互动,培养学生自主学习能力。
- 通过教师课堂典型案例评价和学生自主案例作业分析讨论或学生根据理论自编案例工作的开展,提高了学生案例处理技能。

案例应用

华为公司的技术创新战略

(一)综述

深圳市华为技术有限公司成立于 1988 年。当初由 5 个人合伙投资 2.4 万元,从事小型程控交换机的研究开发,历经二十多年的艰苦奋斗,华为的程控交换机连续 3 年全球第一,市场占有率达 32%,智能网用户数全球第一,下一代网络产品 NGN 出货量全球第一,市场占有率达 28%;第三代用通信系统设备已跻身全球供应商的第一阵营,与著名的爱立信、诺基亚、西门子等公司比肩而立。

华为公司在短时间内从无到有,从小到大,从弱到强,崛起为我国通信领域的大企业,主要原因是它从成立之日起就实施了技术创新战略管理,形成了强大的技术创新能力。

(二)技术创新活动的理论模型：从技术驱动到市场驱动

在中国联通 CDMA 项目招标中落选曾是华为人心中的隐痛。华为在反思中发现，失败的根源是产品开发的思路错了。过去的产品开发是由技术驱动的，能研发什么就制造、销售什么。然而，现在的情况不一样了，新技术的不断问世大大超越了人类的现实需求，超前太多的技术，如果不能为人们所接受，就要付出大量成本，甚至可能导致公司破产。从此，华为的研发战略发生了根本性的变化，即从技术驱动转变为市场驱动，强调以新的技术手段实现客户需求。

华为认为创新源自客户需求，在企业创新中坚持客户导向的原则。这种"客户导向"体现在，从研发的最初就考虑到市场，甚至考虑到后期的客户如何维护的问题。为此，华为在公司的组织结构中，建立了富有特色的"战略与市场营销"体系，专注于客户需求的理解、分析，并基于客户需求确定产品投资计划和开发计划，以确保以客户需求来驱动华为公司战略的实施。已立项的产品在开发过程的各个阶段，都要基于客户需求来决定是否继续开发或停止或加快或放缓。

从 2000 年开始，华为在企业内部进行了集成产品开发的变革。这一耗费巨资的变革把以前由研发部门独立完成的产品开发变成跨部门的团队运作。任何产品一经立项就成立由市场、开发、服务、制造、财务、采购、质量等人员组成的团队，对产品整个开发过程进行管理和决策，确保产品一推到市场就满足客户需要。通过服务、制造、财务、采购等流程后端部门的提前加入，在产品设计阶段，就充分考虑和体现可安装、可维护、可制造的需求，以及成本和投资回报。这场变革的推行使市场驱动的研发战略有了制度和机制的保障。

适应市场，而不是单纯的就技术而论技术；鼓励创新，而不搞盲目出新，这就是华为自主创新的成功之路。

(三)技术创新活动的机制

1. 技术创新的动力机制

技术创新的动力机制包括内部动力和外部动力。内部动力：(1)明晰的产权制度是技术创新的内部动力的基本保证。只有在产权明晰的前提下，企业才会改"政府要我创新"为"我要创新"。华为作为一家民营企业，自负盈亏，在激烈的市场竞争下，只有不断的技术创新，才是实现利润最大化的唯一有效途径。(2)技术创新的内部动力分为主动力和被动力。主动力就是企业主动进行创新的动力，主要包括对创新可能带来的高额风险垄断利润的追求和追求企业的发展。外部动力是指来自企业之外的自然环境、社会环境的激励和约束构成的创新动力。华为总部地处深圳——中国经济特区，市场经济成熟且有高端的网络技术应用环境和氛围。且适逢中国政府大力提倡建设创新型国家之际，得到了政府的资助和优惠政策。深圳市为华为提供了高新技术企业应享受的财政、税收、土地等优惠政策，提供了宽松的外部环境技术。正是由于内外动力的相互作用，才造就了今天的华为。

以代理产品起家的华为走上自主创新的道路，初始的动力完全是为了能够"活下去"。那还是20世纪90年代初，华为所代理的香港公司看到市场局面已经打开，就把代理权收回去了。在这生死存亡的关键时刻，成立仅3年的华为公司决定将代理销售获得的微薄利润投入到程控交换机的自主开发上，给企业找一条生路。

华为人看准了目标就毫不动摇，缺乏研发资金，他们不惜高息融资，甚至把自己工资的一半也拿了出来。经过3年的攻关，华为的程控交换机带着自己独有的技术面世了。这款交换机选择了光纤作为模块连接的手段，可以满足农村对防雷、功耗、远端模块的特殊要求，就是这样一个小小创新，为华为交换机走"农村包围城市"的道路添上了重要的筹码。

华为交换机迅速走红，小试牛刀的华为公司看到了创新技术为企业发展注入的巨大活力，从此在自主创新的道路上一发而不可收。在华为有关文件中，明确将"广泛吸收世界电子信息领域的最新研究成果，虚心向国内外优秀企业学习，在独立自主的基础上，开放合作地发展领先的核心技术体系，用我们卓越的产品自立于世界通信列强之林"确定为企业的核心价值观，同时将"发展拥有自主知识产权的世界领先的电子和信息技术支撑体系"作为企业的基本目标。

华为的3G产品能成功地在3G技术的发源地获得商业应用，是欧美对华为3G系统技术领先性的全面认可。华为人自豪地说："华为公司在欧美市场上的突破，依靠的不是低价策略，而是以自有技术为核心的竞争实力，我们的产品在技术测试中获得了好几项第一。"华为在海外市场的成功，是技术创新成果的全面体现。

2. 运行机制

（1）创新决策：从跟踪开发到领先开发

技术创新决策是技术创新行为中最重要的环节，决策的正确与否，直接决定技术创新的成败。

与有百年历史的跨国巨头相比，二十多岁的华为公司仍然很稚嫩。在华为发展的前期，其技术研发以跟踪开发为主，通过学习、借鉴别人已经成熟的技术，以节约产品成本，提高竞争力为目的。但随着华为的发展，在技术上拉近了与国际先进水平的差距，在市场上又逐渐成为跨国公司的直接竞争对手，进而成为其封锁和打压的对象。跟踪型的研发之路走不通了，华为要在国际竞争中取得优势，不能不走领先型研发之路。

为了打破欧美跨国公司对高附加值的高科技产品的垄断，华为在技术研发中坚持高起点，始终瞄准业内尖端、前沿、最有市场的产品，努力站在与国际跨国公司同一起跑线上。华为在 3G 上的倾尽全力曾经招致过"战略失误"的嘲笑，但他们始终认定："传统产品的市场格局很难改变，我们只能在新增市场上争夺一席之地。"整整 10 个春秋，华为在 3G 研发上累计投入超过 50 亿元，投入研发人员近 6000 人，在美国、瑞典、印度和俄罗斯等国设立了多个研发中心。目前，他们的奋力追赶终于有了可观的回报，华为已拥有 2700 多项 3G 专利，其中 94%为发明专利。由于掌握了核心技术，使华为用很短的时间，在荷兰、美国、阿联酋、马来西亚等地部署了 11 个 3G 商用网络，入选英国电信公司未来 5 年优先供应商，第一次站到了由爱立信、思科、西门子等 7 家跨国巨头组成的顶级供应商行列。

（2）创新研究与发展（R&D）

创新的研究与发展（R&D），既是企业技术创新的决策的必要依据，又是决策的直接延续。企业技术创新 R&D,是企业以自身的科研与开发为基础，并借助外部的成果引进与技术合作，从开发研究与设计，到样品、样机的研制，直至通过中间试验的一整套战术方案的制定过程。

先进的研发管理模式是华为公司技术创新能力提升的加速器。在研究开发管理方面，华为在 1999 年初，与 IBM 咨询公司合作，全面采用世界领先企业的产品开发理念，建立了科学高效的集成产品开发流程（IPD），如图 1 所示。IPD 主要是适用于研发管理，华为从项目形成到最终研发都严格按照该管理系统进行，以提高研发效率。IPD 是关于产品开发（从产品概念产生到产品发布的全过程）的一种理念和方法，它强调以市场和客户需求作为产品开发的驱动力，在产品设计中就构建产品质量、成本、可制造性和可服务性等方面的优势。更为重要的是，IPD 将产品开发作为一项投资进行管理。在产品开发的每一个重要阶段，都从商业的角度而不只是从技术的角度进行评估，以确保产品投资回报的实现或尽可能减少投资失败所造成的损失。

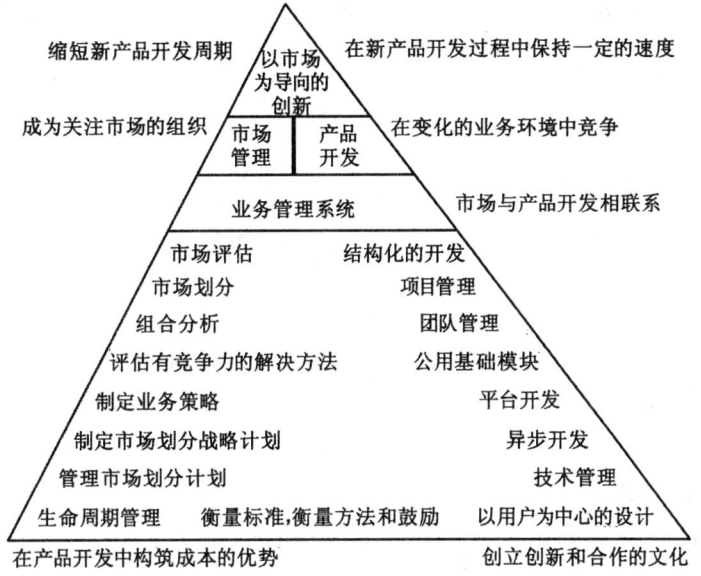

图 1 华为 IPD 流程

例如，华为的 CDMA 开发进程就是严格按照 IPD 的计划进行的，这使得华为 CDMA1x 产品的开发、测试、生产和市场发布都有条不紊、不急不躁，确保了华为的 CDMA1X 系统一经推出就达到了可规模商用化的水平。据不完全统计，IPD 使华为整体研发成本降低 40%。按照华为北京研究所路由器产品线总监吴钦明的说法，他们在开发路由器时，通过实施 IPD，可以把最前端的产品发展趋势直接固化在后端产品开发计划中，并保障在开发路由器时"一板"成功，大大减少了废品率，并缩短产品开发周期。

IPD 也带来了研发人员激励方式的改变。在高人力密度研发时期，基层研发人员实行统一工资制。IPD 研发体系要求高度信息沟通，并对项目开发进程做详细记录。研发体系变革后，基础研发人员的个人薪金完全与项目小组的研发成果和个人贡献挂钩，中层研发经理的薪金则按项目研发制度和客户满意度进行考评。IPD 的实施使华为的创新成果更快、更高质量地转化为经得起市场考验的产品，这也是最近一两年来华为的技术实力和产品地位迅速提升的一个主要因素。

①自身的高投入的研究与开发：包括资金与研究人员的投入。

自主创新是资金密集型的投资活动，离开资金投入就无从谈起，因此华为有关文件明确规定："我们保证按销售额的 10% 拨付研发经费，有必要且可能时还将加大拨付的比例。"实际上华为每年的研发投入不仅比国内一般企业不足1%的比例高出许多，有些年份其实际投入比一些跨国公司还要高。根据著名的IT研究与顾问咨询公司美国高德纳公司的统计，华为在电信业最不景气的2002年，投入研发的资金占总营业额的比例为17%。这一比例要高于诺基亚、阿尔卡特和思科。

华为公司的高投入还体现在研发人员的投入上，近3万员工中，有47%是研发人员，达14000多人，其中有3000多名优秀的外籍研发人员。

②外部的成果引用与技术合作：华为人习惯性地称国际跨国公司竞争对手为"友商"。华为人解释，这并不是什么客套，而是源自于在竞争中合作的理念。在坚持以我为主、自主研发的前提下，华为通过合资、合作等方式，与国际一流企业和科研机构建立了广泛的联系。华为和英特尔联合向中国运营商及其他国家运营商联合推出3G混合组网解决方案；华为和西门子共同组建一家合资公司，专注于3G技术及产品的开发、生产、销售和服务；华为推出的3G手机就是与英飞凌、高通等知名厂商合作研发的产物；华为公司还与高通公司形成了战略伙伴关系，双方在解决方案、业务、系统芯片、终端芯片方面开展了紧密合作。有的核心技术，如天线是设在俄罗斯的研究所设计的，芯片是设在中国的研究所开发的，而工艺是由德国工程师设计的，软件则是由设在印度的研究所开发的，可以说是集世界最先进技术之大成。华为有关负责人说："如果不是这样的开放研发思路，我们在技术上很难短期内实现突破和跨越。"

（3）创新的实现机制

企业的技术创新的实现，是企业通过积极的销售活动和售后服务，是自己的创新产品迅速进入市场，占有、巩固并不断扩大市场，以实现创新所追求的目标——使企业实际获得经济效益的过程。

健全的生产、销售、服务机构。在深圳设市场总部，下设市场策划、交换系统、传输系统、接入网、多媒体、电源、终端、数据通信、海外市场、营销工程、用户服务中心等十几个部门，统筹国内外市场拓展工作：在全国设立了33个市场销售办事处，负责投标、竞标和向用户进行推广工作，以拓展市场。设35个用户服务中心，为全国各地用户提供及时快速的售后服务和三级技术支持：为了快速占领市场，把成熟的产品转向各地生产，成立了四川华为通信有限公司、天津华为通信有限公司、北方华为通信有限公司，与国内177个电信局和专网共同参股组建华为通信股份有限公司、与俄罗斯贝托公司合资成立贝托华为合资公司。

3. 技术创新的激励机制：创新导向的人才激励机制

美国哈佛大学教授威廉·詹姆斯通过调查发现，按时计酬的员工一般仅需发挥20%至30%的能力就能保住饭碗但是如果受到充分的激励，员工的能力可以发挥到80%至90%，这说明其中50%至60%的差距是激励造成的。所以在一定程度上可以说，激励能极大地促进员工绩效。

华为无疑是我国企业自主创新的典型。自主创新能力是华为的核心竞争力，而人才是打造企业自主创新能力的关键。

华为注重选拔、招聘创新型人才，以优厚待遇吸引优秀科技人员加盟，获取对技术创新极为重要的人才资源。华为招聘员工的方法主要有两种方法：一种是社会招聘，另外一种就是校园招聘。华为每年都要招聘大量的高校毕业生，这已经形成了自己的招聘模式。

华为还采取多种方式培训、提高研发人员水平，创建学习型组织。华为已经形成了自己的培训体系、有自己的培训学校和培训基地，所有员工都要经过培训，合格后才可以上岗。华为还有自己的网上学校，可以在线为分布在全世界各个地方的华为人进行培训。华为每一年的培训费用高达数亿元。

华为还特别注意员工的实践磨炼：鼓励员工到一线特别是海外一线工作，奖励向一线倾斜；选拔在一线和海外艰苦地区工作的员工进入干部后备队伍培养。

企业技术创新的目的是要产生有市场竞争力的技术和产品。需求是技术创新之母，技术创新必须符合用户需要，创新产品必须具有市场价值。这就要求创新者必须有较强的市场洞察力，超前把握市场与用户的潜在需求，这是技术创新成功的关键。

客户满意度是华为从总裁到各级干部的重要考核指标。客户需求导向和为客户服务蕴含在干部、员工招聘、选拔、培训教育和考核评价的整个过程，并固化到干部、员工选拔培养的素质模型，固化到招聘面试的模板中。

华为注重以薪酬待遇激励人才。华为作为我国当今高科技企业的佼佼者，是中国员工收入最高的公司，在外界的传说中，在华为工作5年以上的中层干部可以支付一条游轮。华为的高薪使得优秀的人才聚集华为，另外一方面也激励了人才积极性。近来华为在国内各大名牌大学招聘到大量优秀学生，完全归于"杀手锏"——起薪点高，也就是华为所说的有竞争力的薪酬。在《华为公司的基本法》中规定："按劳分配的依据是：能力、责任、贡献和工作态度。按劳分配要充分拉开差距，分配曲线要保持连续和不出现拐点。股权分配的依据是：可持续性贡献、突出才能、品德和所承担的风险。股权分配要向核心层和中坚层倾斜，股权结构要保持动态合理性。按劳分配与按资分配的比例要适当，分配数量和分配比例的增减应以公司的可持续发展为原则。"华为员工的薪酬福利形式主要有：工资、奖金、安全退休金、医疗保障、股权、红利。任正非说："我们崇尚雷锋、焦裕禄精神，并在公司的价值评价及价值分配体系中体现，绝不让雷锋、焦裕禄们吃亏，奉献者定当得到合理的回报。"

华为还注重对员工的精神激励。在华为各种各样的奖励应接不暇，公司还专门成立了一个荣誉部，专门负责对员工进行考核、评奖。华为的荣誉奖有两个特点：第一，面广人多，所以员工很容易在毫无察觉的情况下得知自己获得了公司的某种奖励；第二，物质激励和精神激励紧紧绑在一起。

华为还十分重视职业发展激励，为技术创新人才畅通职业发展通道。在华为有两条职业发展通道：一是向管理者走，一是向技术专家走。同等任职的管理者和技术专家能享受同等待遇。

华为非常崇尚"狼"，而"狼"有三种特性：其一，有良好的嗅觉；其二，反应敏捷；其三，发现猎物集体攻击。在创新的方式上，主张团队作战，不赞成个人英雄主义。为鼓励团队合作，华为规定，优先从优秀团队中选拔干部，出成绩的团队要出干部，连续不能实现管理目标的主管要免职，免职的部门副职不能提为正职，业绩不好的团队原则上不能提拔干部。

（四）结束语

技术创新与公司制度创新和管理创新一体化。在知本主义指导下，股份合作制留住了人才，避免了信息资产流失，使公司知识资本积累下来，不断增值，极大地调动了全体员工的劳动创造热情；能力主义的职能工资制，激烈的竞争和淘汰制度，挖掘出员工的巨大潜力。合理的公司组织结构与灵活有竞争的机制成为技术创新的动力来源。

从创新模式上讲，华为也是在国外技术基础上进行二次创新。它抓住了世界通信技术越来越依赖信息技术、集成电路技术的机会，掌握了当今世界最先进的计算机软硬件和集成电路技术，并运用于通信领域，从而有可能在短时间内站在世界通信技术前沿，大大缩小了民族通信业和世界通信业的距离。

更可贵的是，华为没有停留于跟踪世界先进技术的层次上，而是进一步做出了原创性的技术发明，在程控交换机、芯片技术和移动通信等方面拥有了自主知识产权，形成了自己的核心技术，从而在国内外通信市场竞争中拥有了核心能力。

经过持续的技术研发和积累，如今华为在超长距 DWDM、MSTP、NGN、综合接入、IP 电信网、IP DSLAM、智能网、信令网等领域，处于世界领先地位；在智能光网络 ASON、核心骨干路由器、交换机、WCDMA、CDMA、3G 终端等领域，进入了世界先进的行列；华为已能设计近 100 种特定用途集成芯片（ASIC），包括 3G 核心芯片，设计水平从 0.5 微米提升到 0.13 微米，自主芯片年产量已达 1100 万片。

华为的战略目标不仅仅是国内第一，它的竞争对手是西门子、AT&T、阿尔卡特，这些大公司的技术和产品垄断着中国市场，20 多年来华为主要靠技术创新挤占了部分国内外市场，而要在 21 世纪初成为有国际地位的中等规模的通信技术设备制造公司，华为仍然是以实施技术创新战略管理为唯一竞争手段。

【讨论题】

1. 华为公司的创新机制的动力是什么？
2. 华为的成功对其他的高科技企业有什么启示？

第八章 企业战略实施

学习目标
- 了解企业战略实施的四个阶段；掌握战略实施的基本原则；理解战略实施的模式。
- 掌握外部环境因素；掌握内部因素对战略实施的影响。
- 了解组织结构相关理论；掌握企业战略与组织结构的互动关系；掌握不同战略与组织结构之间的匹配机理；了解企业环境与组织结构；掌握诊断企业 EOS 的适应水平的方法。
- 掌握企业文化含义；理解企业文化对战略实施的影响，了解企业文化与企业战略的风险评价；掌握企业在实施文化战略时应注意的问题。
- 理解战略领导力的涵义；掌握企业战略实施领导力体系框架；了解企业战略实施领导力的环境支持；掌握企业战略实施领导力的变革策略。
- 掌握企业战略实施效果评价的三种方法：平衡计分卡、层次分析法、灰色关联分析法的相关概念及理论体系。

实践中的战略实施

某制药企业战略实施案例

S 制药企业是南方一个大中型制药企业，2012 年 S 药企找了国际知名的管理咨询公司做了战略发展规划，提出了 S 药企发展目标，勾画了 S 药企的发展愿景。

为 S 药企做战略规划的国际知名的管理咨询公司由于在战略制定上侧重于规划，方向性强，但缺乏针对 S 药企的详实的战略实施路径、步骤和战略地图，指标对应的资源配置缺失，战略目标无法落实到部门和岗位，等等，这些因素导致 S 药企在战略执行中遇到了较大的困难。很多指标落实不下去，战略落地难度很大。

在这种情况下，S药企找到了北京史立臣医药管理咨询中心，经过几轮的沟通后，项目团队详实的了解了S药企的战略落地和实施的需求，与S药企签署了战略实施项目。

北京史立臣医药管理咨询中心项目团队进驻S药企后，对S药企战略规划进行了仔细的研究，又对S药企内部员工和外部合作客户进行了为期20多天的调研访谈，在获取资料非常充分的前提下，提出了S药企的战略实施存在的主要问题和项目方案。

（一）S药企在战略实施的主要问题

经过国际知名管理咨询公司制定的战略规划，S药企有明确的战略发展目标。通过调研，我们发现在战略执行方面，S药企的主要问题是：

S药企以财务管控为主，无论从管控手段上，还是S药企对下属分、子公司管理支持的执行部门上，在管控和职能上都有所欠缺，不能满足S药企3~5五年战略发展需要，主要表现在：

战略目标的实现缺乏有效的实施手段；

预算系统流于形式，无法针对战略目标进行有效的资源配置；

缺少对战略执行过程的监控，没有相关的监控流程、管理制度和权责分配系统；

绩效考核简单，缺少竞争力，无法支持S药企战略指标的实现；

缺少实现战略的路径和步骤，战略地图绘制较为粗线条；

缺少获取外部资源和孕育内部业务的战略平台，对战略目标缺乏有效的平台支持。

（二）S药企战略实施项目解决方案

针对S药企的情况，北京史立臣医药管理咨询中心项目团队对S药企的管理体系进行了梳理，并提出针对性强、执行性强的战略实施解决方案。

（1）将S药企战略目标根据S药企的业务体系进行分解，保证目标落实到业务单元、落实到具体部门、落实到具体岗位。

（2）根据S药企战略指标分解结果，进行合理的资源配置，资源配置采用整合、聚焦、年度分解和逐步匹配的方案。

预算机制实际反应的是S药企的资源分配过程，但S药企资源的分配并不是盲目的，也是要和S药企战略的实施结合起来，将资源的分配倾向于一个年度的战略重点。因此，预算的制定需要结合平衡计分卡和工作计划，集中力量解决主要矛盾。

（3）S 药企能力配置。由于不同的分解指标针对不同的业务单元有着不同的要求，所以，在业务单元上能力因素非常重要，配置的资源如何发挥作用，这和能力因素成正比。

（4）用 BCS 做出详细的战略地图，对战略地图每个点进行分解性细化。BSC 作为基本的应用工具，首先根据 S 药企的战略目标，以 BSC 的思维，画出最具实效的战略地图，清楚地表达在财务、客户、内部流程、学习成长方面 S 药企需要达成的目标，以及各自之间的关系。而后，将战略地图转化为平衡计分卡，清楚地告诉 S 药企各个业务单元和承载部门应该关注那些关键问题和战略考核问题。

（5）重建 S 药企整个组织结构。重新审视现有的 S 药企组织结构能否满足战略的实施，补充缺少的职能，明确各部门、岗位的职责权限，同时根据 S 药企的实际情况，将平衡计分卡上的关键任务明确到相应的部门，做到"事事有人负责"。将平衡计分卡和部门岗位职责结合在一起，形成详细的工作计划，包括时间、任务、工作标准和责任人。

（6）理顺 S 药企各个业务体系和内部管理的关键流程和一般流程。流程管理的改进与优化是战略执行管理的主要工具，北京史立臣医药管理咨询中心项目团队在构建 S 药企流程时主要关注管理流程和业务流程两部分。

思路：将明确的目标、计划、责任人和操作方式以流程的方式固化下来，达到既能提高效率，又能规避风险的目的。除了将 S 药企现有的流程理顺以适应 S 药企战略，更主要的是建立起 S 药企规范的流程管理体系，使 S 药企流程能够更加机动灵活。

（7）建立战略控制体系。S 药企项目团队打破了以往 S 药企只重视结果的惯性管理体制，将结果分解成过程控制的阶段成果，避免了缺乏过程监控，结果不能匹配战略目标的现象。

S 药企战略控制体系包括三大部分的内容，战略控制表单、战略审计会议和战略预测系统。

战略控制表单是战略审计会议和战略预警系统的基础数据支持。战略控制表单根据平衡计分卡开发，选取平衡计分卡中的重点目标，分解为阶段控制指标，并列出获取方式和计算公式，同时根据 S 药企实际情况，给指标划定波动范围，定期上报表单。

战略审计需要结合 S 药企原有日常经营工作会议，季度性召开，以战略控制表单数据为基础，审视阶段内 S 药企战略目标的达成情况；同时结合 S 药企战略指标的范围，及时发现 S 药企战略执行的问题。

S药企战略预测系统包括S药企指标预测范围和应急事件，S药企战略指标预测与战略控制表单结合，通过战略指标值范围的形式在战略控制表单上得以体现，如发现有超过战略指标波动范围的情况，则需要启动相应的S药企指标预测应急预案。

（8）建立S药企指标预测有吸引力的评价和薪酬体系。S药企战略执行管理体系将考核评估结果与责任人薪酬、业绩评价挂钩，构建有效的激励评价机制，再将评价的结果应用于薪酬体系的优化，使员工能够在精神和物质方面得到双重激励。

（9）建立S药企战略合作平台。

（10）……

项目结果：北京史立臣医药管理咨询中心的项目团队的工作获得了S药企管理层的高度认可，认为战略实施的路径、步骤清晰，指标分解到位，责任落实明确，非常利于战略实施和落地。（作者：北京史立臣医药管理咨询中心）。

评述

在战略管理中，"匹配性"是一个重要的议题。战略实施需要系统的思考，把各个要素协调、匹配起来，通过融合增强企业实施战略的能力。我们只有把企业内外部各种影响因素进行综合集成，同企业制定的战略相互匹配，才能为战略有效实施提供运作保证。

战略的实质是责、权、利的重新界定，资源和利益等的重新分配。新的战略要求企业具备与其相匹配的条件，来支持保证其有效实施。所以，企业在实施战略过程中，要分析企业实施新战略的能力，即了解企业所处的环境及拥有的资源和能力，判断企业现状与既定战略的匹配程度等。对这个问题处理不善，往往影响战略实施的成效，关系到企业的成败。

企业作为市场经济的微观主体，以组织行为参与市场竞争，必须处理好内部和外部两方面的问题。本文将影响企业战略实施的因素，分为两个方面：一是外部环境影响因素；二是内部影响因素。

第一节　企业战略实施

战略实施就是将公司战略付诸实施的过程。企业战略的实施是战略管理过程的行动阶段，因此它比战略的制订更加重要。

战略实施是一个自上而下的动态管理过程。所谓"自上而下"主要是指，战略目标在公司高层达成一致后，再向中下层传达，并在各项工作中得以分解、落实。所谓"动态"主要是指战略实施的过程中，常常需要在"分析－决策－执行－反馈－再分析－再决策－再执行"的不断循环中达成战略目标。

一、企业战略实施概述

经营战略在尚未实施之前只是纸面上的或人们头脑中的东西，而企业战略的实施是战略管理过程的行动阶段，因此它比战略的制订更加重要。

（一）战略实施的阶段

企业战略实施包含四个相互联系的阶段。

1. 战略发动阶段

在这一阶段上，企业的领导人要研究如何将企业战略的理想变为企业大多数员工的实际行动，调动起大多数员工实现新战略的积极性和主动性，这就要求对企业管理人员和员工进行培训，向他们灌输新的思想、新的观念，提出新的口号和新的概念，消除一些不利于战略实施的旧观念和旧思想，以使大多数人逐步接受一种新的战略。

对于一个新的战略，在开始实施时相当多的人会产生各种疑虑，而一个新战略往往要将人们引入一个全新的境界，如果员工们对新战略没有充分的认识和理解，它就不会得到大多数员工的充分拥护和支持。

因此，战略的实施是一个发动广大员工的过程，要向广大员工讲清楚企业内外环境的变化给企业带来的机遇和挑战、旧战略存在的各种弊病，新战略的优点以及存在的风险等，使大多数员工能够认清形势，认识到实施新战略的必要性和迫切性，树立信心，打消疑虑，为实现新战略的美好前途而努力奋斗。在发动员工的过程中努力争取战略的关键执行人员的理解和支持，企业的领导人要考虑机构和人员的认识调整问题从而扫清战略实施的障碍。

2. 战略计划阶段

将经营战略分解为几个战略实施阶段，每个战略实施阶段都有分阶段的目标，相应的有每个阶段的政策措施、部门策略以及相应的方针等。要定出分阶段目标的时间表，要对各分阶段目标进行统筹规划、全面安排，并注意各个阶段之间的衔接，对于远期阶段的目标方针可以概括一些，但是对于近期阶段的目标方针则应该尽量详细一些。对战略实施的第一阶段更应该是新战略与旧战略有很好的衔接，以减少阻力和摩擦，第一阶段的分目标及计划应该更加具体化和操作化，应该制订年度目标、部门策略、方针与沟通等措施，使战略最大限度的具体化，变成企业各个部门可以具体操作的业务。

3. 战略运作阶段

企业战略的实施运作主要与下面六个因素有关，即：各级领导人员的素质和价值观念；企业的组织机构；企业文化；资源结构与分配；信息沟通；控制及激励制度。通过这六个因素使战略真正进入到企业的日常生产经营活动中去，成为制度化的工作内容。

4. 战略的控制与评估阶段

战略的控制与评估阶段。战略是在变化的环境中实践的，企业只有加强对战略执行过程的控制与评价，才能适应环境的变化，完成战略任务。这一阶段主要是建立控制系统、监控绩效和评估偏差、控制及纠正偏差三个方面。

（二）战略实施的基本原则

企业在经营战略的实施过程中，常常会遇到许多在制订战略时未估计到或者不可能完全估计到的问题，在战略实施中有三个基本原则，可以作为企业实施经营战略的基本依据。

1. 适度合理性的原则

由于经营目标和企业经营战略的制定过程中，受到信息、决策时限以及认识能力等因素的限制，对未来的预测不可能很准确，所制订的企业经营战略也不是最优的，而且在战略实施的过程中由于企业外部环境及内部条件的变化较大，情况比较复杂，因此只要在主要的战略目标上基本达到了战略预定的目标，就应当认为这一战略的制订及实施是成功的。

在客观生活中不可能完全按照原先制订的战略计划行事，因此战略的实施过程不是一个简单机械的执行过程，而是需要执行人员大胆创造，大量革新，因为新战略本身就是对旧战略以及旧战略相关的文化、价值观念的否定，没有创新精神，新战略就得不到贯彻实施。因此，战略实施过程也可以是对战略的创造过程。在战略实施中，战略的某些内容或特征有可能改变，但只要不妨碍总体目标及战略的实现，就是合理的。

另外，企业的经营目标和战略总是要通过一定的组织机构分工实施的，也就是要把庞大而复杂的总体战略分解为具体的、较为简单的，能予以管理和控制的问题，由企业内部各部门以至部门各基层组织分工去贯彻和实施，组织机构是适应企业经营战略的需要而建立的，但一个组织机构一旦建立就不可避免地要形成自己所关注的问题及本位利益，这种本位利益在各组织之间以及和企业整体利益之间会发生一些矛盾和冲突，为此，企业的高层管理者要做的工作是对这些矛盾冲突进行协调、折衷、妥协，以寻求各方面都能接受的解决办法，而不可能离开客观条件去寻求所谓绝对的合理性。只要不损害总体目标和战略的实现，还是可以容忍的，即在战略实施中要遵循适度的合理性原则。

2. 统一领导，统一指挥的原则

对企业经营战略了解最深刻的应当是企业的高层领导人员，一般来讲，他们比企业中下层管理人员以及一般员工掌握的信息要多，对企业战略的各个方面的要求以及相互联系的关系了解得更全面，对战略意图体会最深，因此战略的实施应当在高层领导人员的统一领导，统一指挥下进行，只有这样其资源的分配、组织机构的调整、企业文化的建设、信息的沟通及控制、激励制度的建立等各方面才能相互协调、平衡，才能使企业为实现战略目标而卓有成效的运行。

同时，要实现统一指挥的原则，要求企业的每个部门只能接受一个上级的命令。但在战略实施中所发生的问题，能在小范围、低层次解决问题，不要放到更大范围，更高层次去解决，这样做所付出代价最小，因为越是在高层次的环节上去解决问题，其涉及的面也就越大，交叉的关系也就越复杂，当然其代价也就越大。

统一指挥的原则看似简单，但在实际工作中，由于企业缺少自我控制和自我调节机制或这种机制不健全，因而在实际工作中经常违背这一原则。

3. 权变原则

企业经营战略的制订是基于一定的环境条件的假设，在战略实施中，事情的发展与原先的假设有所偏离是不可避免的，战略实施过程本身就是解决问题的过程，但如果企业内外环境发生重大的变化，以至原定的战略的实现成为不可行，显然这就需要把原定的战略进行重大调整，这就是战略实施的权变问题。其关键就是在于如何掌握环境变化的程度，如果当环境发生并不重要的变化时就修改了原定的战略，这样容易造成人心浮动，带来消极后果，缺少坚韧毅力，最终只会导致一事无成。但如果环境确实已经发生了很大的变化，仍然坚持实施既定的战略，将最终导致企业破产，因此关键在于如何衡量企业环境的变化。

权变的观念应当贯穿于战略实施的全过程，从战略的制订到战略的实施，权变原则要求识别战略实施中的关键变量，并对它做出灵敏度分析，提出这些关键的变量的变化超过一定的范围时，原定的战略就应当调整，并准备相应的替代方案，即企业应该对可能发生的变化及其给企业造成的后果，以及应变替代方案,都要有足够的了解和充分的准备,以使企业有充分的应变能力。当然,在实际工作中,对关键变量的识别和启动机制的运行都是很不容易的。

(三)战略实施的模式

在企业的战略经营实践中,战略实施有五种不同的模式。

1. 指挥型

这种模式的特点是企业总经理考虑的如何制定一个最佳战略的问题。在实践中,计划人员要向总经理提交企业经营战略的报告,总经理看后做出结论,确定了战略之后,向高层管理人员宣布企业战略,然后强制下层管理人员执行。

这种模式的运用要有以下约束条件:

(1)总经理要有较高的权威,靠其权威发布各种指令来推动战略实施。

(2)本模式只能在战略比较容易实施的条件下运用。

这就要求战略制订者与战略执行者的目标比较一致,战略对企业现行运作系统不会构成威胁;企业组织结构一般都是高度集权制的体制,企业环境稳定,能够集中大量的信息,多种经营程度较低,企业处于强有力的竞争地位,资源较为宽松。

(3)本模式要求企业能够准确有效的收集信息并能及时汇总到总经理的手中。因此,它对信息条件要求较高。这种模式不适应高速变化的环境。

(4)本模式要有较为客观的规划人员。

因为在权力分散的企业中,各事业部常常因为强调自身的利益而影响了企业总体战略的合理性。因此,企业需要配备一定数量的、有全局眼光的规划人员来协调各事业部的计划,使其更加符合企业的总体要求。

这种模式的缺点是把战略制订者与执行者分开,即高层管理者制订战略,强制下层管理者执行战略,因此,下层管理者缺少了执行战略的动力和创造精神,甚至会拒绝执行战略。

2. 变革型

这种模式的特点是企业经理考虑的是如何实施企业战略。在战略实施中,总经理本人或在其他方面的帮助下,需要对企业进行一系列的变革,如建立新的组织机构,新的信息系统,变更人事,甚至是兼并或合并经营范围,采用激励手段和控制系统以促进战略的实施,为进一步增强战略成功的机会,企业战略领导者往往采用以下三种方法:

(1)利用新的组织机构和参谋人员向全体员工传递新战略优先考虑的战

略重点是什么，把企业的注意力集中于战略重点所需的领域中。

（2）建立战略规划系统、效益评价系统，采用各项激励政策以便支持战略的实施。

（3）充分调动企业内部人员的积极性，争取各部门人员对战略的支持，以此来保证企业战略的实施。

这种模式在许多企业中比指挥型模式更加有效，但这种模式并没有解决指挥型模式存在的如何获得准确信息的问题，各事业单位及个人利益对战略计划的影响问题以及战略实施的动力问题，而且还产生了新的问题，即企业通过建立新的组织机构及控制系统来支持战略实施的同时，也失去了战略的灵活性，在外界环境变化时使战略的变化更为困难，从长远观点来看，在环境不确定性的企业，应该避免采用不利于战略灵活性的措施。

3. 合作型

这种模式的特点使企业的总经理考虑的是如何让其他高层管理人员从战略实施一开始就承担有关的战略责任。为发挥集体的智慧，企业总经理要和企业其他该层管理人员一起对企业战略问题进行充分的讨论，形成较为一致的意见，制订出战略，再进一步落实和贯彻战略，使每个高层管理者都能够在战略制订及实施的过程中做出各自的贡献。

协调高层管理人员的形式多种多样，如有的企业成立有各职能部门领导参加的"战略研究小组"，专门收集在战略问题上的不同观点，并进行研究分析，在统一认识的基础上制订出战略实施的具体措施等。总经理的任务是要组织好一支合格胜任的制订及实施战略管理人员队伍，并使他们能够很好的合作。

合作型的模式克服了指挥型模式即变革模式存在的两大局限性，使总经理接近一线管理人员，获得比较准确的信息。同时，由于战略的制订是建立在集体考虑的基础上的，从而提高了战略实施成功的可能性。

该模式的缺点是由于战略是不同观点、不同目的的参与者相互协商折衷的产物，有可能会使战略的经济合理性有所降低，同时仍然存在着谋略者与执行者的区别，仍未能充分调动全体管理人员的智慧和积极性。

4. 文化型

这种模式的特点是企业总经理考虑的是如何动员全体员工都参与战略实施活动，即企业总经理运用企业文化的手段，不断向企业全体成员灌输战略思想，建立共同的价值观和行为准则，使所有成员在共同的文化基础上参与战略的实施活动。

由于这种模式打破了战略制订者与执行者的界限，力图使每一个员工都参与制订实施企业战略，因此使企业各部门人员都在共同的战略目标下工作，使企业战略实施迅速，风险小，企业发展迅速。

文化型模式也有局限性，表现为：

（1）这种模式是建立在企业职工都是有学识的假设基础上的，在实践中职工很难达到这种学识程度，受文化程度及素质的限制，一般职工（尤其在劳动密集型企业中的职工）对企业战略制订的参与程度受到限制。

（2）极为强烈的企业文化，可能会掩饰企业中存在的某些问题，企业也要为此付出代价。

（3）采用这种模式要耗费较多的人力和时间，而且还可能因为企业的高层不愿意放弃控制权，从而使职工参与战略制订及实施流于形式。

5. 增长型

这种模式的特点是企业总经理考虑的是如何激励下层管理人员制订实施战略的积极性及主动性，为企业效益的增长而奋斗。即总经理要认真对待下层管理人员提出的一切有利企业发展的方案，只要方案基本可行，符合企业战略发展方向，在与管理人员探讨了解决方案中的具体问题的措施以后，应及时批准这些方案，以鼓励员工的首创精神。采用这种模式，企业战略不是自上而下的推行，而是自下而上的产生，因此，总经理应该具有以下的认识：

（1）总经理不可能控制所有的重大机会和威胁，有必要给下层管理人员以宽松的环境，激励他们集中精力从事有利于企业发展的经营决策。

（2）总经理的权力是有限的，不可能在任何方面都可以把自己的愿望强加于组织成员。

（3）总经理只有在充分调动及发挥下层管理者的积极性的情况下，才能正确制订和实施战略，一个稍微逊色的但能够得到人们广泛支持的战略，要比那种"最佳"的却根本得不到人们的热心支持的战略有价值得多。

（4）企业战略是集体智慧的结晶，靠一个人很难做出正确的战略。因此，总经理应该坚持发挥集体智慧的作用，并努力减少集体决策的各种不利因素。

在20世纪60年代以前，企业界认为管理需要绝对的权威，这种情况下，指挥型模式是必要的。20世纪60年代，钱德勒的研究结果指出，为了有效实施战略，需要调整企业组织结构，这样就出现了变革型模式。合作型、文化型及增长型三种模式出现较晚，但从这三种模式中可以看出，战略的实施充满了矛盾和问题，在战略实施过程中只有调动各种积极因素，才能使战略获得成功。上述五种战略实施模式在制订和实施战略上的侧重点不同,指挥型和合作型更侧重于战略的制订,而把战略实施作为事后行为,文化型及增长型则更多的考虑战略实施问题。实际上,在企业中上述五种模式往往是交叉或交错使用的。

第二节 影响企业战略实施的内外部因素分析

一、外部环境因素

企业都存在于开放的环境系统中,企业与外部环境要素之间始终发生着物质和信息的交换,通常企业的活动受到外部环境中诸多因素的影响,这些因素往往是企业所不能控制的。如果在既定战略的实施中,企业外部环境发生变化时,企业的战略要根据实际情况做出相应的调整。

(一)宏观经济环境

经济形势是企业赖以生存的外在条件,形势好会对企业实施既定的战略起到推波助澜的作用。

(二)宏观社会环境

在中国,经济主角中除了企业之外还有政府。政府在追求政绩和造福一方的目标指导下,会运用各种不同的方式和力度影响企业战略的实施。

(三)各种产业政策的影响

在实施战略过程中,各种产业政策,例如:提供政府补贴、促进出口、改组产业结构、企业国有化、修改税法、建立环保标准及建立进口配额等这样一些内容与措施的变迁,会使企业既定战略的有效实施受到不同程度的影响。

(四)市场竞争环境

企业日益全面融入国际、国内两个市场的竞争中,其竞争环境、竞争对手、竞争规则都发生了巨大的变化,其竞争结果必然也不可避免地发生意想不到的变化。

这使所有企业都面临着一种两难的窘境:一方面企业有了前所未有的接触新市场的良机;另一方面,传统的市场正在经历巨大的转型——要么是竞争空前激励,要么是疲软萎缩。此外,由于消费者越来越挑剔,他们越来越追求高质量的产品和服务,导致经营者的利润越来越稀薄,这也给企业的生存带来沉重的压力。

（五）经济全球化的挑战

中国正在经历一场史无前例的经济体制改革，每个中国企业都自觉或被迫地卷入到复杂持久的变革过程中，加入 WTO 后，正面临国际竞争国内化，国内竞争国际化的新挑战，企业的战略主体便是市场、生产和竞争的全球化，企业组织面临着新的竞争规则的挑战。国际化使变化更加迅速，既产生了更多的机会，同时也增加了更多的风险。

（六）客户的新需求

客户是企业最重要的资源，然而赢得这一宝贵资源是很困难的，尤其是在剧变的市场环境下，顾客行为更难把握了。现代科学技术飞跃发展，技术周期、产品周期、企业生命周期在缩短，企业竞争的残酷性在增加，时间在缩短、距离在缩短、管理的反应与行为在趋向同步，对交货期的要求越来越短，这就要求企业对消费者需求和市场变化做出更敏捷的反应。企业需要敏锐的察觉到顾客的需求，积极与顾客保持需求联系，提高对需求的响应能力。

二、内部因素对战略实施的影响

面对多变和严峻的市场环境，许多企业难以适应，在市场竞争中纷纷败下阵来。除了日益复杂的外部环境的巨大变化以外，还存在着企业内部的原因。战略的成功需要强有力的内部保证，这就要求根据既定战略企业检测、调整其内部因素，只有具备了实施该战略的内部条件，才能保证战略的顺利实施，否则再好的战略也很难推行下去。

人们从实践中认识到，只有当企业的各种因素互相适应和匹配时，战略才有可能取得成功。即要有效地实施战略，实现企业的战略目标，应使企业内部各因素与战略匹配。这些影响因素与战略的匹配程度越高，就会为战略实施提供更充分的实施的条件，战略就越能更顺利地得以实施。按照罗伯特·H. 小沃特曼的观点，企业的战略匹配包含七个因素，见图 8.1，这七个因素，又称麦肯锡 7S 模型。

7S 模型表明，当这些因素相互匹配时，企业才能有效地实施既定的战略。如何判别它们之间是否达到匹配？在这些因素中，战略对其他因素具有前导性，只要判断其他六个因素是否与企业要实施的战略匹配，就能判断它们之间的适应性。

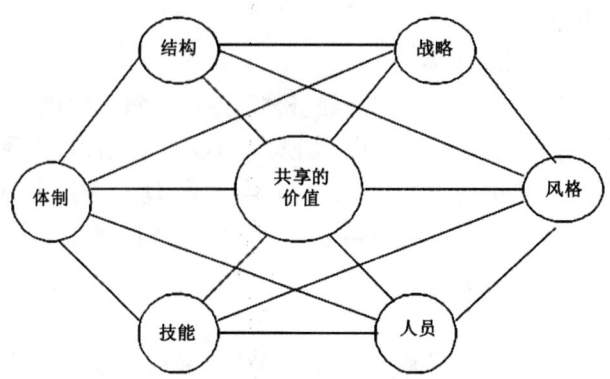

图 8-1 麦肯锡 7S 模型

在这个模型中：

战略（Strategy）——指获得超过竞争对手的持续优势的一组紧密联系的活动。根据本文的研究目的——战略有效实施，以战略为中心，逐一讨论其他六个因素与战略的匹配性对战略有效实施的影响。

风格（Style）——企业高层领导的性格及他们所采用的代表性的行为方式所表现出的风格特征。

结构（Structure）——指组织机构及其相应的部分，表明报告的传递者既接受者、人物的分工及整合。

共享价值（Shared Values）——指企业保持团结和一体的那些具有指导性的观念、价值和愿望等，即企业文化。

人员（Staff）——企业中的所有成员，他们的分布状况、技能水平、价值取向等。

体制（System）——只表明是日常工作完成的过程及流程，包括信息系统、资本预算系统、绩效控制系统、激励惩罚体制等。

技能（Skills）——指企业作为一个整体所具备的能力。所谓企业能力，就是能够把企业的资源加以统筹整合以有效地实施既定的战略，完成预期任务和目标的技能。有了这种能力就可以将事情做好，如职能领域的能力、组织学习能力等。

（一）领导与战略的匹配

能力不匹配、企业文化不匹配，资产配置不完善、执行力度不够等因素都影响了企业的实施战略，阻碍战略目标的实现。但更重要的是因为企业领导能力与所执行的战略的不匹配性。如果企业缺乏一个合适的领导，即便是最好的战略，也可能失败。企业领导与企业战略的匹配尤为重要。

在战略实施中，战略与领导的匹配构成战略与企业内要素配合的一个主要方面。由于不同的战略对战略实施者的知识、技能及个人素质等方面有不同要求，因此战略要发挥出最大的功效就要任用与企业战略相匹配的领导。这样，才能发挥带动战略实施所需的内部作用，不断提高实施战略的水平。

考察领导的特征从而判断领导与战略匹配。有效的领导风格必须与所处的领导环境相适应或匹配，"匹配性"是有效领导与情境的重要环节。战略实施要求领导与战略相匹配。

（二）组织结构与战略的匹配

战略的成功实施需要组织保证。组织结构的功能在于分工和协调，是保证战略实施的必要手段。企业组织结构是实施战略的一项重要工具，一个好的企业战略需要通过与其相适应的组织结构去完成。

实践证明，一个不合时宜的组织结构必将对企业战略实施产生巨大的阻碍作用，它会使良好的战略设计变得无济于事。因此，企业组织结构是随着战略而定的，它必须根据战略而设计，必须按照目标的变化而及时调整。在战略实施中，采取何种组织结构，主要取决于企业决策者和执行者对组织战略结构含义的理解，取决于企业自身的条件和战略类型。

（三）企业文化对战略的支撑

文化的重要性正在得到越来越多的认可。文化与战略密不可分，企业具有与战略实施所需要的价值观，以及行为准则和习惯相一致的文化，可以有助于激发员工支持企业战略的顺利实施。总之，文化会影响人们的行为和决策，从而影响企业的战略实施。

（四）人力资源和企业战略之间的匹配

不同的企业战略对人力资源有不同的要求，根据战略构筑人力资源，实现企业人力资源和战略之间的匹配，是创造保持竞争优势、保证企业战略的顺利实施的核心所在。无论企业战略是属于成本领先还是差异化战略，企业目前是出于增长开拓阶段还是处于收购兼并阶段，都需要不同的人力资源管理战略与之相对应。

（五）企业能力与战略的匹配

企业能力是战略目标顺利实现的重要基础。企业能力与企业有效地利用各种资源，从而有效地实施企业战略有密切联系。企业的能力能够对影响企业发展的所有战略因素起到放大或缩小作用。优越的战略执行力能够优化企业各种资源和其他因素的结构，从而带来效应上的放大作用。相反，如果企业的战略执行力不强，企业的各种资源和要素就如同一盘散沙，企业的竞争力也就大打折扣。资源要通过能力去实现增值。如果企业能在现有资源的基础上发现并抓住机会，而且能够利用现有资源去创造机会，这样就能够对战略的实施起到推动作用。

企业能力往往首先体现在职能领域，如营销能力、制造能力、研究开发能力等的能力。例如：海尔的研究开发能力强，长虹的生产制造能力强，而三株在市场上遭受重创前的营销能力也是广为认可的。良好的战略执行的反馈以及组织学习的能力在快速变动的竞争环境下，企业的综合能力，如学习能力、创新能力在知识经济时代对于企业的发展具有越来越重要的作用，使企业能持久保持竞争优势，支撑战略的顺利实施。

（六）体制与战略的匹配

1. 战略实施中的绩效评估和控制系统的好坏

目前许多企业在战略实施过程中由于缺乏有效的控制指标体系支持，造成战略实施效果不理想，影响企业战略目标的实现。战略评价机制为确保战略实施效果及战略调整创造条件。

2. 信息交流体系

信息交流体系作为企业的中枢神经在企业战略实施过程中的作用是无法估量的。建立信息交流体系，使企业的人员在战略实施过程中能够得到充分的信息支持。及时高效的信息交流可以使管理人员感知现在、洞悉将来，对各种环境因素变化及时做出调整和反应，从而做到及时发现问题和解决问题，并对战略执行中出现的偏差进行及时调整和修正。

3. 报酬和激励体系

应将报酬和激励体系与达到业绩目标实施战略相匹配。没有基于业绩目标的考核体系，战略的实施也就没有了严肃性。每一阶段的战略目标是否实现必须要通过企业的经营指标和数据来说话，而基于业绩的考核体系对企业的员工来说就好比是指挥棒，它是指引企业员工前进和努力的方向。

4. 预算

建立预算将足够的资源投入到对战略至关重要的价值链活动中去。预算是企业战略的数字化表现，同时也是战略实施的重要保障。战略的实施必须要有足够的资源支持，尤其是关键的战略活动更要得到100%的人力、物力和财力支持。

第三节 组织结构对战略实施的影响

一、组织结构相关理论

（一）组织结构的含义

组织结构（Organization Structure）描述组织的框架体系，是指组织中相对稳定的部门、职权设置以及相互关系。其实质是人们在组织中进行劳动分工与协调方式的总和。组织结构是企业资源和权力分配的载体，在员工的主观行为下，通过任务传递，承载着企业的业务流动，推动或者阻碍企业完成使命的进程。组织结构是根据组织的功能和目标建立起来的，组织目标又是由企业的战略决定的，组织结构设计必须适应组织战略的要求。组织结构设计的合理与否，关系到组织的生存与发展。

（二）组织结构的类型

组织结构可以分为：直线职能制、事业部制和矩阵制等。直线职能制是按企业各单位所执行的工作性质来构造的。事业部制是分级管理、分级核算、自负盈亏的一种形式，即一个公司按地区或按产品类别分成若干个事业部，实行单独核算，独立经营。组织结构上，把既按职能划分的垂直领导系统，又按产品（项目）划分的横向领导关系的结构，称为矩阵组织结构。

（三）企业组织结构战略

企业组织结构战略是企业从总体经营战略出发，根据经营环境、经营方针以及组织结构各元素之间的相互作用和依赖关系，对企业内部组织结构模式的发展变动所做出的长期性的谋划。运用这种战略，有利于适应市场环境和内部条件的变化，更有效地发挥组织结构的管理功能，保证企业既定战略目标的实现。企业组织结构应随着内外环境的变化而变动，在不同的环境下，企业应采用不同的组织结构战略。

一般地说，当环境处于稳定状态，现行的组织结构又能适应经营管理的需要，企业应采取维持原有组织结构模型的战略；当环境发生一些变化，现行的组织结构与环境变化的要求不大适应，企业应采取调整原有组织结构的战略；当环境处于巨大变化，现行的组织结构已不能适应环境变化的要求，企业应采取重新设置组织结构的战略。

二、企业战略与组织结构的互动关系

战略与结构互动关系的基本原则是组织的结构要服从于组织的战略,即企业战略决定着组织结构变化的类型。这一原则指出,企业不能仅从现有的组织结构去考虑战略,而应从另一视角,即根据外在环境的变化去制定战略,然后再调整企业原有的组织结构。企业根据外部环境和内部条件制定了什么样的战略,就要求有什么样的组织与之相适应,通过适时的组织创新,使企业组织结构适应变化了的环境和条件,为企业战略实施提供强有力的组织保证。这就是组织变革与创新所必须遵循的一条基本原理——战略决定结构,结构为战略服务。

(一)企业战略决定组织结构

企业的组织结构和战略间是一种双向互动的关系,战略要靠企业组织中的人来制定和实施,组织结构要适应企业战略运作的需要,适宜的组织结构变革与调整,有助于企业的战略实施。企业要取得良好的绩效,就要求其结构必须与战略相匹配。

(二)组织结构对企业战略实施的影响

组织结构的功能在于分工和协调,是保证战略实施的必要手段。通过组织结构,企业的目标和战略转化成一定的体系或制度,融合进企业的日常生产经营活动中,发挥指导和协调的作用,以保证企业战略的完成。

实践证明,一个不合时宜的组织结构必将对企业战略实施产生巨大的阻碍作用,它会使良好的战略设计变得无济于事。因此,企业组织结构是随着战略而定的,必须按目标的变化而及时调整。企业战略需要通过与其相适应的组织结构去完成,才能够有效实施。如果企业的组织结构没有根据战略实施的需要进行调整,则会使得制定的战略不能有效开展,阻碍战略的成功实施。企业的组织结构不仅在很大程度上决定了目标和政策是如何建立的,而且还决定了企业的资源配置。但这一点却往往被企业经营者忽视,相当多的企业试图以旧的组织结构实施新的战略。不少企业的组织规模、经营领域、产品种类、市场范围等,随着新战略的实施已发生重大改变,而企业的组织结构却变化缓慢甚至一成不变。国内这几年一些"井喷式"发展的企业后来之所以"雪崩式"倒下,除了战略制定上的失误之外,在战略实施中组织结构调整的严重滞后及现行组织结构本身的缺陷也是重要原因之一。

(三)组织结构对战略实施的作用

战略的成功实施需要组织上的保证。对于企业实施战略,组织结构具有三种基本作用：效能作用、效率作用和安全作用。

1. 效能是实际产出与预期产出的比例，其含义是做正确的事

组织结构的效能作用，指其对企业目标的支撑作用、对企业战略的推动作用、对企业满足客户需要的保证作用。组织结构影响效能发挥的因素主要有：公司治理结构、管理模式、核心职能。公司治理结构是企业利益主体之间的制衡机制，它从组织上决定了经营者的积极性、主动性以及行为的规范性，决定了企业的决策和监管水平。管理模式是企业的基本管理风格和方针，它对企业的集权和分权程度、制度化管理水平、企业机构的设置方法有重要影响。核心职能在技术方面决定企业目标和战略实施效果。

企业目标和发展战略，决定了特定阶段的核心职能，要求配之以足够的人、财、物资源，要求其他职能对核心职能支持和配套。

2. 效率是实际产出与实际投入的比例，其含义是正确地做事

组织结构的效率指组织结构在企业以资源和时间的投入换来企业新价值中发挥的能力，主要表现在两个方面：一是企业内部业务运作的效率，二是对企业外部技术、客户需求、市场变化的反应速度。组织结构的效率是"双刃剑"：高效率既加速正确行为，也加速错误行为；低效率的组织结构以内耗来减缓正确行为，也以迟缓的惯性来阻碍错误行为。判断组织结构的效率是高还是低主要得看企业计划的完成情况；观察组织内是否具有推诿扯皮现象；调研或访谈部门对工作的成就感与满意程度等三个方面。

3. 安全是现在对未来的投资，其含义是持久地做事

组织结构的安全功能，是指组织结构对企业运营的持续性发展的保证。表现为四个方面：财务安全、质量安全、资产和人员安全、生产运营安全。如果说，效率和效能是为了使企业能"活着""活得更滋润"，那么，安全就是为了使企业"能健康地一直活下去"。判定组织结构的安全功能是否正常按照四个方面进行：（1）分析企业的资金损失率、呆帐、应收账款、预付账款、发行债券、债务、信用担保、股票市场表现等状况；（2）分析产品或服务的质量标准执行情况，质量标准的改进等情况；（3）分析资产与人员保全性、治安状况、资产利用率、人员流失率、无形资产管理等状况；（4）统计分析生产安全事故、采购行为、销售行为等状况。

三、不同战略与组织结构之间的匹配机理

组织结构要服从于组织的战略，即企业要根据生命周期不同阶段的变化来制定战略，然后再调整原有的组织结构。组织结构不仅要跟随战略，要与

战略达到匹配,调整的原则就是适应。这主要表现在以下两个方面:

(一)不同的战略要求不同的业务活动,要求不同的组织结构来保证战略的实施

具体表现为战略收缩或扩张时企业业务单位或业务部门的增减等。

(1)从纵向来看,即从战略发展的历程来看,不同阶段的战略类型有着不同的组织结构形式,如表 8-1 所示。

表 8-1 组织结构与战略发展阶段的匹配关系

战略发展阶段	主要的组织结构形式
第一阶段:数量扩大战略阶段	直线型的简单结构
第二阶段:地域扩散战略阶段	职能结构
第三阶段:纵向一体化战略阶段	集权的职能制结构
第四阶段:多种经营战略阶段	分权的事业部制结构

(2)从横向来看,即从战略涉及的经营领域范围来看,单一经营战略和不同形式的多种经营战略要求不同的组织结构形式与其适应,如表 8-2 所示。

表 8-2 组织结构与经营战略之间的匹配关系

经营战略	组织结构
单一经营战略	职能制
副产品型多种经营战略	附有单独核算单位的职能制
相关性多种经营战略	事业部制
相连性多种经营战略	混合结构
非相关性多种经营战略	子公司制

(二)战略与关键职能的对应关系

战略中心的转移会引起组织工作重点的改变,从而导致各部门与职务在企业中重要程度的改变,并最终导致各管理职务以及部门之间关系的相应调整。管理大师彼得·德鲁克认为"整个企业的组织结构如同是一栋建筑物,各项管理职能如同建筑物的各种构件和砖瓦材料,而关键性的职能就好比是建筑物中负荷量最大的那部分构件。因此,任何一家卓有成效的公司,其关键职能总是设置于企业组织结构的中心地位。"至于,哪项职能成为关键职能主要是由企业经营战略中心所决定,有的企业把质量放在中心地位,实行以质取胜的战略;有的企业则把技术开发放在中心地位,实行以新产品取胜的

战略。总之，不同的战略中心，就要求有不同核心的组织结构，见表 8-3。

表 8-3　战略与关键职能的对应关系

战略	关键职能
产品驱动型战略	产品的改进、销售与服务
客户或市场驱动型战略	市场调研、提高客户忠诚度
技术驱动型战略	研发、应用推广
生产驱动型战略	生产效率、营销
销售或营销驱动型战略	招聘销售人员、销售
物流驱动型战略	系统结构、系统效率改进
成长驱动型战略	资产管理、投资
利润驱动型战略	投资组合管理、信息系统
资料驱动型战略	开采、加工

四、企业环境与组织结构

目前企业所处的环境正在发生着复杂和不可预知的变化，形成了一种与传统竞争环境截然不同的新态势，这使得我们在研究战略与组织结构的匹配对战略成功实施问题时，也应该充分考虑环境对企业组织结构的影响。

五、诊断企业 EOS 的适应水平

（一）企业 EOS 的关系

企业战略管理的一个基本理论就是研究怎样把环境（Environment）、战略（Strategy）和组织结构（Organization）协调一致，相互适应。企业环境的变化势必带来企业战略的变革，企业战略的变革也必然要求企业结构的调整与适应。企业的组织结构在巨变的环境中，对于企业来说是生死时刻，要求企业必须积极随着环境变化而调整战略，不在战略变革中新生，就在战略固守中灭亡。

按照战略管理设计学派的观点，组织设计与战略、环境有关联，其中环境影响战略。同时，企业战略目标依靠组织来实现，不同的战略目标，其组织结构及其运作也不一样，组织就是运用战略来应付变化着的环境。因此，企业的经营战略要适应环境的变化，而组织结构则随企业战略的变化而变化，只有三者达到相互匹配才能保证企业战略实施的成功。例如，IBM 在 2003 年就提出了随需应变的公司战略，正是 IBM 能随环境变化而不断地调整公司战略，所以这位蓝色巨人才充满活力。企业组织如果不随战略的变革而变革，就不可能真正为战略目标的实现打好坚实的基础，企业战略的实现也犹如无本之木、无源之水。

（二）诊断企业 EOS 适应性水平的意义

一个企业的组织结构一经建立，组织中的人们总希望它保持稳定，稳定的组织常常维护原来和现有既得利益者的权益，能给现有组织的人们以安全感，然而，这种组织也会在变革中表现出惰性与阻力。当企业环境发生变化后，企业的战略必须要做相应的变革，同时要求组织结构尽可能快地与之相匹配。没有组织结构上的变革，很难在战略上真正实现实质性变革。当环境处于比较稳定状态时，这时的组织结构一般都比较稳定，具有可预测性和可控性，企业战略的调整和相应的组织结构的调整是渐进性的，其战略和结构的匹配虽然不能尽善尽美，但也能基本相符合。当环境发生巨大变化时，就需要组织结构具有高度的灵活性与之匹配，这时旧的组织结构与环境变化、组织战略转型不相适应的矛盾就凸现出来。这时，必然要求组织克服组织结构刚性的弊端，需要组织结构和组织战略做出剧烈式的变革。

企业组织结构作为企业战略成功实施的重要基础之一，最重要的根本性原则就是适应性。组织结构应该适应企业战略及外部环境，以保证企业战略的顺利实施，因此，及时诊断出企业所处环境、组织结构状况和战略的适应性水平，一方面能促进企业加强内部管理，另一方面则能适时做出调整，不断推出适应性的组织结构。只有达到了外部环境、战略与组织结构的适应水平，才能保证战略的顺利实施。因此，设计诊断企业 EOS 适应水平的方法，这对于企业检测自身的组织结构是否与企业既定战略达到匹配，即检测是否为企业有效的实施战略做好了充分的组织保障，具有十分重要的意义。

（三）企业 EOS 适应水平诊断系统的设计

如前所述，不存在一种普遍适用的组织模式，企业必须保持环境（Environment）、组织（Organization）和战略（Strategy）（以下简称 EOS）的动态适应，才能持续发展。组织变革是实现企业战略、保持企业 EOS 动态适应性的根本手段。遗憾的是，目前理论界和企业界都推崇的"企业重建""流程再造"往往缺乏精确分析和定量研究，国内外现有的组织变革和战略理论仍未有效解决这一问题。组织变革的规范分析往往过于笼统；实证研究虽然考察了部分企业 EOS 特点，但缺乏普遍性，一般企业较难对号入座。因此，企业很难确切定位自身 EOS 状况是否正常，从而把握变革时机。

近年来，西方管理界不断从生物类比中获取启示，提炼组织管理精华，如"学习型企业""网络型组织"等。本书旨在运用生物模拟，对企业组织的成长规律与成功模式进行量化研究，应用分类学研究思想，构建企业组织关系模式，并提出一种根据所处环境、现存组织结构和企业既定战略判断企业是否达到了 EOS 匹配的方法，使企业能够正确及时地判断、把握 EOS 适应状况，从而确定组织变革的时机，由此探索出一条解决上述问题的新途径。

第四节　企业文化对战略实施的影响

一、企业文化含义

企业文化是一系列相互依存的价值理念和行为方式的总和。价值理念，属于企业文化较深层次不易察觉的层面；行为方式，属于企业文化较浅层次的易被察觉的层面。一种与企业战略很好匹配的扎根很深的企业文化是成功地实施战略的有力保障。

二、企业文化对战略实施的影响

每一个企业都有自己的经营哲学，都有自己制定政策和解决问题的方式，都有自己组织的个性。企业具有与战略实施所需要的价值观，以及行为准则和习惯相一致的文化，可以有助于激发员工支持企业战略的顺利实施。例如，一种勤俭节约的价值观植根于企业文化中，将非常有利于成功的实施一种追求低成本战略；一种支持创新、勇于挑战的价值观如果植根于企业文化之中，将非常有利于成功的实施一种追求新技术的战略。当企业制定了新的战略之后，企业文化应当随企业战略的变化而变化。因为新的战略往往需要新的经营理念和方式。因此，应对固有的价值观念和行为方式做出相应的变革。每个企业在客观上都有自己独特的文化，一个企业的文化对于企业实施战略有时会有促进作用，有时则产生阻碍作用。当企业文化与企业战略相匹配时，适宜的企业文化则会促进企业更好地实施战略；当企业文化与企业战略不匹配时，则会阻碍战略的实施。当企业领导发现企业文化暂时无法与企业战略相匹配时，重要的任务是想办法，改进目前的企业文化，为有效地实施企业战略创造条件。

三、企业文化与企业战略的风险评价

企业文化既要为战略实施服务又会制约战略实施。这种双重角色势必引发一个"企业文化追随战略"还是"战略追随企业文化"的问题,其中关键是改变企业文化的难度以及涉及的风险,包括现有文化与战略不相匹配的风险和改变文化所带来的风险。表 8-2 为现有企业文化与战略的匹配程度以及对战略实施的重要程度分析了这种风险。

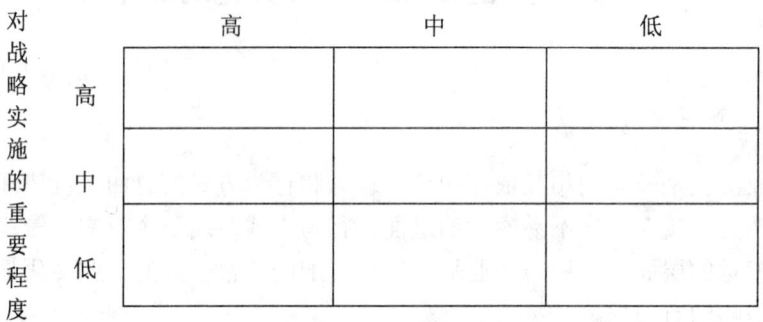

图 8-2 企业文化的匹配程度及其风险

大量的研究表明,企业新的经营战略往往是外部环境作用的结果。由市场力量驱动并受到竞争力量的支配。因此,通常情况下,改变企业文化使其适应新的经营战略比改变经营战略使其适应现有企业文化更为有效。

四、企业文化与企业战略的匹配

由上述可知,企业文化与企业战略的匹配程度,对企业战略实施具有很大的影响作用。由此,协调战略与企业文化的关系问题就显得更加突出了。下面分析不同情况下,不同企业文化与企业战略匹配程度与其管理方法(见图 8-3)。

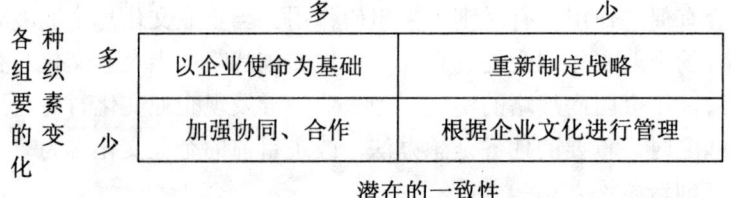

图 8-3 企业文化与企业战略的管理

矩阵中，纵轴表示企业在实施一个新战略时，企业的机构、技能、共同价值观、生产作业程序等各种要素所发生的变化；横轴表示企业即将实施的新战略所发生的变化与企业目前的文化相一致的程度。

1. 以企业使命为基础的管理

在第二象限里，企业实施一个新战略时，重要的组织要素会发生很大的变化。这些变化大多与企业目前的文化有潜在的一致性。这种企业多是那些以往效益好的企业，可以根据自己的实力，寻找可以利用的机会，或者试图改变自己的主要产品和市场，以适应新的要求。这种企业由于有企业固有文化的大力支持，实施新战略没有很大困难，一般处于有前途的地位。

2. 加强协同作用管理

在第三象限里，企业实施一个新战略时，组织要素发生的变化不大，又多与企业目前的文化一致。处于这种地位的企业要考虑两个问题：第一，利用企业目前的有利条件，巩固和加强企业战略与企业文化的匹配，加强各职能部门之间的合作与协调，顺利开展各项活动，特别是那些对企业战略的实施至关重要的职能活动，就能有效地促进企业战略的成功实施。第二，利用企业文化相对稳定的有利时机，解决企业经营活动中的问题。

3. 根据企业文化要求进行管理

在第四象限里，企业实施一个新战略时，主要的组织要素变化不大，但多与企业组织目前的文化不大一致。此时，企业需要研究这些变化是否可能给企业带来成功的机会。处在这种地位的企业，要处理好两个问题。第一，企业可以根据经营的需要，在不影响企业总体文化一致的前提下，对某种经营业务实行不同的文化管理。第二，企业要针对像企业机构这样与企业文化密切相关的因素进行变革时，也需要根据企业文化进行管理。

4. 企业重大变革的管理

在第一象限，企业在处理战略与文化的关系时，遇到了极大的挑战。企业在实施一个新战略时，组织的要素会发生的变化，又多与企业现有的文化很不一致，或受到现有文化的限制。对于企业来讲，这是个两难问题。

基于以上讨论，我们可以得出以下初步结论：

（1）当企业文化与企业战略相匹配时，企业文化能够有力地促使企业战略的实施。

（2）当环境变动要求企业在战略上做出的反应不符合企业原有的文化时，若企业能吸收这种信息，制定并实施相应的战略，在实施的过程中将得到企业文化的支持，而且反过来会进一步强化和发展这种企业文化。

（3）当环境变动要求企业在战略上做出的反应不符合原有的文化时，这种变动的信息量常常会被忽视。只有当这种变化发展得更为显著时才有可能引起注意。

（4）当企业采取的战略与企业原有文化不相匹配时，企业面临战略实施失败的风险。这种风险的大小与企业文化和经营战略的匹配程度负相关，与其对战略实施的重要程度正相关。

（5）当这种风险过大，企业难以承受时，企业面临调整修订战略或改变企业文化的抉择。

（6）企业改变其文化的难度与企业的规模和复杂性正相关。即使改变企业文化的难度很大，但还是可能采取各种措施去促使这种改变。

（7）当企业实行的战略转变确实必要，而改变企业文化的措施又不能奏效时，往往需要通过变革组织结构等方式来保证战略的实施。

五、企业在实施文化战略时应注意的问题

（一）企业在实施文化战略时必须要充分考虑到企业文化要素

企业文化对战略实施有显著的影响，这种影响贯穿于战略实施的整个过程，并主要表现在实施障碍和实施效果上。因此，企业在实施战略时就必须充分考虑到企业文化要素，重视文化对战略实施的影响，努力实现企业文化与战略实施的协同。

（1）企业在制定经营战略时总是与周围的环境密切相关的，企业从环境中吸取信息必然会受到企业文化的影响，即企业会有意无意地忽视那些与企业现有文化相违背的信息，而重视那些与本企业文化相符合的信息，只有当环境发生显著变化时企业才会重新去审视那些被忽视的信息，并将其重新纳入战略思考中。

（2）企业要在战略实施之前就充分考虑到企业文化要素，企业文化与战略保持根本的一致性才有助于促成战略共识的达成，如果企业文化与战略之间存在一定的差异性，可以适当调整企业文化使其与战略相匹配，从而减少实施过程中的障碍，提高战略实施的效果。

（3）但同时我们也知道企业文化是企业在长期的经营发展过程中形成的，在短时期内很难发生较大的改变，因此企业必须在战略实施之间就开始适当地改变企业文化。

例如一个企业原有的文化更多的是偏向内部，即企业管理者规避风险，企业高层管理者与基层管理者、员工之间缺乏沟通与交流，现在企业制定了

一项长期的发展型战略，这就需要企业要把发展自己作为核心的内容，要开发新产品、研发新技术和开拓新的市场，同时还要改变生产方式和管理方式，以提高企业的竞争地位和竞争实力，这项战略的制定就意味着企业要支持员工创新，鼓励员工接受风险的挑战，企业可以通过举办座谈会和宣讲会的方式向员工介绍新战略的目的和意义，同时表彰和鼓励那些敢于创新的员工，着重在企业中营造积极热情的工作氛围，使企业文化逐步由内部向外部转变，从而促进战略实施的有效进行。

（二）发挥企业文化对战略实施的积极作用要以企业使命为基础

当企业实施一项新战略时，必然会导致企业内部一些组织要素的变化，如果这些变化都与企业原有的文化相适应，则意味着原有的企业文化无需做大的调整就可以支持新战略的实施，为了保证新战略能够顺利实施并实现目标，企业在珍惜和维持企业文化的积极作用的同时还要重视以企业使命为基础。

（1）企业使命是企业文化的基础，企业任何的重大变革都需要考虑到与企业使命的关系。企业的战略和任务都可以调整和改变，但这种变化都无法从根本上改变企业的使命，因此战略也始终与企业文化相关。

（2）要重视并积极发挥现有员工的作用。正是因为现有员工的存在，才能够使得企业保持原有的文化氛围，重视现有员工并积极发挥他们的作用，有助于保持文化的稳定，进而以文化促进战略的实施。

（3）在战略实施过程中为提高员工工作热情和积极性，可以适当地调整企业的奖惩制度，但在调整时也要注意与现有奖惩制度相衔接，因为奖惩制度也是企业文化的重要部分。

（4）企业的战略管理者要慎重考虑与现有企业文化相适应的变革，尽量不要破坏企业已经形成的行为准备。

（三）"文化追随战略"或"战略追随文化"要根据企业的具体情况做决定

当企业实施的新战略难以获得现有企业文化的支持，即在现有文化氛围中难以促成战略共识的达成，以致于将来会在战略实施中产生障碍，影响战略实施的效果，此时是重新修订战略再实施或是调整文化以适应战略是根据企业的具体情况而定的。如果在当前情况下，企业采用其他的战略有利于获得现有文化的支持并且能够获得成功，那么寻找替代性的战略无疑是最好的选择，这样做的另一部分原因在于企业文化是长期形成的，在短期内难以获得较大的改变以实现与战略实施的匹配。

但是，如果企业因为外部环境的变化或压力必须要使用既定的新战略，那么企业只有选择调整文化并使其支持战略的实施，这时需要注意以下几点。

（1）企业的管理者一旦决定变革就要痛下决心，并且要对企业变革的前景充满信心，要向企业的全体员工介绍变革的目的和意义，让员工们感受到变革与自身利益是相关的，理解变革是势在必行的。

（2）改变原有企业文化对企业的影响，需要企业采取积极的措施促进新文化的形成与发展。一方面企业可以对外招聘具有新文化思想的人员，也可以从企业内部提拔具有新文化思想的员工；另一方面，企业的管理者要发挥模范带头作用，努力改变原有的行为方式，思维习惯和价值理念，带领新文化思想在企业中扩散和蔓延，这些都有利于企业在较短的时间内调整企业文化，以支持即将实施的新战略。

（3）将企业的激励制度向具有新文化思想转变的部门或员工倾斜，这样可以激励其他部门和员工的变革热情，有利于新的文化氛围的形成。

（4）加强沟通与交流，使管理人员和员工明晰建立新的企业文化所必须的行为，让他们按照变革的要求进行工作，进而形成一种规范，促进新战略的顺利实施。

第五节　企业战略实施领导力

企业战略实施领导力作为驱动各种企业战略实施领导行为的能力综合体，其以企业战略实施过程为主要落脚点，以战略目标的圆满达成为宗旨来保证战略实施的顺利落实。企业战略实施领导力研究有助于战略的成功实践，对企业的成长发展有重要的理论指导和实践意义。

一、战略领导力的涵义

战略实施领导力指的是企业领导者在战略实施过程中发挥群众带动作用从而最终达成战略目标的能力。其中作为领导者扮演重要角色，而战略实施的有效性和成功率依赖于战略实施领导力的发挥，对于战略实施管理实践工作至关重要。

（一）企业战略实施领导力理论推导演绎

企业战略实施领导力理论推导演绎架图，如图8-4所示。

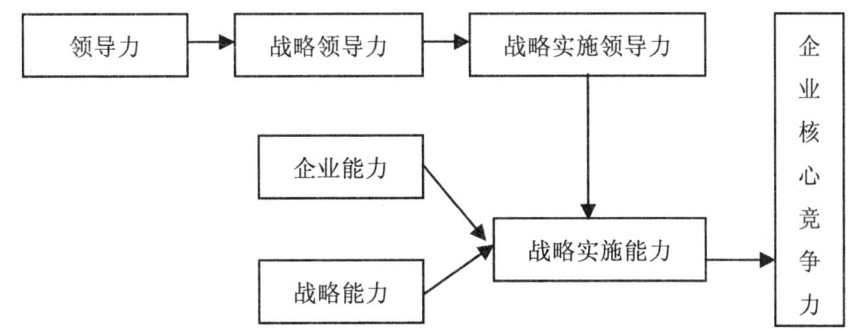

图 8-4 企业战略实施领导力理论推导演绎架图

战略领导力是企业核心能力的关键构建维度，依据组织环境变化，合理做出积极应对措施。其体现于整个战略生命周期，由最早的战略制订到企业共享价值的实现，是领导者必备特质。企业应该大力倡导企业全体学习力，提升创新能力，以强化企业战略领导力，形成动态的持续竞争优势。战略执行力与战略创新力是企业战略领导力的重要内容，前者是企业战略实施得以顺利落实的根本保障，后者是战略实施领导力持续更新和与时俱进的活力所在。

（二）领导力与企业战略的关系

领导与战略是天然相联不可切割的。美国战略管理学家希特（M.A.Hitt）、爱尔兰（R.D.Ireland）和霍斯基森（R.E.Hoskisson）在《战略管理：竞争与全球化》中认为，有效的战略领导决定组织的战略意图和战略使命，战略意图与战略使命同时支配着战略制定与战略实施等战略行动，战略行动决定战略绩效，而战略绩效就是战略意图的具体化——战略管理是一系列战略行为的动态循环过程。作为至关重要的一步，基于企业战略实施的领导力研究意义重大，由此，企业战略实施领导力应运而生。

企业战略实施能力是企业衡量其战略管理的一个综合指标，企业要具备不断自我更新、胜任能力的素质，而企业战略实施领导力作为企业战略实施能力的核心构成要素，有效提高战略实施成功率，保证战略层面上处于领先地位，战略实施领导力是组织和个人面向未来的核心竞争力。

二、企业战略实施领导力体系框架

在企业管理过程中，企业战略实施领导力就是一种 N 维解构模型，它是驱动各种企业战略实施领导行为的能力综合，围绕战略实施整个过程，以保障战略实施的顺利落实及战略目标的圆满完成为宗旨。影响企业战略实施的因素繁多,要对影响企业战略实施领导力发挥的关键环节加以分析,同时实施相应的控制,显著提升企业战略的有效实施。

战略的本质在于行动,如何有效实施企业战略是战略管理的重中之重及成功保障,同时是企业实现核心竞争优势的根源所在。战略实施的本质是将战略理念与规划分解转换成企业具体工作内容,并最终达成战略目标的动态行动过程。然而事实上战略实施却是战略制定与组织绩效间缺失的重要一环,6%的战略根本就没有付诸实施,沦为空谈。

企业战略实施领导力体系是融合多个层次与多种要素的复杂系统,究其本质即是领导者及其所在组织实践中表现出的领导能力,是企业能力的综合体。本部分以战略实施能力与战略领导力作为契合点探讨,将企业家战略领导力的构成要素进行 N 维解构探讨,以求清晰、全面研究企业战略实施领导力系统及探索其本质机理。具体解构包括企业战略实施执行力、企业战略实施创新力、企业战略实施影响力、企业战略实施思维力、企业战略实施学习力、企业战略实施文化力、企业战略实施变革力、企业战略实施宣传力、企业战略实施决策力、企业战略实施规划力、企业战略实施体系支持力、企业战略实施控制力、企业战略实施资源整合力、企业战略实施组织结构力及企业战略实施环境制度力。企业战略实施领导力体系框架模型如图 8-5 所示。

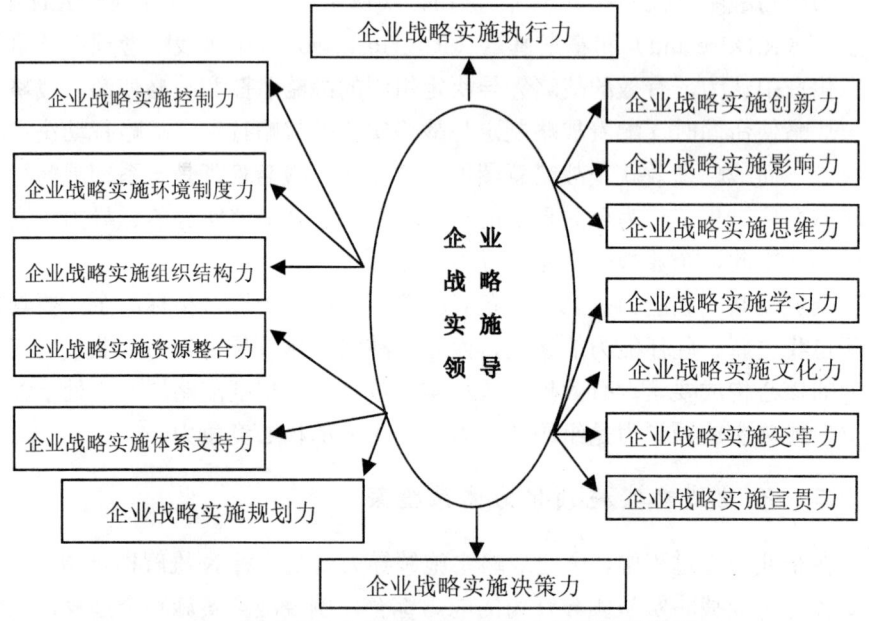

图 8-5　企业战略实施领导力体系框架模型

（1）企业战略实施执行力，执行作为企业最基本的常态形式，领导者通过选择综合有效的执行模式，掌握战略目标的大方向，保证企业战略使命的最终达成。

（2）企业战略实施创新力，创新是民族进步的摇篮，而战略实施创新能力是企业战略实施领导能力体系的最高层次能力。

（3）企业战略实施影响力，是企业战略有效实施的基础条件。企业领导者以身作则，创建一种与战略实施相匹配的组织氛围，提升战略认同程度以及形成组织共识来塑造战略实施过程的艺术与规则。

（4）企业战略实施思维力，领导者及组织全体成员突破日常事务的局限，基于战略层面探究企业的远景规划及处于动态变化的日常环境，尝试思维创新性理念判断，以期达到整体的战略思维层次。

（5）企业战略实施学习力，注重组织的学习，从外界摄取能量，形成学习型管理团队和学习型组织，适应不确定的动态环境，保证战略的顺利实施。

（6）企业战略实施文化力，推动企业文化建设，注重组织协作，形成一致共享的价值观，构建高度认同的组织愿景，同时提升战略环境的整体把握以及战略实施具体实践中的组织、协调、控制能力。IBM、GM 一度因为固步自封的组织文化停滞不前，而 GE 则是文化建设的标杆，"无边界行为"为其战略转型的成功保驾护航。

（7）企业战略实施变革力，变革本质上是一种经常存在的推动力，有效地管理变革对于顺利达成战略目标尤其重要。企业应该关注企业战略的变革策略，推行战略的动态管理。然而没有任何一个企业可以一直维持最初的发展方向始终向前，必须要在产品、市场抑或是经营管理模式上进行持续性的不断创新变革。

（8）企业战略实施宣贯力，高度关注组织战略宣贯，形成对企业战略的深刻认识和一致认可，以组织全体员工的自觉性和创造性来推动战略的实施。

三、企业战略实施领导力的环境支持

运行环境在很大程度上将影响企业战略实施领导力的正常发挥，面对一直影响企业战略演化的制度环境以及所处行业自身的动态性和对抗性，一个科学战略实施领导力的环境体系支撑平台就显得尤为重要，这里主要从企业战略实施领导力的影响因素、企业战略实施领导力的支持条件、企业战略实施领导力的评价与激励等几个方面进行探讨。

（一）企业战略实施领导力的影响因素

企业战略实施领导力的影响因素主要包括企业战略实施领导者的实施艺术和领导团队的组织学习能力。领导者的实施艺术影响了领导者的工作效率和效果，从而决定企业战略实施领导力的发挥程度。组织学习能力影响企业战略实施领导者或团队对知识的吸收和更新速度，决定其自身对环境的快速反应能力。

1. 企业战略实施领导者的实施艺术

企业战略实施推进过程中需要做大量的日常管理工作，这在很大程度上依赖于战略领导者的组织管理技巧，而战略领导者的组织管理技巧又取决于领导者的战略实施艺术，因此实施艺术影响战略实施领导力的发挥。

（1）指令型战略实施艺术是在规范的战略管理中，领导者如何制定战略，实现战略目标，亦即领导者如何运用经济分析和竞争分析去规划资源的配置，以达到企业的战略目标。在这一类型中，领导者起着"理性的行为者"的作用，具有极为正式的集中指导倾向，并以权威的资格发出指令。

指令型战略实施艺术由于是企业战略领导者制定战略，然后强制下层管理人员推行战略，这无形中产生了战略决策者与执行者之间的矛盾，而挫伤了执行者推进战略的积极性。

（2）转化型战略实施艺术是直接解决战略实施中的问题，重点是考虑如何运用组织结构、激励手段和控制系统促进战略的实施。

转化型战略实施艺术通过阐述战略已形成和现在应如何通过组织去实施战略这一问题，弥补了指令型强制执行战略的不足。在这一类型中，企业战略实施领导者运用行为科学的方法把组织纳入到战略规划的轨道上，以企业战略实施领导者的总设计师作用，设计组织管理系统、协调战略的实施、推动所属战略单元为实现企业总体战略目标而努力。

（3）合作型战略实施艺术重点是企业战略实施领导者的集体决策与战略制定过程。合作型战略实施艺术把战略决策范围扩大到企业高层管理集体之中，力图解决如何使高层管理集体帮助制定和支持一系列完好的目标和战略这一问题，因而，企业战略实施领导者可用"头脑风暴法"博采众长，吸收各方面认知的精华而处于发挥协调者作用的角色，合作型更适于复杂而不稳定的环境。

（4）文化型战略实施艺术是要在整个组织里灌输一种适当的文化，促进战略的实施。低层次的管理人员参与决定战略方案的设计，而且企业战略实施领导者反复向他们灌输一系列价值观念，影响他们的战略行动，因此这种方法称为文化型战略实施艺术,是一种旨在打破战略决策者与执行者之间鸿沟的战略实施艺术。

文化型战略实施艺术认为,现代企业的员工应能充分地参与各个层次的决策管理,企业组织与其参与者存在着共同的目标,这就保证了战略实施能迅速进行而风险也较小,企业也就能比较平稳的发展。

(5)增长型战略实施艺术促进企业战略实施领导者在战略管理过程中不断寻求创造新的机会,充分发挥企业内部的潜能,最终使企业获得增长。

增长型主要是回答如何激励战略管理人员完美实施战略这一问题。在这一类型中,战略不是从高层自上而下地推行,而是从基层经营单位自下而上地产生,企业战略实施领导者扮演了一个评判者的角色,他要为企业整体承担责任,评审判定能达到预期目标的预先战略方案和最终付诸实施的最优方案,及其实施过程的评审与控制,又要激发企业内部拥有创新士气,并保持战略实施推进始终与战略目标的一致性而获取战略的成功。

2. 组织学习能力

企业领导团队必须要具有对环境的快速反应能力,对环境保持高度的敏感性,辨识出机会和危机,才能更好地发挥战略实施领导力。而组织学习能力是指组织内部的各成员在组织所处的环境、面临的情况以及组织内部的运作、奋斗的方向等方面,通过对信息及时认知、全面把握和传递,并做出正确、快速的调整,以利于组织更好地发展的能力,也是一个组织在知识经济时代拥有的比自己竞争对手更快的自创未来的能力。

(1)个体学习。组织是由组织成员个体组成的有机体,组织学习能力以成员的个人学习为基础,没有组织成员的个人学习,组织学习就不会发生,个人学习是组织学习的必要和先决条件。

(2)团队学习。组织中的个人学习并不是孤立进行的,而是在团体中发生的,组织中大部分的知识传播和学习发生在团队,团队变成整个组织学习的一个小单位,他们可将所得到的共识化为行动,甚至可将这种团队学习技巧向别的团队推广,进而建立起整个组织一起学习的风气与标准。

(3)组织学习。组织具有自己的行为方式、心智模式、操作规程和价值观,这些可以独立于组织成员之外而深植于组织的结构与文化之中,成为组织处理日常事务的行为规范,并构成组织的认知系统。组织的认知系统可以将其成员的个人知识转化为组织特有的知识,供所有的组织成员共享。

(二)企业战略实施领导力的支持条件

企业战略实施领导力的支持条件包括领导者素质和企业规范的制度。

企业战略实施领导者自身的素质是企业战略实施领导力发挥的约束条件，企业战略实施领导者应该不断提升自身素质，以最大限度发挥领导力的作用。规范的企业制度保证了企业战略实施领导力的权威性和规范性，为企业战略实施领导力的发挥提供制度保障。

1. 企业战略实施领导者的素质

企业战略实施领导者的素质包括协调能力和对战略的认知能力。由于企业中复杂性管理问题的增多，企业战略实施领导者必须要具备较强的协调能力，协调各种利益冲突，才能使战略实施工作顺利开展下去。另外，企业战略实施领导者对战略的认知能力影响了其对战略的把握和理解程度，更会影响到战略实施行动的正确性，因此战略实施领导必须具有较强的战略认知能力。

（1）协调能力。战略实施阶段几乎涉及企业经营管理的所有职能活动，需要做大量的日常管理工作，需要企业的整个团体积极参与。随着战略制定到战略实施转变，战略管理工作从企业高层发展到了中层管理部门和职能部门，战略管理的主体范围相应地扩大。

（2）对战略的认知能力。战略是有关企业整体、长远利益的谋略和规划，企业战略实施领导者对战略的认知也就是在对企业形势进行全面分析、把握企业战略的关键点，所以对战略的认知能力是企业战略实施领导者必须具备的基本素质。战略认知能力的主要内容是战略性思维，战略性思维不仅关注眼前，更高度地关注将来；不仅关注环境提供的机遇，更注重企业与环境之间始终保持良好的协调，只有这样企业战略实施领导者才能在实践中善于全方位地把握战略、实施战略。

2. 企业规范的制度

企业制度是在一定的历史条件下所形成的企业经济关系，包括企业经济运行和发展中的一些重要规定、规程和行动准则，它是以产权制度为基础和核心的企业组织和管理制度。企业战略实施领导者的领导力发挥离不开规范的企业制度，因为想要实现对被领导者的领导，不能仅靠个人的魅力，还要组织上的授权、制度和流程作为行使的基础，企业战略实施领导力才能实现。

（1）规范的企业产权制度能够使公司内部各经济主体及其权力分立。而所有权、经营权与监督权三权均衡配置相互制衡，既能够保证企业战略实施领导者获得充分的经营自主权，又可以保障监事会代表股东对其行使有效监督，尽量减少"内部人控制"的现象发生。而适当的领导人员调控模式如报酬机制（包括年薪激励和股权激励等）、控制权机制、市场竞争机制、声誉机制，还能更好地激励和约束其行为。

（2）规范的企业组织制度明确规定了每一管理层次和结构的职责范围，赋予了企业战略实施领导者完成其职责所必需的管理权限，这样保证其完成任务又不致产生权力的失控。而组织中的任何成员只能接受一个上司的领导，这就能够防止政出多门、互相推诿的现象，并保证企业战略实施领导者有效地统一和协调各方面力量。

（3）规范的企业管理制度使得各项作业流程清晰化，有助于员工规范自己的行为，能准确地执行企业战略实施领导者的指令，保证企业战略实施领导力的发挥。

由此可见，规范的企业制度是实现企业战略实施领导力的重要保障，也是企业战略实施领导力发挥巨大效能的基础。

（三）企业战略实施领导力的评估与激励

建立合适的企业战略实施领导力评估体系和激励机制，可以使企业领导者清晰地认识到自己的能力和在组织中的位置，系统地规划自己的职业生涯；同时相应的奖励或晋升使企业战略实施领导者明确如何实现其领导力，有利于企业战略实施领导力的强化和提升。

1. 企业战略实施领导力的评估

当前对领导力的评估方法有：关键事件法、面谈法、观察法、360度评估法、自我评估法、评估中心法。另外，一些大公司也建立了自己的领导力评估方法，比如通用电气的领导力效力评估法和摩托罗拉的领导力4E评估法。

总结已有的评估模式，企业战略实施领导力的评估可以根据领导力三要素分为三个维度，并分别规定了一系列绩效标准（见表8-4），以此进行评估。

表8-4 企业战略实施领导力的评估指标

特征	绩效标准
企业战略影响力实施	■ 为组织制定和传达了一个清晰、简单、以顾客为中心的愿景。 ■ 前瞻性的思维、拓宽视野，挑战未来。 ■ 鼓励和发动他人对前景负责任，赢得关注，表率性领导。 ■ 以开放、坦率、明确、完整和一贯的态度进行交流——征求反馈或者不同的意见。 ■ 打破阻碍并在团队间、职能部门和层次间建立良好的关系。

续表

特征	绩效标准
企业战略实施创新力	■ 主动地倾听并探询新的想法。 ■ 信任他人，鼓励风险意识和超越界限的行为。 ■ 把优胜者的同心协力作为一种每一个人去倾听的工具，对来自任何方面的想法都保持开放的心态。 ■ 发现并奖励成果，创造积极、令人愉快的工作环境。 ■ 拥有并愿意分享功能性、技术性的知识和专长，对学习保持不断的兴趣。
企业战略实施执行力	■ 平衡组织内各利益团体的关系，积极协调、消除隔阂。 ■ 充分利用企业内外各种资源为战略实施服务。 ■ 有效地安排各种运营流程，实现生产的有效性。 ■ 快速分离出有用信息，把握住复杂事物的关键部分并采取行动。 ■ 在适当的时候，更新战略来适应不断加速的变革。

2. 企业战略实施领导力的激励

企业要充分发挥企业战略实施领导力的作用，应该全方位、多侧面设计有效的激励机制，实施不同类型的激励方法，提高企业战略实施领导者的领导力。

激励通常分为内部激励和外部激励，内部激励主要是一种需求激励，而外部激励通常是目标激励。针对企业战略实施领导者的特点，他们往往在职务层次、收入水平上处于中高级，外部激励（常指物质激励）对他们的激励作用通常显得不那么突出，内在的较高层次的需求激励（如工作责任、自我价值的实现、被尊重等）的作用则较为明显。

就目标激励来说，通过领导者和被领导者之间的有效沟通互动，设立与领导团队相匹配的组织行为目标和对应的个体战略实施行为目标，有利于企业战略目标的高效实施，因此，为领导团队设立一个适当的激励目标非常重要。

四、企业战略实施领导力的变革策略

2008年金融风暴席卷全球，实体经济中的企业纷纷调整企业战略与经营策略以渡过危机，企业家们更多地关注危机之中的企业领导力构建。卓越领导力、愿景领导力、结构领导力、路径领导力、均衡领导力及持续领导力等新理念不断涌现，加上目前的全球经济时代现状，信息技术蓬勃发展，领导力变革势在必行。

知识经济时代的今天，战略实施领导力的变革围绕"人"逐步展开，以打造组织成员再生价值的新平台为宗旨，并明确自主引导式的领导方向。领导力产生变革的不同维度，本质上即是不同领导角色间的相互改变：

（1）教练式的领导角色扮演实现员工维度的领导力变革。如 GE 的 CEO 杰克·韦尔奇不止一次地强调，教练是企业一流的管理者和伟大的领导人，无论是可口可乐的前 CEO 戈伊苏埃塔还是耐克的菲利普·奈特都是擅长讲故事来感召员工、鼓舞人心的杰出代表。

（2）组织维度的领导力变革，领导的重点经营业务转向经营团队，通过激励员工达到自我管理的目标。懂得授权和进行及时的培训，实现组织成员自我管理和所谓的"无形"领导概念。

（3）基于企业员工和组织的考量，实现领导维度的变革。21 世纪的现在，变革型领导、价值型领导、仆从式领导模式涌现：具体实践中危机管理的决策者即实现未来变革的引导者，组织成本的控制者即完成价值再生的创造者，企业目标策略的制定者即共同愿景使命的忠诚服务者。

第六节　企业战略实施效果评价

企业战略实施效果评价是指：为实现企业战略目标，从企业战略的角度出发，运用数理统计和运筹学等数学方法，参照特定的评价指标体系，遵循统一的评价标准和流程，通过定量与定性相结合的方式，对企业一定经营周期内的战略实施效果，做出客观、公正和科学的综合评判。

战略实施效果评价系统由以下几部分组成：评价主体、评价对象、评价目标、评价指标和评价方法。

战略实施效果评价是战略控制的基础，用以发现战略实施与战略规划的偏差，为战略控制提供依据，为下一阶段战略实施方案的调整提供参考。企业战略实施效果评价本质上是一种特殊的战略管理系统，它从战略的角度研究企业短期行动与长期发展间的关系，针对企业战略实施效果做出全面、系统、准确的评价，用以达到评价企业战略实施效果的目的，能够为企业未来发展指明方向，能够提高企业的竞争力和生存力。随着企业管理水平的提高，企业战略实施效果评价必将融入到整个战略管理过程中，以实现战略目标为导向，在传统实施效果评价的基础上完善和拓展指标体系，最终形成体现企业现代化战略管理要求、体现企业核心竞争力和成长能力的动态实施效果评价。

在国内，目前战略实施效果的评价对象，主要集中在两部分：一是针对各种战略实施方案的选择；二是针对指标体系的确定。从评价内容上来看，大部分都以财务和生产为主。

一、平衡计分卡

平衡计分卡（the Balanced Score Card，BSC）是一张从财务、客户、内部运营流程、学习与成长四个维度出发，应用一系列考核指标表述组织经营活动行为的表格。

1992年，原诺兰诺顿战略研究所的所长诺顿（David Norton）和哈佛商学院教授卡普兰（Robert Kaplan）在研究多家企业战略评价体系的成功经验基础上，经过数年的深入研究提出了平衡计分卡。

（一）相关概念

平衡计分卡不仅仅是一种战略管理框架，更是一种战略实施效果评估工具。它起初被用于测评企业经营实施效果，后来又将其拓展应用于战略管理系统等方面。诺顿和卡普兰两人在《平衡计分卡：一种革命性的评估和管理系统》和《如何利用平衡计分卡使企业在新的商业环境中保持繁荣》两本著作中，阐述了平衡计分卡的基本内容，认为平衡计分卡既是一种战略管理体系，也是一种战略实施效果评价测评系统。

平衡计分卡从"财务、客户、内部运营流程、学习与成长"四个维度监控和管理企业战略实施效果，并把这些要素系统整合，四个维度之间实现了财务与非财务、外部与内部、结果与动因、客观与主观、短期与长期之间的平衡，故而称为"平衡计分卡"。具体表现在以下五个方面：

1. 财务与非财务的平衡

平衡计分卡中，既包括了资产负债率、利润增长率和成本收益率等财务指标，也包括了企业文化认可度、客户满意度等非财务指标。这体现了财务与非财务之间的平衡。

2. 内部与外部的平衡

平衡计分卡中，既包括了产品质量抽检合格品率、员工培训覆盖率等内部评价指标，又包括了客户满意度等外部评价指标。这体现了外部与内部的平衡。

3. 结果与动因的平衡

在平衡计分卡中,既包括了结果指标,又包括了与之相对应的动因指标。例如,产品质量是为了获得客户满意,那么产品质量合格率是结果指标,客户满意度是动因指标。而客户满意度指标能增加企业销售额,从而提高企业利润,此时,利润是结果指标,客户满意度是动因指标。

4. 客观与主观的平衡

在平衡计分卡中,既包括了员工满意度、企业文化认知度等主观评价指标,又包括了利润增长率、销售增长率、资产负债率等根据计算得出的客观评价指标。这体现了平衡计分卡主观与客观的平衡。

5. 短期与长期的平衡

在平衡计分卡中,既包括了员工满意度、客户满意度等长期指标,又包括了成本、利润等短期指标。这体现了平衡计分卡短期与长期的平衡。 平衡计分卡能够将个人目标与企业战略相联系,使每位员工都能感受到自己是如何为企业做出贡献的;解释并调整战略;向整个企业传达未来发展的战略,并建立共识;将战略目标与企业的长期目标和年度预算相联系;区别并联系企业根据战略而采取的行动;通过定期的实施效果回顾来判断战略执行情况并调整战略。平衡计分卡允许战略随着公司竞争、市场和技术环境的改变而改变,为执行战略管理提供了一个总体框架。

截止到2000年,《财富》杂志公布的世界前1000位公司中,有接近40%的企业采用了平衡计分卡。

(二)核心思想

平衡计分卡的核心思想是:通过财务、客户、内部经营过程、学习与成长四个维度中,指标之间相互驱动的因果关系来表达企业的战略轨迹,实现效果评价以及促进战略实施的目标。它的最根本目标不是规范每个员工或他们的具体行为,而是实现战略规划。

平衡计分卡有机地选择恰当的业绩考核指标,通过特别的表现形式,简洁明了地体现组织战略。平衡计分卡被人们当作一种战略管理工具,一方面,企业通过平衡计分卡这个战略管理工具,不仅可以清晰、形象地表达公司战略,而且还可以进行战略改进与完善;另一方面,企业可以通过平衡计分卡来构建战略框架和体系,用于战略控制过程中的信息沟通,并且对公司的整体战略进行分解,得出各个业务单位的经营战略。

一个合理的平衡计分卡不仅可以反映企业战略,并且还可以将企业的战略转化为一系列相互联系的指标,通过财务、客户、内部运营流程及员工学习与成长四个维度来实施战略管理。这些指标由长期决策目标和实现这些目标的途径共同决定。四个维度之间的关系如图8-5所示。

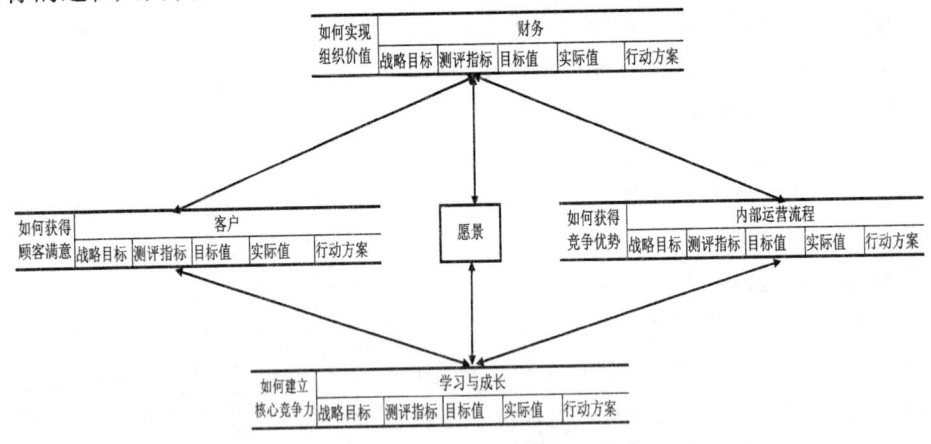

图 8-5 平衡计分卡的框架图

（三）平衡计分卡的优点

平衡计分卡是在传统以财务为导向的实施效果评价系统上逐渐发展起来的，它既继承了传统方法的优点，也弥补了传统方法的不足之处。

平衡计分卡最显著的优点是突破了传统的以财务指标为主的评价。平衡计分卡不仅保留了传统的财务指标，而且表明了长期价值和实施效果的驱动因素。除此之外，平衡计分卡有如下优点：

（1）平衡计分卡的形式极为简明。它从财务、客户满意、内部运营流程、学习和成长四个维度描述企业战略行为，而且每一个维度中仅有精准而少量的几个指标。

（2）远景和战略贯穿战略轨迹。平衡计分卡的实质是将企业的战略落实到每一个维度的指标和行动上，进而在日后监督实施。按企业战略发展方向执行战略，有助于达到较好的实施效果。

（3）统一于战略目标体系。平衡计分卡使整个企业组织的行动能够保持协调一致，能有效地将企业的战略目标转化为企业内部各层级的具体指标和行动。

（4）利于员工的学习和成长能力的培养，保障企业长远发展。

（四）平衡计分卡的不足

（1）需要根据战略的调整而修改。当企业战略发生变化时，平衡计分卡需要修改，甚至重新制定，需要耗费较多的时间、财务和人力等成本。

(2)部分指标的评价数据难以采集。在平衡计分卡中,企业文化认可度等指标较难量化,需要设计调研问卷来进行收集,并经过筛选后才能够成为可用信息。这就对企业数据采集、数据回收、数据统计等方面提出了较高要求。

二、层次分析法

层次分析法(The Analytic Hierarchy Process,简记 AHP)是 T.L.Satty 等人在 20 世纪 70 年代提出的。它是一种定性与定量分析相结合的多目标决策分析的方法,一般用来处理具有复杂因素的技术、经济、社会问题,尤其适合于人的定向判断起重要作用的、对决策结果难于直接准确计量的场合。AHP 是处理和分析复杂决策问题的有效的评价方法。

(一)基本原理

层次分析法将人的思维过程层次化,并用数学方法为分析、决策等方面提供定量依据。它将复杂系统中的关键因素,依据相互间的关联关系划分为递阶层次结构,依赖专家经验判断同一层次内各个因素的相对重要性,并用一致性准则检验准确性,最后合成得到决策因素相对于目标的重要性排序。

(二)主要步骤

应用层次分析法的主要步骤如下。

1. 建立递阶层次结构

首先对涉及的关键因素分类,构造一个各因素间相互联结的递阶层次结构。处于最顶层的是预定目标,一般只有一个元素。中间层的元素一般为准则,最底层一般为决策方案。递阶层次结构如图 8-6 所示。

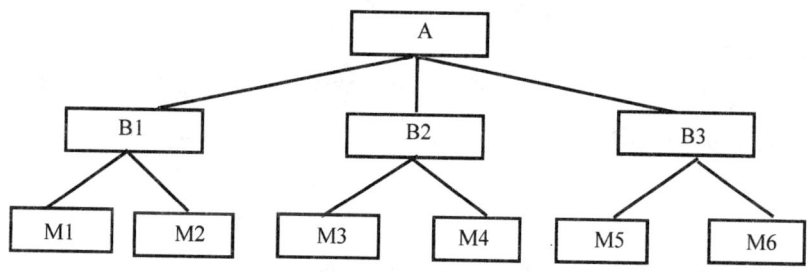

图 8-6 递阶层次结构图

2. 构建两两比较判断矩阵

建立递阶层次结构以后,上下层元素之间的关系已经确定,可以建立各个单层次的两两比较判断矩阵。

3. 计算权向量并做一致性检验

根据判断矩阵计算本层次与之关联的各元素的相对重要性次序的权值，同时解决一致性问题。对于每一个两两比较矩阵都要计算其最大特性及对应特征向量，利用一致性指标、随机一致性指标和一致性比率做一致性检验。检验通过，特征向量即为权向量；若通不过，需要重新构建对比矩阵。

4. 计算综合权向量

根据准则层指标间的权向量和准则层对方案层的权向量，能够计算得出对系统目标的综合权向量。

（三）层次分析法的优点

层次分析法优点主要包括以下两个方面：

（1）灵活简洁。它能够同时处理理性、非理性的复杂问题，将影响问题的多种因素整合，通过对决策问题的分解、比较判断达到简单性与复杂性的统一。

（2）将主观的决策过程正规化和系统化。它能使决策者从判断和评价中获得信息，有利于进行准确判断。

三、灰色关联分析法

灰色系统理论是由邓聚龙教授于20世纪80年代初提出的。灰色系统理论从信息论、系统论的角度看待研究对象。

灰色系统理论提出了一种新的分析方法，即系统的关联度分析方法，根据因素之间发展态势的相似程度来衡量因素之间关联程度的方法。灰色系统理论的基本思想是依据关联度对系统排序。

（一）基本原理

关联度是指对于不同系统间的因素，随客观条件变化而变化的关联性大小的量度。关联度实质上是曲线间几何形状的差别程度。若两个因素的变化具有一致性，则二者同步变化程度较高，二者的关联程度较高；反之，则较低。

灰色关联分析方法（Gray Relational Analysis），是根据不同因素间发展趋势的相似或相异程度作为衡量因素间关联程度的一种方法。

灰色系统理论中提出，对各子系统进行灰色关联度分析，通过一定的方法，寻求系统中各因素之间的数值关系。因此，灰色关联度分析法能够量化系统发展变化态势，适合系统的动态历程分析。

（二）主要步骤

（1）确定反映系统行为特征的参考数列和影响系统行为的比较数列能够反映系统行为特征的序列，称为参考数列。能够影响系统行为的序列，称比较数列。

（2）对参考数列和比较数列进行无量纲化处理在系统中，各因素所代表的含义不同，可能导致数据的量纲不同，不便于比较。所以，在进行灰色关联度分析时，一般要对数据进行无量纲化的处理，用以保证数据间的可比性。

（3）计算灰色关联系数曲线间差值的大小，可以作为关联程度的衡量尺度。对于一个参考数列，有若干个比较数列，可计算出各个比较数列与参考数列在各个时刻（即曲线中的各点）的关联系数。

（4）计算灰色关联度由于关联系数是比较数列与参考数列在各个时刻（即曲线中的各点）的关联程度值，所以，它的数不止一个。信息的分散不便于进行整体比较，因此，将各个时刻（即曲线中的各点）的关联系数集中为一个值，即求其平均值，作为比较数列与参考数列间关联程度的数量表示。

小链接

企业战略实施的障碍

一、战略本身的错误

企业战略是企业在一定时期的各种活动和决策的基本指导，它涵盖了企业的组织目标和行为方针。在竞争越来越充分的市场中，明确、可行的战略，是企业走向成功的第一步。谋定而后动，成功的机率自然大大增加。战略是企业的灯塔，战略的成功是企业最大的成功，战略的失误往往是企业致命的失误。中国企业的战略缺位，直接表现为战略趋同。如果把企业的名字抹去，那么各个企业的战略几乎不用修改就可以彼此互换使用。这是联想、金蝶等企业把战略放在最重要的位置的原因。

二、只重视战略的制定，不重视战略的实施

借助"外脑"力量制定企业发展战略是当前国内企业的主要做法，但在项目咨询过程中，容易出现管理层认为制定发展战略就是撰写战略方案和咨询报告，从而对咨询团队过分依赖、不能真正深入思考、对战略方案"拥有感"不足的问题，结果在对战略方案达成共识时，忽略了对战略实施的深入考虑。尤其是在战略制定与实施的责任主体分离时，战略目标就很难实现。企业经营目标的制定和战略的选择并不能确保企业经营的成功：只有经过战略实施，目标才能变为现实。企业成功经营最终依靠的是其自身的内功修炼，外部咨询公司最多能起的只是"助动者"锦上添花的作用。如实达电脑与麦肯锡咨询公司的合作就是典型一例。

三、企业成员对战略的支持程度

企业实施新战略通常涉及内部的一些变革，而变革会引起员工和管理者的不安，对变革的心理障碍包括害怕丢失地位、对自己现有能力的隐含的否定，对在新情况下失败的惧怕，对变革必要性缺乏理解以及对放弃传统方法产生不安全感等。由于组织变革是结构性变革，会引起利益关系的变化，从现实经验看，我国企业组织机制的改革体现在两方面：改变组织结构以提高管理效率，二是改革分配制度使之成为有效的激励手段，组织结构的改革意味着管理权限和权力的重新分配，使组织结构符合目标统一性原则。这种职权变更会引起一些企业成员的不满，特别是那些权力被缩小甚至被取消的部门，可能阻挠战略的实施。

本章小结

1. 战略实施是一个自上而下的动态管理过程。所谓"自上而下"主要是指战略目标在公司高层达成一致后，再向中下层传达，并在各项工作中得以分解、落实。所谓"动态"主要是指战略实施的过程中，常常需要在"分析－决策－执行－反馈－再分析－再决策－再执行"的不断循环中达成战略目标。

2. 任何企业战略的实施，无不受到战略环境的影响和制约。因此，企业要保证战略的顺利实施，就必须合理评价不同要素对企业战略实施的影响，必须对生存发展的环境有灵敏的反应能力，要适时地考察外部环境因素的变化，了解外部环境对企业实施战略会产生的影响，及时识别、评价外界环境中的不确定性因素，通过对企业所在的外部环境的分析研究，掌握客观环境的发展趋势和动态，了解与危机事件发生有关的微观动向，从而敏锐地察觉环境的各种变化，及早进行防范，保证当环境出现因素不利于战略的顺利实施时，能及时有效地采取措施，趋利避害。

3. 战略与组织结构关系的基本原则是组织的结构要服从于组织的战略，即企业战略决定着组织结构变化的类型。企业根据外部环境和内部条件制定了什么样的战略，就要求有什么样的组织与之相适应，通过适时的组织创新，使企业组织结构适应变化了的环境和条件，为企业战略实施提供强有力的组织保证。这就是组织变革与创新所必须遵循的一条基本原理——战略决定结构，结构为战略服务。

4. 每个企业在客观上都有自己独特的文化，一个企业的文化对于企业实施战略有时会有促进作用，有时则产生阻碍作用。当企业文化与企业战略相匹配时，则适宜的企业文化则会促进企业更好地实施战略；当企业文化与企业战略不匹配时，则会阻碍战略的实施。当企业领导发现企业文化暂时无法与企业战略相匹配时，重要的任务是想办法，改进目前的企业文化，为有效地实施企业战略创造条件。

5. 战略领导力是企业核心能力的关键构建维度，依据组织环境变化，合理做出积极应对措施。其体现于整个战略生命周期，由最早的战略制定到企业共享价值的实现，是领导者必备特质。战略执行力与战略创新力是企业战略领导力的重要内容，前者是企业战略实施得以顺利落实的根本保障，后者是战略实施领导力持续更新和与时俱进的活力所在。

6. 企业战略效果评价是以实现战略目标为导向，在传统实施效果评价的基础上完善和拓展指标体系，最终形成体现企业现代化战略管理要求、体现企业核心竞争力和成长能力的动态实施效果评价。目前战略实施效果的评价对象，主要集中在两部分：一是针对各种战略实施方案的选择；二是针对指标体系的确定。从评价内容上来看，大部分都以财务和生产为主。

能力培养指导

- 本章实验教学工作重点主要放在学生知识运用能力和知识转换能力的培养上，与学生期末成绩的考核结合起来。
- 在课堂教学中重视学生理论自主学习能力的培养。
- 通过教师课堂典型案例评价和学生自主案例作业分析讨论或学生根据理论自编案例工作的开展，提高了学生案例处理技能。

案例应用 1

企业战略实施的七大常见现象

近年来平衡记分卡与绩效管理得到了中国管理学术界与企业界的广泛关注：各专业网站、书店的书架上，平衡记分卡的文章与绩效管理的书籍越来越多；国内的很多知名企业也都纷纷引入了平衡记分卡与绩效管理；在咨询公司的 OFFICE 里，我几乎每天都能接到来自全国各地企业关于平衡记分卡与绩效管理的咨询电话……那么如此"井喷式"的需求会不会又是一场赶时髦的"管理革命"？平衡记分卡与绩效管理在中国企业的战略实施中起到什么样的作用？它们是否真的像很多平衡记分卡与绩效管理研究人员宣传的那样意义重大吗？要回答这些问题，我们还需要从中国企业管理中几个常见的现象谈起。

战略实施一：利润与销售收入"靠天收"

中国是一个农业大国，勤劳善良的中国农民在种庄稼时常说"自己的庄稼长在地里，靠天收"。很多中国企业的创业者们都是农民出身，他们经常自豪地说自己是"农民的儿子"，和他们父辈对庄稼的关注一样，财务目标永远是中国企业创业者们最为关注的。绝大多数的中国企业老总都确定了自己企业在未来几年内的财务目标。在每年初的时候他们都会重新检讨全年的利润与销售收入等财务目标，但是当他们在年初的吹风大会上满怀豪情地宣布一下这些目标后，就再也不会对这些财务目标进行分解，并将责任落实到人；也没有组织公司的中高层干部认真地讨论过支持落实这些财务指标的关键支持措施；很多企业都是"老板说一说，伙计们听一听"，在过程上根本不会有意识对驱动财务目标实现的要素进行监控。如此情况下，利润与销售收入等财务目标在年初的时候是一个"美好的愿望"，而到了年终能不能实现只能是"靠天收"。

战略实施二：市场越来越难做，利益相关者的抱怨越来越多

我在以前企业管理诊断活动中发现，一些中国企业的实际财务指标的数据每年都在增长，很多老总因此而沾沾自喜。但是经过深入的分析后，暴露出来的潜伏危机却令人担忧，例如：虽然利润与销售收入在逐年增长，但是市场占有率却在逐年下降，原先行业领导者地位开始动摇；客户满意度降低，客户对产品的品质及售后服务越来越不满意，大有"跳槽的趋势"；企业在公众心目中的形象也开始打折扣，企业品牌美誉度开始下降……事实上这些被忽视的潜在危机都是很多中国企业战略实施的关键成功要素，如果任由这些危机存在，总有一天企业的实际财务成果必将下滑。

战略实施三：对企业发展战略，公司里的每一个人有自己的不同理解

有些中国的企业也明晰了自己的战略，但是那些振奋人心的宏伟目标随着管理层级增加，在企业内部传递失真现象就越来越严重。很多中国企业的中层干部和基层员工，甚至部分的高层管理者每一个人对公司战略的理解都有各自不同的"版本"。那些战略的执行者们对自己到底该做什么，该为自己设定什么样的目标与计划来支持公司"宏伟目标"，有的根本就没有认真地思考过，有的有自己的不同理解。这样的直接后果使公司内部员工的行动与战略方向不一致，从而阻碍着整个企业战略实施目标的实现。

战略实施四：公司员工缺乏实现绩效目标的动力，执行力不尽人意

由于没有将公司的战略分解落实到人，为每一位员工设定个人的绩效目标，也没有建立相应的日常指导、考核的机制，这样就导致企业缺乏一个业绩目标实施的监控与约束机制；同时加上薪酬等激励机制没有和员工个人的业绩挂钩，就导致员工缺乏实现业绩目标的动力，工作的积极性与主动性就会下降。在这种条件下，我们很多的中国企业老总们总是很困惑：为什么我的员工没有了当初创业时的激情？为什么他们没有了实现业绩目标的动力，缺乏执行力？

战略实施五：当公司的目标没有实现时，大家互相推诿责任

在一些中国企业的"绩效考核"项目中，公司指标不加区分地作为公司高、中级各个职位员工的绩效目标，而有些绩效目标责任根本与该职位无关，有的员工迫于压力被迫接受考核指标，但是怨气很大。在绩效计划期末，当公司的整体绩效没有完成时，没有人愿意负责。用某房地产公司的财务副总的话说："大家都负责，就等于大家都不负责，因为法不责众！

事实上企业是一个投入产出的载体，其价值的实现，要求企业按照一定的组织规则来进行运作，处于组织中不同的位置的员工，其担负的责任也不尽相同。一个员工如果为一些他们根本驱动不了的目标负全部责任的话，那么当这些目标无法实现时他们只能说"这不是我的责任"。

战略实施六：ISO 9000 认证是通过了，但是产品因质量原因的退换货率却越来越高

近年来，中国企业开始热衷于 ISO 9000 体系的认证，获得一个质量证书似乎成了中国企业进行市场竞争的"制胜法宝"。但是根据我们的调查结果，至少有一半以上中国企业承认：质量保障体系对他们产品质量的改进并没有起到实际的促进作用。我们经常能看到一个无奈的事实：ISO 9000 认证是通过了，但是产品因质量原因的退换货率却越来越高。

事实上造成上述现象的根本原因是，企业没有建立一个落实质量目标与责任的管理系统。很多中国企业没有很好地将产品质量目标与责任分解落实到相关职位的员工，没有通过绩效目标的合理设置，引导、约束每一位员工在质量保证体系下的行为。

战略实施七：流程再造后，新的流程规则难以得到执行

如前所述，在 20 世纪末，流程再造日渐成为中国企业管理变革一个重要手段。流程再造是对传统劳动分工理论的一个挑战，它的最大贡献是能够改变每个人对待企业运作的观念，建立起以客户为导向的企业运作机制。

在管理实施中，流程再造最大的挑战是：如何将新的流程规则真正地落实到企业的运作中去。根据我在中国企业提供管理咨询服务的经验，将流程再造与绩效管理结合起来，将会大大地提高流程实践的成功性。在设计绩效指标时，可以根据各个流程的时间、成本、风险控制、数量与质量等几个维度来确定相关的流程绩效指标，并将这些指标落实到相应的部门、员工，再通过日常的指导、监控与考核机制引导他们执行新的流程规则。

中国企业战略实施问题远远还不止这些。例如，很多中国企业没有将成本的责任落实到公司的每一个部门及每一位员工；没有将培育适合战略实施的人才梯队责任落实到公司内部的每一位管理者；没有落实提高公司新产品创新能力的责任等，而这些都是今天，在全球化竞争条件下中国企业老总所必须思考的。

【讨论题】
1. 战略实施的模式有哪些？
2. 指挥型模式的运用要符合哪些约束条件？

第九章　企业战略变革

学习目标

- 掌握企业战略变革的定义；掌握战略变革的五个关键性因素；理解变革与革新、转化的区别；了解战略变革的种类。
- 掌握成功管理企业战略变革的共同管理行为。
- 掌握企业战略变革的动因、理解企业战略变革的主要方式、掌握企业战略变革的主要路径。
- 掌握渐进式变革、激进式变革、混合式变革、强制式变革、理性或自利式变革、教育或交流式变革、技术变革、产品与服务变革、战略与结构变革、文化变革的概念及内涵。
- 掌握企业战略变革的阻力来源；掌握克服阻力的应对策略。
- 掌握战略变革的管理模式的七个方面。

实践中的企业战略变革

向三星学什么

三星集团创造了亚洲企业新的传奇。这家成立于 1938 年的韩国家族企业，用 70 多年的时间，跨越 3 代人的努力，从贩卖鱼干、蔬菜和水果开始，成长为世界级的、规模巨大的、充满创新精神的、高科技的企业集团。

作为一个世界一流的大型企业集团，三星值得我们参考借鉴的地方很多，结合我国企业目前的形势和需要，本文仅就组织变革方面简单总结一下三星的可资借鉴之处。

如何在组织变革过程中凝聚共识、减少阻力，如何使用企业文化的力量，以激发更多的力量与热情参与其中，如何合理确定变革的目标与步骤等几乎是所有的中国企业都面临的组织变革课题。

20 世纪 90 年代，伴随着三星经营业务的快速拓展，各类非相关性多元化的业务过多，使得公司已经呈现出"大企业病"，即运作效率不高，企业的经营重视数量、轻视质量。李健熙在上任伊始就已经看到了三星在经营管理上存在的种种问题，包括安于现状、骄傲自满、思想守旧、盲目跟随等。此外，企业面临的外部环境也发生了重大的变化，各产业的国际间竞争日益加剧。

1993年，李健熙发动了三星历史上前所未有的变革运动——新经营。他接连推出了系列措施推进这一变革：

（1）在变革思想观念方面，倡导建立健全的危机意识。为此，先后举行了三次产品对比会，李健熙当场一个个拆解三星和竞争对手的产品，向高管明示与世界最高水平的差距。李健熙要求全体员工必须始终以健全的危机意识为指导，不断接受环境的挑战，不断进行自我创新，在心存危机意识的同时，又不能妄自菲薄，否则，就可能陷入消极悲观的心态。正确的选择是既要保持危机感，又坚信改变自身必能适应环境。这种积极的心态，就是三星提倡的"健全的危机意识"。这是三星"新经营"哲学思想的核心内容。

（2）在变革目标方面，明确三星的目标是全球超一流企业。"什么是一流？无论是国家还是企业，只要比对手优秀就是一流，比任何人都优秀就是超一流。""在21世纪，不能做到一流就不能生存。过去二流、三流的企业在自己的领域也能够生存，但在全球化的时代，这是不可能的，要时刻保持高度的危机意识。""凡是消亡的企业都有一个共同点，就是自负。"

（3）在变革的口号方面，李健熙提出"除了老婆孩子，其他都要换掉！"这句口号后来成为了三星变革的标志和世界性名言。

（4）在变革的信号方面，三星改变了上下班时间。为了唤起员工的变化意识，三星的高层决定从改变员工上下班时间入手。把原来的朝八晚五的作息时间，改成了朝七晚四。它向20多万员工发出了一个改革的信号，告诫全体员工改革不是某些人的事，而是和每个员工息息相关的事。经过一段时间的适应，三星人接受了这个变化。上班下班可以避开交通拥堵的高峰期，下班后的时间很充裕，可以用来充电和学习。朝七晚四的作息时间坚持了几年，一直实行到员工的变化意识上了一个台阶后才停下来。

（5）在变革步骤方面，李健熙首先要求所有高层要"从现在开始，从我开始变化！"为此，李健熙派出秘书室大部分人员去各分公司了解其集团内多达1800多名高级管理人员对变革的态度和看法。

（6）在变革组织结构方面，重组了最高权力结构。李健熙调整了原来以秘书室为核心的决策模式，设立了一个新的机构——结构调整本部（后改为战略规划办公室），形成了一个以会长、战略规划办公室、总裁团三者组成的高层铁三角决策模式。会长处于铁三角的最顶点，负责确定公司的整体发展方向，确定长期的战略性投资决策；战略规划办公室和总裁团处于"铁三角"的其他两点，它们是三星决策机制的两个重要机构，战略规划办公室主要扮演着智囊团的角色，收集信息、分析信息，为决策提供依据；总裁团则扮演着具体指挥者的角色，在公司制定出了重大的战略方向后，由他们具体加以实施，他们对三星公司的实际具体经营运作负责。

（7）提出建立符合时代精神的企业文化。李健熙明确将人性美、道德性、礼仪、礼节作为三星的"宪法"，凌驾于一切之上，并要求每个员工必须遵守和执行。

三星的企业文化整理和推广工作做得很细。为了让员工们掌握企业文化精髓和核心内容，除了全员培训之外，三星还制作了《三星新经营》小册子。这个小册子被称为"三星蓝皮书"，有5万多字，从1994年出版至今总共印刷了超过百万册。在这个小册子中，对什么叫人性美也给出了具体解释：无论我们有多忙，即使是为赴约赶时间而奔跑的时候，如果见到一个小孩摔倒了，也要停下匆忙的脚步，把孩子扶起来才是正理，类似这样的行为就是人性美。对于礼仪、礼节，三星将总结出来的规范用语，编制制作了《三星人的用语》《知行33训》等手册发放给员工学习，其中《三星人的用语》记载了上百个"用语"，并详细解释每一个用语，有些用语还包括历史典故和故事解释。李健熙还命人将"质量第一"的思想录制成录像带，每天早晨组织员工观看。相反，对于违纪人员，三星不仅内部予以惩处，连公司以外的违纪行为合作者，三星都会记录在案，并将这些人员名单记录本放置在三星公司的会客大厅内。

（8）变革生产经营观念，强调以质量为主的经营。对不合格产品，一律销毁。李健熙曾将价值5000万美元的问题手机和其他通信产品公开付之一炬；提出"视不合格产品为癌症""视不合格产品为敌人""视不合格产品为罪恶之源"三大口号；在生产的流程设计上，实行"一站停线（Line Stop）"系统，任何员工只要在生产流程中发现不合格的产品，都可以立即关闭组装生产线。

（9）变革绩效考核制度，落实以质量为主的经营。将原来员工和企业绩效评估体系中65%考核产量等数量指标改为更偏重考核质量指标，按照李健熙的说法质量指标要占90%，此外，三星还设立了自己的质量大奖"三星质量奖"。

（10）在变革人力资源政策方面，开展"天才人才计划"。三星以高出市场价格3~5倍的高薪聘全球"一流的人才",三星还善用奇才、怪才。公司的技术研发工程师有些曾经是电脑黑客,有些人根本没有受过正规学校教育,只是凭借对计算机的痴迷和热爱,不断地摸索而逐渐成长为电脑组装、软件开发行业内小有名气的专家。三星在"人才第一"的人力资源管理理念的指导下采取了一系列强有力的措施,使其集聚了帮助自己在市场竞争中取胜的核心人力资源优势。

（11）克服本位主义、山头主义倾向,强调坚持同一个方向,实现团队协作。在三星公司经常听到"Global Single SAMSUNG"这样的话,即全球三星一个整体。这就是说,在三星集团内部,每个公司都要朝着同一个方向前进,实现团队协作,共同发展。这是三星"新经营运动"的一个重要思想。三星经营范围涵盖电子、金融、贸易和服务等多个领域,业务拓展到多个国家和地区,员工来自世界各地。三星公司要把数量如此众多、产业类型如此复杂、来源如此广泛的员工组织起来,靠的是"第一主义"的共同目标,是统一协作的企业文化。正是基于这样明确统一的目标追求,三星各公司、各部门才能够实现有效的协作。

（12）在变革学习对象方面,开展全面立体的标杆学习运动。三星原来的学习对象是三洋,新经营实施以后,开展了世界范围内全面的标杆学习运动,具体包括:在新产品开发方面学习索尼、3M;在库存管理方面,学习西屋电器和联邦快递;在客户服务方面,学习施乐公司;在生产管理方面,学习惠普;在销售管理方面,学习IBM和宝洁,等等。

总之,上述三星新经营的变化体系,清晰地展现了三星变革的目的、内容、步骤、方法和所要追求的目标,切实体现了三星人做事严谨、认真、系统的工作作风。"新经营"是三星发展过程中决定性的转折点。

中国国内企业往往缺乏这样的系统性思维和工作方法,在处理企业变革的过程中经常只是在某一个方面加以变革或改进,单兵突进,成果往往不尽如人意,甚至有招致失败的风险,正如三星李健熙所说:"三星的改革如同一架已经离开跑道的波音747飞机,一旦离开跑道,几分钟之内就得冲向万米高空。如果在这一时刻中途停止,飞机就会在空中爆炸或坠落。"

评述

三星的组织变革给中国众多的大型企业带来很多启示:首先,组织变革的背景往往都是在企业经历重大困难期,三星的真正的变革发力于1998年金融危机之后;第二,必有一个强力的企业领袖走在最前面,给人危机感的同时指出一条正确的新生之路;第三,组织变革的核心是文化变革,变革要先从理念和文化改造做起，新的战略目标必有新的文化与之支撑。最后，一个优秀的企业或者企业家总有很多共同之处：强大的危机感，打不败的进取精神以及在困难时候的卓越领导力，正所谓生于忧患，死于安乐。

第一节 战略变革的内涵

随着当前企业竞争日益激烈，环境不确定性急剧上升，我国企业正面临战略变革的严峻考验。企业成长过程就是企业战略不断变革的过程。一个能够实现可持续成长的企业，肯定能够成功地管理战略变革。正如著名企业家张瑞敏所说："企业发展过程实际上就是战略转移的阶段性连接，旧的战略不断地、不失时机地被新的战略替代，这样才能使企业不断达到新的高度，赢得长期持续发展。"因此，对于我国企业的可持续成长，分析如何成功管理企业战略变革具有重要的现实意义。

一、企业战略变革的定义

企业战略变革是指企业为了获得可持续竞争优势，根据所处的外部环境或内部情况已经发生或预测会发生或想要使其发生的变化，结合环境、战略、组织三者之间的动态协调性原则，并涉及企业组织各要素同步支持性变化，改变企业战略内容的发起、实施、可持续化的系统性过程。该定义主要包括以下三个方面的要点：

（1）变革的目的是为了获得可持续的竞争优势。
（2）变革的动因来自外部环境和企业内部情况。
（3）战略变革是一个系统化的过程。

战略变革的五个关键性因素如图 9-1 所示。

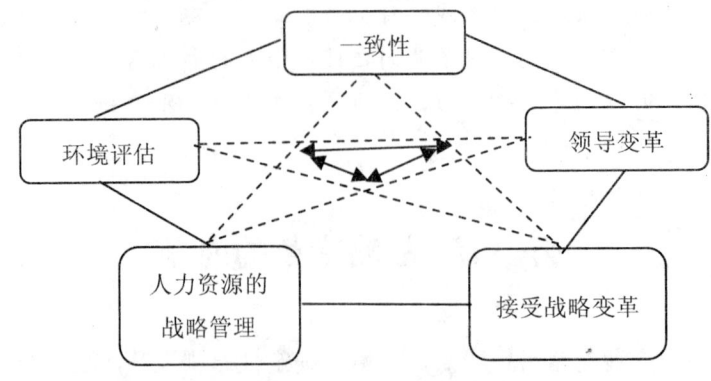

图 9-1 战略变革流程

二、变革与革新、转化的区别

（1）变革是指用现行的计划和概念将企业转换成新的状况的渐进和不断变化的过程。

（2）革新是产生新的构想和概念，并把它付之于企业管理的过程。

（3）转化是企业在经营过程中受动荡的外部环境影响而发生迅速、质变的过程。

三、战略变革的种类

戴富特对企业为了适应环境和在市场条件下生存而推行的战略变革进行了分类，共有四种类型。

（一）技术变革

技术变革往往涉及企业的生产过程，包括使之有能力与竞争对手进行抗衡的知识和技能。这些变革旨在使企业生产更有效率或增加产量。技术变革涉及工作方法、设备和工作流程等生产产品和服务技术。

（二）产品和服务变革

产品和服务变革是指企业的产出，包括新产品或改进现有产品，这在很大程度上影响着市场机会。

（三）结构和体系变革

结构和体系变革系指企业运作的管理方法，包括结构变化、政策变化和控制系统变化。

（四）人员变革

人员变革是指企业员工价值观、工作态度、技能和行为方式的转变，目的是确保职工努力工作，完成企业目标。

第二节　企业战略变革的过程与实施

企业成长过程就是企业战略不断变革的过程。成功管理企业战略变革是企业实现可持续成长的必要条件，成功管理企业战略变革共有以下五种共同管理行为：

一、组建战略变革管理团队

企业战略变革管理是一项难度大、历时长的复杂管理工程，因此需要组建战略变革管理团队。这个团队的灵魂人物是最高管理者。最高管理者具备强大的战略管理能力，将为成功管理企业战略变革奠定坚实的领导力基础。最高管理者的战略能力体现在以下内容中。

（一）战略制定能力

1. 深刻理解企业优势和企业劣势

分析清楚后，要敢于在极短时间内根据企业的实际现状，做出与发起战略变革，因企业的变革管理涉及方方面面，首先是企业家与高管的观念更新，从原来陈旧观念中进行洗礼，必须要从上至下进行企业的全貌演变。

2. 准确识别行业竞争规则的演进趋势

作为现代型企业来说，一定要将人力资源当作企业的第一资源来看待，要作为企业战略的高度来分析，因企业所有的部分几乎都离不开人，而且核心也是由人而组成，之所以要充分发挥人力资源的重要性，通过人力资源内的相关工具来挖掘各层管理者与广大员工的内在潜力，从而促使企业全面而健康地发展。

3. 确立清晰的战略意图和企业愿景，引领新的企业战略

对本行业在市场上的定位与发展做出清晰的定位与战略分析：通过一段时间的奋斗，同时也要做好企业内部的品质管理，因品质是品牌的支撑，要能打造企业本身的品牌，彻底摆脱产品作为质量低劣的产品代名词的不良形象。建立"公司今后发展战略"的新愿景，让各管理层与核心团队员工共同参与，商讨相应对策。

4. 有效分析得出正确结论，解决困惑实现目标

在企业发展过程中的四个阶段，我们都要根据当时的实情来进行有效分析，得出正确的结论后，再进行相应的合理调整；解决企业转型管理中的困惑，以求转型管理过后的目标实现。

（1）企业在创业期阶段，通常都不用什么管理，都是靠企业主或高层领导亲自带头做事，只是停留在做事的基础上，此时还未意识到管理的重要性。

（2）如果企业步入成长期阶段，就要开始注意管理，这时的管理基础也只是对事的管理，而对人的管理方面还不是非常重视。

（3）企业从成长期初步进入成熟期时，作为企业的高层领导者，就要关注对人性方面的管理，充分利用人力资源方面的重要性，从原来的传统的人事管理基础上过渡到现代人力资源方面的管理，利用人力资源内的相关可用的工具来进一步挖掘各层管理者与广大员工的潜力，各项目上的创新管理与运营管理都要加以重视。

（4）到了成熟阶段后最重要的还要重视产业结构的调整，因任何一个产业到一定的时候，都会碰到瓶颈，如何突破此时的管理瓶颈，当然要根据企业的实情来做决定。

5. 采取开放式、参与型的战略形成方式

领导各自的企业战略变革时，充分吸收各层级管理者、部分普通员工、内部高层管理或专家组成战略变革管理团队，实行民主的战略决策方式。

（二）战略执行能力

1. 坚定不移地支持和推进新战略，做实施新战略的模范

企业家的言行一致在员工中起到示范和扩散作用，容易使他们在战略变革中找到中心参照物。在制定战略与执行的过程中，我们都要首先考虑到从原来治标的情况向治本过渡，让企业在经营管理过程中，能起到良性循环的作用。

2. 积极重视管理沟通

企业领导或高管要每天亲自处理世界各地重要人士发来的电子邮件，利用业余时间对员工进行谈心，并做好员工对企业各方面的满意度调查，先从年度做好员工访谈工作，再细分到半年与季度，进而增强员工对企业的忠诚度，在领导重视与进行战略变革时更是加强了这项措施。

二、评估、选择企业战略变革模式

（一）四种企业战略变革模式

根据企业战略变革原因、企业战略变革目的和公司战略弹性，可把企业

战略变革模式划分为四种：反应性、预测性、能动性和超越性。

（1）反应性模式由环境变化或企业经营危机引发，并意在跟随竞争规则。

（2）预测性模式受企业愿景变化的影响，并意在做竞争规则预测者。

（3）能动性模式由企业技术创新或制度创新所诱致，并意在制定新的竞争规则。

（4）超越性模式则是在企业经营绩效严重恶化的情况下发起，并意在制定新的竞争规则。

当处于不同的成长阶段和环境条件时，企业对其战略变革模式的选择是权变的。没有最优模式，只有最合适的模式。正因为如此，选择适应性的企业战略变革模式不仅非常重要，而且难度颇大。

（二）重视战略转折点

作为企业领导，要擅于总结与判断是否需要发动战略变革的"战略转折点"的分析方法，并用它指导何时发起以及如何发起企业战略变革的战略分析工作。因战略转折点就是"企业的根基所在即将发生变化的那一时刻。这个变化有可能意味着企业有机会上升到新的高度，但它也同样有可能标示着没落的开端。"作为企业的领导者一定要学会运用这种自创的方法，为企业战略变革模式选择提供了有效的分析工具。

三、协调好新战略和各种组织要素及阶段性实施绩效的动态关系

（一）协调新战略和资源的动态关系

在新战略执行过程中，企业有意识地创造和积累资源，做好发起下一轮战略变革的准备。进而全面进入协调战略与将企业内部有效资源进行整合的战略变革，要学会创造大量新产品、新工艺与新技术方面的开发，还有就是管理创新与制度创新，为企业战略变革做好了充足的资源储备。

（二）协调新战略和技术的动态关系

它包括两方面内容。其一，根据新旧战略对资源的共同依赖，重组现有技术。企业要使用模拟功能和数字功能一体化的核心技术，服务于新战略的实施。其二，根据新战略的要求，引进或开发新技术。在战略变革中不断创新技术，培育了核心竞争力。

（三）协调新战略和结构的动态关系

成功的结构重组能够促进企业战略变革的顺利施行。

（四）协调新战略和管理系统的动态关系

信息处理系统、沟通与反馈系统和奖励系统是企业创新不可或缺的三大管理系统，但企业在实施新战略时会有所侧重。一定要适合新的企业愿景，用计算机化的工作站处理信息，力图创造一个"没有组织的组织"。以求培育新的企业愿景所要求的公开、诚实、坦诚的沟通，建立了充满活力的制度性沟通和反馈系统。公司开拓新的业务，根据新战略来进一步设计有效的奖励系统。

（五）协调新战略和企业文化的动态关系

企业战略和企业文化的动态一致性关系决定了新战略的实施必然会冲击原有企业文化。成功重构企业文化的关键是，根据新战略所赖以建立的新的企业愿景来确定企业文化的变革程度。要实施以顾客为中心的新战略，把改变"骄傲、只关注内部、抑制变革"的老企业文化作为战略变革的关键事项。

（六）协调新战略和阶段性实施绩效的动态关系

新战略的阶段性实施绩效有成功和失败两种情况。面对成功，企业要鼓舞士气，并根据已改善的经营绩效确定下阶段目标和方案。同时，组织成员的态度与行为随之转变。面对失败，企业应冷静分析失利原因，对症下药，转败为胜。企业还要不断地引进合适企业所用的新系统，由于过于重视技术变革而疏忽员工态度和行为变革，阻碍了新战略实施。对此深刻反省后，随即进行整改，取得战略变革的最终胜利。

四、处理好人力资源管理和企业战略变革

只有大部分企业成员理解、接受新的企业战略，企业战略变革才拥有成功的群众基础。因此，要有机结合人力资源管理和企业战略变革。由于管理者和普通员工在新战略执行中角色和职能的不同，人力资源管理措施的侧重点也有所差异。

针对高层管理者，注重沟通、合作、补偿和控制，减少权力性阻力。

针对中层管理者，着重于培养和选拔，发挥其在组织中承上启下的特殊作用。

针对低层管理者和普通员工，侧重于沟通、培训和教育，加强企业战略变革的基础动力。

成功管理企业战略变革的企业，在人力资源管理方面，往往会把握了以下两点。

第一，使员工的态度和行为适应新战略的要求。

第二，充分重视中层管理者的独特作用。公司在战略形成方面一定要充分的使用重点成员参与的选择权。公司通过举办研讨组、训练领导变革项目等措施来培养中层管理人员。

另外公司要对各层管理进行重视，注意和他们的沟通和对他们的教育。

五、培育、发展企业战略学习机制

企业战略学习机制的实质是使战略制定阶段和战略执行阶段动态适应，从而使环境——战略——组织能够动态匹配。

企业战略变革所面临的内外部情形复杂易变，且历时又长，制定新战略时的情境会在实施新战略时发生变化，这就决定了培育企业战略学习机制的必要性。成功的企业往往通过建立通畅的沟通渠道和稳固的反馈机制、构建有利于知识高保真的迅捷流动的扁平化组织、培育容纳争论和鼓励争论的氛围以及激发创新的机制，培育和发展企业战略学习机制。才能使得员工和企业的心智模式更加具有学习性和开放性，建立了新的公司形象。

综合以上五种行为，可以发现它们的内在关系：建立具有强大的战略能力的最高管理者为核心的战略变革管理团队是基础，后面四种管理行为都是他们在新战略的制定和实施过程中，基于增强企业战略能力所进行的学习性应用。

几种行为必须同时采取才能取得成功。因为要确保企业战略变革成功，关键是管理过程、管理人员技能、适应外部环境和内部文化的能力。这就是说，管理者、尤其是高级管理者的适应能力和创新能力是产生这些关键成功要素的基础。所以，最高管理者拥有强大的战略能力是成功管理企业战略变革的基础。因此，对于广大正在接受战略变革严峻挑战的中国企业家来说，大力增强战略能力，成为战略企业家是成功管理战略变革的基础性举措。

第三节 企业战略变革的动因及主要方式

一、企业战略变革的动因分析

对战略变革的动态性原因分析，应从以下几个方面予以考虑：

（一）企业战略滞后

（1）企业内部出现了高度一致的企业文化，使得企业战略滞后，与企业发展不相适应。就是在企业里，企业内部及其组成人员所共享的基本假设、价值观、规范和信仰模式以及其在外部世界中的地位几乎没有什么不同的观点和偏差，这时表明企业组织已经具有了强大的惯性与惰性，不愿意接受挑战。

（2）企业的经营业绩下降，企业不再关心自己所处的市场状况，企业内部缺乏市场信息，不是以消费者而是依靠价格或成本控制其经营活动。

（3）企业内部的发展阻力增大，主要领导者、管理团队与员工之间的沟通不畅通，无法理解彼此的思路与做法，从而使得企业发展进入停滞阶段。

当我们企业出现以上症状时，就应该考虑是否其战略已经滞后，需要进行变革。

（二）日益复杂化的环境压力

环境是企业的外生权变因素，是对企业经营绩效产生持续显现或潜在影响的各种外部力量的总和。美国著名战略管理学家安索夫在其《战略管理》一书中提出：组织的战略行为是一个组织对其环境的交感过程以及由此引起的组织内部结果变化的过程。

环境对战略的制约作用主要体现在以下三个方面：

（1）环境变动的动态性，即环境变化的速度与幅度。

（2）环境的复杂性，主要是指人口、经济、政治与法律、技术、社会文化、全球化及顾客、供应商、新加入者、替代品和竞争者的增减变化。

（3）环境的容量，主要是指环境能够为企业发展提供的资源支持与发展成长空间，环境的动态性、复杂性及其容量会促使企业去通过不断地创新来应对变化的威胁，从而为自己寻求未来生存的空间。

（三）动态竞争的压力

任何企业都处在一个开放的社会大系统中，作为该系统的有机组成部分，其存在与发展很大程度上受竞争环境的影响，企业只有适应环境的动态变化才能建立竞争优势。

战略管理的目的是提高企业对竞争环境的适应性，特别是促使企业在制定、实施企业战略的过程中能够清楚地了解影响企业的因素及其影响方向、程度和性质，以使战略能够适应竞争的要求，即企业战略要具有动态性。

动态竞争是高强度与高速度的竞争，每一个竞争者都在寻求建立自己的竞争优势，并尽可能地打击对手削减其竞争优势，竞争对手之间的战略优势的互动明显加快；任何一方的抢先战略优势都有可能被对手的反击行动击败，而其优势的存在也就不能长久保持，只是暂时性的；竞争优势不仅取决于快速行动，更加重要的是企业要能够改变竞争规则，创造出新的需求以及对未来的准确预测与反应能力，从而及时地建立新的优势。

美国战略管理学会主席，著名动态管理理论家陈明哲教授认为，在动态竞争的条件下，竞争优势的可保持性是暂时的，所有竞争优势都会受到侵蚀，这种侵蚀可能来自于竞争对手的创新与模仿。为此，企业战略制胜的关键就是要变革，通过主动打破旧有的优势，在自我否定之后重新创造新的游戏规则，建立新的竞争优势。

战略制订者要用发展变化的眼光看待企业的战略，在把握企业现在的基础上了解过去，并着眼于未来，采用适合动态竞争的措施与步骤来应对动态竞争的挑战。

（四）利益相关者的压力

企业利益相关者是指与客户有一定利益关系的个人或组织群体，可能是客户内部的，也可能是外部的，一般包括股东、经营者、雇员、债权人、消费者、供应商、竞争者和国家。利益相关者能够影响企业战略的制订，他们的意见将作为决策时需要考虑的因素。他们会清晰地描绘谁是利益相关者集团，代表哪个集团的利益，其力量如何，应怎样对待。

卡普兰曾经指出：公司创新、提高和学习的能力，是与公司的价值直接相连的，也就是说只有通过持续不断地开发新产品，为顾客提供更多价值并提高经营效率，公司才能打入新市场，增加收入和毛利，才能发展壮大，从而增加股东价值。

由于任何一个组织都是一个开放的系统，企业作为组织中的一分子不可能独立于外部存在，它不仅要面临复杂多变的经营环境，还要在与外界的相互依赖中生存、发展。

因此，在选择企业战略时，政策制定者在充分考虑股东利益时，还要考虑更为广泛的社会层面，要鼓励长期的雇员所有权，并且公司董事们应该代表关键的客户、供应商、雇员和国家的利益，这样不仅有助于建立一种商业联盟、贸易关系网络以及战略伙伴关系，而且有助于提高竞争能力，实现企业在不断变化的环境中生存与发展。

（五）企业系统复杂化的制约

企业刚刚诞生时简单且可以驾驭，但随着企业内部变量的增加和相互作用，使企业系统内的各种因素之间的关联性越来越强，系统的复杂性指数上升,从而超出了我们的驾驭能力,突变为复杂系统。

企业复杂性主要表现在以下三个方面:

(1) 强大的企业惯性沿袭,使得企业会自然延续(甚至加剧)昨天的种种特性,而无法真正察觉自身存在的问题,也就无法正确地感知企业内外部信息,更无法做出适当的反应。

(2) 对环境失去了敏感性,企业中的部门或员工慢慢会与整个企业系统的企业特性相互协调,相互适应对方的运作,而且会互相强化,此时的系统既无法感知变革的需要,也无法控制其发展的方向。

(3) 对政策反应的滞后性,不能及时地对政策做出反应,而此时系统新的协调关系又产生了,使复杂关系进一步加剧。企业的惯性使企业对各种变化的信息反应滞后,复杂性加剧,最终使企业的发展停滞,甚至死亡。

(六) 企业成长的阶段性更替

格赖纳 (Greiner, 1972) 以组织的年龄与规模为依据,将组织的成长分为五个阶段,在不同的阶段,应有不同的战略类型与之相适应(见图9-2)。

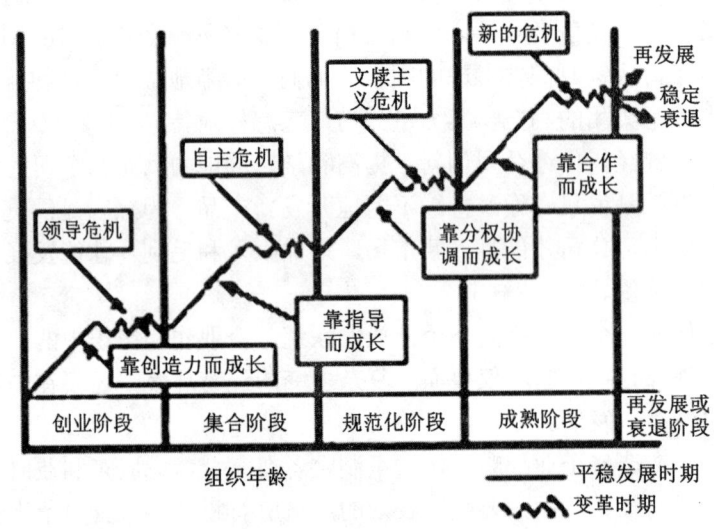

图 9-2 组织成长阶段图

资料来源:Richard Lynch. 公司战略[M]. 昆明:云南大学出版社,2002.

随着组织的成长和雇员数量的增加,要求企业调整组织结构或者由更能干的管理者领导;当领导危机解决后,低层的管理者希望在他们的工作范围内获得更大的自主权;通过充分的授权,产生控制的必要;通过各种规章制度使得企业进入规范化阶段,又要面临官僚习气的危机;当企业解决以上危机,进入合作发展阶段又要面临着更难以确定的危机。因此,每当企业的成长阶段转换,必然会对其战略提出变革的要求。

(七)企业的成长上限约束

美国麻省理工学院的彼得·圣吉教授在他所写的《第五项修炼——学习型组织的艺术与实务》一书中提出了系统思考理论,在该书中圣吉博士告诉人们:我们常被未察觉的结构所困惑。系统理论中最重要、最实用的洞察力是能够看出一再重复发生的结构形态。系统思考理论的语言描述有三个基本元件:"增强的反馈""调节的反馈"和"时间的延滞"。"系统基模"(系统的基础模型)是学习如何看见个人与组织生活中结构的关键所在。"成长上限"是一种最常见的基模,其定义是增强环路导致成长。成长总会遇到各种各样的限制与瓶颈,然而,大多数企业的成长之所以停止,却不是因为达到了真正的极限,而是因为增强环路固然产生快速的成长,但也在不知不觉中触动了另一个抑制成长的调节环路,从而使成长减缓、停止,甚至下滑(见图9-3)。

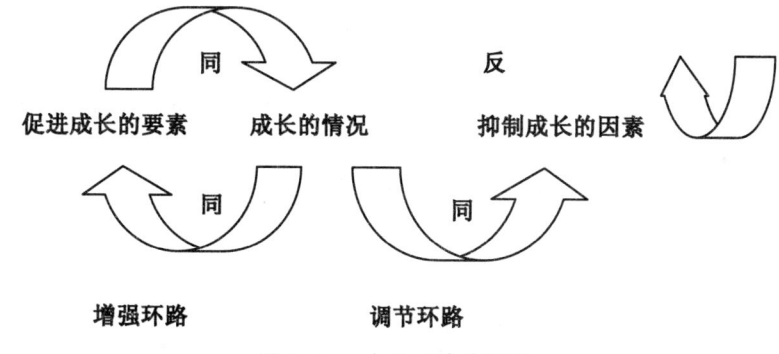

图9-3 企业系统的循环

圣吉博士的"成长上限"理论揭示:任何个人、团体乃至于一个企业都是一个不断进行反馈调节的环路系统,并且与其外在的更大的系统构成一个整体,一个系统所面临的许多问题往往是系统内外部多种因素相互作用的结果。企业在一个自我繁殖的环路,产生一段时期的加速成长或扩展,然后成长开始慢下来(系统里面的人尚未察觉),终至停止成长,而且可能开始加速衰退,这是由于增强环路与调节环路相互动态的影响所构成的系统结构达到了成长上限。此时,大多数人会尝试更加努力地向前推进,希望继续成长,实际上你愈是增强环路,用力推动你所熟悉的做法,调节环路的反作用愈是强烈，使你的努力白白浪费，到了最后，你不得不放弃原来的目标。当然还有另外一种处理成长上限的方式，那就是不要去推动增强（成长）环路，应该要去除（或减弱）限制成长的因素。

我们经常看到许多企业在面对一个快速多变的时代常常成为失败者，而有些企业却能够及时地实施战略变革走出困境，或者主动地进行变革而保持持续的成功，这些实例就证明了企业成长上限的存在。企业成长的过程，用系统思考的观点即是一个不断增强的反馈环路，如图9-3左半部所示，企业的成长可以使各种促进企业进一步成长的要素得以发展。如：企业员工士气的增加，企业技术改进的加快，企业经营成本的降低，企业投资的增加，企业市场占有率的提升，企业利润的增加，等等。但不幸的是成长终会遇到各种限制与瓶颈，即触动了一个抑制成长的调节环路，如图9-3右半部所示，这些要素有：市场竞争者的增加，替代产品的出现，消费者需求的转变，企业组织结构混乱，对市场反映迟缓，企业创新精神不足，企业知识结构老化，等等。企业成长中的增强环路与调节环路的共同作用，即使企业的成长达到了上限，为了使企业成为长寿公司，我们必须挑战企业的成长上限，这就需要进行企业的战略变革。

二、企业战略变革的主要方式

当组织改变的内容涉及方向性的组织要素时，如抽象性思维层次的愿景、定位和具体性行为层次的程序、设施等，那么此时的改变就是企业战略的变革。

（一）调整企业理念

企业战略变革首选的理念是得到社会普遍认同的，体现企业自身个性特征的，促使并保持企业正常运作以及长足发展而构建的反映整个企业经营意识的价值体系。它是企业统一化的可突出本企业与其他企业差异性的识别标志，包含企业使命、经营思想和行为准则三部分。

（1）确定企业使命。即企业应该依据怎样的使命开展各种经营活动，它是企业行动的原动力。

（2）确立经营思想。即指导企业经营活动的观念、态度和思想，给人以不同的企业形象。

（3）靠行为准则约束和要求员工，使他们在企业经营活动中必须奉行一系列行为准则和规则。调整企业理念，给企业全新定位，这是一种企业适应社会经济发展的变革，只有在这种不断地演化、渐进变革中才能够构建新的企业战略，企业才能重生，才能得到发展和壮大。

在重新调整企业理念时，首先与行业特征相吻合；其次在充分挖掘原有企业理念的基础上赋予其时代特色；最后企业理念和竞争对手有所区别。

（二）企业战略重新进行定位

如何实施战略定位是战略变革的重要内容。

根据迈克尔·波特的观点，帮助企业获得竞争优势而进行的战略定位实际上就是在价值链配置系统中从产品范围、市场范围和企业价值系统范围三方面进行定位的选择过程。

产品的重新定位，对于明星产品，由于企业竞争力和市场吸引力强，也是高速成长的市场领先者，对其要多投资，促进发展，扩大市场份额。

对于"金牛"产品，由于具有规模经济和高利润优势，但有风险，对其维持市场份额，尽可能多地获取市场利润。

对于问题产品，虽然产品市场吸引力强，但由于要加大投资，因此主要考虑在尽可能短的时间内收回成本。

对于"瘦狗"产品，企业的对策就是尽快地售出剩余产品然后转产。

对于市场和企业价值系统的重新定位，由于企业作为一个独立的组织，其竞争优势来源于研发、生产、营销和服务等过程，来源于企业的价值链配置系统，就是这个系统在市场与企业之间不断地传递有关价格、质量、创新和价值的信息，从而为企业营造和保持新的竞争优势。

（三）重新设计企业的组织结构

在进行组织结构设计时，要围绕战略目标实现的路径来确定不同层级的管理跨距，适当的管理跨距并没有一定的法则，一般是3至15人，在进行界定时可以依据管理层级的不同、人员的素质、沟通的渠道、职务的内容以及企业文化等因素。

在设计组织结构时，还要充分考虑企业各部门顺利完成各自目标的可能性，以及在此基础上的合作协调性、各自分工的平衡性、权责明确性、企业指挥的统一性、企业应变的弹性、企业成长的稳定性和效率性、企业的持续成长性。通过重新设计企业的组织结构，理清各部门的管理职责，改变指挥混乱和权责不对等的现象，从而提高管理效率。

三、企业战略变革的主要路径

Leavitt认为，组织变革可以经由三种不同的途径来完成：

（1）结构途径。强调组织结构与制度层面的修正。

（2）技术途径。强调工作流程的重新安排，借助工作方法、工作技术或者实体物的布置来达成组织变革的目的。

（3）行为途径。此方式强调态度激励以及行为技能的改变，如借助训练、考评来完成变革。技术和结构可以依赖变革领导者的权威加以改变，但是行为的改变仅仅依赖权威是不够的。Leavitt 强调，由于行为是受组织文化、和长期依赖的习惯约束，因而改变最为困难，需要一个长期的过程。

TiChy 认为企业组织变革的途径应该采取 TPC 法：

先处理企业的技术（Technique），然后是政策（Politic），最后是文化（Culture）。T 是硬性的技术面，包括硬件设备的改善更新。P 是软硬兼具的政策面，包括配合技术硬件的改变而调整、精简组织结构，改变工作流程，变更薪酬制度等。C 是软性的文化面，为了更进一步根本改变员工的行为、习惯，只有建立相应的企业文化，方能使整个变革落地生根。

第四节　企业战略变革的类型

由于企业所处环境的复杂性，所具备条件的多样性以及所面临变革目标的多变性，导致企业的战略变革会呈现出不同的类型。清晰划分企业变革的类型，深入理解这些不同类型变革的特点，对企业战略变革的顺利进行有着重要意义。

一、以战略变革的演变态势可分为渐进式变革、激进式变革、混合式变革

（一）渐进式变革是战略变革的主要形式

以奎因（1980）为代表的渐进学派认为战略变革是由企业主动引发的缓慢的变革过程，这是战略变革的基本过程。

1. 渐进式变革的目的

渐进式变革通常发生在企业已有的企业结构或管理流程中，在一定时间内往往只对企业内部较少的构成因素进行调整，但它是一系列的持续改进，这些改进不会破坏企业已有的平衡，而只是改变其中的一部分。通过这个过程，企业的部分组成要素在某一段时间里可以以一种渐进和分离的方式解决一个问题或者只达到一个目标，通过较长时间的持续努力，领导者就会对企

业的内外环境压力做出反应,最终实现企业的战略变革。

此模式起源于林德布鲁姆和西尔特以及马奇的著作,由赫德伯格等人特别是奎因加以发展。他们认为,战略变革最好被看作是通过使用一种连续、发展和一致认同的方法,有目的地使企业发展。佩蒂格鲁将这种变革模式进行了精辟的概括:变革将通过连续、有限和渐进的转变而完成。

杰出代表是日本企业,通过渐进式变革,获得了较强的竞争优势。

2. 渐进式变革的发展阶段

从长远来说,企业可能会发展,改变其战略。但是,约翰逊和施乐斯在1989年指出,这种变化是渐进的。因为从企业的角度来说,渐进的变化易于管理,对企业体制运作的滋扰程度比革命性的变化要小(见图9-4)。

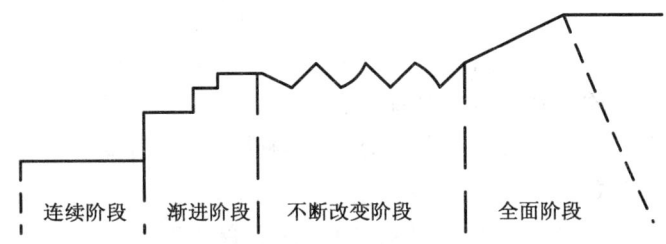

图9-4 渐进式变革的发展阶段

(1)连续阶段:在这个阶段中,制定的战略基本上没有发生大的变化,仅有一些小的修正。

(2)渐进阶段:在这个阶段中,战略发生缓慢的变化。这种变化可能是零打碎敲性的,也可能是系统性的。

(3)不断改变阶段:在这个阶段中,战略变化呈现无方向或无重心的特点。

(4)全面阶段:在这个阶段中,企业战略是在一个较短的时间内、发生革命性或转化性的变化。

3. 渐进式变革的理论依据

企业所处的环境是一个简单的、稳定的封闭系统,企业所采取的行动一般都会发生预期的结果,而不会受到来自于外部事件的过多干扰;企业可以对其所处的环境进行充分的分析,并且能够依据这种分析制定出详尽的、可执行的战略方案;企业能够对自己所采取的每一个行动的可能结果有充分的了解。

基于此,可以实现企业的发展与绩效的提高。由于企业是在较稳定和可预测的环境内经营,因而对变革的需求将是较少的,并且变革状态可以看成是由一个相对稳定的状态转移到另一个状态。他们甚至认为企业是一个职业系统和政治系统,可以通过理性决策实现资源的调拨。

4. 渐进式变革的优点

渐进式变革既可以防止由于过分强调协调而产生的停滞,又可以防止由于组织的快速变化而引起的失控状态,而且可以对企业在稳定与不稳定时期进行变革增加了兴趣与信心;可以通过事先制定的时间表、计划目标和方法,依赖于管理者的角色以及假定,能够对行动的结果有一个全面的理解,使得计划容易被理解、接受和实施。

5. 渐进式变革的缺点

渐进式变革忽视了现在企业所处的环境和变革过程的复杂性与动态的本质;变革者只见过程不见结果,为变革而变革,不能解决根本问题,尽管总体前进了一部分,但却不能带来跨部门、跨组织的变革所能带来的更大的成果;解决问题的时间太长,无法适应环境的变化,贻误企业发展的时机。

(二)激进式变革

激进式变革是由企业危机引发的迅速而又剧烈的变革,是战略变革的极端情况,它打破了企业原有的框架,由不平衡变成一个新的平衡。它强调变革的不可预测和变化的本质,认为由于时间的压力与情景变量,成功的战略变革没有事先的规定,也不依赖于详细的计划与方案,而是靠对相关复杂事项的理解以及识别可选方案的范围。认为获得企业发展的最好的方法不是怎样去更好地完善自己,而是突破现状,把握未来。它是一个挑战和改变企业的核心理念、结构、流程和战略的复杂的分析、政治和文化的过程。

1. 激进式变革的目的

激进式变革的根本目的是通过不断地矫正企业成长的轨迹,使其朝着正确的方向努力,而不是推进企业在现有的模式下加速行进。这种理论是用一种否定性思维去看待今天的现状与规划,并且以否定性作为出发点,对后者进行诊断、识别,打破、重组的一个过程。这种理论认为虽然大多数企业在一段时间内符合渐进模型,但是在短期内也会出现快速和革命化的转变,打破已经建立的活动模式,建立新的均衡模型。

2. 激进式变革的理论依据

激进式变革的理论依据是:企业所处的环境是一个有大量相互独立且相互作用因素组成的复杂的开放系统,因此企业的行动常常受到内外部因素的干扰而偏离方向;复杂系统的常见状态就是处于有规则与无秩序之间的连续变化性，而且变化的速度日益加快，程度愈发剧烈，从来没有达到稳定的均衡状态，这种变化态势就让企业不可能对正在发生的情况进行足够的了解，因而也就无法做出准确的预测，更不能制定出详尽的战略；在现实的环境中，并不存在简单的线性因果关系，没法准确地预测行动的结果是什么，因此，企业必须具备一种能力能够以一种彻底的方式进行持续的变革，保证企业的生存，并使企业具备核心竞争力。

3. 激进式变革的优点

激进式变革是一种彻底的变革，是从企业的内层开始挖掘企业变革的动因与要素。这是一种全面的转化，使企业的整体发生重大变化，可以在短期改善企业经济效益上效果明显，从而有助于显示企业变革的决心并利于变革的推行。

4. 激进式变革的缺点

由于激进式变革是对企业过去的否定，影响整个企业系统，可能引起企业的动荡；由于变革通常包含着大规模的减少冗员，关闭分支机构或是重组部门，一般会带来巨大的恐慌和不稳定感，而大多数人的心理是求稳怕乱，更由于人们见过太多的激进式变革失败的实例，因而会引起人们的强烈抗拒。

（三）混合式变革

企业的变革方式并不是非此即彼，渐进式变革与激进式变革也并不是截然分开的，二者都是企业为了适应环境与生存而实施的变革，只是在企业的不同发展阶段、不同的环境与压力情况下偏重点不同。

渐进式变革是从复杂的最外沿来解决企业存在问题的方法，其变革是在企业本来已经复杂的系统中制定出更多的规则，希望能够通过一系列持续、稳步前进的变革使企业实现稳步前进，这种变革在实践中确实也取得了不少可喜的成果。但是随着公共进程的推进，复杂性会越来越大，问题也会越来越多，问题的解决也会越来越困难，当局部问题的解决已经不能再挽救企业时，企业又会转而采用激进式变革战略，即创造新的组织和管理流程，实现技术上的突破，生产新产品，开发新市场。所以说，企业战略变革往往是混合型的。

传统的观念认为，战略变革是一种不经常的、有时是一次性的、大规模的变革。然而，最近几年，使企业的战略成熟化往往被认为是一种连续变化的过程，一个战略变革往往带来其他变革的需要。显然，企业生命周期当中基本的战略变革相对来说是不经常出现的，而渐进性的变化（可能是战略性的）是较为频繁的过程。因此，在很多情况下，渐进性的变化导致战略变革。

（四）渐进式变革与激进式变革的区别

企业为了适应环境和生存而实施的变化是可以按其范围来划分的（即变化的程度是渐进还是激进式）。渐进的变化是一系列持续、稳步前进的变化过程，使企业能够保持平稳、正常运转。渐进的变化往往在一点时间上，影响企业体系当中的某些部分。而那些激进式的转化是全面性的变化过程，使企业整个体系发生改变（见表9-1）。

表 9-1 两种变革的区别

渐进式变化的特点	激进式变化的特点
在企业生命周期中常常发生；	在企业生命周期中不常发生；
稳定地推进变化；	全面转化；
影响企业体系的某些部分	影响整个企业体系

如果一家企业的战略经常发生质变，那么这家企业是无法正常运转的。事实上，企业所处的环境不可能变化得这么快。然而，约翰逊和施乐斯告诫人们，环境中的变化不一定缓慢，企业的渐进变化有可能赶不上前者。因此，如果渐进阶段落在了环境变化的后面，那么，企业可能适应不了环境，结果不得不进行激进式的战略变革。

激进式变革与渐进式变革相比，二者有着鲜明的不同特点，如图9-5所示。

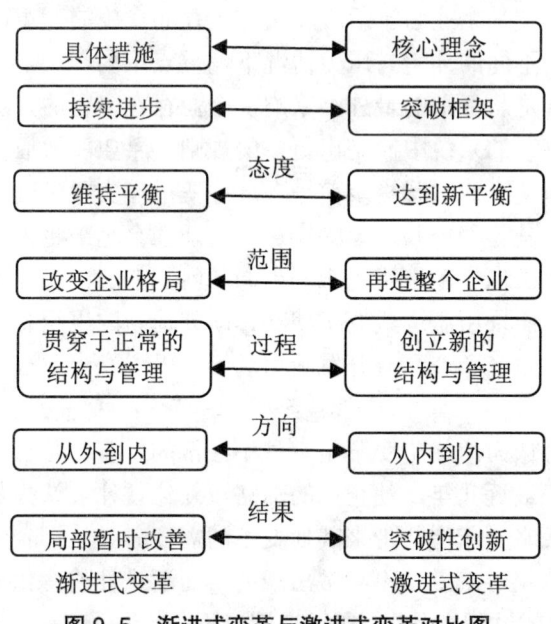

图 9-5 渐进式变革与激进式变革对比图

二、以领导变革主体的行为方式可分为强制式变革、理性或自利式变革、教育或交流式变革

（一）强制式变革

这是一种靠实行强制手段来要求执行命令进行的变革，变革涉及者不参与变革方案的设计与制定。主要手段是动用领导机构强制性权力强制实施，对组织中出现的危机或混乱状态进行迅速清理。强制式变革的优点是执行迅速，能够在短时间内处理现有混乱理清企业现状；缺点是由于有关人员对变革的了解不足，推行中会导致低责任心和高阻碍力，在常态下不受欢迎也不易成功。

（二）理性或自利式变革

这是基于人是理性且自利的基本假设，把自我利益当作最重要的激励手段而进行的一种变革模式。主要方式是通过各种方法努力使人们确信变革会对他们个人有利。这种变革让员工参加到具体的变革过程中，参与可以使每一个人都能表达自己的观点，自认为自己是变革的一部分，并能够明白变革将给他们带来的利益，而且在变革的过程中每个人都乐于知道事情进展的如何，以及取得了怎样的进步，愿意发出和接受反馈，同时还依赖于变革的领导者对整个变革过程进行权威性协调控制，对整个变革过程进行监控。这种变革的优点是可以提高决策质量，减少变革的员工障碍与风险，是较为理想的变革模式，缺点在于耗时长，存在员工不理性而沟通不畅的风险。

（三）教育或交流式变革

由于认识到战略变革是全员性的工程，为此，在企业内部需要构建领导者与员工的相互信赖与合作的关系，通过通报信息，进行广泛而深入的沟通与交流，而使人们确信变革的必要性。应该避免信息沟通不畅，或者是信息缺乏和错误，而使企业的战略在贯彻实施时遇到障碍。这种变革的优点是在有关人员对变革有充分的思想和能力准备之后才开始实施变革方案，所以阻力较小；缺点是实施缓慢而困难，变革的方向和过程也常常不够清晰，且不能很好地解决企业战略变革的问题，但是比强制性变革而言可以激发更强的责任心并减少阻力。

三种变革模式，各有不同的特点。具体情况如表9-2所示。

表 9-2　三种变革模式的特点

风格类型	方法	优点	缺点	适应环境
强制	强制命令或权力	执行迅速	低责任人、低成功率	突变危机情况和专制文化条件下
理解或自利	参与和干预	增强责任感；过程有控制；提高决策质量	耗时、缓慢；有操纵风险	长期的全局性变革
教育与交流	互相信任、尊重	充分交流与沟通	耗时、进展不顺	渐进式变革

三、从获取竞争优势的角度可以分为技术变革、产品与服务变革、战略与结构变革、文化变革

管理人员可以致力于组织内的四种变革类型，以获取战略优势。这四种变革的战略类型是：技术变革、产品与服务变革、战略与结构变革、文化变革。每个企业都有其独特的产品与服务、战略与结构、文化、技术，它们能够帮助企业在特定市场中获得最大的影响力。

（一）技术变革

技术变革是指组织生产过程的变革，包括其保证差异化竞争的知识库、技能库等的变革。这些变革的目的是提高生产效率，增加产量。技术变革涉及产品或服务的制造技术，包括工作方法、设备、工作流。例如，在一个大学里，技术变革是指教授课程的技术的变化。又比如，一个污水处理厂，其技术变革则是指设计出高效的污水再生系统，它还可以采用先进的信息技术在组织内传播技术知识。

（二）产品与服务变革

产品与服务变革是指一个组织输出的产品或服务。新产品包括对现有产品的小调整或全新的产品线。开发新产品的目标通常是提高市场份额或开发新市场、新顾客。比如，Milacron 机床公司面对激烈的外部竞争，将自己转变为一个全面的服务供应商。它不仅提供机床，还提供所有的工业塑料、流体、化学制品。现在，机床业务只占 Milacron 公司全部利润的四分之一。新的产品与服务帮助它扩展了市场与顾客群，使它在这个行业中成功地生存了下来。

（三）战略与结构变革

战略与结构变革是指组织管理领域的变革。管理领域涉及组织的监控和

管理。这类变革包括组织结构、战略管理、政策、薪酬体系、劳资关系、管理信息与控制系统、会计与预算系统的变革。结构与系统变革通常是由上而下地进行，也就是说，由最高管理层下令进行变革。而产品与服务变革则通常是由下而上进行。比如企业裁员就是一个由上而下结构变革的例子。

（四）文化变革

文化变革是指价值、态度、期望、信念、能力、员工行为的改变。文化变革涉及员工思考方式的改变，它更是一种头脑中的变革，而不是技术、结构或产品的改变。比如一家公司，本来的文化特征是怀疑与不信任。管理人员经常不征询员工意见就强制进行变革，有时候还会突然改变管理方法和政策。后来改变了它的文化，开始尊重员工的价值，鼓励员工的参与，对管理也有了新的认识。这使得公司的产品质量得到了很大的提高。

以上四种变革并不是相互孤立的。一种变革往往会引起另一种变革。一个新产品可能会引起生产技术的变革，而组织结构的变化可能需要员工学习新的技能。比如一家人寿保险公司想要利用计算机技术处理索赔，那它必须调整组织结构，将工作人员分成5—7人的小组，才能很好地达到目的。这种组织结构的变革是技术变革的派生物。又比如一个制造企业要引入机器人与高级制造技术，那么它必须对员工进行这方面的培训。而员工技能的升级又会引起薪资系统的变革。总之，组织是由互相联系、互相影响的系统组成的，某个部分的改变必然会引起其他部分的变革。

第五节　战略变革的阻力

企业要在变化多端的市场环境下生存，就必须进行变革，但是变革不可避免地会遇到阻力。战略变革是企业方向性和全局性的转变，对现有制度、组织结构、生产流程、企业文化、企业使命等方面都可能产生很大的冲击，其所面对的阻力将是企业各种类型变革中最大的。因此，研究战略变革可能遇到的阻力来源以及应对策略，对于企业管理实践者有着重要的意义。

一、企业战略变革的阻力来源

从组织成员的角度观察，变革过程中的参与者分为变革战略家（strategists）、变革执行者（implementer）和变革接受者（recipients）三种。

变革战略家泛指掌握企业控制权的高层管理人员，如董事长、总经理，是公司资源的分配者。

变革执行者则负责发展变革的步骤，达成变革战略家所描绘的远景，多属于公司内的中层主管。

变革接受者则是按照变革执行者所拟定的行动方案，是执行作业的基层人员。

员工的抵制变革行动，可以分为以上三种层次，每种层次员工的抵制行为都有自己的特点和原因。而文化阻滞不同于员工抵制，是从组织整体来研究变革阻力。

利益相关者的反对包括的范围非常广泛。由于企业作为社会的一个组成部分，与其他的社会组织和成员有着密切的关联。

当企业的战略变革要增强、减弱、改变、消除这些关联的时候，就会面临利益相关者的干预。如果不能处理好与利益相关者的关系，那么变革就会遇到阻力。甚至由于利益相关者的反对，变革无法进行或者根本无法达成目的。企业的利益相关者主要包括：政府、顾客、供应商、社区等。从另一方面来说，如果企业的战略变革能够获得利益相关者的支持，那么会使企业的变革更加顺利进行。

具体而言，阻力之所以形成，大约有以下四种原因：第一，现实利益冲突；第二，认知与心理不一致；第三，权责不对等；第四，行为与文化惯性。

（一）现实利益冲突

现实利益冲突是引起变革阻力的最直接原因，首先，既得利益者一般会担心自己的利益受损，从而一开始就对变革持否定态度；其次，那些看不清变革是否会对自己有利的人，也不会积极支持变革；再次，当变革看起来是对别人而非自己有利时，许多人都会有意无意地抗拒变革。

变革往往会直接威胁到员工的经济利益、社会地位、个人权威，这些都是与员工切实相关的利益，如果没有相应的解决措施，员工将成为变革的阻碍者；另外，利益相关者反对变革的一个主要原因是变革威胁到他们的现实利益，例如惠普、IBM等电脑公司与DELL进行竞争时，希望复制DELL的直销模式。但是这种战略性的转变将损害与惠普、IBM合作经营多年的经销商的利益，这种现实的利益冲突，导致惠普、IBM在采用直销模式上一直采取审慎的态度。

（二）认知与心理不一致

变革阻力产生的第二种原因是认知与心理不一致。

一方面，变革愿景没有达成共识，会造成变革参与者之间的目标认知偏差。

另一方面，价值观、性格等因素会对风险偏好等心理因素产生影响。很多战略变革行动就是因为变革参与者对于变革本身没有达成共识，从而因为变革而争吵，由于争吵而分道扬镳。在很多情况下，认知与心理不一致是由于信息不对称引起的，由于变革发动者没有及时与其他变革参与者进行沟通，往往会造成对变革的误解，从而产生认识上的冲突。

基于不同信息产生的判断和风险评价是不一致的，因此信息不对称会造成变革参与各方对于变革的目的、方向、风险的不同认知和心理反应，从而造成各自有各自的算盘，使得变革各方无法协同配合，变革无疑将难以进行。

（三）权责不对等

由于变革时期的特殊性，将产生权资难以一致的情况。在变革中，由于处在不断变动之中，无法达到管理学中"责任与权力对等"的管理原则。对于变革中的这种情况，埃迪斯博士在《把握变革》一书中为此做了一个比喻，将权力和责任类比为正方形与圆形的关系，两者是无法完全重合的。

权责不对等在变革中将造成两个难题：在员工权力大于责任的时候，如何让员工主动争取更大的责任；在权力小于责任的时候，如何激励员工争取各方的支持，完成任务。如果不能很好解决，权力和责任的不对等阻碍变革顺利进行。

（四）行为与文化惯性

行为与文化的惯性造成的障碍是战略变革者最难克服的，需要花费很大的精力和长期的时间。

这些研究表明，企业在进行战略变革时，应该考虑到文化与行为惯性的力量，并且在变革持续的过程中要有意识地消除原有文化的不利影响，积极改变员工的行为习惯，使之符合战略变革的要求。否则，变革难以得到员工的真正支持，短期有效的变革行为，随着时间延续，将难以为继。

二、克服阻力的应对策略

战略变革者应该针对不同原因引起的变革抵制，采用不同的应对策略。此外，不同类型的变革参与者，变革抵制行为的引起原因也是不同的，应该在制定应对策略时加以考虑。具体措施如表9-3所示。

表 9-3 引起变革抵制行为的原因

	现实利益冲突	认知与心理不一致	权现不对等	行动与文化惯性
利益相关者	√	√		
高层管理者	√	√		√
变革执行者	√	√	√	√
变革接受者	√	√		√
一般应对策略	谈判、补偿、吸收、强迫	参与变革、信息沟通、教育培训、短期成功	授权、激励	渐进式变革 文化创造性破坏

（一）现实利益冲突

对于现实利益冲突引起的变革抵制，变革领导者可以采取谈判、补偿、吸收、强迫等手段。变革中的直接利益冲突是不可避免的，因此变革领导者应该积极应对此种类型的冲突。发生利益冲突时，变革领导者应该与利益冲突各方进行谈判，一方面可以运用自身的影响力，让对方知难而退；另一方面可以通过利益补偿等妥协手段，减少甚至消除抵制行为。企业在遇到现实利益冲突时，要跳出"一分为二""非此即彼"的思维定势，很多时候可以化敌为友，将变革抵制者吸收到变革阵营中来，自然就可以消除其变革抵制行为。

如果通过前面的谈判、补偿、吸收等手段都不能达到目的，变革领导者就只能采用强迫的方式消除阻力。对于利益相关者，可以借助自身或者盟友的力量，采用威胁报复等手段，迫使反对者放弃阻挠行为；对于企业内部员工，变革领导者可以利用自身权威来迫使其服从，甚至可以将反对的关键人物清除出组织。

（二）认知与心理不一致引起的变革阻力需要采用的策略

1. 应该让员工参与变革

减少变革抗拒的六种途径，其中非常重要的一条是使员工参与，获得更多有关变革的信息。

2. 加强信息沟通

这点不仅在企业内部，而且对于利益相关者也非常重要。由于利益相关者游离于企业之外，企业只能采取信息沟通的方式获得各个方面的理解和支持。企业在变革时，要特别注意保持与外部的信息交流。

3. 员工培训和岗位轮换

很多情况下，员工由于受到旧有心智模式的制约，无法正确判断企业面临的新环境以及清楚认识企业新的战略目标。作为组织学习的重要手段，教育培训可以帮助员工转换心智模式，认同企业的新愿景，从而消除员工对于变革的疑惑，降低对变革的阻碍程度。

岗位轮换是企业按照计划在一定时期内让员工在不同部门不同岗位轮换，从而达到提升员工的适应性、开发员工能力、培训员工等目的。其出发点是考虑企业的长远利益，即基于企业战略进行岗位轮换的设置。岗位轮换可以在两个方面有助于企业的战略变革：

（1）有助于活跃员工的思维，避免疲钝现象的产生。据心理学的研究，一般人具有墨守成规的特点。长期从事某一固定工作的人，会逐渐丧失对工作的热情，以及对工作内容的敏感而流于照章办事，即产生疲钝倾向。如果企业实行合理的岗位轮换，将会有助于员工克服疲钝现象，保持他们对工作的敏感和创造性。同时，还可以增加各个部门之间的理解，更加清楚企业战略在各个部门的不同体现形式，有助于推进企业战略的实现。

（2）为战略变革培养中坚力量。在企业推行战略变革的时候，一般的员工实质不会起到很大的阻碍作用，但是如果中、高层管理人员也对战略变革不理解，不支持，那么企业战略变革则很难进行下去。在实际中，如果应用岗位轮换则可以减小这种阻力。

对于中、高层管理人员而言，对企业工作的全面了解和对全局性问题的分析判断能力是非常重要的。要培养这种能力，管理者就不可以固步自封于一个小小的部门，而必须在不同的部门之间横向移动，扩大知识面。这样的话，管理人员对企业越了解，则越容易培养他们的全局观，并且保持他们对企业发展方向的敏锐性。一旦变革真正到来的时候，他们也不会惊慌失措，或是奋而抵制，而会表现出职业经理人应有的素质。

4. 短期成功

变革大师科特认为短期成功可以鼓舞士气，降低员工对变革风险的评价，让变革中立者转变为变革的支持者，瓦解变革反对者的联盟。短期成功可以让那些认为变革一无是处的员工改变他们的认知，让对变革悲观的员工改变他们的心理态度，这样有助于变革的顺利进行。

（三）来自责权不对等的阻力

对于责权不对等造成的麻烦，变革领导者应该有意识地灌输勇于承担责任的观念，并且以身作则，这样才能激励员工以积极的态度看待自身的工作。由于责权不对等的问题大多发生在变革执行者身上，变革领导者可以通过充分授权，尽量消除员工责任大于权力的情况。如果情况变动太快，无法及时授权,作为变革领导者应该在激励员工努力完成任务以外,积极协助员工完成工作,必要时可以承诺自己承担风险,减少员工因为责权不对等产生的心理压力和抗拒行为。另一方面,如果员工的权力大于责任,变革领导者可以激励员工争取更重要的任务以及承担更大的责任。如果员工的能力不适合承担更大的责任,变革领导者应该考虑逐渐收回员工多余的权力。

（四）文化惯性形成的阻力

对于行动与文化惯性产生的变革阻力,变革领导者可以采用渐进式变革和文化的创造性破坏来加以解决。变革领导者在不影响变革时机把握以及变革效果的情况下,应该尽量放慢变革的节奏。将渐进式变革用多个渐进变革分阶段完成。由于文化和行为的改变要较长时间,渐进型变革可以给员工较宽松的自我转变环境。如果在短时间内根本改变长期形成的文化与行为,势必引起员工的激烈抵制行为。为了变革的顺利进行,变革领导者应该尽量采用渐进型变革来消除文化与行为惯性造成的抵制行为。

文化本身是具有稳定性的,强行改变往往造成不利的后果。例如,卡莉改造惠普的模式,主要采用"外功",雇请外界管理顾问诊断,并接受其改造组织的建议,较不考虑内部人员的意见,因而她的改造常让惠普人陷于"一头雾水"中。

根据《华尔街日报》报道,惠普的员工在听到卡莉下台的消息后"开香槟庆祝",可见这种强行改变企业文化的战略变革模式是很难成功的。对于企业文化的变革应该采取文化的创造性破坏策略,在传承原有企业文化核心价值理念的基础上,引入新的文化因素加以改变。既要破除旧有文化中不利的因素,又要引入新的文化因素加以完善,让企业文化不断扬弃更新,满足战略变革的需要。

第六节　战略变革的管理模式

在对变革进行管理的过程中,需要针对不同的类型采用匹配的风格:教导与沟通、参与、干预、指令、强制等不同的风格。同时,也需要发挥相应的作用,明确本身的角色定位。

一、教育和交流

由于认识到战略变革是全员性的工程,为此,在企业内部需要构建领导者与员工的相互信赖与合作的关系,通过通报信息,进行广泛而深入地沟通与交流,而使人们确信变革的必要性。应该避免信息沟通不畅,或者是信息缺乏和错误,而使企业的战略在贯彻实施时遇到障碍。这种变革的优点是在有关人员对变革有充分的思想和能力准备之后才开始实施变革方案,所以阻力较小;缺点是实施缓慢而困难,变革的方向和过程也常常不够清晰,且不能很好地解决企业战略变革的问题,但是比强制性变革而言可以激发更强的责任心并减少阻力。

二、管理风格适宜性问题

战略变革的管理风格比较如表9-4所示。

表9-4 战略变革的管理风格比较

风格/类型	方法	优点	缺点	有效的环境
教育和交流	互相尊重、互相信任小团体信念	解决缺少信息或信息错误的问题	耗费时间,方向或进展不明	长时期的逐渐变革或全局性的变革
参与	小团体、工作小组、干预	增强决策主人翁意识,提高决策质量	耗费时间,解决方法仍在旧战略框架内	
干预	有变革机构保持控制和协调的权利	过程得以指导和控制,但有人干预其中	有被认为是操纵的危险	逐渐或无风险的全局性变革
强制/法令	通过强制/法令,实施变革权力	在危机或混乱的情况下会成功	如果有危机,则很少成功	危急的迅速的全局性变革,或专制文化下的变革

(1)不同对象:涉及重大利益相关方时,考虑教导与沟通,而在对于组织内部的战略变革动员时,可以考虑其他方法。

(2)不同过程阶段方法:需要激发积极性时,清晰的指令合适,而在需要得到组织内部广泛的支持时,确定变革的阻碍因素时,参与式更合适。

(3)参与式更适合循序渐进的变革,而根本性的变革时,采用指令性。

(4)专门性、网络型或者学习型组织,需要参与式的变革。

不同的管理风格需要不同的个性管理者匹配、不同管理者的管理风格的协调。

三、战略变革过程中的各种角色

当讨论变革时,绝大多数时候人们总是过分强调组织高层的个人的作用。

当然,"战略领导人"是重要的,但是,如果考虑到不同的组织环境、组织战略变革的不同类型及变革过程,那么从变革机构的角度更广泛地考虑变革是有用的。变革机构是指使组织变革在组织中得以实现的个人或团队。

(一)战略领导

变革管理常常与战略领导人所发挥作用直接相连。领导是对组织(或组织中团体)施加影响以实现目标的过程。

战略领导一般指高层管理者,他们可以分为以下两类:具有个人魅力领导者和机械式或者交易型的领导者。具有个人魅力领导者关心的是为组织勾画未来的前景,并鼓舞人们实现这一前景;机械式或者交易型的领导者,注重对系统的设计和对组织活动的控制,所做的工作主要在于改善现状。

1. 战略领导者的特质

进行战略变革是一项具有挑战性的工作,它要求领导者具有应对模糊局面的能力,具有灵活性、洞察力及对战略环境的敏感性,能处理好与他人的关系,以及在进行战略变革的过程中能够保持组织目前的经营业绩。

成功的战略领导者常常既具有个人魅力,对员工进行有效激励,又能有效控制局面。

制定战略时,具有理解和详细分析的能力,又能高瞻远瞩;为了使战略可信,不但对未来发展具有深刻理解,又能采取行动,使预期的事情发生;在挑战现状时,有公信力,带动员工参与变革,同时,允许打破常规的做事方式;在沟通战略时,有能力将比较复杂的战略问题融入到人们容易理解的日常工作中,在巩固和实施战略时,在打破原有假设和做事方式的同时,维持组织绩效。

2. 战略领导者关注变革的关键点

战略领导者关注变革的关键点如表 9-5 所示。

表 9-5 关注变革关键点

	战略	人力资产	技术专长	控制	变革
侧重点	战略分析与战略制定	人员培养	传播技术专长	制定控制程序与方法	持续变革
代表行为	关注市场关注技术变化	找到正确的人;创造有凝聚力的文化	通过系统与程序培养与改善技术专长	依据控制标准进行监控,以保证业绩统一性与可预知性	通过演讲、会议等进行沟通与激励
其他管理者的角色	日常经营	下放战略制定权	在技术专长领域从事工作,进行管理	依据控制方法保证业绩的统一性	变革机构、坦诚面对变革

续表

	战略	人力资产	技术专长	控制	变革
对管理变革的影响	下放或者委托	招聘/培养能够在当地管理战略的人员	变革需要与技术专长方法相一致	对变革认真监督与控制	这一方法的中心在于变革

（二）中层管理者

在对战略变革进行自上而下的管理过程中，中层管理者被视为战略的执行者。作为战略变革的执行者，得不到大部分中层认可的变革可能会失败，其作用体现在以下四个方面：

（1）系统化的实施与控制。

（2）当战略变革逐步展开时，根据各方的反应发挥解释与调节作用。

（3）充当高层管理者与基层人员沟通的桥梁。因为他们对组织常规非常了解，而这些常规往往成为变革的阻碍，并形成促进与阻碍变革的范围，甚至在某些场景下，因为高层领导需要更好地了解信息，可能暂时撤消一些中间管理层，此时管理者常常会成为变革的阻碍。

（4）对高层管理者提出建议，指出哪些因素可能会发展成组织的障碍因素及所需的相应改变。

因此，中层管理者既能促进也能阻碍战略及战略变革的实施过程，而且其影响显著。

所以，让中层管理者参与战略的制定、战略变革目的的规划与实施，并对战略变革提出反对意见是非常必要的。

（三）外部人士

除了组织中的管理者在战略变革过程中会发挥重要作用外，外部人士在这一过程中也发挥着重要作用。

组织有可能从外部引进一个新的主管从全新的视角来审视组织，不会受到组织过去的常规的制约。从外部引进的管理层不是组织主流文化的一部分，但对经营相关行业，甚至类似公司的业务具有成功经验所以更容易取得成功。

同时，从组织外部引进管理层，有利于增加组织中的思想、观点以及各种假设的多样化程度，有利于打破文化障碍，丰富变革的经验；而且他们可以帮助制定战略或者战略变革规划，目前更多被看成是变革过程中的协调人。

战略变革过程中会利用咨询师，他们可以帮助制定战略或对战略变革进程进行规划。

四、管理战略变革的工具

对战略变革进行管理的工具，常常是与文化网外圈的内容相关的，那些构成与维护组织做事方式与现有范式的因素，也能够成为改变这两者的工具。

（一）结构与控制体系

组织结构既可以支持企业战略，又可能侵蚀企业战略。企业组织结构的设计既要鼓励不同部门和不同团队保持独特性，以完成不同任务，又要能够将这些部门和团队整合起来，为实现企业整体的战略目标而合作。

组织结构与战略之间的关系主要有如下两方面：一是组织结构与战略是互相配合的，以战略为先导，组织结构作为配合推行既定的战略。二是战略的改变，通常都会引起组织结构的变动。

然而，这种情况也存在着风险，即结构与控制体系的变革并不会影响组织成员的日常活动，虽然看起来所有活动都在向这种结构与体制靠拢，但实际上人们仍一如既往地做着他们从前每天都做的事情。高层管理者认为他们已经建立了实施战略的机制，但实际上人们的行为并未发生变化。

所以，对于管理层而言，要确实把握结构与控制体系的变化已经对员工的假设或者行为产生了影响，并形成了必要的、与战略方向相符合的行动，而不是仅仅停留在形式上。

（二）组织常规

真正的战略变革就是要改变常规。

常规就是组织特定的"我们这里做事的方式"，这种习惯常常会随时间的流失而持续，并引导员工延续其认为应该的行为，例如一个组织因为某种常规（特定的营销方式）取得竞争优势时，这种常规被视为顺理成章的经验，但如果市场变化或者产品出现变化时，需要变革，此时，常规就成为一种严重的制约力量。

战略管理者已经制定了新的战略，并认为已经向下属解释了应该进行如何改变，但如果一些改变涉及常规，常规的弊端就显现出来，因为常规改变是对员工已经形成的根深蒂固观念与假设的挑战。

进行战略变革要求改变一些认为"本应如此"的假设、常规及固有的做事方式等文化因素。"在行动的基础上发展出一种更好的思维方式，要比在思维的基础上找到一种更好的行动方式容易得多"，也就是说，先变革人的行为，然后在此基础上再来改变那些认为"本应如此"的假设，要比通过改变认为"本应如此"的假设来改变人的行为容易得多。

（三）象征性过程

战略变革的过程不总是一个正式的、非常明显的过程，有时候这一过程更多地表现为更具有象征性。

通过具有象征意义的行为和表象的变化，可以有效地表明一种对固有范式的变化的信号标识。

标识是指比其本身内容可以表达更多意义的物件、事件、活动或者人，这些标识在一定条件下具有特定的意义，一旦出现变化，说明对某种行为或者原来认同的某些范式出现了变化。

在与战略变革有关的所有标识中，最强有力的标识就是变革者自身行为的变革，尤其是战略领导人行为的变革。

（四）权力与政治过程

战略变革常常需要对权力进行重建。为了实现权力重建需要组织内部具有强烈用户战略变革的力量（来自公司主管、董事会有实权的成员）和具有重要影响的某些外部人事的拥护。组织中的政治机制如表9-6所示。

表9-6 组织中的政治机制

活动领域	资源	重要人物	子系统	象征性事物	关键问题
建立权力基础	控制资源取得专长额外资源	重要人物发起重要人物联系	联盟、团队	以合法性为基础	建立权力基础所需要的时间；人们认为目标有二重性，当权者感到威胁
克服抵制因素	撤出资源采取"反情报活动"	分化瓦解反对派重要人物，与变革者保持联系，与受到尊敬的外部人士保持联系	培养变革力量；支持鼓励变革者	抨击或者清楚其存在的合理性；鼓励人们提出迷惑，鼓励冲突与质疑	权力基础太弱带来的打击；具有潜在的破坏性，需要快速重建
寻求一致	给予资源	撤消持抵制态度的重要人物；需要树立看得见的"变革英雄"	部分的执行与合作、安插追随者支持少壮派	赞扬/奖励、打消疑惑、象征性肯定	转换组织机构、退回从前

在构建权力基础的过程中，会产生一个问题，即管理者可能会与当前掌握权力的团队走得太近，以至于要么他或她实际受到了这些团队的观念的影响而接受其观念，要么其他组织成员会认为他或她接受了这些观念，从而会

失去那些战略变革潜在支持者的支持。

（五）战略变革的沟通

变革管理者常常会低估组织成员对战略变革必要性的要求，这种低估导致了战略变革过程中出现的一些误解或者不必要的阻力。

然而要想有效地实施变革，很重要的一点是所采取的沟通方式一定要能够使这些复杂的思想具有意义与活力，以便它们能够被整个组织所接纳。

1. 必须将沟通策略列为工作的重要部分

沟通是变革过程中统一认识、缩短不稳定期的重要手段。在变革中必须加强部门之间、上下级之间、同事之间的沟通。管理者和员工必须把沟通列为变革实施的重要组成之一，并制定相关的预案。

2. 明确公司目标与员工之间的联系

公司必须用通俗易懂的语言向员工说明清楚可行的改变目标，以及需要改变的充足理由，以便于员工接受。许多变革计划大量使用专业词汇，描述公司远大目标，却没有告诉员工，这些变革对他们每天工作的实质影响。公司在与员工沟通时，必须将这两个部分有意义地串联起来，让他们知道应该如何正确配合，要主动了解变化的目的以及具体实施的方式。

3. 明确变革中员工的任务与预期成效

公司必须告诉员工，希望改变的程度如何，什么样的成果才算达到标准，以及员工可以利用公司哪些现有的资源达成这些成果。员工要了解变革带给他们的收获，比如产品优化可以使产品质量提高，员工更加轻松的销售。这里可以与激励制度挂钩，使员工更加有积极性。

4. 注意沟通的频繁性、准确性、一致性

公司认识到与员工频繁沟通变革的重要性，但是却忽略了沟通品质，如果沟通内容不够正确或不够重要，反而会带来负面影响。公司绝对不能给予员工错误的信息，否则信用会因此破产。此外，有时候公司也不能立即给予员工过多信息，他们可能消化不良，或者因为尚未实际执行，无法体会过程中面对的问题，造成不必要的疑虑。在多次沟通的过程中注意所传输信息的一致性，不要使员工对变革的信息由于传输的不一致而导致疑惑。

5. 善于运用不同的沟通途径

有些公司犯下的沟通错误，是由于他们只使用一种沟通方式，例如，只以电子邮件告知员工。为了达到有效的沟通：公司必须以各种渠道向员工发布信息，有时候甚至必须不断重复告知。不能以为组成专案小组，以及不断召开会议就是沟通。只有当公司妥善地计划以及执行了沟通过程，才能达到真正的沟通效果。

（六）战略变革的战术技巧

在战略变革中，还存在着一些会被用来促进变化过程中的具体策略。

1. 时机选择

在考虑战略变革的时候，人们常常忽略选择时机的重要性。战略变革的程度越大，越要将这种变革建立在实际存在的或组织成员感知到的危机基础上，这有利于变革的实施。

通常一说到变革，人们总会感到紧张，所以选择合适的时间对战略变革进行宣传以避免不必要的畏惧和紧张情绪是必要的。然而，这种时机可能稍纵即逝，因而变革者需要在这些短暂的时期内采取决定性行动（见表9-7）。

表 9-7 变革时机的选择

变革时机选择	阐释
提前性变革	管理者能及时地预测到未来的危机，提前进行必要的战略变革。能及时地进行提前性战略变革的企业是最具有生命力的企业。
反应性变革	在这种情况下，企业已经存在有形的、可感觉到的危机，并且已经为过迟变革付出了一定的代价。
危机性变革	这时企业已经存在根本性的危机，再不进行战略变革，企业将面临倒闭和破产。危机性变革是一种被迫的变革，企业往往付出较大的代价才能取得变革的成效。

2. 裁员与减少组织层次

裁员表明一种强烈的信号，因为某些人构成了变革的障碍。

战略变革计划通常会与裁员联系在一起，从关掉组织中的某些单位，使数以千计的人失去工作到撤换高级管理人员。

与变革计划有关的裁员工作的切入点的选择是很重要的。避免持久性裁员也是重要的。如果在变革进行过程中不断裁员，威胁到组织成员的工作稳定性，这样的变革也不太可能成功。

然而还有一个重要的方面，即如果一定要裁员，那么对于那些被裁掉的员工一定要采取大家都看得到的、负责任的原因，更是一种策略：这对于那些留在组织中的员工的一种信号，即组织是关心大家的。

3. 短期见效

制定战略时主要考虑的是长期的方向和重要的决策，然而，依据某一战略变革计划实施战略时,通常要求采取许多相当具体的行动,完成许多具体的任务,而且让组织成员看到这些任务很快就被执行并取得了成功也是很重要的。

(七)战略变革的关键性因素

1. 环境评估

企业是一个开放的系统,有效管理变革要求企业全体员工保持对环境的敏感性,不能仅仅依赖于技术人员或专业管理人员。企业中的管理者和员工将他们的任务看作是密切地注意环境,保持对环境信号的敏感性。作为企业的管理人员,应该使员工充分相信,通过企业内的交流网络,可以使企业内的人们充分了解环境的变化。

2. 领导变革

在组织变革管理的研究中,领导作为影响组织变革的一个关键因素。组织变革的关键领导能力包括了三个主要方面:聚焦于组织层面的思考;推动组织变革战略的执行以及建立组织变革的能力。

在组织变革过程中,组织领导需要发动组织全体员工逐步形成愿景目标和战略;需要建立新的组织体系;要鼓励更多的群体合作。领导变革的职能可划分为确定经营方向、联合群众和激励他人三个方面,同时存在着两种重要的变革模式,第一,有效的变革往往要经过一个多步骤的过程;第二,只有在高质量的领导驱动之下,这一过程才可能得到有效的实施。

3. 将战略变革与经营变革联系起来

战略变革与经营变革之间有着重要的联系,主要是因为以下两个方面的原因:第一,如果经营变革与战略变革不一致,那么无论战略变革设计得多完美,战略变革都不会成功;第二,战略变革最终要落实到经营层面。

4. 战略性人力资源管理

战略性人力资源管理(Strategic Human Resources Management)是有计划的人力资源使用模式以及旨在使组织能够实现其目标的各种活动。战略性人力资源管理将促进企业战略的实施作为所有人力资源管理活动的根本目的,强调以整合的方式统筹环境、战略等因素,从企业整体合作的角度系统思考人力资源管理的相关问题,以实现系统化的有效管理并创造出一种协同效果。

在组织变革中,人力资源部门必须是一个期望变革并深刻了解变革必要性的组织,人力资源部门必须理解变革的过程,积极参与变革进程的制定和执行,密切配合领导变革的管理者,帮助那些相对保守害怕变革的管理者。

人力资源部要帮助管理者意识到,与抵抗变革相比,人们更抵抗因为变革而经常使用的组织管理严密的方法。人力资源专业人员应当是具有改革和新思维的积极倡导者,能够在最大程度上服务于公司全体员工,尽可能让每个人都积极投身于变革之中。当然,在组织变革中,人力资源部门要避免自认为变革代理人。人力资源部门中如果想把自己关于变革的想法强加给他人,最终会损害自己所服务的组织的利益。

本章小结

1. 战略变革共有技术变革、产品和服务变革、结构和体系变革、人员变革四种类型。

2. 最高管理者的战略能力体现在战略制定能力、战略执行能力两个方面。根据企业战略变革原因、企业战略变革目的和公司战略弹性,可把企业战略变革模式划分为四种:反应性、预测性、能动性和超越性;要处理好人力资源管理和企业战略变革的关系。

3. 企业战略变革的动因:企业战略滞后、日益复杂化的环境压力、动态竞争的压力、利益相关者的压力、企业系统复杂化的制约;企业成长的阶段性更替、企业的成长上限约束。Leavitt 认为,组织变革可以经由三种不同的途径来完成:结构途径、技术途径、行为途径。TiChy 认为企业组织变革的途径应该采取 TPC 法。

4. 由于企业所处环境的复杂性,所具备条件的多样性以及所面临变革目标的多变性,导致企业的战略变革会呈现出不同的类型。以战略变革的演变态势可分为渐进式变革、激进式变革、混合式变革;以领导变革主体的行为方式可分为强制式变革、理性或自利式变革、教育或交流式变革;从获取竞争优势的角度可以分为技术变革、产品与服务变革、战略与结构变革、文化变革等。

5. 从组织成员的角度观察,变革过程中的参与者分为变革战略家(strategists)、变革执行者(implementer)和变革接受者(recipients)三种;变革阻力的形成,大致有以下四种原因:现实利益冲突、认知与心理不一致、权责不对等、行为与文化惯性;战略变革者应该针对不同原因引起的变革抵制采用不同的应对策略。此外,不同类型的变革参与者,变革抵制行为的引起原因也是不同的,应该在制定应对策略时加以考虑。

6. 在对变革进行管理的过程中,需要针对不同的类型采用匹配的风格:从教导与沟通、参与、干预、指令、强制等不同的风格。同时,也需要发挥相应的作用，明确本身的角色定位；有效地实施变革，很重要的一点是所采取的沟通方式一定要能够使这些复杂的思想具有意义与活力，以便它们能够被整个组织所接纳；战略变革的关键性因素：环境评估、领导变革、将战略变革与经营变革联系起来、战略性人力资源管理。

能力培养指导

- 指导学生"模拟调查项目"选择（其涉及行业、典型企业的选择）及完成与毕业论文的选题内容结合的调查报告。
- 指导学生"模拟调查项目"选择与其未来就业期望进入的行业及企业结合。
- 培养学生运用理论观察、认识、分析企业问题，并以此训练学生完成案例编写或论文写作的基本技能。

案例应用 1

金地——战略变革进行时

对于金地来说，眼下的这场变革关系到战略层面的重组。如果说以往都是需求或制度层面小打小闹的变革，那么这一次是动真格的了。

经过了一轮萧条后，房地产行业从 2005 年开始进入迅猛发展期，大型房地产企业销售增长率基本都保持在30%以上的水平。毫无疑问，增长是这一时期的主题。但面对这样的增长，国内房地产企业的管理还不成熟，处于启蒙阶段，很多公司的销售额虽然已达到上百亿规模，但在公司管理方面还是老板一个人说了算。在金地集团总裁张华纲看来，"中国几乎所有的房地产企业都经历了一个摸索、总结、发展、再摸索的阶段，金地也是如此，没有错过任何一个阶段。"

历史上，金地是靠提供优质产品起家，在市场上的口碑和影响力一直都不错。但在近些年他们也遭遇到了发展的瓶颈。于是，从 2006 年起，金地经营团队一起检讨集团战略，思索在哪些环节上出了问题。经过两年多时间的酝酿，2008 年底，金地决定在战略上做出大的调整，调整方向为：加快开发节奏，提高净资产回报率。

在回报率方面，房地产企业中做得最好的企业净资产回报率可以达到0.5%，"金地目前还达不到这个比率，我们希望经过改变战略方向来实现，从而提高竞争力。我们的目标是到 2011 年跻身全国房地产企业前三甲"。

（一）艰难的认同

过去，金地在战略方向上存在犹豫，一直在追求"利润最大化"与"高速发展"两个方向上矛盾、徘徊。作为集团总裁，张华纲很坚定战略变革的做法："金地要发展就需要变革，而且是思想、观念上的变革，这将是非常重大的调整。如何变革，经营团队成员都会有一些想法，但最终我们将尊重经营团队协商一致的决策意见，所以最终的战略方向体现的是经营团队的统一思想。"

张华纲认为从企业文化层面来看，金地一直都有尊重团队成员意见，尊重个人意见的传统，这是好的方面，但在决策执行方面公司文化太过温柔，原定 5 月份开盘的项目，到了时间却被拖延，原因就是区域总经理觉得搁置两个月再开盘价格会更高。"这就是战略方向不明确的结果。我们要做的就是通过变革来明确团队的方向感、增强团队的执行力。"

如何使以上问题得到董事会、经营团队的一致认同和支持？金地多年来一直保持着良好的增长势头，公司业务稳步提升，如何能让董事会、经营团队都意识到发展的重要性和迫切性从而全力支持与推动变革对张华纲来说是首要难关。像所有企业推行的任何一次变革一样，金地集团在变革酝酿期也遭遇到了不小的阻力。

从 2006 年底酝酿变革到 2008 年底开始执行，金地用了两年时间去磨合经营团队的意见。好在金地是职业经理人团队经营的公司，在战略方向上不是某一个人说了算的，所以经营团队考虑的是企业利益、股东利益和社会价值。

"在取得经营团队意见一致方面的确是痛苦的，大家都有自己的道理和想法。首先要明确的是，变革是客观趋势，谁也挡不住，要想让企业更长远发展，必须走这一步。"张华纲说，经营团队认同集团未来的战略方向，在思想层面上还是比较一致的，只是在具体执行方面存有差异，"这是不可避免的"。

张华纲知道，要获得经营团队的认同必须找出大家共同的需求来。金地在最近一次会议上通过了经营与核心团队的期权激励计划，"这么做的目的是让管理团队与公司发展捆得更紧，让管理团队更具有使命感和紧迫感。"

但仅有物质激励是远远不够的，任何一项变革都离不开组织对战略调整的支持，2009 年初集团进行了组织架构调整，设立了战略管理部、运营管理部、审计法务部，将集团战略管理、运营监控和内部审计的职能从组织职能、专业建设上都加强了。在人力资源的配套上，绩效体系、领导力发展、激励体系等都是重要的基础，比如在激励体系方面"以前各区域公司员工的薪酬水平相差不多，奖金也没有充分体现业绩的差别，现在重新建立了激励体系，一切都要靠业绩说话，比如2009年上海公司销售额占整个集团的40%左右，那么上海公司同级别的同事就比其他公司同事获得奖金高很多，甚至翻倍。"

（二）重现生机

据金地人力资源部描述，"公司在推进变革的过程中做了很多尝试，今年集团在投资方向和节奏把控上掌握得非常好，主要得益于2009年对运营管理部的职能重新界定。"

值得一提的是，这个部门的总经理非常年轻，是金地2004年应届毕业生招聘中的一员。金地中高管理层也就50多人，他是最年轻的一位，所以在金地他是一个标杆。在金地人力资源部看来，这是金地为配合战略变革在用人方面的转变之一。"以往提拔人才都强调四平八稳，有经验，但2009年公司管理层更倾向于用一些有冲劲、敢于创新的同事。"

另外一个重大变化是2009年金地集团发展速度突然加快。在2009年一年就新增加了两个城市——长沙和绍兴，新增加项目18个，投资节奏明显加快。受金融危机和市场影响，此前房地产业一度很悲观，但2009年春节过后，金地是全行业最乐观的一家公司，不断地找机会、拿地。2008年，房地产行业哀歌遍野，金地集团却忙着在全国拿地。新的战略变革使得金地在2009年的销售额达到211亿元，增长85%。

在这一系列的变革之下，表现在员工层面就是干劲十足。很多人都觉得房地产是高利润、高回报行业，员工薪酬自然也就高。殊不知，在光鲜的外表下，房地产员工承担着一般人无法承受的压力。

以金地为例，人工效能非常高，800多人驱动着200多亿的销售额，每个人的压力都很大。当外界悲观时，员工的心理压力可想而知。所以2008年时金地也一度出现中层管理人员与其他公司联系，想要跨出这一行业。

"那个时候公司人心浮动，年底时突然宣布战略调整和变革，就好像注入了一针强心剂。"金地人力资源部提到。

（三）成也人力资源，败也人力资源

金地集团一直就有重视人力资源的传统，他们有一支稳定的管理队伍，这些人在行业内有着很高的认同度，同行都羡慕金地有一支好团队。这主要缘于金地从很早就开始重视人才队伍建设，他们早在1996年就开始做校园招聘，在当时是国内企业中最早的一家。2003年，金地便开始邀请翰威特、华信息悦等咨询公司搭建绩效与薪酬体系，他们还是国内最早引入平衡计分卡的企业。

"新的战略变革对人力资源部来说也是极大挑战，以前 HR 管具体事，日子过的比较踏实，现在需要全盘考虑。这么做的前提是人力资源部需要清楚集团战略，而人力资源战略是基于集团战略去执行的，要支撑、服务于集团战略，要更具有前瞻性。"显然，这次战略变革的成败在某种程度上取决于人力资源的落实。

金地自成立以来的 22 年里，经历了从一家项目公司到城市公司再到目前的三级组织架构管理模式的变革。金地最开始是集团总部直管城市公司，甚至直管项目，当时对于项目的管理是以大项目为主体，项目总经理对项目全盘负责，要求项目总经理懂设计、懂工程、懂成本、懂营销。但这么做的弊端也很多，每个项目总经理都希望把自己的项目品牌树起来，都希望自己的项目在全公司甚至在全国都是最好的，这样导致的结果就是，项目总经理会想尽办法获取更多资源。谁都希望把最好的人才、资源集中到自己的团队里，希望集团把更多的钱投入到自己的项目中来。

简单看，这么做可以让个体项目成功，但对整个区域、集团来说，实际上资源使用效率更低了。在这种情况下，人力资源部开始着手组织架构的变革，探索集团管控区域公司，区域公司管控城市公司和项目公司的体制，这期间涉及一系列权责、流程的转变，同时要考虑全集团的一致性和区域公司的个体差异。最后，确定了增强区域公司的职能，由区域公司对所辖城市和项目进行统一资源调配和专业管理，项目层面更关注工程、成本、销售等后期执行。

"这样的调整使得区域公司统一了资源协调，每个项目的投资节奏、销售节奏也由区域公司把握，公司这几年明显提高了整体的效率。"有了前面几次小的人力资源变革，使得这次大的战略变革有了前提和基础。

（四）权利下移与"板凳深度"

牵一发动全身，任何一次战略层面的调整势必波及组织和管理层面。战略变革开始后，金地在制度层面发生了很大变化，以区域公司为例，以前的管理靠人，集团高管对每件事要亲历亲为。现在则是靠制度，集团提供给他们管理工具，通过方法、制度让其了解集团战略。

"金地算是一个放权的公司，但放权的同时还有很多机制在监督、制约着区域公司。战略变革开始实施以后，我们把传统地产行业的专业判断，例如设计方案、营销方案等都下放到区域公司。甚至，会给予一定的投资决策权到区域，区域总经理的权力非常大。权力下放后，监督的重点也不再是盯着成本，而是考核利润率，只要保证利润率，做适当的成本调整很正常。但这在以往是不可能的，以前大大小小的事情需要集团领导拍板，成本变化是一件大事。"在张华纲看来，金地在变革以后更加强调执行力，开发周期大大缩短，比如以前计划某个项目一年开盘，结果拖1—2个月很正常。但现在不可以，年初计划承诺的周期如果不能兑现，集团马上收回区域决策权。

这也算是一招险棋，因为放权的同时意味着信任和区域公司对战略的了解。在张华纲看来，变革过程中人的意识是最难扭转的，"现在战略调整已经一年多了，在员工思想及意识层面还有待加强。"

不过令人欣慰的是，变革从开始到现在，因不适应新的战略而离开的员工还很少。在员工流失率方面，行业内平均值是15%左右，金地的核心人员流失率不到10%，张华纲认为温和且渐进的变革过程是人员流失率低的重要原因。金地一直以来都是"大家庭式的文化氛围"。也因此，金地在过去吸引了很多人进来，现今高管中绝大部分都是当年的创业元老，平均司龄在15年以上，即使中层，大部分人员加入公司也有10年左右时间了。

同时，金地储备有大量的"板凳队员"。金地的业务架构按区域划分为四个大区、两个直属城市。集团共有员工860多人。9名高管均为内部培养，这也是金地人才体系的特色之一，即便中层经理也很少"空降"。在内部，他们还有一个针对新入职应届毕业生培养的"金鹰计划"，毕业生加入公司后都会有明确的发展规划，目标是若干年后能成长为公司的栋梁之才。目前他们已承担起专业总监、城市公司总助、项目总经理等要职，这一计划已经成为金地获取后备管理人才的重要渠道。

"但从现在来看，较少任用'空降兵'的做法很难说是好事还是坏事。"张华纲说，实施战略变革的目的是提升效率，效率要提升，执行的尺度就会很严格，这对公司以往一贯的温和式文化来讲，可能会有不适应，但至少目前还没显现出来，员工积极性很高。

总之，对于金地来说，这次变革是金地历史上最大的一次，是战略层面的重组。金地总裁张华纲为这次变革做出的周期是两年，目标是2012年集团销售额突破600亿元人民币。

【讨论题】

1. 一般来说，企业的历史越长，领导人在位的时间越久，进行战略变革的难度越大。这个命题是否正确？

2. 继任的企业领导人对企业战略的改变在什么情况下可以算是战略变革？

3. 在什么情况下会出现本应该进行战略变革但是却无所作为的现象？

案例应用 2

伊莱克斯的战略管理变革背景

——水土不服的战略管理

从 1996 年伊莱克斯兼并长沙中意电冰箱厂以来，就按照其国际化的定位开始了其中国市场的征程。这家总部在瑞典的跨国公司是全球最大的家用电器公司之一，其冰箱销量在欧洲排名第一。伊莱克斯进入中国市场的时候正面临竞争已经进入白热化阶段，也出现了许多著名的品牌，市场格局基本形成，许多生产厂家（包括许多合资厂家，如阿里斯顿的一些合资厂家）被淘汰出局。品牌集中度较高，海尔、容声、美菱、新飞四大品牌的市场占有率高达 71.9%。常规而言，此时不宜进入中国市场。但出于看好中国市场前景，秉承"市场没有迟到者"的哲学，伊来克斯还是决定进军中国市场。

也许是西方成熟的市场所形成的标准化的营销战略和理论遇到了所谓的水土不服的问题，也许是这些跨国大公司遇到了真正意义上的战略转型和认识上的失误，中国这个市场一开始就给了伊莱克斯一个下马威，进入三年就先后亏损 6000 万元。到了 2004 年底，就进入了一个不能容忍的阶段，伊莱克斯和有些国际品牌一样，认识到如果没有变革的理性思维将会在中国市场上遇到更深的伤害。我们对伊莱克斯在营销战略上所表现出的基本问题做以下几方面的梳理。

1. 价格换来了市场却损害了形象

1996 年伊莱克斯与长沙中意冰箱厂的合作陷入困境，当时公司每天亏损 30 万元，如果撤资的话，退出成本将高达 5700 万元，伊莱克斯陷入了进退两难的尴尬境地。原百事可乐食品（中国）公司总裁刘小明出任伊莱克斯中国区总裁，上任后采取高额的终端返利、控制成本和低价策略等方法，六年内将伊莱克斯的市场规模扩大到了 30 亿元人民币，成了一时的明星经理人和伊莱克斯的功臣。但是，企业发展到一定规模以后，刘小明任人唯亲的管理作风在公司内部造成很多非议，而热衷于价格战以及盲目扩张的做法，极大地损害了伊莱克斯这个欧洲名牌的高端形象。

2. 高端 VS 高价值的定位迷失

2003 年，伊莱克斯结束了刘小明时代以后，白桦志宣布："我们不会追随价格战，我们希望由于伊莱克斯作为'国际家电第一品牌'的附加价值能让产品以平均高出同质量产品 10%的售价得到市场承认"。虽然伊莱克斯是世界上最大的白色家电制造商,每年研发费用达到了销售额的 1.3%左右,但近年来在中国推出的新产品却乏善可陈。自选冰箱、智冷双全冰箱、免洗衣粉洗衣机等产品并没有给消费者留下什么印象,在零售终端也很难见到这几款概念产品。

3. 本土化 VS 全球化的管理迷失

刘小明时代的伊莱克斯,瑞典总部采取了近乎"放手不管"的做法,经过刘小明多年的经营,伊莱克斯在生产、渠道和人力资源等方面几乎与一家本土企业没有区别。白桦志 2003 年 9 月在接受媒体采访时明确表示:"本地化已经过时了,我们现在考虑的是如何将合适的人安排在合适的位置上"。但作为在中国市场上实施营销变革,忽视中国这个特殊的市场特点将不会使这一变革过程变得轻松。因为营销变革理论是一个基于中国市场的基本理论,是基于中国市场和消费者特殊的地位和复杂性才形成的。所以,伊莱克斯战略的核心问题是对中国市场的模糊,对这个特殊市场的准备不足和理性思考不够。虽然伊莱克斯和许多国际品牌一样一直是处于亏损的状态,但伊莱克斯的全球总裁兼首席执行官汉斯·斯特伯格说:"我们希望到 2004 年底不再亏损",但事实总是不遂人愿。增长的问题是困惑许多企业的最痛苦的问题,也是战略性营销变革的主要动因。(作者系深圳下马威管理咨询公司董事长,转载自 http://www.17coolz.com)

【讨论题】

1. 伊莱克斯的战略变革遇到了哪些问题?
2. 有哪些排除公司变革阻力的方法?
3. 渐进性变革与革命性变革的区别有几方面?

第十章 企业财务战略规划、制定和实施

学习目标

- 掌握企业财务战略的概念及特点；了解企业财务战略管理的程序；理解财务战略管理的特征；掌握财务战略选择的基本模式；掌握财务战略选择应注意的原则。
- 掌握持续盈利能力目标、长期现金流量现值目标、企业可持续成长目标、经济增加值最大化目标的具体内容。
- 掌握企业不同发展阶段的财务特征；理解不同发展时期的财务战略选择。
- 掌握筹资战略的原则与目标；投资战略的原则与目标。
- 掌握财务战略规划的作用；了解财务战略规划的基础；掌握财务战略规划的内容。
- 掌握财务战略实施的组织策略；掌握企业财务战略实施的步骤。
- 掌握可持续发展的企业财务战略概念与内涵；了解可持续发展与企业财务战略的相互作用；理解现行企业财务战略的不可持续的原因；掌握确保可持续发展财务战略的实现。

实践中的企业财务战略规划

GE 公司的企业财务战略制定

对于 GE（通用电气）公司而言，其市场大鳄的身份是毋庸置疑的，对于它财务战略的制定一直存在着好奇，以下就对其财务战略进行解析。

"通用电气是一家多元化的服务、科技、制造和金融服务公司，致力于为客户解决世界上最棘手的问题，其产品和服务范围从飞机发动机、发电设备、水处理和安全技术，到医疗成像、企业和消费者金融、工业产品，客户遍及全球 100 多个国家。2010 年，多项销售收入达到 1502 亿美元，利润为 116 亿美元。通用公司对财务战略的制定进行了多方面的思考"。通过以上我

们可以得出,企业财务战略的制定需要考虑不同方面的影响因素。

企业战略对财务战略的引导作用是必不可少的,这是因为财务战略的价值管理核心是创造价值。通用公司在财务战略制订中进行了以下思考:

(一)谁来制订财务战略

早期,GE 公司财务战略规划是由企业总裁与规划部门和财务部门设计的,然后交给经营部门执行。长此以往,规划者的能力不断提高,而经营管理层对于战略制订的影响力却逐渐消失。结果,两者之间就出现了脱节与对立。规划也就被基层束之高阁,无法落实了。而如今经济环境的不确定性、竞争的加剧,使得对企业环境的了解成为战略规划必不可少的组成部分。为此,GE 把企业经营管理层一并纳入规划过程,改变了规划小组的构成和角色。例如,GE 把企业规划部门拆散,由 12 个经营单位总裁负责规划工作。而由 24 位 GE 高级经理所组成的企业执行委员会,每年也经常研讨各种业务及发展方向,企业内没有一个人挂有战略规划者的头衔。另一个变化是,把企业不同年龄层的一线经理和雇员也纳入到企业战略规划过程,对企业所面临的挑战与机会加以识别,判断企业的特长,并撰写企业战略报告,以明晰企业实现其目标所需要做出的努力。

此外,企业规划过程的一种新趋势是加入客户和供应商要素,以取得企业市场的第一手信息。例如,惠普公司是一家高度分权的跨国公司,它让其客户、供应商、业务单位经理共同出谋划策。

(二)如何做出财务战略

企业战略规划制订往往呈现自上而下、自下而上和互动式 3 种规划过程,各有其优缺点。GE 采用的互动式规划综合了自上而下和自下而上的特点,努力去适用于各种不同的国际经营环境中运作、但寻求统一的全球战略。该战略规划过程,由经营部门的管理层开始,对企业的现状及面临的环境提出分析报告,如技术进步、政府法规的变化、竞争对手的动态等,并确定实现预定目标所需要的企业资源。然后,规划便交由市场小组管理层进行审核,由市场小组代表向总公司的战略规划委员会做出说明;审议结果再反馈给市场小组讨论并调整差异,力求形成共识。最后,由总公司对规划做出评估,并依次投票决策。

跨国公司内较高级别的管理层可能会对全球的环境最感兴趣,而层次较低的管理层,所关心的视野相对窄小,可能只关注各个子公司、部门和人员较为专门化的方面。企业如要进一步提高竞争力,就要在规划方面做出以下调整:(1)最高管理层必须扮演战略决策的角色,投入大量时间和精力去决策。(2)战略规划的本质应该实现从对未来事物的预估能力向创造性思维的转变。(3)应该着眼于动态去认清变化并考虑如何在变化中取得竞争优势,从而取代传统的仅以过去推测未来的战略规划过程,并选择财务战略应遵循的原则。

新的战略规划将管理层融入到决策过程中,不断地让管理层做出各种假设,并尽可能地去设想未来的结果,采取有效的对策,以避免意外的发生,同时,针对未来特殊情况事先对决策进行检验,以经得住时间的考验,从而形成完整且有灵活性的战略,建立独特的竞争优势。

(三)财务战略规划的内容

财务战略的实施过程是具体策略和技术的运用和执行,财务战略方案的评价和调整是财务战略完善的动态管理过程,旨在更好地完善现行财务战略。按照 GE 公司的财务战略规划,主要有如下内容:

1. 新项目或新产品投资战略

企业新项目或新产品的开发投资就短期而言将占用大量现金,而且在一些年内可能不会挣得较高利润和现金流量。公司的战略现金流规划就需要在仍处于开发期的"长线"项目与短期将会产生较高利润的"短线"项目之间加以权衡。GE 着眼于长期投资和创新,其全球化的基础性投资预计在 2015 年将扩大到 4 万亿美元,聚焦于大客户问题的解决方案。以医疗保健为例,GE 每年发布从分子成像到低剂量 CT 等 100 项创新产品。公司 2010 年经营收益中的 200 亿美元就来自于其 10 年前还不存在的业务项目,这正是公司基于不断开拓核心业务所取得的成果。为此,GE 做了二十多项长期业务培育,每项至少有 10 亿美元的收益,有的甚至在 100 亿美元以上,加速了公司增长。

2. 资产组合调整战略

GE 将经营资产分为三类:第一类是核心资产,这是企业完成其主要业务的资产。第二类是变现快的非核心资产,往往是一些有价证券。第三类是变现有难度的非核心资产,尽管安排出售,可能需要时间或存在着不确定性,但可以剥离获得现金,包括对其他公司的股权投资、从事非主要业务的子公司。GE 经常调整其资产组合,如出售了安保业务,与美国最大有线系统公司 Comcast 合资组建了环球影视(NBCU);出售变现一些非核心资产,支持其在全球经济恢复中获得重要的财务灵活度。

3. 营运资本战略规划

为了防范现金流风险,公司必须进行通过减少存货、应收账款,取得更多的应付账款等来加强营运资本管理,调整股利政策,安排出售闲置资产。

4. 业绩评价体系建设

高水平的业绩评价将促使公司全体员工向公司长期最佳利益而努力,GE 的内部评价体系有四个目标,按其重要性排序如下:(1)确保必要的收益率。(2)提供早期的预警和修正机会。(3)为资源合理配置提供依据。(4)用于评价管理团队。当然,其标准除了利润贡献之外,还有推进业务发展等。

评述

由于企业经营环境的巨大变化,实行有效的战略管理已成为现代企业繁荣发展的首要问题。战略管理思想作为一种新的管理平台,已经逐步渗透到营销、生产和人力资源管理等各个职能领域。然而,由于目前的财务管理理论并没有把企业战略作为一项关键性的或决定性的因素给予正式的和明确的考虑,结果导致目前的财务管理理论和方法不能完全适应战略管理时代的要求。因此,有必要在战略管理的背景下重新认识现行的财务管理理论,提出财务战略这一新的观点。

该案例告诉我们,企业在制定财务战略时应注意以下问题:

(1)适应经济运行周期

财务战略要顺应经济周期。当经济处于复苏阶段时,企业应采取扩张型财务战略;经济繁荣后期,则应采取稳健型财务战略;而在经济低谷期,相应采取防御型财务战略。

(2)适应产品生命周期

按照企业发展的规律,通常有初创期、成长期、稳定期和衰退期各个阶段。制订财务战略时,必须正确把握本企业所处的发展阶段及其特色。在初创期,其财务特征主要表现为资金短缺,缺乏竞争力,重点应放在如何筹措资金上。在成长和稳定期,企业资金较为充裕、规模较大和核心竞争力较强,应考虑通过并购,实现其向外部发展的扩张型财务战略和稳健型财务战略。在企业衰退期,往往销售额、利润率大幅下滑,流动性不足,应考虑通过重组、改制来实现企业的蜕变和重生,采取防御型财务战略。

(3)适应企业经济增长方式

企业经济增长由粗放增长向集约增长是客观要求和必然趋势。为了推动这种转变,企业财务战略应从两方面进行调整,一方面调整企业融资、投资战略,加大资源筹集和配置的规模和效率,为长期可持续发展提供重要的物质基础;另一方面,强化集约经济,进行技术创新,以价值为导向进行资源优化。

（4）适应企业战略

财务战略应与企业战略相互交融、支持。财务战略关注资金量的投放与筹集，而企业战略则关注企业竞争优势的建立与维持。企业战略对财务战略的引导作用是必不可少的，这是因为财务战略的价值管理核心是创造价值，必须通过企业战略来实现。（资料来源：会计师网 http://qiye.acc.cn/zlzd/206191.html）

第一节　企业财务战略的涵义及特征

财务战略管理是为实现企业战略目标和加强企业竞争优势，运用财务战略管理的分析工具，确认企业的竞争地位，对财务战略的决策与选择、实施与控制、计量与评价等活动进行全局性、长期性和创造性的谋划过程。

一、企业财务战略的概念及特点

财务战略管理是财务管理作为一个系统来看的，是从"战略的角度"来把握和规划财务管理的，财务战略是企业总体战略的一个重要组成部分，它是为企业的总体经营战略而展开的财务资源方面的筹集和运用。企业的任何一个分战略都是为企业的整体战略而服务的，财务战略也不例外，而且财务战略的好坏对企业的正常经营有直接的关系，财务战略是根据企业内外环境的变化，及时有效为适应环境的变化做出调整的一种管理思想，它本身具有企业战略的一般属性，同时又具有自己的特殊属性。

（一）财务战略具有方向性的特点

任何财务战略都有一个明确的目标和方向，只有方向明确了，行动才会落实。通过分析企业的内部经营情况和外部市场环境的变化，企业要制定出这一阶段财务资源利用和规划，讨论如何把企业资产和现金投放到合理的项目上，做到既可以合理利用资源，又有利于企业的发展。

（二）财务战略具有长期性和整体性的特点

良好的财务状况和经营成果是要求一个企业的财务管理做到从全局来对财务资源进行统筹和规划。企业的财务战略目标要和企业的长期的战略目标方向一致，不能为了实现短期的财务利益，而损害企业的整体战略目标的利益，如何安排企业融资结构、规划投资、分配利润以及财务政策的管理，都需要根据企业的实际发展状况以及企业所处环境的复杂性来进行财务战略的制定和实施。企业财务战略是企业战略的核心，决定着企业战略的具体制定与实施，甚至在特殊情况下可以取代企业战略。

（三）财务战略具有一定的风险

财务战略作为企业总体战略的一个组成部分，其最终目的是为公司整体战略服务的，要朝着有利于公司发展方向的地方努力。企业的整体战略处于一个动态变化的环境中，毫无疑问，企业的财务战略也处于一个复杂多变的环境中，一旦企业的内外环境变化，企业的总体战略为适应环境的变化必须及时做出改变和调整，同时，企业的财务战略也应该及时调整方向和策略，所以说，财务战略承受着一定的风险，财务战略的制定需要决策者的专业知识、经验积累和观察力，财务战略制定的合理，则会给企业创造利润，一旦制定的不够科学和合理，则会出现财务问题甚至造成财务危机，导致企业破产。

二、企业财务战略管理的程序

企业财务战略管理的程序和企业战略管理的程序基本相同。首先要正确分析企业内部条件和外部环境对企业财务活动的影响，并明确企业战略目标的要求；其次，再此基础上制定相应的财务战略；最后，组织实施财务战略，并对实施过程进行有效控制和评价。

（一）战略分析方面

战略分析的实质是为保证企业在现在和未来始终处于有利地位——长期竞争优势的那些关键性影响因素形成的一个概念。它属于预测分析范畴，即一般企业管理中的判断情况，是形成战略决策的基础。

战略分析首先必须是要能够意识到对企业长远和大局来说正在和将要发生的重大事件是什么，然后通过对企业内外部环境因素的研究后，为战略决策提供各种可能的解决方案。

（二）战略选择方面

在分析企业内外环境因素的变化趋势及其对财务活动影响的基础上，对企业资金流动所做的全局性、长远性、系统性和决定性的谋划，即对财务战略进行选择。在选择财务战略之前，首先要了解企业财务战略的内容。

企业财务战略大体上可分为扩张型财务战略、紧缩型财务战略和稳健型财务战略。这三种企业财务战略是企业总体财务战略，它们之间相互联系、彼此衔接，共同构成了企业整个生命周期中企业财务战略体系。

第十章　企业财务战略规划、制定和实施

财务总体战略只是对企业财务战略的性质和方向所做出的大体规定。企业财务战略的具体内容更丰富，一般包括筹资战略、投资战略和收益分配战略三种基本战略。企业选择何种财务战略方式，要考虑多方面的因素。股东与债权人财务关系、股东与经营者财务关系、母公司与子公司财务关系以及企业所处的发展时期和发展阶段。

（三）战略实施方面

战略实施就是将战略转化为行动，它应当包括合理组织、实际执行、监督指导等几项基本工作。具体地说，战略方案确定后需要建立一定的组织形式，把企业战略的长期目标年度化，并制定出一系列确保目标实现的政策措施，在此基础上对企业的资源进行有效配置，对实施的执行情况做实事监控，出现意外情况及时处理。

与此相适应，财务在全面资本预算的基础上必须建立起责任会计，把全面预算分解到各责任单位，建立年度财务预算和财务政策，在实际执行过程中利用管理会计信息系统进行差异分析和实施成本控制。从财务战略管理的高度看，尽管财务战略的事实是通过日常财务管理来进行的，但是战略管理主要是关注组织本身和资源配置的合理性、激励机制的有效性、影响财务战略目标实现的重大性偏差以及对重大事项的财务应变能力。

（四）财务战略控制方面

在制定财务战略的过程中，一方面必须在企业总体战略的指导下，对理财环境做出分析，另一方面在对理财环境进行分析时，必须着重于一般环境、行业环境及其竞争态势中有关财务的重要方面进行深入细致地分析。

在理财环境分析过程中，主要分析宏观经济领域中可能影响到财务战略的各种因素及其变化，分析行业竞争态势及其演变趋势，特别是行业平均成本和平均收益、资金流向和现金流量、行业融（投）资等财务关键因素的变化趋势，敏锐洞察竞争对手的财务状况及其财务战略。

经过详尽的理财环境分析之后，正确的财务战略就有了根本保障。不过，如果理财环境变迁甚至突变，那么财务战略则应做出调整乃至重新确立。无论是企业战略还是财务战略，都必须对环境变化做出正确适时的反应，否则其后果可能是任何企业所无法承受的。

战略的顺利实施离不开对环境的严密监控，这也正是现代战略控制与传统控制的本质区别。好的战略及贯彻执行，绝对离不开对战略管理全过程的严密监控。因此，建立一个包括环境监控在内的有效的战略控制系统对有效地实施战略是极其重要和不可或缺的。而现代战略控制系统则是两者的有机

统一，前者着重于对企业战略的动态监测，后者着眼于对企业战略的控制实施，它们在战略控制系统中，各有千秋、各有侧重、相互补充。

（五）战略评价方面

战略管理的发展客观上要求企业经营业绩评价体系的发展。企业战略评价的重点之一在于既定的财务目标是否能够实现，主要是运用财务指标来进行衡量；评价的重点之二在于企业是否有足够的现金流量保证企业按既定的战略方向前进；评价的重点之三在于对评价的结果能够做出迅速反应和处理对策。

三、财务战略管理的特征

财务战略是为谋求企业资金均衡、有效流动和实现企业战略，为加强企业财务竞争优势，在分析企业内、外环境因素影响的基础上，对企业资金流动进行全局性、长期性和创造性的谋划。财务战略是战略理论在财务管理方面的应用与延伸，不仅体现了财务战略的"战略"共性，而且勾画出了财务战略的"财务"个性。企业财务战略是基于战略管理思想而对财务管理进行的一种新的认识，这决定了其具有以下特征。

（一）动态性

由于财务战略管理以理财环境和企业战略为逻辑起点，理财环境和企业战略的动态性特征决定了财务战略管理的动态性。财务战略管理的动态性主要体现在以下四个方面：

（1）财务战略管理过程具有连续性。

（2）财务战略管理具有循环性。

（3）财务战略管理具有适时性。

（4）财务战略管理对象具有权变性。

正确把握企业财务战略管理的动态性特征非常关键，美国邓恩·布拉德斯特里特公司经过对美国企业长期观察后总结出六条导致企业破产的原因，其中之一就是：企业思想僵化，缺乏随环境变化而变化战略及战略管理的灵活性。

（二）全局性

财务战略管理面向复杂多变的理财环境，从企业战略管理的高度出发，其涉及的范围更加广泛。财务战略管理重视有形资产的管理，更重视无形资产的管理；既重视非人力资产的管理，也重视人力资产的管理。传统财务管理所提供的信息多是财务信息，而财务战略管理由于视野开阔，大量提供诸如质量、市场需求量、市场占有率等极为重要的非财务信息。

（三）外向性

现代企业经营的实质就是在复杂多变的内外环境条件下，解决企业外部环境、内部条件和经营目标三者之间的动态平衡问题。财务战略管理把企业与外部环境融为一体，观察分析外部环境的变化为企业财务管理活动可能带来的机会与威胁，增强了对外部环境的应变性，从而大大提高了企业的市场竞争能力。

（四）长期性

财务战略管理以战略管理为指导，要求财务决策者树立战略意识，以利益相关者财富最大化为理财目标，从战略角度来考虑企业的理财活动，制定财务管理发展的长远目标，充分发挥财务管理的资源配置和预警功能，以增强企业在复杂环境中的应变能力，不断提高企业的持续竞争力。

（五）从属性

财务战略要体现企业整体战略的要求，为其筹集到适度的资金并有效合理投放，只有这样，企业整体战略方可实现。若不接受企业战略的指导或简单的迎合战略要求都将导致战略失败，而最终使企业受损。

（六）系统性

运用系统的观点进行企业管理，需要考虑企业作为一个系统必然与外界进行长期的、广泛的资源及信息等的交换，从而使系统与外界保持一致。财务战略作为企业战略的一个子系统必然与企业其他战略之间也存在着长期的、全面的资源与信息交换。为此，要始终保持财务战略与企业其他战略之间的动态的联系，并试图使财务战略也能支持其他子战略。

（七）指导性

财务战略是对企业资金运筹的总体谋划，它规定着资金运筹的总方向、总方针、总目标等重大财务问题。正因为如此，财务战略一经制订便具有相对稳定性，成为财务活动的行动指南。

（八）复杂性

财务战略的制订与实施较企业整体战略下的其他子战略而言，复杂程度更大。最主要的原因在于"资金固定化"特性，即资金一经投入使用后，其使用方向与规模在较短时期内很难予以调整。因此，财务战略对资金配置稍有不慎，就将直接导致企业资金周转不灵或陷入财务危机而很快导致企业破产。此外，企业筹资与投资都直接借助于金融市场，而金融市场复杂至极，变幻无常，这也增加了财务战略制订与实施的复杂性。

四、财务战略选择的基本模式

财务战略的选择,决定着企业财务资源配置的取向和模式,影响着企业理财活动的行为与效率。企业财务战略的选择必须着眼于企业未来长期稳定的发展、经济周期波动情况、企业发展方向和企业增长方式等,并及时地对企业财务战略进行调整,动态地保持企业的核心竞争力。

一般来说,财务战略有三种模式选择:扩张型、稳健发展型、防御收缩型。

(一)快速扩张型财务战略

快速扩张型财务战略是指以实现企业资产规模的快速扩张为目的的一种财务战略。为了实施这种财务战略,企业往往需要在将绝大部分乃至全部利润留存的同时,大量地进行外部筹资,更多地利用负债。大量筹措外部资金,是为了弥补内部积累相对于企业扩张需要的不足;更多地利用负债而不是股权筹资,是因为负债筹资既能为企业带来财务杠杆效应,又能防止净资产收益率和每股收益的稀释。企业资产规模的快速扩张,也往往会使企业的资产收益率在一个较长时期内表现为相对的低水平,因为收益的增长相对于资产的增长总是具有一定的滞后性。总之,快速扩张型财务战略一般会表现出"高负债、低收益、少分配"的特征。

(二)稳健发展型财务战略

稳健发展型财务战略是指以实现企业财务绩效的稳定增长和资产规模的平稳扩张为目的的一种财务战略。实施稳健发展型财务战略的企业,一般将尽可能优化现有资源的配置和提高现有资源的使用效率及效益作为首要任务,将利润积累作为实现企业资产规模扩张的基本资金来源。为了防止过重的利息负担,这类企业对利用负债实现企业资产规模从而经营规模的扩张往往持十分谨慎的态度。所以,实施稳健发展型财务战略的企业的一般财务特征是"低负债、高收益、中分配"。当然,随着企业逐步走向成熟,内部利润积累就会越来越成为不必要,那么,"少分配"的特征也就随之而逐步消失。

(三)防御收缩型财务战略

防御收缩型财务战略是指以预防出现财务危机和求得生存及新的发展为目的的一种财务战略。实施防御收缩型财务战略的企业,一般将尽可能减少现金流出和尽可能增加现金流入作为首要任务,通过采取削减分部和精简机构等措施,盘活存量资产,节约成本支出,集中一切可以集中的人力,用于企业的主导业务,以增强企业主导业务的市场竞争力。由于这类企业多在以往的发展过程中曾经遭遇挫折，也很可能曾经实施过快速扩张的财务战略，因而历史上所形成的负债包袱和当前经营上所面临的困难，就成为迫使其采取防御收缩型财务战略的两个重要原因。"高负债、低收益、少分配"是实施这种财务战略的企业的基本财务特征。

五、财务战略选择应注意的原则

企业财务战略选择必须着眼于企业未来长期稳定的发展，具有防范未来风险的意识。企业财务战略选择必须考虑经济波动周期情况、企业发展阶段和企业经济增长方式，并及时进行调整，以保持其旺盛的生命力。

（一）财务战略的选择必须与经济周期相适应

经济的周期性波动是以现代工商业为主体的经济总体发展过程中不可避免的现象，是经济系统存在和发展的表现形式。我国经济周期直观表现特征是：

（1）周期长度不规则，发生频率高。有学者测算，过去我国的经济周期的平均长度为 4.6 年，离差为 1.9 年。

（2）波动幅度大。我国经济周期波动系数的平均值为 11.33，高出发达国家几倍。

（3）经济周期的波动呈收敛趋势，周期长度在拉长，波动幅度在减小。

（4）经济周期内部阶段呈现出不同的特征，在高涨阶段总需求迅速膨胀，在繁荣阶段过度繁荣，在衰退阶段进行紧缩性经济调整，严格控制总需求。

从财务的观点看，经济的周期性波动要求企业顺应经济周期的过程和阶段，通过制定和选择富有弹性的财务战略，来抵御大起大落的经济震荡，减少它对财务活动的影响，特别是减少经济周期中上升和下降抑制财务活动的负效应。

财务战略的选择和实施要与经济运行周期相配合。概括来讲，经济复苏阶段应采取扩张型财务战略，经济繁荣阶段采取快速扩张型财务战略和稳健型财务战略结合，繁荣后期采取稳健型财务战略，在经济衰退时期采取防御收缩型财务战略。另外，在经济萧条阶段，特别在经济处于低谷时期，要建立更加严格的投资标准，严控经营风险，压缩管理费用，放弃次要的财务利益直至减少临时性雇员。

财务管理人员要跟踪时局的变化，对经济的发展阶段做出恰当的反应。要关注经济形势和经济政策，深刻领会国家的经济政策，特别是产业政策、投资政策等对企业财务活动可能造成的影响。

（二）财务战略选择必须与企业发展阶段相适应

每个企业的发展都要经过一定的发展阶段。最典型的企业一般要经过初创期、扩张期、稳定期和衰退期四个阶段。不同的发展阶段应该有不同的财务战略与之相适应。财务人员应当分析所处的发展阶段，采取相应的财务战略。

（三）财务战略的选择必须与企业经济增长方式相适应

长期以来，低水平重复建设与单纯数量扩张的经济增长，是我国企业长期以来经济增长的主要方式。由于这种增长方式在短期内容易见效，表现出短期高速增长的特征。但是，由于缺乏相应的技术水平和资源配置能力的配合，企业真正的长期增长实际上受到了制约。因此，企业经济增长的方式客观上要求实现从粗放增长向集约增长的根本转变。为适应这种转变，财务战略需要从两个方面进行调整。

1. 调整企业财务投资战略，加大基础项目的投资力度

企业经济真正的长期增长要求提高资源配置能力和效率，而资源配置能力和效率的提高取决于基础项目的发展。虽然基础项目在短期内难以带来较大的财务利益，但它为长期经济的发展提供了重要的基础。所以，企业在财务投资的规模和方向上，要实现基础项目相对于经济增长的超前发展。

2. 加大财务制度创新力度

通过建立与现代企业制度相适应的现代企业财务制度，既可以对追求短期数量增长的冲动形成约束，又可以强化集约经营与技术创新的行为取向；通过明晰产权，从企业内部抑制掠夺性经营的冲动；通过以效益最大化和本金扩大化为目标的财务资源配置，限制高投入、低产出对资源的耗用，使得企业经营集约化、高效率得以实现。

第二节 企业财务战略目标

财务战略目标的作用是贯彻落实企业发展战略、明确企业财务管理与决策的发展方向、指导企业各项财务活动。它是做好财务战略规划、制定财务战略并组织实施的前提。

财务战略目标通常有持续盈利能力目标、长期现金流量现值目标、企业可持续成长目标和经济增加值最大化目标等。财务战略目标既从属于企业发展战略目标，也从属于企业财务管理目标。通常来讲，财务管理目标包括利

润最大化、每股收益最大化、股东财富最大化等。财务战略目标是财务管理目标的具体化，而且更加侧重于长远目标和可持续发展。

一、持续盈利能力目标

创立企业的主要目的是盈利，盈利是反映一个企业综合能力的一项重要指标。持续盈利能力目标要求企业把持续获利作为其财务战略的目标，企业赚取的利润越多，就表明企业财富增加得越多，就越接近企业的发展目标。

（一）持续盈利能力目标的优点

（1）盈利能力的计算以会计核算为基础，比较容易量化和验证，也相对比较可靠。

（2）指标直观，比较容易考核。

（3）将盈利目标及其可持续性融为一体，在一定程度上可以防止企业的短期行为或者片面追求短期利润的行为。

（二）持续盈利能力目标的缺点

（1）没有考虑货币时间价值和资本成本，容易导致盈利指标虚高，业绩反映不实。

（2）没有考虑所获得利润和投入资本之间的关系，企业通过不断追加投资以获取持续盈利，和企业在资本一定的情况下通过提高现有资本利用效率以达到持续盈利目的是不同的，但是持续盈利能力财务战略目标在这一点上并不清晰。

（3）没有考虑获得的利润所承担的风险，比如，实现的销售利润所形成的应收账款的收账风险，获得的投资收益所承担的市场风险，相关资产的流动性风险等。

二、长期现金流量现值目标

在长期现金流量现值目标下，企业财务战略决策者的工作核心是有效管理现金流量，其财务战略目标是促使归属于企业所有者的预计未来现金流量现值最大化。企业的长期所有者不仅关心企业的盈利能力，更关心企业长期净现金流量，因此，长期现金流量越充裕，表明企业财务实力越强，所有者的真实回报就越高。

（一）长期现金流量现值目标的优点

（1）考虑了货币时间价值和资本成本，使业绩目标更加客观合理。

（2）考虑了收账风险等，可以有效避免财务目标偏重于会计利润，便于降低资金风险。

（3）有助于实现企业价值最大化，协调企业管理层和所有者之间的利益矛盾。

（二）长期现金流量现值目标的缺点

（1）未来现金流量的可控性和预测性相对较差，影响该财务战略目标的可操作性。

（2）容易导致企业为了追逐现金最大化而影响资金使用效率和财务管理效率。

（3）该目标有时难以与企业的生产目标、销售目标、成本目标等相协调，从而容易出现与实务相脱节的情况。

三、企业可持续成长目标

企业可持续成长目标认为，在现代市场经济中，企业发展的可持续性比管理效益和效率更为重要，企业财务战略的基本目标应当是追求企业的可持续成长。成长是企业存在和发展的基础和动力，追求成长是财务战略管理者精神本质的体现。从财务角度看，企业的成长性是提高盈利能力的重要前提，是维持长期现金流量的基础，是实现企业价值最大化的基本保证，成长能力往往成为财务能力体系中最为核心的能力。

（一）企业可持续成长目标的优点

（1）综合考虑了各方面因素，最切合企业整体发展战略目标要求。

（2）能够有效解决企业长期协调发展问题，避免单一财务指标目标的局限性。

（二）企业可持续成长目标的缺点

（1）在财务上较难量化，目标过于笼统，容易与具体财务目标和活动相脱节。

（2）受经济不确定性和经济周期、产业周期及产品生命周期的影响，要始终保持可持续成长有很大挑战性。

四、经济增加值最大化目标

现代企业战略财务管理要求企业建立以价值管理为核心的战略财务管理体系。价值管理是一个综合性的管理工具，它既可以用来推动价值创造的观念，深入到公司各个管理层和一线职工中，又与企业资本提供者（包括企业股东和债权人）要求比资本投资成本更高收益的目标相一致。经济增加值最大化目标可以满足价值管理的要求,有助于实现企业价值和股东财富的最大化。

经济增加值(EVA)是企业投资资本收益超过加权平均资本成本部分的价值,或者企业未来现金流量以加权平均资本成本率折现后的现值大于零的部分。

(一)经济增加值最大化目标的优点

(1)考虑了资本投入与产出效益。

(2)考虑了资本成本的影响,有助于控制财务风险。

(3)有助于企业实施科学的价值管理和业绩衡量。

(二)经济增加值最大化目标的缺点

(1)对于长期现金流量缺乏考虑。

(2)有关资本成本的预测和参数的取得有一定难度。

小案例

汇源财务战略管理案例详解

有专家在解读汇源果汁拟以总对价约49亿港元(约合39亿元人民币)收购主要原材料供应商一事时表示,从长远角度看,新注入的优势资产自身所能带来的多元化的长远盈利能力不容忽视。同时也表明汇源集团董事长朱新礼颇为看好果汁前景。专家称,收购事项对广大股东权益的一个明显利好是,对上游资产的收购,将令汇源果汁集团的财务更加稳健,并让其可继续就未来增长及盈利能力进行再投资——收购目标集团享有巨大的盈利能力,可大幅提升汇源果汁的EBITDA(息税折摊前利润)。

一家企业在经济市场中的稳定发展,其财务战略的有效实施是前提保障。企业在实施财务战略的过程中需要做好与其相应的财务战略管理工作,保障企业的良性运转。

(一)企业需要优化自身的资本结构

资本结构是决定企业整体资本成本的主要因素和反映企业财务风险程度的主要尺度。稳健的资本结构是企业生存和持续发展的有利条件。优化资本结构,合理筹措资金,使各种资金来源和资本配比保持合理的比例,是企业财务战略管理的核心。

(二)稳定发展战略

它着眼于使有限的资源在现有经营单位中得到合理分配。它强调维持企业的使命不变,并制定相似的目标,仅要求企业的产值产量和经济效益每年以大致相同的百分比增加,目的在于提高职能领域的效率。

（三）利润优先战略

制订利润优先战略就是要求企业始终坚持以经济效益为中心，把实现利润目标放在企业战略的首位，克服单纯生产观点，把利润的增长置于产值、产量增长、销售额增长之前，以利润目标为主制订企业的经营战略、生产战略、技术战略等。采取灵活的财务战略，配合负债经营战略、规模投资战略、低成本战略、收益与风险配比战略、紧缩战略和稳定发展战略，根据不同时期的实际情况，采取宜增则增，宜缩则缩的增量或轻量化经营的方针。

[案例观点]企业做好自身的财务战略管理工作，是企业在经济市场稳定发展的保障。企业在进行财务战略管理时，需要考虑不同方面的影响因素。

第三节 企业不同发展阶段的财务战略选择

一、企业不同发展阶段的财务特征

根据企业所处发展阶段的财务特点，来制定财务战略，符合企业目前的总体战略和利益相关者的收益与风险。企业的发展阶段大致分为初创期、成长期、成熟期和衰退期四个阶段。企业在不同的发展阶段呈现的财务特征是不同的，应通过对其财务特征的分析，谋求适合不同发展阶段的企业财务战略。

（一）初创期的财务特征

企业初创时的初始资本投入，主要取决于发起人的资本力量和所规划的事业规模。企业在初创期资本力量十分有限，故资本增值无论就速度还是绝对额都受到限制。企业经营风险是最高的，这个阶段产品投放市场不久，产品结构单一，生产规模有限，产品成本较高，盈利性很差，同时需要投入大量的资金用于新产品的开发和市场拓展，核心竞争力尚未形成。从企业财务管理活动对企业现金流量产生的影响来看，经营活动和投资活动属于流出大于流入的状态，资金短缺，现金净流量为负，难以形成内部资金的积累，筹资活动是唯一的现金来源。在初创期资源有限的条件下，如何在企业财务战略的指导下，最优化企业的资源配置使企业生存下来，是企业初创期所面临的基本问题。

（二）成长期的财务特征

当企业依赖其研发的新产品或服务在市场上立足生存，就进入了成长阶段。在成长阶段，企业的有形资源已经具有一定规模，无形资源也在急剧增加；企业的产品或服务已打入市场，逐渐在目标市场上有了一定知名度；产品的销售数量呈现稳步上升态势。企业的经营活动现金流量增加，使得企业有了进一步扩张的实力。而且企业外部融资变得相对容易，不仅有机会进入股票证券市场获取大量资金，而且还有很多的商业银行愿意向企业提供贷款。企业融资的渠道比较多，上市、配股、增发、发行可转换债券、申请授信额度、贷款等融资方式都可供企业选择。此阶段企业的总体战略是保持快速发展的趋势，扩充和壮大自身。企业可以借助组织内的资源，通过与关键价值增值活动进行协同，进行业务扩展、扩大的转移和内化，建立一些新的能力。因此，在财务上也应采取相应的战略，力图实现企业资产规模的快速扩张。

（三）成熟期的财务特征

经过一段时间的高速发展，企业趋向成熟，此时，企业突出的特征是经营活动出现正的现金流量，投资活动出现的现金流量开始慢慢由负变为正，融资活动不再给企业带来净现金流入，开始表现为净现金流出。企业一方面占有很高市场份额的现金流业务会产生大量稳定的现金盈余，业务风险较低，获得留存收益的机会很大；另一方面，企业核心竞争能力的协调整合能力、学习能力及重构能力都在减弱，企业面临着一定的经营风险和财务风险。此时企业的主要问题不是生存而是如何延长成熟期。为了避免资本全部集中到一个行业可能产生的风险，企业一般在发展到一定规模后会采取多元化经营战略，把现金流业务产生的现金盈余追加到目前处于增长阶段的业务中去，以最大限度地获得业务的平衡性。为了适应这种多元化经营战略，企业应采取较为稳健的财务战略。

（四）衰退期的财务特征

经过成熟期后，企业进入衰退期，销量、利润急剧下降，呈现负增长态势；产品、设备及工艺老化；企业思想僵化、创新意识严重缺乏，企业内部闲置的人力资源也不断增加，企业财务状况逐渐变坏，员工流动率增大等。在这一阶段，经营的目的只是为了继续谋求生存的转机。此时，融资活动的净现金流出也达到了历史高位，并且由于企业在衰退期较多地采取高股利分配政策，负债融资在走向衰退的过程中会不断增加，筹资活动产生正现金流量，财务杠杆水平与财务风险随之增加。该阶段企业面临的主要是财务风险，因此，财务战略应着重预防企业陷入财务困境，求得新的生存发展机会。

二、不同发展时期的财务战略选择

财务战略的选择决定了企业财务资源配置的取向和模式,影响着企业理财活动的行为和效率。中小企业的财务战略在不同的发展阶段会有所不同,只有选择与企业不同发展阶段相匹配的财务战略,才能促进中小企业做大做强,持续发展。

(一)初创期的财务战略选择

在初创阶段,企业的业务风险是最高的,而财务风险非常低。此阶段企业的总体战略是集中资源去开拓某一核心业务的市场,发挥中小企业"小、特、灵"的特点,充分发挥其资源产地、经营特色等方面的经营优势,做大企业想不到或不想做的事,确立自己在市场中的地位。财务战略应是保持良好的资本结构,为今后的发展创造良好的信用潜力。

在创立期,财务管理的重点应是如何筹措资金和使用资金,资金的来源应该主要是低风险的权益资本占绝对比重,再配以企业内部的自我积累,也可适度吸引风险投资,债务资本的比例很低。因此,企业在初创期可以选择风险投资、政府财政投资、小型投资公司投资、担保下的银行贷款,其筹资方式以股权融资为主,信贷融资为辅。

在该阶段首要的是尽早健全财务制度,控制财务风险,做好财务计划和现金预算,提高资金使用效率;其次是适量扩大内部投入,采取扩张型财务战略;最后是收益分配,选择低股利和零股利的分配政策或股票股利政策。

(二)成长期的财务战略选择

在成长阶段,企业财务战略的任务是谋求市场中的领先地位。

(1)在筹资方面,应以增加财务杠杆利益为出发点,采用积极的筹资策略,在资本市场上寻求资金的支持,创造各种条件上市,筹集股权资本,降低负债比例,确定比较安全的资本结构。该阶段的企业为了满足快速发展的需要,还应充分利用财务杠杆效应,适度举债融资,扩大资金来源渠道。但是,企业在增加债务资本时,要时刻注意财务风险的防范,严密监控各项财务指标,一旦出现预警信号,要及时采取措施。

(2)在投资方面,企业最主要要防止在资源的配置上由于盲目扩张而加大的经营风险。在该阶段企业的主要任务是把主业做大,而不是盲目做多。企业主要通过一体化经营实现资源配置。也就是在现有业务的基础上或是进行横向扩展,实现规模的扩大;或是进行纵向扩展,实现同一产品链上的延长。在无形资产与实物资产的组合上,为了使企业未来绩效更佳,仍应运用较高的无形资产比重。

（3）在利润分配方面，提高股利分配水平，在企业成长期的前期可采用剩余股利政策；在成长期的稳步发展阶段采用正常股利加额外股利分配政策。

（三）成熟期的财务战略选择

（1）在筹资方面，由于该阶段企业有可靠的收益能够用来偿还债务，而且在任何情况下，债权人对回报的预期都可能低于权益资本投资者对回报的预期，因此，企业有理由通过负债进行融资。如果负债的增加不会使风险水平提高到难以接受的程度，那么在这种情况下，筹资成本相对较低的负债实际上会增加企业的收益。

（2）在投资方面，处于成熟阶段的企业在多元化扩张中，不仅要以有形资产对外投资，更要注重无形资产的对外投资。企业在前面发展过程中形成的良好信用、管理能力、技术等无形资产比有形资产具有更高的投资回报。

（3）在利润分配方面，提高股利支付率，收益分配政策应选择固定股利政策和固定比例股利政策，实现股东财富最大化。

（四）衰退型企业财务战略选择

（1）在筹资方面，由于业务处于衰退阶段，就很难吸引权益资本了。企业的资金主要来源于前期的资本积累。此外，企业如果以其剩余资产做抵押，还是能获得一些借款，债务资本仍是其主要的融资渠道，以进行合理避税。

（2）在投资方面，精简机构分流员工，采取收缩型财务战略。考虑通过重组、改制，实现企业的蜕变和重生。

（3）在利润分配方面，由于收益低，股利也低，但从股利支付率来看，分两种情况：如果企业逐步退出市场，往往其留存收益全部用来支付股利；如果企业进入新的成长，则会采取较低的股利支付率，以保留更多的资金用于后一轮的发展。

企业的生命周期过程要经历初创、成长、成熟、衰退四个阶段，每个阶段具有各自不同的特点，面临不同程度的经营风险和财务风险。相应地，企业在筹资、投资、分配等方面采取不同的财务战略，以延长企业寿命。这样方能弥补其财务上存在的先天性缺陷，提升可持续性发展能力，是企业做大做强的关键。中小企业在财务战略的安排上，应注意保持良好的资本结构，重视内涵发展，稳健理财，切忌盲目投资和分散投资，应积蓄财力并适时实现规模的扩大。

第四节　企业财务战略的内容

现代企业财务管理的核心内容主要包括筹资、投资及收益分配。因此，企业财务战略研究的重点应是筹资战略、投资战略及收益分配战略。

一、筹资战略

筹资战略就是根据企业的内外环境的现状与发展趋势，适应企业整体战略与投资战略的要求，对企业的筹资目标、原则、结构、渠道与方式等重大问题进行长期的、系统的谋划。

（一）筹资战略的目标

筹资战略的目标是企业在一定的战略期间内所要完成的筹资总任务，是筹资工作的行动指南，它既涵盖了筹资数量的要求，更关注筹资质量，既要筹集企业维持正常生产经营活动及发展所需资金，又要保证稳定的资金来源，增强筹资灵活性，努力降低资金成本与筹资风险，不断增强筹资竞争力。

（二）筹资战略的原则

筹资战略的原则是企业筹资应遵循的基本要求，包括低成本原则、稳定性原则、可得性原则、提高竞争力原则等。此外，企业还应根据战略需求不断拓宽融资渠道，对筹资进行合理搭配，采用不同的筹资方式进行最佳组合，以构筑既体现战略要求又适应外部环境变化的筹资战略。

二、投资战略

投资战略主要解决战略期间内投资的目标、原则、规模、方式等重大问题。它把资金投放与企业整体战略紧密结合，并要求企业的资金投放要很好地理解和执行企业战略。

（一）投资目标

投资目标包括：（1）收益性目标，这是企业生存的根本保证；（2）发展性目标，实现可持续发展是企业投资战略的直接目标；（3）公益性目标，这一目标是多数企业所不愿的，但投资成功，也利于企业长远发展。

（二）投资原则

投资原则主要有：（1）集中性原则，即把有限资金集中投放，这是资金投放的首要原则；（2）准确性原则，即投资要适时适量；（3）权变性原则，即投资要灵活,要随着环境的变化对投资战略做相应的调整,做到主动适应变化,而不可刻板投资;(4)协同性原则,即按合理的比例将资金配置于不同的生产要素上,以获得整体上的收益。在投资战略中还要对投资规模和投资方式做出恰当的安排。

(三)收益分配战略

本来企业的收益应在其利益相关者之间进行分配,包括债权人、企业员工、国家与股东。然而前三者对收益的分配大都比较固定,只有股东对收益的分配富有弹性,所以股利战略也就成为收益分配战略的重点。股利战略要解决的主要问题是确定股利战略目标、是否发放股利、发放多少股利以及何时发放股利等重大问题。从战略角度考虑,股利战略目标为:促进公司长远发展;保障股东权益;稳定股价,保证公司股价在较长时期内基本稳定。公司应根据股利战略目标的要求,通过制定恰当的股利政策来确定其是否发放股利、发放多少股利以及何时发放股利等重大方针政策问题。

第五节 企业财务战略规划

一、财务战略规划的作用

财务战略规划是根据企业确立的财务战略目标对企业未来发展所做的谋划。企业应当在全面评估当前财务状况和生产经营能力的基础上,分析与既定财务战略目标之间的差距,然后指出企业为达到目标应当采取的措施和行动。财务战略规划是企业组织实施财务战略的重要基础,在企业财务管理中具有十分重要的作用。

(1)财务战略规划通常需要根据未来发展可能出现的不同情形,比如在最差情形、一般情形和最好情形下,对企业财务发展态势做出估计和假设,从而做出相应的财务规划,有利于提高企业的应变能力和防范风险的能力。

(2)财务战略规划通常需要明确企业不同生产经营活动的投资计划与企业可行的融资方案选择之间的关系,从而有利于企业优化资本结构,强化资产负债匹配及其管理,提高企业营运能力。

(3)财务战略规划通常需要针对意外事件的出现,应当采取的举措和对策做出规划,从而尽可能避免企业财务业绩的大起大落,有利于促进企业长期可持续平稳发展。

二、财务战略规划的基础

企业财务战略规划应当遵循目标导向、因地制宜、随机应变的原则，即针对不同企业因其规模、产业分布、产品类别、营销模式、国际化程度等的不同而应有所不同，从而确保财务战略规划的长期性、综合性和针对性。为确保财务战略规划的高质量，企业应当做好以下基础工作：

（一）营业额（销售额）预测

所有财务战略规划都要求进行营业额（销售额）预测。基于未来经济状况的不确定性，企业应当根据未来宏观经济发展趋势、产品或者业务发展规划、有关市场供求状况等做好营业额（销售额）的预测。

（二）试算报表

企业应当根据财务战略目标和营业额（销售额）预测等，编制试算的资产负债表、利润表、现金流量表等，从而为企业整个生产经营和投融资安排奠定基础。

（三）资产需要量

企业应当根据财务战略规划要求，确定计划的资本性支出和净营运资本支出，从而确定企业为实现财务战略目标所需要的资产总额及其构成。

（四）筹资需要量

企业应当根据财务战略规划要求尤其是资产需要量，确定所需要资金总额、资本结构、筹资方式和相应的筹资安排等。

（五）追加变量

企业应当根据财务战略规划要求做好追加变量的预计工作。比如企业在进行财务规划时，预计营业额（销售额）和成本费用按照某个比例增长，预计资产和负债按照另一个比例增长，在这种情况下就需要增加其他变量（如发行在外的股票增长率）来加以协调，这个变量就是追加变量。在某些情况下，追加变量的预测是做好资产需要量、融资需要量的预计和有关报表的试算平衡所必不可少的。

（六）经济指标假设

企业应当明确在整个计划期间里所处的经济环境，并据此做出相应的有关经济指标假设。

三、财务战略规划的内容

财务战略规划的内容包括投资战略规划、筹资战略规划、财务发展规划、资本结构规划、研究与开发规划等，其中最核心的是投资战略规划和筹资战略规划。

（一）投资战略规划

企业广义的投资战略包括直接投资战略和间接投资战略，投资战略规划需要做好这两方面的战略规划。

1. 直接投资战略规划

直接投资是指企业为直接进行生产或者其他经营活动而在土地、固定资产等方面进行的投资。它通常与实物投资相联系。直接投资战略规划需要以企业的生产经营规划和资产需要量预测为基础进行，继而确定企业需要直接投资的时间、规模、类别以及相关资产的产出量、盈利能力等，以满足企业财务战略管理的需要。

2. 间接投资战略规划

间接投资是指企业通过购买证券、融出资金或者发放贷款等方式将资本投入到其他企业，其他企业进而再将资本投入到生产经营中去的投资。间接投资通常为证券投资，其主要目的是为了获取股利或者利息，实现资本增值和股东价值最大化。

间接投资组合战略规划通常主要包括债券投资组合战略规划、股票投资组合战略规划和混合投资组合战略规划等。

3. 混合投资组合战略规划

混合投资组合战略规划是根据企业风险偏好情况和可供选择的投资品种，将债券品种和股票品种组合在一起进行投资的战略规划。

（二）筹资战略规划

筹资战略规划主要解决筹集资金如何满足生产经营和投资项目的需要以及债务筹资和权益筹资方式的选择及其结构比率的确定等规划问题。企业在进行筹资战略规划时，要根据最优资本结构的要求，合理权衡负债筹资比率和权益筹资比率。一般情况下，企业为了获取财务杠杆利益，在风险可控的情况下，将会选择采用负债融资，但如果企业财务风险较大，负债资本成本较高，企业通常选择增发股票等权益融资较为合适。

具体来讲，企业筹资战略规划可以分为以下两种：

1. 快速增长和保守筹资战略规划

对于快速增长型企业，创造价值最好的方法是新增投资，而不是可能伴随着负债筹资的税收减免所带来的杠杆效应。因此，最恰当的筹资策略是那种最能促进增长的策略。在选择筹资工具时，可以采用以下方法：

（1）维持一个保守的财务杠杆比率，它具有可以保证企业持续进入金融市场的充足借贷能力。

（2）采取一个恰当的、能够让企业从内部为企业绝大部分增长提供资金的股利支付比率。

（3）把现金、短期投资和未使用的借贷能力用做暂时的流动性缓冲品，以便于在那些投资需要超过内部资金来源的年份里能够提供资金。

（4）如果必须用外部筹资的话，那么选择举债的方式，除非由此导致的财务杠杆比率威胁到财务灵活性和稳健性。

（5）当上述方法都行不通时，采用增发股票筹资或者减缓增长。

2. 低增长和积极筹资战略规划

对于低增长型企业，通常没有足够好的投资机会，在这种情况下，出于利用负债筹资为股东创造价值的动机，企业可以利用良好的经营现金尽可能多地接入资金，并进而利用这些资金回购自己的股票，从而实现股东权益的最大化。这一筹资战略规划为股东创造价值的方法通常包括：

（1）通过负债筹资增加利息支出获取相应的所得税利益，从而增进股东财富。

（2）通过股票回购向市场传递积极信号，从而推高股价。

（3）在财务风险可控的情况下，高财务杠杆比率可以提高管理人员的激励动机，促进其创造足够的利润以支付高额利息。

第六节　企业财务战略实施

一、财务战略实施的组织

财务战略的实施涉及企业的各个部门和相关人员，做好财务战略实施的组织工作是财务战略能否有效贯彻落实的重要前提和基础。

（一）财务战略实施的组织结构影响因素

企业财务战略规划和企业的战略规划要相结合，建立具有针对性的战略规划，企业在规划自身的财务战略时，需要结合不同方面的影响因素来进行相关的制定，这些相关因素包括以下几点：

1. 经济和金融环境影响

影响企业财务战略规划的环境因素来自诸多方面，然而对企业财务战略的制定和实施起决定性作用的，还是经济环境。经济环境是影响企业生产经营活动最直接的外部因素，也是企业赖以生存和发展的基础。

不同国家，即使同一国家在不同历史发展时期，其经济环境也是不尽相同的。金融环境是企业进行财务活动所面临的金融政策和金融市场，是企业财务活动的重要外部条件。

2. 企业内部组织结构的影响

通常认为，对企业财务战略规划的威胁往往存在于外部。肯定外部的变化的作用是毫无疑问的，但是，对战略的更大威胁往往来自于企业内部。企业的组织结构不仅在很大程度上决定了目标和政策是如何建立的，而且还决定了企业的资源配置。

因此，战略指导下的企业行为演变的同时，其组织结构也应相应地发生变化，以新的组织结构实施新的战略，以使企业行为达到目标最大化。

3. 生产经营规模影响

企业生产经营规模的大小也会影响到企业财务战略规划的制定，一般而言，企业经营规模越大，财务战略制定越复杂，实施也越困难。若企业经营规模小，则企业财务战略规划制定和实施也相对简单很多。

企业应根据自己的实际情况制定适合自己的企业财务战略规划，保证企业目标的顺利实现。

（二）财务战略实施的组织结构类型

财务战略实施的组织结构类型主要包括创业型组织结构、职能制组织结构、事业部制组织结构等。

1. 创业型组织结构

创业型组织结构是多数小型企业的标准组织结构模式。在这种组织方式下，企业的所有者或者管理者对若干下属实施直接财务控制，并由下属执行一系列财务及相关工作任务。

2. 职能制组织结构

职能制组织结构是组织结构中的典型模式。在这种组织方式下，企业不同部门有不同的业务职能，在统一的财务战略目标和规划下，营销部门负责产品的营销和推广；生产部门负责生产客户所需产品；财务部门负责核算和控制财务活动等，有关财务战略的具体目标和措施需要细化和落实到具体的业务部门中。

3. 事业部制组织结构

事业部制组织结构主要适用于有多个产品线或者消费者市场区位不同

需要跨区经营的企业。在这种组织方式下,企业需要按照产品、服务、市场或者地区定义出不同的事业部,然后把财务战略目标、任务和规划要求细分到各个事业部,由事业部负责运营、协调、控制等工作,并以事业部为基础进行财务和非财务的考核。

在企业管理实践中,根据多元化管理需要,还有战略业务单位组织结构、矩阵组织结构、控股企业/控股集团组织结构等。

财务战略的制订与实施就是依据企业整体战略的要求,按照一定的程序,通过对财务环境及财务能力的分析,编制财务战略方案,并组织实施与控制。

二、企业财务战略实施的步骤

（一）制定企业战略目标

企业战略目标具有宏观、全面的特点,它本身构成了一个有机整体。战略目标作为总目标、总任务,为企业发展提供思路和指明方向。因此,企业战略的实施首先要做的就是制定企业战略目标。

（二）制定财务战略总目标

企业财务战略总目标是其一系列战略举措的前提和基础,是指按照企业总体战略的目标要求,综合运用各种理财手段及财务资源降低融资成本,改善投资决策,合理赚取管理利润,确保企业管理者目标与投资者目标的最佳平衡,实现企业整体价值长期化、最大化。目前对财务战略管理目标争论较多的主要有以下四种观点：（1）企业利润最大化；（2）股东财富最大化；（3）现金净流量最大化；（4）企业价值最大化。

（三）制定企业财务战略的具体目标

财务战略具体目标是财务战略总目标的具体化,主要有投资战略目标、融资战略目标和股利分配战略目标。它是在战略分析的基础上确定的,是制定财务策略的依据,是实施财务战略行动的指南。

1. 投资战略目标的确定

投资战略目标是由财务战略总目标决定的。不同的企业在不同的投资运营项目上会有不同的追求,即使同一企业,其选择的经营战略类型不同,其投资战略目标也不尽相同。但也有共同的,对所有企业来说都必须努力追求的目标,这就是利益目标、安全目标和前景目标。为实现这些目标,企业在制定投资战略时必须充分考虑市场占有率、最佳的现金流量、满意的投资报酬率和长期的合并收益等问题。

的制定和实施起决定性作用的，还是经济环境。经济环境是影响企业生产经营活动最直接的外部因素，也是企业赖以生存和发展的基础。

不同国家，即使同一国家在不同历史发展时期，其经济环境也是不尽相同的。金融环境是企业进行财务活动所面临的金融政策和金融市场，是企业财务活动的重要外部条件。

2. 企业内部组织结构的影响

通常认为，对企业财务战略规划的威胁往往存在于外部。肯定外部的变化的作用是毫无疑问的，但是，对战略的更大威胁往往来自于企业内部。企业的组织结构不仅在很大程度上决定了目标和政策是如何建立的，而且还决定了企业的资源配置。

因此，战略指导下的企业行为演变的同时，其组织结构也应相应地发生变化，以新的组织结构实施新的战略，以使企业行为达到目标最大化。

3. 生产经营规模影响

企业生产经营规模的大小也会影响到企业财务战略规划的制定，一般而言，企业经营规模越大，财务战略制定越复杂，实施也越困难。若企业经营规模小，则企业财务战略规划制定和实施也相对简单很多。

企业应根据自己的实际情况制定适合自己的企业财务战略规划，保证企业目标的顺利实现。

（二）财务战略实施的组织结构类型

财务战略实施的组织结构类型主要包括创业型组织结构、职能制组织结构、事业部制组织结构等。

1. 创业型组织结构

创业型组织结构是多数小型企业的标准组织结构模式。在这种组织方式下，企业的所有者或者管理者对若干下属实施直接财务控制，并由下属执行一系列财务及相关工作任务。

2. 职能制组织结构

职能制组织结构是组织结构中的典型模式。在这种组织方式下，企业不同部门有不同的业务职能，在统一的财务战略目标和规划下，营销部门负责产品的营销和推广；生产部门负责生产客户所需产品；财务部门负责核算和控制财务活动等，有关财务战略的具体目标和措施需要细化和落实到具体的业务部门中。

3. 事业部制组织结构

事业部制组织结构主要适用于有多个产品线或者消费者市场区位不同

需要跨区经营的企业。在这种组织方式下，企业需要按照产品、服务、市场或者地区定义出不同的事业部，然后把财务战略目标、任务和规划要求细分到各个事业部，由事业部负责运营、协调、控制等工作，并以事业部为基础进行财务和非财务的考核。

在企业管理实践中，根据多元化管理需要，还有战略业务单位组织结构、矩阵组织结构、控股企业/控股集团组织结构等。

财务战略的制订与实施就是依据企业整体战略的要求，按照一定的程序，通过对财务环境及财务能力的分析，编制财务战略方案，并组织实施与控制。

二、企业财务战略实施的步骤

（一）制定企业战略目标

企业战略目标具有宏观、全面的特点，它本身构成了一个有机整体。战略目标作为总目标、总任务，为企业发展提供思路和指明方向。因此，企业战略的实施首先要做的就是制定企业战略目标。

（二）制定财务战略总目标

企业财务战略总目标是其一系列战略举措的前提和基础，是指按照企业总体战略的目标要求，综合运用各种理财手段及财务资源降低融资成本，改善投资决策，合理赚取管理利润，确保企业管理者目标与投资者目标的最佳平衡，实现企业整体价值长期化、最大化。目前对财务战略管理目标争论较多的主要有以下四种观点：（1）企业利润最大化；（2）股东财富最大化；（3）现金净流量最大化；（4）企业价值最大化。

（三）制定企业财务战略的具体目标

财务战略具体目标是财务战略总目标的具体化，主要有投资战略目标、融资战略目标和股利分配战略目标。它是在战略分析的基础上确定的，是制定财务策略的依据，是实施财务战略行动的指南。

1. 投资战略目标的确定

投资战略目标是由财务战略总目标决定的。不同的企业在不同的投资运营项目上会有不同的追求，即使同一企业，其选择的经营战略类型不同，其投资战略目标也不尽相同。但也有共同的，对所有企业来说都必须努力追求的目标，这就是利益目标、安全目标和前景目标。为实现这些目标，企业在制定投资战略时必须充分考虑市场占有率、最佳的现金流量、满意的投资报酬率和长期的合并收益等问题。

在不同经营战略下，企业优先选择的对象是不同的。在竞争战略下，企业会把市场占有率放在首位，把投资报酬率放在次要地位，此时，企业为占领市场，往往要进行低成本扩张；而在稳定战略下，企业首先追求的是满意的投资报酬率和最佳的现金流量，这时其投资战略要求企业紧紧跟随技术发展和消费需求，以适应外部环境的需要。

2. 融资战略目标的确定

通常企业在确定融资战略目标时，需要考虑以下两点：

（1）满足投资所需的资金 这是融资战略的首要目标。筹措不到投资所需的资金，企业难以实施投资战略，特别是企业选择竞争型投资战略时，情况更是如此。筹措足够的资金是推动企业低成本扩张，不断提高市场份额的关键。

（2）综合资本成本最小 在筹措资金时，要注意权益资本和债务资本的合理配置，优化资本结构，力争综合资本成本最小，使企业的期望价值最大化。

3. 股利分配战略目标的确定

股利分配战略是与企业所选择的企业战略类型息息相关的，企业选择什么样的财务发展战略，就会有相对应的股利分配战略。企业财务战略具体目标制定之后，财务战略管理过程并未结束，必须将战略思想转变为战略行动，采取切实可行的财务策略。对于战略实施来说，需要企业采取的行动很多，但最重要的管理问题包括制定年度目标、制定政策、配置资源、企业改组、调整奖励和激励计划等。

（四）制定和选择财务战略方案

企业财务战略目标确定之后，必须通过制定并选择实施具体的战略方案来实现战略目标。用矩阵分析法来制定和选择财务战略方案。其具体过程可通过内部因素评价矩阵、外部因素评价矩阵、SWOT矩阵和定量化矩阵来进行。SWOT矩阵是在内、外因素评价矩阵的基础上，对影响企业财务战略的内外部因素进行"优势（Strensths）""弱势（Weaknesses）"、"机会（Opportunities）"、"威胁（Threats）"分析，制定出多种可行的财务战略方案。然后，通过定量化矩阵将SWOT矩阵分析确定的多种可行性财务战略方案定量化后，经过筛选评价，选择出最佳的财务战略方案。只有最佳的战略方案，才能付诸实施。

（五）对实施过程进行控制和评价

对选择的财务方案进行控制和评价是企业财务战略实施的重要内容。

企业财务战略实施过程中，企业管理层和财务部门需要加强对财务战略实施情况的监督检查和动态监控，定期收集和分析相关信息，对于明显偏离财务战略的情况,应当及时进行内部报告;由于经济形势、产业政策、行业状况、不可抗力、企业发展战略等因素发生重大变化,确需对财务战略做出调整的,应当按照规定程序调整财务战略。

战略实施的控制要以责任单位与人员自我控制为主,这有利于发挥其主动性与创造性,属于灵活性原则。尽量采用经济有效的方法迅速解决实施中出现的问题,属于适时适度原则。要善于分析问题,及时反馈信息,及时发现并解决问题。实施过程中努力确保各项工作同步进行,进度差别不大,从而利于内部协调。

第七节 可持续发展的企业财务战略

一、可持续发展的企业财务战略概念与内涵

(一)可持续财务理论

可持续的财务理论认为,企业销售收入的增长在企业内部经营效率和外部市场环境不变的情况下,取决于企业资产的增长,而企业资产的增长必须等于企业负债和股东权益的增长。因此,若不增发新股筹资,不改变企业财务政策,同时企业内部经营效率和外部市场环境不变,则企业的销售增长率应等于资产增长率加上企业权益增长率。这种增长率一般不会消耗企业的财务资源,是一种可持续的增长速度。因此,可持续增长率可定义为,不增发新股并保持目前经营效率和财务政策条件下公司销售所能增长的最大比率。

可持续财务管理战略构建的理论基础主要有:

1. 可持续发展理论

企业在发展、运营及制定战略时,应充分考虑资源耗费和环境保护问题,使企业的投资决策符合国家可持续发展的政策方向。可持续发展理论强调企业应在经济增长中实现与人类社会和生态环境的协调发展,并不断提高经济增长质量。

2. 可持续增长理论

从财务管理角度来看,公司的可持续增长就是在维持现有财务结构的前提下,可获得的最大销售增长。在不需要进行财务结构大调整的情况下,可持续增长理论为公司追求销售增长比率最大化提供了可能。

3. 基于价值的管理

基于价值的管理是以为股东创造价值为目标的公司经营管理模式。它是以追逐企业价值最大化为内在要求而建立的以价值评估为基础、以规划价值为目标、以管理决策为手段，整合各种价值驱动因素和管理技术，梳理管理与业务过程的新型管理框架。其意义在于使财务管理立足于价值创造而非单纯的账面收益。

（二）可持续发展企业财务战略内涵

财务战略是指企业为实现企业战略，增强竞争力，在研究、分析企业内外环境因素的基础上，对企业财务活动进行全局性、长期性和创新性的筹划，并确保其执行的过程。它是企业战略管理的一个不可缺少的组成部分，它从属于企业战略，是为企业战略服务的。财务战略的选择，决定着公司财务资源配置的取向和模式，影响着公司理财活动行为和效率。因此，公司必须科学地选择财务战略，以规范和优化公司的理财行为，提高理财效率。

二、可持续发展与企业财务战略的相互作用

企业财务战略作为企业总战略的核心，其作用就像企业的造血机器，只有财务战略制定和实施得好，企业才会有动力和极大的潜力来提升发展质量，促进企业可持续发展。反之，可持续发展也会约束和激励企业财务战略。从国内外大多数企业发展和财务发展的理论研究与实践调查中看出，企业财务战略与可持续发展相辅相成，相互影响，相互促进，相互制衡，两者具有密切的相关性，而且其相关度极强。

（一）企业财务战略对可持续发展的作用

在现代企业的环境中，企业可持续发展在很大程度上依赖于高质量的财务战略的指导，即要想掌握好资金的流向，促进企业可持续发展，必须依靠企业的财务战略。具体地说，制定与实施企业财务战略对可持续发展的作用如下：

（1）财务战略制定与实施有助于改变企业发展现状，提高企业对未来环境的适应能力。依据未来环境的预测、分析，勾划出企业财务发展情况如何积极主动地应变，更好地适应企业未来的可持续发展。

（2）财务战略有助于培植和发挥财务优势，增强企业的可持续竞争能力。创造和维持竞争优势，是战略的另一项基本思想，任何一家企业要想战胜竞争对手，就必须能长期保持某种竞争优势。财务战略关注如何创造和维持企业的持续竞争优势，从而有助于企业在长期的竞争中立于不败之地。

(3) 财务战略提高了财务素质，全方位地发挥财务配置资源、优化资源分配的功能，对企业核心竞争力的培育有着极为重要的作用，有效地提高企业发展能力，决定了企业的发展方向。相对于传统的财务管理而言，财务战略强调联系的观点，注重财务管理与环境，战略和其他职能领域的相互作用，从而有助于全方位地发挥财务的功能，为企业发展起到更大的作用。

(4) 提供丰裕资金并为这些资金创造更佳的投放方向，为保证企业持久发展提供有利条件。财务管理主要工作是为筹集资金和运用资金，财务战略也不例外。所不同的是，财务战略以长期和整体发展的眼光从事资金筹集和运用，从而对企业长期稳定的发展提供强有力的保证。

(二) 可持续发展对企业财务战略的影响

从企业财务资源的角度来看，企业可持续发展是指在不耗尽财务资源的情况下，企业销售额预期增长的最大比率与实际增长比率之间的差额。该差额越小，表明企业基于财务资源的可持续竞争优势水平越高；而该差额越大，则表明企业基于财务资源的可持续竞争优势水平越低。

在研究企业可持续增长时，美国经济学家希金斯教授将企业可持续成长率定义为"在不需要耗尽财务资源的情况下，企业销售所能增长的最大比率"。而另一位财务学家范·霍恩教授则定义为保持与"企业现实和金融市场状况相符合的销售增长率"。他们认为，由于企业要以发展求生存，销售增长是任何企业都必须重视的问题。企业增长的财务意义是资金增长。在销售增长时企业往往需要补充资金，这主要是因为销售增加通常会引起存货和应收账款等资产的增加。

从资金来源上看，企业增长的实现方式有三种：完全依靠内部资金增长（即内含增长率）、主要依靠外部资金的增加、平衡增长。所谓平衡增长，就是保持目前的财务结构和与此有关的财务风险，按照股东权益的增长比例增加借款，以此支持销售增长。这种增长率，一般不会消耗企业的财务资源，是一种可持续的增长速度。

总之，企业财务战略对企业的持续发展有着极为重要的作用，不仅因为企业的可持续发展是以稳定持续不断的资金流为基础的，如果企业的资金流不能正常进行，轻者会影响企业的正常发展，重者会使企业破产倒闭，而且企业财务还具有配置资源、优化资源分配的功能，对企业核心竞争力的培育有极为重要的作用。就整个企业的财务战略制定来看，应以增强企业核心能力、保持企业长期竞争优势为出发点。

三、现行企业财务战略的不可持续的原因

（一）没有充分关注企业的可持续发展

全球性的资源消耗和环境危机已经危及到企业的可持续发展，但现行的财务战略和管理模式并没有对此采取有效的应对措施。企业在战略规划和投资决策上大多关注的仍是账面利润，而非可持续发展及长期效益。

（二）忽略了企业可持续增长的管理问题

管理者把公司收益的快速增长作为最重要的工作目标，花费大量时间和精力去研究如何使公司销售收入不断增加及业务领域不断拓展。企业经济增长方式主要为粗放经营方式，在这一经营方式下，企业单纯追求规模数量扩张，财务战略的制定偏重投资规模，忽视投资质量，多以自有资金和外借债务来维持企业运营，导致资金结构不合理，资金周转困难，资源未能优化配置。这就很容易造成企业的实际增长率经常远远高于其可持续增长率，最终导致企业的倒闭。

（三）所依托的管理技术和分析工具与可持续发展理念不相适应

现行的财务价值分析方法，尤其是以单一指标为核心的财务指标分析体系，如以净资产报酬率为核心的杜邦分析体系、以投资回报率为核心的业绩考评体系、以每股收益为核心的资本结构决策分析方法、以市盈率为核心的企业风险与价值模型等，不利于企业的可持续发展和价值创造。其理由是：财务指标偏重考核短期利益，容易诱发企业的利润操纵或盈余管理；上述分析方法所采用的财务指标，过于注重对过去结果的反映，难以与组织的战略目标有机融合；上述分析方法的数据来源基于传统的财务会计体系，而会计上的净利润指标忽略了为获得利润而占用资本的机会成本等。

四、确保可持续发展财务战略的实现

（一）构建可持续发展财务战略管理体系

确定了可持续发展财务战略目标之后，引入可持续发展理念，向企业的员工灌输可持续发展的核心理念和价值观，企业的各项生产经营活动要以可持续发展为主线，不管是企业的融资战略，还是财务风险管理战略以及并购战略和利润分配战略，都要贯穿于可持续发展的思想中，可持续发展战略目标的实施过程是企业各个部门、各项活动相互影响、相互制约同时也是相互促进的过程，各个系统的协调统一最终促进企业总体的可持续发展，最后建立合理的绩效评估体系和薪酬制度来激励员工的积极性、创造性。

企业实现可持续发展的财务战略的整体思路是确立以企业利润最大化、企业价值最大化和社会责任最大化为战略目标。财务战略管理不是单一的财务活动的管理，是把与财务活动相关的活动都统一起来系统的考虑，企业财务战略是站在发展的角度，从长远的利益来规划企业的一切与财务相关的活动。

在经济形势动态波动的大背景下，以企业的筹资战略来说，维持企业经营的安全性和长期性及降低企业筹资成本和风险是首要目标；就投资战略来说，应以合理的资金结构、高效的资金利用率及良好的偿债能力为目标。企业的资本结构如何分配安排要根据企业的具体发展情况而定，为了保持企业经营的安全性和长久性，稳健的资本结构比较合理和科学，债务控制的恰到好处。当然，在企业的不同生命周期、不同经营效果时期可以采取不同的财务政策。

（二）实施防御型财务战略

企业拥有的人力、资本、技术等资源代表着企业的实力和发展状况，财务战略的制定和实施是依赖这些资源完成的，如果财务战略目标的制定要与企业的实际情况相符合，而如果目标制定得过高，无法实现难免会打击公司员工的积极性，如果目标制定得过低，又无法激励员工的工作热情。可持续发展的财务战略的目标就是要制定防御性的财务战略，在公司实施战略目标的过程中，不断纠正错误和积累经验，维持企业的竞争优势，提高企业的可持续发展能力。

企业的财务战略转型为防御型财务战略原因主要有以下几个方面：

（1）财务活动的主要任务是管理资金，资金的合理利用和配置是企业正常运转的重要保障，应该加强企业的偿债能力和抵御风险的能力，提高企业的资金周转率和投资回报率，理性的投资和扩张，分散企业的各种预期风险。

（2）平衡企业市场萎缩、成本上涨、资金缩水、收入下降等现象，在平衡这些现象的同时企业实现的增长，就是所谓的平衡增长。就是把企业资本结构和相关的财务风险相结合，以企业未来的现金流量来决定企业的借款量，来支持企业的销售业务的增长。这种平衡增长是防御性的，是以不消耗企业的财务资源为基础的。

（3）采取股权出售的方式引起潜在投资者的投资欲望，以此来为企业创造宽松的融资环境，促进企业的可持续增长。

（4）发行企业中长期公司债券，增强投资者的信心和忠诚度，降低资金的流动性和企业财务风险。

（三）健全和完善财务战略

企业可持续发展财务战略目标的确定使企业有了明确的发展方向，构建企业可持续发展财务战略体系使企业有了确定的使命和任务，建立防御性财务战略是企业实现可持续发展的必不可少的环节，防御性的财务战略不仅仅针对当前的财务管理，更是对未来企业的财务战略的发展规划有一个清晰可见的蓝图。在完成了上述几个步骤之后，企业就应该为健全和完善财务战略体系做出努力。

1. 加强企业现金管理，实现多渠道融资，降低筹资成本

企业的健康发展和安全经营需要充足的资金做保障。因此，资金管理应该是财务管理的核心，也必须贯穿于整个财务战略体系中，企业的可持续发展需要健康的资金渠道做后盾，资金链的正常运作是企业生产经营活动正常运作的先决条件。资金的集中或分散取决于企业的发展需要，妥善管理资金的集中或分散可以有效解决企业发展过程中可能面临的财务问题，以此来维护企业的可持续发展能力。中小企业可供选择融资渠道和融资方式日趋多样化，除普遍利用银行贷款融资外，企业还可以利用各种票据、债券及融资租赁等方式进行筹资，掌握市场发展趋势，熟悉和掌握金融开发工具，可以帮助企业快速融资和规避风险。同时，企业还要制定完备的风险预测和控制机制，把风险控制到最小化，以减少对公司造成的损失。

2. 理性投资，增强公司实力

公司的成功不是一朝一夕的，公司的实力是在一步一步的发展过程中积累起来的。公司自我积累的过程是企业的各个有机体相互磨合、相互协调最后趋于统一的过程，在这个过程中，理想科学的投资可以实现企业的平衡增长，实现企业的可持续发展。企业的平衡稳定增长有利于企业树立良好的财务形象，帮助企业获得外部融资。公司财务系统的良好运行可以帮助企业赢得更为宽松的融资环境，有利于企业核心竞争能力的增强，进一步增强企业的经济实力，同时也为下一轮的融资打下良好的基础，以此良性循环下去，维持企业的可持续发展能力。

3. 建立财务风险和预警机制

财务风险的预测和控制是企业经营决策的必要环节之一，对风险的事前预测和控制可以帮助企业降低管理费用和减少损失。对宏观形势和市场发展趋势的准确把握，可以有效地预测风险的种类和可能性，因此，企业要建立科学的风险预警机制，加强风险的可预测和可控性，综合利用各种分析方法进行预测，对财务风险的把握提高到战略高度，系统的分析和预测并找出规

避风险的解决方案。财务风险的预警机制重在预防和控制,只有提前做好预防工作,才会把损失降到最小,合理的财务预警机制把风险控制在企业应对能力之内,降低企业的管理成本和由风险造成的损失,把不利于企业发展的因素排除在预警机制之外,为企业的可持续发展提供了保障。

4. 实现企业可持续发展的同时,履行社会责任

对国家而言,首先要为中小企业提供良好的发展平台和公平的市场竞争环境;尽量减少企业的税收种类和幅度,以免造成税收重担;同时鼓励创新,对于勇于创新的企业给予优惠的税收政策和财政补贴。

对一个成功的企业而言,仅仅实现自身的可持续发展是远远不够的,因为每个企业的发展都是以整个社会的存在为载体的,如果一个企业的发展只是以企业所获利润为评价标准,而不理会自身发展造成的生态破坏和环境污染、不履行企业应有的社会责任,那么这个企业不可能得到长久的发展,更不可能实现可持续发展。

对企业内部而言,企业在进行投资和融资决策以及生产经营决策时,都要充分考虑公司员工的意见和建议,加强公司员工对公司决策的参与程度,充分调动员工的积极性,同时,在进行利润分配的时候要做到公平、公正、公开,利润分配的合理程度要达到实现职工的主观能动性和创造性的发挥,共同为企业的可持续发展做出努力。

本章小结

1. 财务战略管理是为实现企业战略目标和加强企业竞争优势,运用财务战略管理的分析工具,确认企业的竞争地位,对财务战略的决策与选择、实施与控制、计量与评价等活动进行全局性、长期性和创造性的谋划过程。财务战略具有方向性、长期性和整体性的特点,同时财务战略具有一定的风险。企业财务战略管理的程序和企业战略管理的程序基本相同。首先,要正确分析企业内部条件和外部环境对企业财务活动的影响,并明确企业战略目标的要求;其次,在此基础上制定相应的财务战略;最后,组织实施财务战略,并对实施过程进行有效控制和评价。财务战略管理具有如下特征:动态性、全局性、长期性、从属性、系统性、指导性、复杂性。一般来说,财务战略有三种路径选择:扩张型、稳健型、防御收缩型。

2. 财务战略目标通常有持续盈利能力目标、长期现金流量现值目标、企业可持续成长目标和经济增加值最大化目标等。财务战略目标既从属于企业发展战略目标,也从属于企业财务管理目标。通常来讲,财务管理目标包括

利润最大化、每股收益最大化、股东财富最大化等。财务战略目标是财务管理目标的具体化，而且更加侧重于长远目标和可持续发展。

3. 根据企业所处发展阶段的财务特点，来制定财务战略，符合企业目前的总体战略和利益相关者的收益与风险。企业的发展阶段大致分为初创期、成长期、成熟期和衰退期四个阶段。企业在不同的发展阶段呈现的财务特征是不同的，应通过对其财务特征的分析，谋求适合不同发展阶段的企业财务战略。

4. 现代企业财务管理的核心内容主要包括筹资、投资及收益分配。因此，企业财务战略研究的重点应是筹资战略、投资战略及收益分配战略。

5. 为确保财务战略规划的高质量，企业应当做好以下基础工作：营业额（销售额）预测、试算报表、资产需要量、筹资需要量、追加变量、经济指标假设。

财务战略规划的内容包括投资战略规划、筹资战略规划、财务发展规划、资本结构规划、研究与开发规划等，其中最核心的是投资战略规划和筹资战略规划。

6. 财务战略实施的组织结构影响因素包含以下几个方面：经济和金融环境、企业内部组织结构、生产经营规模。

财务战略实施的组织结构类型主要包括创业型组织结构、职能制组织结构、事业部制组织结构等。

企业财务战略实施的步骤：制定企业战略目标、制定财务战略总目标、制定企业财务战略的具体目标、制定和选择财务战略方案等。

7. 现行企业财务战略的不可持续的原因主要包括以下几个方面：没有充分关注企业的可持续发展、忽略了企业可持续增长的管理问题、所依托的管理技术和分析工具与可持续发展理念不相适应。企业实现可持续发展的财务战略的整体思路是确立以企业利润最大化、企业价值最大化和社会责任最大化为战略目标。

能力培养指导
- 本部分内容围绕企业财务战略的制定、实施以及评价和控制而展开，注重将企业财务战略管理的基本理论及最新发展趋势与企业财务战略管理的实践相结合，突出理论研究的应用性和创新性。
- 通过本部分的教学，让学生较为系统地掌握企业财务战略管理的基本理论和分析方法，了解企业财务战略管理的理论前沿，从战略的高度发现、分析和解决企业战略性的财务问题,培养学生的战略思维、综合分析和决策能力,为学生今后从事企业财务管理工作奠定基础。
- 加强"会议教学"。所谓"会议教学",是指加强学生在学习过程中的相互交流。以提高学生的表述能力、应变能力,迅速吸收新知识新理念、不断提高科研能力和实际运用能力,也是扩大学生知识面的一个途径。

案例应用 1

河南凯威公司可持续发展财务战略实施

河南凯威公司一向致力于财务管理能力的提高,多年来注重实施财务战略管理,近两年,河南凯威公司在财务战略方面做了更深一步的改进和完善,实施可持续发展的财务战略管理体系,研究表明,通过实施可持续发展的财务战略措施,河南凯威公司的经营绩效和发展水平得到有效的提高,公司在可持续发展财务战略的实施方面采取了如下措施:

(一)构建一套完整的财务战略管理体系

公司把由单一的财务部细分为以下几个组织机构(见图 1):资金中心、财务管理科、融资部、风险管控部。由综合部门专业细分为几个归口业务部门,各部门各司其职,各尽其责,相互之间又通过公司业务建立一定的关系,既可以做到横向之间的有效沟通,又可以做到纵向之间的有序传递,完善了财务战略管理体系,提高了财务战略管理的质量和效率,为公司各个部门、各个流程、各个环节的有效运行提供了清晰明了的有关财务预算、财务成本乃至财务评估的重要说明。

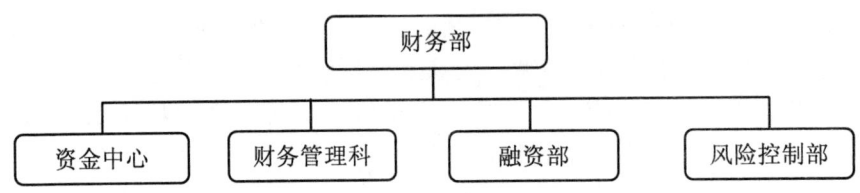

图 1 凯威公司财务战略分布图

(二)实施市场化财务战略,引入内部市场化财务管理体系

河南凯威公司通过全面树立现金为主的经营理念,以算账搞经营模式为所上项目进行筛选,关停了不良资产,在市场没有好转情况下通过推进内部市场化,使生产成本大幅度下降,成品率提高 4.5%,质量效益大大提升,减少亏损 1200 万元。内部市场是一个企业在市场经济规律下,模拟市场交易的方式来组织生产经营活动,在企业内部充分挖掘企业潜力,增强企业活

力，提高企业市场的运作效率，而提高经济的整体效率。它将帮助企业提高劳动生产率，降低生产成本，促进人才流动等，对企业的发展发挥了重要作用。

首先，通过以市场为导向的劳动生产率，降低劳动成本。管理内部市场的各种市场主体之间的经济交流连接的价格结算，结算收入决定价格水平。新的利益分配机制，可以进一步调动工人的积极性，提高劳动生产率。实施内部市场管理，市场参与者可以自觉地把发生到他们的各种成本归入生产和运营成本，从而使管理进入了一个简单的工人自我管理。各单位工资收入等于价格结算收入减去总支出。多单元的材料费用，工资减少材料费用少的工资增长。节约能源激励职工要注意努力减少开支，从而使生产成本不断降低。

其次，促进人才流动，推动面向服务的物流服务的业务模式。实施后的内部市场管理，内部资源，都可以通过各种指导价和各单位合理流动，根据生产需求和利润最大化的原则，优化劳动组织。内部市场管理实施后，企业的物流服务单位将被分离，实行有偿服务。物流单位为了增加收入，将能主动为企业单位和工作人员良好的服务，有条件的单位还积极开展创收社区。

最后，促进多元化发展，加快科技成果转化。多年来，国有企业经营本质上放置了一个单一类型的集体经济，主要是基于各种加工产品为主业，是没有竞争力的产品，普遍处于亏损状态。实施内部市场管理，生产各种业务完全分离后，他们可以积极推行产权制度改革，促进发展的各种业务的多样化和经济效率。内部市场管理实施后，科技部门、科研技术人员的统一评估其创造的经济效益提取奖励，完成应扣除项目根据合同规定，可以有效地调动科技人员的积极性。

（三）设置风险管控部，加强财务预警制度

河南凯威预警系统的财务控制是通过协调各种资源的经营策略，积极适应环境的不确定性，为了加强企业财务风险管理的策略和应变能力，并最终实现企业财务战略目标。企业财务战略，以确保成功建立早期预警系统的有效实施和控制，企业需要建立一个良好的制度能力，控制财务战略提供组织，系统和平台三个方面的保证。企业财务战略控制是财务战略的重要组成部分，企业财务战略，通过企业价值的周期分析、开发、实施和控制，使企业在财务战略的过程中产生的偏差逐步减少，从而确保财务战略朝着预期的目标健康发展。同时，在战略环境的变化，企业在发展过程中的复杂性等因素的生产经营将面临许多风险，企业财务战略控制，可以有效地提高企业抵御风险的能力，以实现企业的可持续发展。为了更好地控制其财务战略，发挥作用，企业应最大限度地利用金融体系是灵活的，全面提高控制效率，财务战略，以创建动态控制模式。每日和每周的凯威公司将结合当前形势和国家政策对各附属公司进行研究和分析，污染严重，成本高，设备维修，质量投诉和更彻底的生产线停产抽手，人员分流，支付当地政府土地挂牌房地产开发，实现了2.4亿美元收入。通过上述措施，以减少该公司2011年的总亏损为240万元，年利润总额为1240万。在目前市场低迷的情况下，通过实施可持续发展管理体系，实现了强大的企业发展模式。

（四）加强资金管理和成本控制

充足的现金流是企业应对金融危机的影响，并保持稳定运行和健康发展的重要保证。因此，企业应建立全面的资本管理为主导的财务管理理念，强化现金流管理意识，高度重视企业现金流管理，加强应收及预付款项的管理，努力降低资金周期，防范金融风险，保障安全营运资金。资金的集中管理，妥善处理与分散管理的关系，倡导资金集中管理，降低资金成本，提高财政保障能力。如何降低成本，提高经营业绩，应对金融危机的影响，已成为当务之急。为了满足今天的危机、微利时代的竞争中，成本的有效控制可以减少下降的速度，调整公司战略和战术，以争取时间和空间，从而提高企业的竞争力。低成本战略还可以扩大市场份额，提高市场占有率，同时，危机也是一个节约成本的意识，培养员工的有利时机，树立过紧日子的想法。二手倡导意识，最大限度地减少非生产性开支，努力降低行政成本。力达企业领导，下到基层工人，养成良好的成本控制意识。

（五）河南凯威公司财务战略实施绩效评价

河南凯威公司通过实施以上财务战略措施，公司的经营业绩呈现快速增长，盈利能力以及获利水平增强，现金流转速度加快、流转周期缩短，为企业正常运营提供了有效的现金储备，为企业长期持续稳定的可持续发展奠定了坚实的基础。通过2010年实施这些财务战略措施以来，2011年与2010年相比，河南凯威公司营业利润由2010年负债3.15亿到盈利813万，利润总额也由亏损转为盈利，从亏损2.91亿变为盈利3943万，公司实现利润的同时资产也从2010年的6.78亿增加到2011年的16.8亿。与此同时，公司的各项费用呈现递减趋势，其中销售费用由2010年的9754万减为8120万，管理费用由1.93亿减为1.63亿，最关键的是通过公司财务战略的有效实施，通过构建完整财务战略管理体系；调整实施市场化财务战略，引入内部市场化财务管理体系；设置风险管控部，加强财务预警制度等这一系列财务战略的运行，凯威公司财务部门变得精简而有效，财务费用也由2010年的1.33亿

降为 2011 年的 1.05 亿。（资料来源西北农林科技大学硕士论文　作者：李嘉强）

【讨论题】
1. 河南凯威公司处于企业发展的哪个阶段，财务特征有什么特点？
2. 以资本管理为主导的财务管理理念有什么特征？
3. 为进一步发展，河南凯威公司的可持续发展的财务战略还有哪些需要改进的地方？

案例应用 2

远洋地产财务战略案例

尽管在远洋地产董事局主席、行政总裁李明看来，远洋地产最困难时期已过，但他们不得不面对利润率下滑的现实。2013 年底至 2014 年初，远洋地产进行了一系列的公司架构调整，主要是由过去的三级管理改为两级管理，即从以往的"总部—事业部—城市公司"变成"总部—城市公司"。李明以远洋天著改造后的产品为例，公司组织架构调整是对的。远洋地产如此大动干戈，就是为了完成净利润目标。李明认为，远洋地产本身的盈利能力与以前相比并没有变化，毛利率一直维持在 30%。但盈利能力与龙头房企的确有差距，最主要的原因是财务战略不同。企业财务战略的实施，是企业众多战略中的重点，从而需要多方面的配合。

企业在不同的发展阶段，其财务状况不尽相同，从而企业需要学会在不同发展阶段对自身财务战略的选择。

（一）企业财务战略的选择必须要与经济周期相适应

经济的周期性波动是市场经济条件下不可避免的现象，是经济系统存在和发展的表现形式。经济的周期性波动要求城投公司要顺应经济周期的过程和阶段，通过制定和选择富有弹性的财务战略，来抵御大起大落的经济震荡。以减少它对财务活动的影响，特别是减少经济周期中上升和下降抑制财务活动的负效应。财务战略的选择和实施要与经济运行周期相配合。

（二）财务战略选择需要与城投公司发展阶段相适应

每个公司的发展都要经过一定的发展阶段。一般要经过初创期、扩张期、稳定期和衰退期四个阶段。不同的发展阶段应该有不同的财务战略与之相适应。城投公司应当分析所处的发展阶段，采取相应的财务战略。

（三）企业财务战略的选择需要与自身经济增长模式相符合

自从有了城投公司，城投公司内部就存在低水平重复建设与单纯数量扩张,这种经济增长方式成了主流。如大规模出让土地资源,开沟、挖渠、修路不考虑整体规划。由于这种增长方式在短期内容易见效,表现出短期高速增长的特征。但是,由于缺乏相应的技术水平和资源配置能力的配合,城投公司的经营能力和真正的长期增长实际上受到了制约。因此,城投公司经济增长的方式客观上要求实现从粗放增长向集约增长的根本转变。为适应这种转变,财务战略需要从两个方面进行调整。

【案例观点】

企业处于不同的发展阶段时,或者面临不同的经济环境时,其财务战略的选择必然会有所不同。企业只有规范出科学的战略管理体系,才能帮助企业清晰了解自身情况,以促进其在经济市场中快速发展。

(资料来源:http://www.cs360.cn/qiyezhanlue/cwzl/glal/2131526/)

【讨论题】

1. 企业的财务战略需要其他战略哪些方面的配合?
2. 城投公司的财务战略有哪些突出特点?
3. 为适应增长方式的高速增长,公司的财务战略需要从哪些方面进行调整?

第十一章　企业国际化经营战略

学习目标：
- 掌握企业国际化经营战略的含义和特征。
- 掌握企业国际化经营需要分析哪些环境因素，如何对环境进行评估。
- 理解并熟悉企业国际化经营战略规划的内容。
- 理解国际企业产品战略包括的类型。
- 了解国际企业竞争战略类型，国际企业战略联盟的特点和形式。

实践中的国际化战略

中石油国际化战略之旅

（一）中石油的发展现状概况

自1988年成立以来，经过二十多年的发展，中石油已经发展成为了世界上最大的石油企业之一。目前，中石油业务范围遍及石油天然气、化工以及成品油炼化和销售的所有领域。总体上，2011年，中石油营业收入总额高达23813亿元人民币，利润总额1817亿元人民币，净利润1305亿元人民币，缴纳税额4105亿元人民币，分别比上一年增长41%、35%、42%和36%，为国民经济的稳定健康发展做出了巨大的贡献。

中石油的三大核心业务（油气生产、炼油化工与销售以及管道运营）均涉足了国际业务，而且海外业务的地位越来越高。2009—2011年间，中石油原油产量从13745.4万吨增长至14927.2万吨，仅增长了8.6%，但2009—2011年间海外产量从3432.2万吨增长至4173.2万吨，增长了21.6%，海外产油对其原油生产增长的贡献率高达62.7%，而且还有不断增加的趋势；同样的情况出现在天然气生产领域，2009—2011年间，中石油海外产量增长了128.1%，而同期总产量仅增长19.5%，占总产量不到14.3%的海外产量贡献了49.2%的增长。在炼油化工与销售业务上，2009—2011年间占比不到20%的海外业务贡献了中石油业务总量增长的49.2%，海外业务48.9%的年复合增长率也远高于国内 7.6% 的增长率。在中石油的管道运营业务上,海外业务的作用也越来越突出,2009—2011 年间海外管道增长了 34.7%,高于国内的 21.9%。从这些数据可以看出,海外业务在中石油业务增长上的贡献越来越大,比重也越来越高。可以说,中石油正朝着国际化的方向大步前进。

(二)中石油国际化发展现状

自从 1988 年成立以来,随着我国国内石油需求和供给结构的变化,作为石油主要生产企业的中石油的国际化过程可以分为三个阶段,即起步摸索阶段(1988—1997 年)、稳定成长阶段(1997—2005 年)和规模扩张阶段(2005 年至今)。

1. 起步摸索阶段

1993 年,我国从石油净出口国转变成石油净进口国,中石油逐步走出国门,在全世界范围内摸索国际石油市场的运作规律。在这个阶段,我国对进口石油依赖度并不高,中石油国际化的目标也并不在于寻找油源,而在于熟悉国际石油市场的运作模式和规律,积累国际经验,培养和储备具有国际市场经验和国际视野的人才。

在这一阶段,一个标志性的事件是 1993 年 3 月 5 日,中石油在泰国邦亚区块获得石油作业权。这是中石油公司首次在海外获得油田开采权益。这一阶段中石油的国际化行为主要是以小项目为主,主要采取的是产品分成、许可证和服务合同等国际上通行的合作模式。中石油这一阶段的国际化行动为日后全面走向国际石油市场积累了大量的经验、技术和人才。

2. 稳定成长阶段

1997 年亚洲金融危机爆发,全球油价跌入历史低谷,中石油及时实施低成本发展战略,成功地抵御了面临的挑战。同时,国务院改革原油、成品油价格形成机制,决定国内原油价格从 1999 年 6 月 1 日起与国际接轨,成品油从 1999 年 6 月 5 日起执行新的价格,并实行新的价格机制和流通体制。在这种国内外环境下,中石油开始全面步入国际石油市场。在这一阶段,中石油主要是通过在原油勘探、开采、油田经营、管道建设与运输以及与石油相关的技术服务、工程建设等方面的国际合作和运营,规范海外项目和分支机构的管理制度和模式,进一步积累国际化人才和经验,为更进一步地规模扩张和积极参与国际竞争奠定基础。

在这一阶段,中石油第一个海外大型油田正式投产运营、在纽约证券交易所和香港证券交易所上市、第一次收购国外石油企业、积极开展国际油气管道建设和运营、以及遭遇各种困难,这一系列国际石油市场所涉及的方方面面事件，促使中石油国际大石油公司地位得以确立。中石油在国际上的地位也逐年提升，成为了国际石油市场上的重要一员。

3. 规模扩张阶段

自 2005 年下半年起，我国经济迅猛增长，对石油的需求越来越大，国内原油生产根本无法满足由于这种经济扩张所带来的巨量石油需求，我国石油进口越来越多，石油的进口依赖度越来越高，目前我国石油消费有一半以上都来自于进口。为了确保石油的稳定供应，作为石油主要生产和经营单位的中石油肩负着在全世界范围内寻找石油的重担。在这种环境下，中石油不可避免地要在国际市场上追求规模，以为我国的石油供应提供强有力的保障。表 11-1 列出了这一阶段中石油在国际市场上频繁地投资、收购以及合作等事件。

表 11-1 中石油国际化规模扩张阶段大事件

时 间	事 件
2006.3.21	分别与俄罗斯天然气工业股份公司、俄罗斯石油公司和俄罗斯管道运输公司签署《关于中国石油天然气集团公司与俄罗斯石油公司在中国、俄罗斯成立合资企业深化石油合作的基本原则协议》《中国石油天然气集团公司和俄罗斯管道运输公司会谈纪要》合作文件。
2006.7.25	苏丹 3/7 区 1000 万吨/年产能建设项目正式投产。
2006.8.23	乌兹别克斯坦总统卡里莫夫签署针对中国石油集团在乌陆上 5 个区块勘探项目的总统指令，标志着公司 6 月 8 日与乌兹别克国家油气公司在北京签署的第一个油气勘探协议生效。
2006.10.16	与俄罗斯石油公司签订《东方能源有限责任公司创建协议》，共同在俄境内参与勘探开发投标，《东方能源有限责任公司创建协议》的签署将双方能源合作推进到一个新阶段。
2007.2.2	国家主席胡锦涛访问苏丹期间，参观集团公司在苏丹合资建设的喀土穆炼油厂。
2007.4.5	集团公司与阿尔及利亚国家石油公司合资建设的阿达尔炼油厂一次投产成功，原油加工能力 60 万吨/年。该项目的催化裂化装置是阿尔及利亚第一套重油深加工装置。
2007.7.17	集团公司分别与土库曼斯坦油气资源管理利用署、土库曼国家天然气康采恩签署了中土天然气购销协议和土库曼斯坦阿姆河右岸天然气产品分成合同。根据协议，在未来 30 年内，土库曼斯坦将通过中亚天然气管道，每年向中国出口 300 亿立方米天然气。

续表

时 间	事 件
2007.12.11	集团公司在哈萨克斯坦所属中油阿克纠宾股份有限公司让纳诺尔第二油气处理厂一期工程建成投产，天然气处理能力20亿立方米/年。
2008.4.10	与卡塔尔天然气公司、壳牌集团共同签署销售和购买液化天然气协议，合同期25年。根据协议，合同期内公司每年可获得300万吨液化天然气，气源来自卡塔尔天然气公司四期项目。该项目由卡塔尔石油公司（70%权益）和壳牌（30%权益）合资开发，目前正在兴建，预计2010—2012年可投入商业生产。
2008.6.27	阿姆河天然气项目第一天然气处理厂奠基。第一天然气处理厂位于土库曼斯坦阿姆河右岸巴格德雷合同区，计划2009年底建成投用。
2008.10.5	与乌兹别克国家油气公司签署合作协议，合资开发明格布拉克油田。明格布拉克油田位于乌兹别克斯坦费尔干纳盆地北缘，可采储量超过3000万吨。
2008.11.17	与哥斯达黎加国家石油公司签署《中国石油天然气集团公司与哥斯达黎加国家石油公司炼厂合资公司协议》。根据协议，双方将在哥斯达黎加境内成立一个合资公司，合资期限25年，对哥斯达黎加现有的MOIN炼厂进行升级改造和扩建。
2009.5.18	中俄原油管道中国境内段漠河—大庆原油管道开工建设。中俄原油管道起自俄罗斯远东管道斯科沃罗季诺分输站，经俄边境加林达计量站，穿越黑龙江，途经中国黑龙江省和内蒙古自治区的12个县市，止于大庆末站，设计年输量1500万吨。管道全长1030千米，俄罗斯境内约63.4千米，中国境内965千米，计划2010年底建成投产。
2009.6.30	在伊拉克第一轮国际油气田招标中，与BP公司联合中标获得鲁迈拉油田作业权。
2009.10.13	分别与俄罗斯天然气工业公司和俄罗斯石油公司签署《关于俄罗斯向中国出口天然气的框架协议》和《中国石油天然气集团公司与俄罗斯石油公司关于推进上下游合作的谅解备忘录》。
2009.12.14	中国—中亚天然气管道通气仪式在土库曼斯坦阿姆河右岸巴格德雷合同区第一天然气处理厂举行。中国国家主席胡锦涛与土库曼斯坦、哈萨克斯坦、乌兹别克斯坦三国总统共同出席通气仪式，祝贺工程如期竣工。
2010.5.19	与壳牌公司达成协议，获得壳牌全资子公司壳牌叙利亚油气开发公司35%的权益。该公司拥有叙利亚Deir-Ez-Zor、Fourth Annex和Ash Sham三个生产许可证31.25%。
2010.6.9	与乌兹别克斯坦国家油气公司签署《关于天然气购销的框架协议》。根据协议，乌兹别克斯坦每年将向中国供应100亿立方米天然气。
2010.9.27	中俄原油管道全线竣工，中国国家主席胡锦涛和俄罗斯总统梅德韦杰夫共同出席竣工仪式。同日，公司分别与俄罗斯管道运输公司、俄罗斯天然气工业股份公司、俄罗斯石油公司签署《俄罗斯斯科沃罗季诺输油站至中国漠河输油站原油管道运行的相互关系及合作总协议》《俄罗斯向中国供气主要条款框架协议》《中俄原油管道填充油供油合同》，与俄罗斯卢克石油公司签署《扩大战略合作协议》。

续表

时间	事件
2010.12.21	中哈天然气管道二期工程开工建设。第一阶段将修建阿克纠宾州巴卓伊至南哈萨克斯坦州奇姆肯特段输气工程，管道长1164千米，输气能力60亿立方米/年，计划2012年底投产。
2011.1.1	中俄原油管道全线正式投入运营。
2011.2.22	与哈萨克斯坦国家油气公司签署《关于哈萨克斯坦乌里赫套项目合作的原则协议》。根据协议，双方将按50%:50%的权益成立合资企业，联合勘探开发乌里赫套气田。
2011.6.20	与壳牌签署《中国石油天然气集团公司和壳牌海外投资公司全球战略合作协议》，以及加拿大油砂资源、非常规天然气、工程技术等相关合作协议文件。
2011.6.21	伊拉克艾哈代布油田（一期）300万吨/年产能建设工程投产，成为伊拉克20年来第一个投产的新建油田项目。
2011.7.13	与阿布扎比国家石油公司签署为期20年的原油供应原则协议。根据协议，阿布扎比国家石油公司将从2014年起在现有原油供应量的基础上，增加向中国石油的原油供应。
2011.9.26	与哈萨克斯坦国家油气公司签署《关于中哈天然气管道C线设计、融资、建设和运营的基本原则协议》。计划2012年初开工建设，2014年初开始供气。
2011.11.28	与尼日尔能源部合资建设的津德尔炼油厂顺利投产，标志着尼日尔阿加德姆上下游一体化项目一期工程全面投入运行。
2011.12.13	土库曼斯坦阿姆河天然气项目第二天然气处理厂开工建设，设计商品气处理能力80亿立方米/年。

资料来源：徐彦明．中石油国际化战略研究．武汉大学，2012。

评述

总之，企业国际化经营战略是一种全球战略。为了实施和实现全球经营战略，国际企业在经营决策时，所考虑的不是某个子（分）公司的局部得失，而是整个公司的最大利益；不仅要考虑公司的存在，更要考虑整个公司未来的发展。也就是说，国际企业实现其全球战略目标的活动，已不是简单化的对市场有利机会和不利条件的直接反映，而是对公司所处的竞争环境和公司本身的资源条件认真分析后，经过周密策划的有计划的行动。这种全球战略目标和全球战略部署，包括各种可能的抉择，明确的地区、产品发展规模和优先顺序，以及向新地区、新领域扩张的步骤等。

企业国际化经营战略是指企业从国内经营走向跨国经营，从国内市场进入国外市场，在国外设立多种形式的组织，对国内外的生产要素进行配置，在一个或若干个经济领域进行经营活动的战略。企业国际化经营是当今国际经济联系日益密切和企业自身发展的必然趋势。面对经济全球化和国内外竞争日益激烈的环境，整合国际资源增强企业竞争力、努力抢占国际市场是企业发展的战略选择。本章在对企业国际化经营战略概述的基础上，对国际企业的经营环境进行了深入的分析，并详细介绍了企业的国际战略规划过程和国际战略体系的构建。

第一节　国际化经营战略概述

一、国际化经营战略的含义及其特征

（一）企业国际化经营战略的含义

企业国际化经营战略是指从事国际化经营的企业（国际企业）通过系统地评估自身的经济资源以及经营使命，确定一个较长时期内企业的主要任务和目标，并根据变动的国际环境拟定必要的行动方针，为求企业在国际环境中长期的生存和发展所做的长远的、总体的谋划。通常，企业国际化经营战略应当表明以下几点：

（1）企业的经营领域。即企业要明确出售何种产品或服务，目标市场定位在哪里，企业为哪一类消费者服务。

（2）找出企业经营领域方面的差别优势。了解企业提供的产品及劳务是在什么基础上取得超过竞争对手的优势？例如，是较容易获得原材料的途径，或是具备更优秀的人才；是掌握特殊技术，还是有较低的成本与价格优势等。

（3）指出企业战略推进步骤及大体的时间安排。企业为了地位推进，应明确哪些步骤宜早做安排，哪些步骤可以推迟进行。

（4）期望取得的目标成果。企业用什么样的财务标准和其他标准衡量自己的成就，以及预期达到什么样的成果水平。

（二）企业国际化经营战略的特征

企业国际化经营战略是国际企业日常经营活动的指导原则，它具有区别于一般企业战略的特点：

（1）其战略规划的范围以全球规划为目标，并把全球经营活动作为一个总体。

（2）以全球范围为出发点合理配置企业资源，包括自然资源、人力资源、

技术资源、资本资源以及品牌资源等。

（3）运用全球观点规定各个子（分）公司的职能和经营范围，协调母公司和各个子（分）公司之间的关系。

二、国际化经营战略的意义

《孙子兵法》中有"用兵之道，以计为首""计先定于内，而后兵出境""知己知彼，百战不殆"等杰出的战略思想。乔治巴顿将军也曾经说过，在错误的战略前提下的正确战术也必败无疑，正确的战略前提下的战术失误也可能输掉战争。商场如战场，如果一家国际企业在某个市场上用了错误的产品组合就不可能获得营销的成功，即使每个市场和每种产品的营销计划都得到了合理的执行也是如此。因此，国际化经营战略有着重要的意义。制定企业国际化经营战略意味着企业放眼于世界市场和世界资源分布，而不是仅仅盯着某个市场和资源。国际化经营战略是为了以全球为基础来优化运作与优化结果，而不是将全球运作只看作是多个相互独立的经营活动的简单组合。因此，企业国际经营战略主要有以下五个方面的意义：

（1）为企业协调和整合多种多样而又分散在各地的全球业务提供工具。
（2）为预计和应付全球环境与东道国环境的变化提供途径。
（3）为将各子（分）公司在全球范围内联系在一起提供手段。
（4）为获得全球资源提供规划。
（5）可以使企业的国际化经营避免风险。

三、企业国际化经营的动因分析

（一）传统的动因

迫使企业向海外投资的最初原因之一是获得关键要素供给的需求，尤其是企业对能源、矿物和稀缺原材料的需求。例如固特异（Good Year）公司到马来西亚发展橡胶种植园，标准石油（Standard Oil）公司在加拿大、中东和委内瑞拉开拓新的油田。

国际化的另一个原因可以用追逐市场份额的行为特点来描述，尤其在那些已经取得某些竞争优势或著名品牌的企业中表现得更为明显。虽然最初它们的态度是机会主义的，但是最终会认识到，在国外市场增加的销售额可以使它们能够拓其经济规模和势力范围，从而为企业提供了超越竞争对手的竞争优势，毕竟狭小的本国市场难以容纳其大批量的加工制造能力。雀巢、拜尔和福特等公司国际化扩张的主要原因就是不断寻求新的目标市场。

此外，还有一种刺激国际化经营的原因是在全球范围内优化资源配置，从而降低获取生产要素的成本。例如，在20世纪80年代，随着关税壁垒的降低，纺织、服装以及电子、家电制造业或其他劳动密集型产业的欧美公司纷纷在远东、拉美等可以获得大量廉价劳动力的地区设立生产基地。不久他们就发现劳动力并非能够更经济地来源于海外的唯一生产要素。比如，获得低成本的资金（可能来源于东道国政府的投资补贴或优惠政策）亦成为企业国际化的一种驱动力。

（二）现代的观点

企业国际化的成长道路实际上是一个渐进的增长过程。一旦它们在全球市场范围内建立了国际化销售网络和生产经营业务，最初激发企业向海外扩张的动力与支撑起它们新兴的全球战略的一系列新的动因相比，通常会降至次要地位。企业走向国际化经营的新的动因主要有以下几点：

1．利用技术领先的地位

当一个企业开发出一种新产品，起初它会具有明显的竞争优势。随着这种产品的逐渐传播和成长，在国内市场上它越来越失去其独特性和所具有的竞争优势，这时企业通常会将这种产品向国外市场拓展。因为同一产品在不同市场上的生命周期是不一样的。在一个国家的市场上已经进入成熟期或衰退期的产品，在另一个国家的市场上可能刚刚进入成长期；而在其他欠发达国家的市场上则可能处于投入期。因此将产品向不同的市场扩散，就可保持产品技术领先的地位。

2．利用卓越而强大的商标品牌优势.

当一种产品的品牌在国内具有良好的声誉时，它通常诱使企业在全球范围内设立生产子系统。也许是由于人们普遍存在的"崇洋"心理，或者是其优异的产品质量，洋品牌通常被认为比国内产品要好。

3．利用规模经济优势

当存在超越本国市场容量的规模经济时，企业为了降低产品成本，取得规模经济所带来的效益，就不得不向新的市场渗透，将企业的储运、采购、生产和市场营销等活动转向国际化。特别是国际范围内的纵向一体化是实现规模经济的关键，因为国际纵向一体化系统的有效规模较之国内市场规模要大得多。

4．利用低成本的资源

当生产成本成为产品生产的关键因素时，企业会把生产转移到资源或劳动力价格相对较低的地区，在世界范围内规划生产系统的最佳配置，并向全世界销售产品。只有这样,企业才能保证降低其产品成本,增加其产品的竞争能力,保证企业经营的最佳整体效益。

5．转移核心竞争力

核心竞争力是由企业的创新、效率、质量以及顾客的忠诚度所组成的,并构成企业竞争优势的基础。企业将其在国内拥有的核心竞争力以及创新产品转移到海外市场,可以获得更大的利润。如微软、可口可乐等公司就是运用这种方式在全球推行其核心竞争力。

6．获得区域经济效益

这是指在交易成本与贸易壁垒允许的情况下,企业将其创造价值活动放在最适合此活动的地点,跨国公司会在全球范围内搜寻此地点,实质上就是企业资源在全球范围内优化配置的过程。这样做至少有两个效果:一是降低创造价值的成本,有利于企业达到成本领先;二是使企业形成差别化,获得超过平均水平的利润。

第二节　企业国际化经营环境分析

企业的国际化经营是在一定的环境内进行的,而环境由许多因素组成,每个因素都有自身的运动方式和轨迹。因此,企业国际化经营环境十分复杂,呈现出不规则的动态变化。企业必须准确、细致地把握环境,监视环境的发展变化,从而达到利用机会、避开威胁的目的。

一、企业国际化经营环境

企业国际化经营环境是指居于国际企业外部的有关主体的既存关系、现实活动以及在现实活动中所表现出来的规律与趋势。一般来说,企业国际化经营环境由企业所处的(或即将进入的)东道国的环境、母国对企业的政策环境、国际经营环境等三部分组成。

(一)东道国环境

对企业来讲,东道国环境一般包括该国的政治、经济、法律、社会和文化等方面与本国的差异。只有熟悉东道国环境,才能为制定完善的国际化经营战略奠定基础。

1．东道国的政治环境

这是企业所面临的,必须慎重考虑的关键因素之一,包括:东道国的政治状况、政府对国外投资的政策以及由此可能产生的政治风险等因素。东道国政治状况包括：国家安全性与政治稳定性、政治体制、政府机构的清廉与效率以及公众利益群体与社会舆论机构等方面。政府对国外投资的政策又包括鼓励政策与限制政策两方面。鼓励政策是在降低关税、减少国内税收、提供设施与服务等方面的优惠待遇。而限制政策是在股权、国产化、收益分配、投资领域等方面的限制。

2. 东道国的经济环境

东道国的经济环境包括东道国的经济发展状况及企业在东道国面临的直接市场。由于企业面对的直接市场从研究对象来看（如消费者、供应商、竞争者等）与国内市场无大的区别，所以在"经济环境"中，主要分析东道国的经济发展状况。对东道国的经济发展状况我们主要从以下几个方面来考虑：东道国的经济增长状况、通货膨胀、国际收支与国际债务、贸易战略、自然条件、技术发展水平、产业结构特点、经济基础结构等。

3. 东道国的法律环境

影响国际企业（或跨国公司）生产经营活动最经常、最直接的因素是东道国的基本法律体系，包括适用于该国所有企业的一般法律规范和针对在该国的外国企业的特定法律规范。东道国的法律环境直接影响着国际企业的生产经营活动。在各国的法律条款或先例中，有很多法规是针对产品的，包括对产品的品种、质量、包装、标签、保单、品牌、商标以及售后服务的要求。在价格方面，各国法律有很多规定，有的国家的法律宗旨就是要控制和管理各行业的定价原则；有的国家的法律则对某些产品直接干预，控制并实行一个价格政策；有的国家限制企业产品在生产、销售各环节的利润率，有的国家禁止上门推销等。此外，东道国的法律制度还从生态环境、雇佣制度、工作保障、社会保障、分配制度等方面影响着企业的生产经营活动。东道国针对外国企业制定的特别法规，构成国际企业特定的法律环境，关于这一点，已在前面论述的东道国政府对国外投资的鼓励政策与限制政策两方面进行了说明。

4. 东道国的文化环境

文化这一概念的内涵是十分丰富的，在这里它是指一定区域内人们所共同持有的思想、情感和行为的总和，包括语言、教育、价值取向、宗教信仰、审美观念、风俗习惯等基本因素。在特定的社会中总是包含着较小的群体，他们因其共有的生活经验和环境而具有相似的信仰与价值观念，被称为次文化。次文化可分为四种类型：民族次文化、宗教次文化、种族次文化和地理次文化。了解文化环境的基本方面，对国际企业的生产经营活动具有重要的影响。国际企业在不同国家的活动应当与每个社会的文化特质保持一致，产品分销渠道也应根据当地条件进行不同的规划。在促销方面，尤其要注意广告内容与各国文化背景的协调，广告色彩与各国的偏好相一致。在价格策略方面，应注意各国消费者对品牌的不同偏好，选好产品所使用的品牌商标、厂商名称和产地名称。

（二）母国对企业的政策环境

随着跨国公司规模和数量不断扩大，绝大多数跨国公司的母国也越来越关心跨国公司对外投资的结果。基于对跨国公司母国功能的认识，母国政府将采取鼓励和限制政策，以制约和规范跨国公司的行为。对跨国公司来说，母国对企业的政策环境研究也主要集中在母国对跨国公司的鼓励与选择政策上。

1. 母国对跨国公司的鼓励措施

主要有：政府对外直接投资的保证与保险制度，这是资本输出国保护和鼓励本国私人企业海外投资的重要措施之一，用于担保私人企业在海外经营时因被东道国政府征用、没收、战争以及无法转移利润而蒙受的政治风险损失；签订投资保护条约或双边征税协议，投资国政府为本国国民在国外投资的财产，防止他们的财产被东道国没收或征用，与东道国政府签订能有效保护私人国外投资者的双边协议；制定奖励性纳税制度，投资国政府对海外投资，采取低税、免税及特别折扣税等措施减少国外投资者的税负；提供资金贷款，有些国家为支持本国企业的国外投资，通过政府银行或其他金融机构对投资者提供贷款，或给予补贴，甚至直接参与股权投资。

2. 母国对跨国公司的限制措施

跨国公司在海外投资活动中，有时会产生与其本国政府利益相矛盾的行为，为减少跨国公司可能带给本国的负效应，母国一般会采取以下限制性的措施：审查海外投资；保护本国就业机会及增加税收；限制技术外流等。

（三）国际经营环境

每一个国际企业都可能是国际经济领域中的一个游离于各国之外的王国。因此，研究国际企业的环境，不能简单地仅限于一国（东道国或母国）的环境，而必须重点考虑比一国环境更大的国际经营环境，这样国际化经营的企业才可以制定和选择合适的国际化经营战略，建立起本企业的国际化竞争优势。国际企业面临的国际环境是多方面的，其中最主要的有国际经济法律环境、国际金融环境和多国组织与全球经济一体化的趋势。

1. 国际经济法律环境

国际企业的生产经营活动是超越一国范围的活动，必须受到国际经济法律的制约。国际经济法庭是由全世界各国、各组织所公认的权威机构，在国际经济交往中形成的惯例基础上建立起来，管辖世界范围各类行为主体的行为，调整与规范其行为的行为规范。目前的国际经济法包括国际私法、国际惯例和国际公约。而目前在国际上影响较大的国际公约又包括：保护消费者公约、保护生产制造者与销售者公约、保护公平竞争公约与调整国际间经济贸易行为的公约等。

2. 国际金融环境

国际企业的生产经营活动离不开国际资本流动，因而，国际企业的管理人员必须了解国际金融环境的特点，掌握国际金融的基本知识。国际金融环境包括：国际外汇市场、货币市场、资本市场以及国际金融组织。国际外汇市场是外汇交易场所（有形的外汇市场）或交易网络（无形的外汇市场），由外汇需求者、外汇供应者以及外汇买卖的中介机构组成；国际货币市场，又称短期金融市场，是以商业银行为主体，经营一年以下短期资金借贷业务活动的市场；国际资本市场，又称长期金融市场，是指经营一年以上资金借贷业务的市场；国际金融组织，是指那些为稳定和发展世界经济或区域性经济而开展国际金融业务的跨国组织机构。目前，国际货币基金组织（IMF）、世界银行（WB）与世界贸易组织（WTO）已成为管理国际金融、国际投资和国际贸易的三大支柱。

二、国际化经营环境的评估方法

国际经营环境的复杂性迫使企业要做出正确的分析和评估，以此作为制定国际化经营战略的基础。如果掌握的信息不够准确，有可能事倍功半甚至损失惨重。不同的行业、企业，所采用的国际经营环境的评估方法有所不同。常用的评估方法有：经营环境等级评分法、机会—威胁分析法、国别冷热比较法、跨国经营评估矩阵法等。

（一）经营环境等级评分法

美国经济学家罗伯特·斯托鲍夫认为，在国际经营环境中有8个因素是最主要的，对环境的评价应集中在这8个因素上，评价时，设定不同的等级。对每个因素按其实际情况划分出等级并给予一定的分值，最后汇总得出某国环境的综合评价。这8个主要因素是：①资本回收限制；②外商股权比例；③对外商的管制和态度；④货币稳定性；⑤政治稳定性；⑥关税保护倾向；

⑦当地优惠措施；⑧近5年的通胀率。

（二）机会—威胁分析法

国际经营活动中的风险远比国内大，主要有政治风险和外汇风险，尤其要注意对外汇风险的预测和回避。外汇风险有三种类型：交易风险、换算风险和经营风险，对不同类型的风险应采取不同的办法进行管理。

（三）国别冷热比较法

美国学者伊西阿·利特瓦克和彼得·拜廷根据从美国、加拿大、埃及和南非等国大批工商界人士那里搜集到的大量有关影响海外经营活动因素的看法的资料，经归纳分析，从中选出了影响外资企业经营的7项主要因素，并据以判定一国的经营环境。他们认为，各国经营环境有"冷""热"之分，而一国经营环境的"冷""热"程度则取决于该国7项因素的"冷""热"情况，他们还站在美国对外投资者的立场上，对10个国家经营环境的"冷""热"状况进行了评价。这7项因素为：

（1）政治稳定性。在政局稳定、政府得民心、鼓励私人经营时，此因素则为"热"因素。

（2）市场机会。在市场容量大、顾客购买力强并欢迎本公司产品或劳务时，此因素为"热"因素。

（3）经济发展水平与成就。当一国经济发达、效率高时，则该因素为"热"因素。

（4）文化一元化程度。当国内文化差异小，各阶层所信奉的处世哲学、人生观与目标接近，消费习惯与产品偏好等方面接近时，该因素为"热"因素。

（5）法律阻碍。当国内法律繁杂，对外资有限制性条款时，该因素为"冷"因素。

（6）自然阻碍。国内地形复杂，交通不便时，此因素为"冷"因素。

（7）地理和文化与投资国的差距。两国距离远、文化迥异、社会观点和语言差异大时，此因素为"冷"因素。

（四）跨国经营评估矩阵法

跨国经营评估矩阵法是由Y.谢提在1970年提出的，是一种借助于"跨国经营评估矩阵"研究国家与国家经营机会，筛选经营投资机会的方法。矩阵的建立包含以下步骤：

（1）选择要予以评估的关键因素。

（2）制定每一项因素的合格标准。

(3) 对每个经营机会较佳的国家进行环境分析。
(4) 运用矩阵对每一国家经营机会各项要素进行逐一比较分析。
(5) 淘汰那些相对较差的经营机会。

第三节　国际化经营战略的规划

一、国际经营战略规划

国际经营战略规划，是指企业在全面评估自身拥有的各种资源、基本使命和目标的基础上，根据变化着的国际环境采取相应的对策，以实现企业目标的系统程度和方法。其重要性是随着国际企业业务经营范围的扩大，经营环境的日益复杂多变，竞争形势的日益激烈而增强的。在现实的国际经营中，有的国际企业没对战略规划给予足够的重视，或者由于失误选择了不恰当的战略模式，结果其在海外的资源利用没有达到预期的结果，应该抓住的机会白白地丧失，而应该回避的风险却没有回避；有的甚至对公司的海外经营乃至母公司本身的生存发展造成了威胁。

二、国际化经营战略规划的内容

（一）内部环境分析

内部环境分析是规模企业未来发展的起点和基础，内部环境是一个内容丰富的概念，包括企业内部对实现企业目标有意义的各种资源。它包括以下内容：

(1) 人力资源。企业现有各类人员的数量、质量、结构（年龄和专业技术结构）、增减变动等。

(2) 管理能力。管理思想的科学性、管理组织的高效性、管理手段的现代性。

(3) 技术资源。如技术现状，发展潜力等。

(4) 财务资源。如筹资能力、资金转移能力、财务管理先进性等。

(5) 市场营销能力。如本企业市场占有率及增长率、分销渠道、销售促进手段等。

(6) 物质资产。

(7) 社会形象。

(8) 对信息的敏感性及信息沟通的能力。

对以上企业资源分析和评估产生的结果，可依据一定的方法用来评估各业务的吸引力，从而决定对各业务的战略，本书第七章介绍了一种对公司的评估和分析方法，即市场增长率、市场占有率矩阵分析法。这种方法是由美国波士顿顾问公司发明的。它通过市场占有率和市场增长率两个指标来衡量公司各业务单位的吸引力。

除以上分析方法外，还有战略性业务规模方格分析法、利润效果分析法（PIMS 法）等。

（二）外部环境分析

环境分析可分为纵向和横向两个方向来展开。

（1）所谓纵向分析，它包括以下三个层次：①全球性一般环境分析，主要指全球政治、经济、科技、国际分工等状况和动向的分析、把握；②区域性的环境分析，如区域经济集团对外的政策，成员之间关系等的分析研究；③特定国家、具体市场环境的专门分析。

（2）所谓横向分析，是指从政治、法律、社会、文化、市政设施、自然地理条件等不同侧面来分析全球及某一具体国家的环境情况。

（三）目标分析

企业目标分析包括三个层次：

（1）企业的根本性目标，即企业的宗旨或基本使命。

（2）长期目标，即用粗线条描绘企业未来发展的主要方向和主要发展阶段，以及各阶段的主要任务和完成任务的途径。

（3）年度目标或短期目标，它较之以上两种目标具体，具体指明了企业在某时期内、某个具体领域内要达到的目的。

（四）经营战略和策略

为将以上目标贯彻落实，必须制定经营战略和策略。要求其必须既能充分利用和发挥企业的资源优势，又能适应环境变化的要求。

（五）组织实施计划

组织实施计划的内容主要有两项：确定整个战略规划实施上的整体安排，如实施的时间、阶段、分阶段目标、资源调配等；建立对战略规划实施过程的检查、监督和调控机制。

三、国际企业战略体系的构成

国际企业要实现战略规划中提出的各种目标，必须在战略上解决以下问题：一是产品战略；二是竞争战略；三是成长战略；四是公共关系战略。这些内容和市场进入战略、人事战略、财务战略等一起，构成了一个完整的国际企业战略体系。

（一）产品战略

国际企业产品战略的任务是决定究竟是生产一种适合于所有市场的标准化产品有利，还是根据各个具体细分市场的具体要求生产差别化的产品更为有利。

1. 产品标准化

产品标准化是指企业只生产一种主要产品，以这种开发生产成功的产品原封不动地推广到其他国家和地区的市场上去，即产品不变，销售地变。产品标准化策略的缺陷是显而易见的，它不能针对性地满足各地消费者对产品的特殊需求，有可能造成一些国家、地区或个别消费者的抵触。尤其在当今消费者需求日益个性化的情况下，产品标准化策略的适用范围渐小。但是，在以下情况下，采用产品标准化策略会带来利益：

（1）产品的寿命周期比较短。在这种情况下，如果采取差别化策略，则在产品差别化上的投资或费用支出较大，在产品有限的寿命周期之内有可能难以回收投资，或者造成利润过小，不符合投资者的利益；而如果实行标准化，则可以降低投资费用，在短时期内投资者能尽可能地获得利益。

（2）消费者对产品的功能要求是一致性的，各地区之间消费者的要求偏好基本一致。在这种情况下，实际上有可能以标准化的产品来满足不同的市场，使不同地区或不同层次的消费者需求都能得到满足。

（3）产品在世界各地有标准一致的商标或品牌。消费者确信该品牌产品质量的一致性。如可口可乐公司在其早期的发展过程中，曾长期采用面向所有的购买者，只生产一种同一种瓶装、同一口味的饮料，就是因为该品牌有统一的形象，消费者在接受这个品牌的同时就接受了这样的定义：一种瓶装的、有特殊口味的可乐饮料，因此可口可乐的早期发展非常成功。

（4）在产品需要大量的售后服务的情况下，采用标准化产品可以大大减轻售后服务负担的复杂性，使企业有可能组织起更有效的售后服务，并通过售后服务使自己区别于其他的厂家或商家。

（5）产品在技术上适宜于大规模生产，存在着规模经济利益。产品标准化的主要立论依据是成本的经济性，因此，如果实行产品标准化，借助更大规模标准化和大批量生产能够得到成本降低的效果，那么就能满足产品标准化的前提。反之，对一些产品标准化并不能达到成本经济性目标的生产形式，如纯粹手工的工艺品制作,则最好能够形式多样,以满足消费者多样化的需求。

2. 产品差别化

产品差别化战略就是国际企业根据各个目标市场的不同特点和要求,开发、生产相应的产品,推向不同的市场,产品差别化是保持竞争优势的重要手段之一。影响和决定国际企业采用产品差别化的因素主要是各国市场的不同特点和要求。

(1)生产力发展水平的高低不同,特别是生产组织形式方面存在着差异。例如,传统农业和现代化农业对农业机械的要求就很不一样。因此,应针对不同发展水平的国家或地区供应与之相适应的差别化的产品。

(2)各国自然地理方面的差异,如小汽车,在有的国家由于路面较平坦,交通基础设施较好,则汽车底盘可以较低,而有的国家交通基础设施较差,道路不平坦,底盘低的小汽车就容易陷在路上。又如电视机,由于不同国家之间的发射、接收系统规定的电力质量差距很大,也有必要根据各地区实际情况设计不同制式,适应不同电压波动范围的产品。因此,针对各地区自然地理等条件,应设计、生产、供应与之相适应的差别化的产品。

(3)各国或地区社会文化方面的差别,尤其是消费心理和消费习惯的差别的存在,也要求在这些市场上设计、生产、销售与之相适应的差别化的产品。

(4)各国或地区消费水平的差别,要求国际企业根据实际情况提供最符合其需求的差别化的产品。

当然,采用产品差别化战略除了要考虑市场和消费者的影响以外,还要充分考虑企业自身实力等因素,以选择合适的产品战略。

3. 产品标准化和差别化战略的选择

选择产品标准化和差别化战略,必须考虑如下因素:

(1)公司资源的充足程度。当资源不足时,厂商采用产品标准化,能达到降低成本的效果。

(2)产品的同质性。对于同质性产品,如水泥或钢铁,较适于采取标准化战略,而对于那些可做不同设计的产品,如照相机、汽车等,则更适宜于产品差别化。

(3)市场的同质性。如果购买者均有大致相同的口味,而且每一时期内采购相同的数量,对营销刺激的反应也基于一致,则适于采用产品标准化战略。

(4) 产品在生命周期中的不同阶段。在产品寿命周期的介绍期，该产品在市场上是新颖的，应采用产品标准化战略在各地区生产、宣传并最终推出标准化的产品，是谓"人无我有"。在成长期前阶段，市场上竞争对手少，仍应用产品标准化战略，向全球推广。在成长期后阶段，竞争对手开始发出挑战，此时应考虑产品的优质和质量的稳定性，是谓"人有我优"。在产品成熟期以后，由于竞争开始激烈，竞争对手花样迭出，此时就应采用差别化战略，根据各细分市场的情况设计生产不同特色的产品，以满足市场需求，是谓"人优我新"。

(5) 竞争对手的产品战略。当竞争对手均在积极地进行产品差别化以适应各细分市场需要时，仍沿袭产品标准化无异于置身于危险之地。相反，当竞争对手都实行产品标准化时，推行差别化的厂商将会获利。如可口可乐公司早期因产品标准化而获得了世界范围内的成功，而当与它竞争的饮料公司采取差别化战略时，可口可乐公司为了避免在竞争中居于劣势，也采取了针锋相对的差别化战略，因而继续保持了饮料行业霸主的地位。

（二）竞争和联合战略

国际企业在其跨国经营过程中，必须时刻关注其在国际范围内以及东道国范围内竞争形势，并采取恰当的竞争战略。尤其是20世纪七八十年代以来，西方国家的跨国公司在经历了60年代的经济高速增长带来的共同繁荣之后，竞争加剧，公司越来越多地以竞争者地位和状况的逻辑推理为基础来构筑自己的战略体系；与此同时，国际企业，尤其是大跨国公司之间出于种种考虑，也采取种种形势进行联合和合作，即以战略联盟的形式以求得共同的利益。

1. 国际企业的竞争战略

迈克尔波特在他的《竞争战略》一书中，把公司可推行的基本战略分为四种：三种取胜战略和一种失败战略。如果公司获得成本领先、产品高度区分或市场集中的优势，则它们就能得到一个高的报酬率；如果公司推行一种中间道路的战略，即样样都做一点，但没有一样是突出的，则它们只会得到平均或低于平均的报酬率。

竞争战略取决于公司的规模以及它在行业中的地位，大公司可以采取的某些战略小公司可能负担不起，而小公司在审时度势之后同样能找到与大公司相媲美甚至更胜一筹的战略。在这里我们依据各公司在行业中的表现，把它们分为市场领先者、市场挑战者、市场追随者和市场补缺者。

(1) 市场领先者战略。绝大多数行业都有一个被公认的领先者公司，这个公司在相关的产品市场中占有最显著的份额。它通常在价格变化、新产品引进、分销渠道和促销上,对其他公司起着示范和领导作用。如通用汽车公司、柯达公司、可口可乐公司、吉列公司在各自的行业中,都是公认的市场领先者。作为一个市场领先者公司,如果想要保持领先地位的话,必须从以下角度去选择其竞争战略:

① 扩大总市场战略。如果行业的总市场扩大的话,行业中领先者公司无疑得益最大。而要扩大总市场,则可以考虑发展新的用户,将潜在购买者变成现实购买者(如香水制造商可以说服不使用香水的妇女使用香水,即市场渗透战略;或者说服男子开始使用香水,即新市场战略;或者把香水销到其他更多的国家去,即地理扩散战略)。也可以考虑开发新的用途。例如杜邦公司的尼龙产品,每当它达到一个成熟的阶段时,它的某些新功能便被发现:它最初作为降落伞的合成纤维,然后作为妇女丝袜的纤维,再后来作为男子衬衣的主要原料,再后来,又被用来制造汽车轮胎、沙发椅套以及地毯。

② 保持市场份额战略。如果国际企业在全球范围内,或者在东道国有关行业中是市场领先者公司,可以采取以下战略来保持其市场份额:一是创新战略;二是防御战略;三是先发制人战略;四是反击防御战略;五是运动防御战略。

③ 扩大市场份额战略。市场领先者可以通过进一步增加它们的市场份额而成长。有研究表明,盈利率(如税前投资报酬率)是随着市场份额线性上升的。这些结果导致许多公司将扩大市场份额作为其战略目标,这样既可以取得更多的利润金额,也可以得到更高的盈利率。一个市场占有率高的公司,将获得由于规模经济带来的成本降低效应,而产品本身的可见度和覆盖率高,就易于塑造品牌;营销努力往往可以收到规模效益,在竞争中,高市场份额的公司将比低份额的公司有竞争力。

(2) 市场挑战者战略。一些在行业中位居前列、实力强大而又不是市场领先者的居次者公司,可以采取以下两种姿态中的一种:一是可以攻击市场领先或者其他居于其前列的公司,以夺取更高的市场份额,这类公司可命名为市场挑战者;第二类是参与竞争但不扰乱市场局面,并不强烈希望竞争位次,这类公司可命名为市场追随者。

市场挑战者在其选择经营战略时,要考虑以下问题:

① 确定竞争目标。市场挑战者首先必须确定它的战略目标。这个目标可以是增加其市场份额(大多数挑战者选择这样的目标),也可以是增加其利润以及其他目标。要在竞争形势中实现以上目标,确定一个恰当的竞争目标是至关重要的。选择不同的对象作为竞争目标,就将带来不同的竞争结果。

一个挑战者可以在以下三种类型的公司中选择一种作为竞争目标：一是选择市场领先者。这是一个既有高度风险又有潜在高报酬的战略，如果市场领先者相对优势较为微弱，或者市场上消费者未被满足的需要或不满很多，这种战略将很具吸引力。二是选择目前经营过程有一定困难（如财力拮据，顾客意见集中）的、规模与自己相仿的公司。这需要充分摸清对方的实力，把握消费者动态，抓住机会，务求取胜。三是选择规模和实力比自己薄弱、尤其目前经营过程中存在困难的小公司。

② 国际企业在选择对手和确定目标时，需要做系统的竞争分析。在考虑全球范围内的竞争对手时，需了解全球范围内的竞争对手，尤其是与之相仿的其他同行业国际性企业的状况和表现。在考虑某国或某地区的竞争对手时，需了解该国或该地区现在的主要竞争对手的状况和表现，同时，还要充分考虑到该市场潜在的，尤其是有明显意图的进入者的状况，以便通过分析，确定竞争目标，制定竞争战略。

③ 选择进攻战略。在清楚了对手和目标以后，市场挑战者要选择一种或一种以上的挑战方式，即进攻战略。进攻战略主要有以下五种：一是正面进攻战略。挑战者集中兵力正面指向其对手，如富士向柯达挑战，它攻击的不是对手的弱点，而是其实力所在。因此，除非实力较对手有优势，起码和对方实力相当，否则一般不采取这种战略。其具体的竞争手段有：针对对方出价，出一个更低的价，迫使对方降价，打"价格战"；进行研究开发以降低成本，取得竞争优势；使用大规模广告，促销进行攻势。二是侧翼进攻战略。集中进攻对方的侧翼或后方的弱势部位。这种弱势部位可以是本国或世界上对手表现不佳的某个地域，如IBM（国际商业机器公司）的某些竞争者选中一些中小城市来向这个计算机世界的霸主发出挑战。这种弱势部位还可能是未被市场领先者或其他强有力的公司所覆盖的市场，如日本的汽车制造商选择了生产小型、省油和效率高的汽车以满足顾客需求，从而走上向美国汽车制造商生产的大型、华丽、耗油型汽车挑战的道路，结果获得了成功。三是包围进攻战略。在几条战线上同时发动进攻，使对方必须同时防止其前方、边线和后方。包围进攻只能在与对手相比有资源优势，并相信包围可以有效地瓦解对方的防线时，包围战略才有意义。四是绕道进攻战略。绕道进攻是最间接的进攻战略，它绕过对方并攻击较容易进入的市场，以逐渐扩大自己的市场基础。五是游击进攻战略。它对资本不足的小公司适用，对对手的不同领域进行不同形式的、断断续续的攻击，以骚扰对方，使其士气低落，并借此获取据点。

（3）市场追随者战略。并非所有的行业中有实力者都会向市场领先者发起挑战，往往有许多有实力的公司，由于考虑到自身定位，竞争代价和可能导致的报复等原因而选择作出市场追随者的战略。市场追随战略有以下几种：一是紧紧追随。追随者在尽可能多的细分市场和营销组合中模仿领先者，但避免直接冲突；二是保持一段距离的追随。追随者保持一定距离，但又在主要市场和产品创新、价格和分销上追随市场领先者；三是有选择的追随。这类公司在有些方面紧跟领先者，但有些方面、有些时候又走自己的路。市场追随者成功的关键在于主动细分市场和集中精力，着重于盈利而不注重市场份额与有效的研究开发。

（4）市场补缺者战略。几乎每一行业都有许多小公司为市场的某些部分提供专门的产品或服务，它们避免同大公司冲突。市场补缺者战略的关键思路是"专门化"，公司必须在市场、顾客、产品或营销组合策略上实行专门化，以获得同实力强的公司相比较的相对优势。

2. 国际战略联盟

基于以上企业国际竞争优势的存在，许多实力强大的企业都尽力寻求各种方式和途径进入国际市场，参与国际市场的竞争。而 20 世纪 80 年代以来，在日趋激烈的全球化竞争中，通过组建国际战略联盟的形式，以互补式的合作来赢取竞争胜利变得越来越流行，已成为企业结合外部资源，增强自身竞争实力的有效方式。

战略联盟的概念首先由美国 DEC 公司总裁简·霍普罗德和管理学家罗杰·内格尔提出，随即得到实业界和理论界的普遍接受。广义上讲，国际战略联盟就是不同国别的两个或两个以上企业为了达到某种战略目的而在资源、能力和核心能力方面建立的一种网络式合作关系。战略联盟可以发生在两个或两个以上企业的各个活动领域，也可以局限于某一个具体的活动领域，例如研究开发、生产、营销、采购等。建立战略联盟的方式是多种多样的，从短期的松散型合作到长期的资本联结。战略联盟可以是强强联合，也可以是强弱联合。战略联盟可以是横向的也可以是纵向的，甚至是网状的。其目的和方式会随着环境的变化和竞争的需要而进行动态调整。建立战略联盟的企业都有明确的战略目的，但是各自的战略目的不一定相同。战略联盟是以双方利益为基础的，但是各个伙伴由联盟得到的好处并不一定是完全对等的。

（1）国际战略联盟的特点

战略联盟是现代企业组织制度的一种创新，其主要特点是：①边界模糊。战略联盟这一组织形式并不像传统的企业具有明确的层次和边界，企业之间以一定契约或资产联结起来对资源进行优化配置。联盟一般是由具有共同利益关系的两个或两个以上的实体组成的战略共同体,甚至可能是竞争者之间形成的联盟,从而产生一种你中有我,我中有你的局面。②关系松散。战略联盟不像传统企业组织中主要通过行政方式进行协调管理,它也不是由纯粹的市场机制进行协调,而是兼具市场机制与行政管理的特点,合作各方主要通过协商的方式解决各种问题。战略联盟往往具有期限性,在联盟形成之时,一般都规定有存续时间的协议或者规定有固定的期限,而且合并或兼并也就意味着战略联盟的结束。③机动灵活。战略联盟组建过程较为简单,往往不需要大量投资,如果外部出现发展机会,战略联盟就可以迅速组成并发挥作用。另外由于战略联盟存续时间较短,合作者关系松散,当外界条件发生变化,而战略联盟又不适应变化的环境时,可迅速将其解散。④运作高效。战略联盟在组建时,合作各方一般都是以自己的优良资源加入到联盟中来,在目前分工日益深化的情况下,战略联盟的实力是单个企业很难达到的,这样,可以保证联盟的高效运作。

(2) 国际战略联盟的形式

国际战略联盟有多种形式,目前主要有以下几种:

① 合资企业。合资企业是由两家或两家以上的独立法律实体共同出资、共担风险、共享收益而形成的企业。这种方式目前十分普遍,尤其是在发展中国家。通过合资的方式,合作各方可以以各自的优势资源投入到合资企业中,从而使其发挥单独一家企业所不能发挥的效益。

② 研究和开发风险合作。为了研究开发某种新产品或新技术,合作各方可以签订一个联合开发协议,联盟各方可分别以资金、设备、技术、人力投入等联合开发,开发成果按照协议共同分享。但这种合作仅限于研究开发活动,制造和销售最终产品则各自负责。这种方式由于汇集了各方的优势资源,因此大大提高了成功的可能性,加快了开发速度,另外,各方共同承担开发费用,降低了开发费用风险。例如,飞利浦和西门子公司计划共同投资150亿美元共同分担开发新一代计算机芯片。根据双方协议规定,两个公司互相交换技术和信息,但产品研究开发则分别独立进行,而且两个公司独立生产和销售自己的产品。

③ 特许经营。合作各方通过特许的方式组成战略联盟,其中一方具有无形资产,其可以与其他企业签订特许协议,允许他们使用自己的品牌、专利或者专有技术,从而形成一种战略联盟。这样特许方可以通过特许权获取收益,扩大特许无形资产的接受程度和使用范围,并可以利用规模优势加强

无形资产的维护，而受许方可利用该无形资产扩大销售，提高收益。如在激光唱片市场上，飞利浦的战略就是以很低的费用转让其激光机的特许经营权，从而使全世界都接受这个荷兰跨国公司的 CD 制式。

④ 定牌生产。如果一方具有知名品牌，且生产能力不足，另一方有剩余生产能力，则有生产能力方可以为知名品牌一方生产，然后对方冠以知名的品牌销售。这样生产能力不足方不但可以迅速获得一定生产能力，增加产品销售，扩大品牌影响，而另一方可以充分利用闲置生产能力，谋取一定收益。对于拥有品牌方，还可以降低投资或并购所产生的风险。

⑤ 相互持股。相互持股是指合作各方为加强相互联系而持有对方一定数量的股份，这种战略联盟中各方的关系相对更加紧密，各方可以进行更为长久、密切的合作，与合资不同的是双方资产、人员不必进行合作。这种方式在日本常见。

(3) 企业建立国际战略联盟的动因

近年来国际战略联盟迅速得到了发展，主要有以下几个方面的原因：

① 扩大市场份额的机会。企业之间可以通过建立战略联盟来扩大市场份额，双方利用彼此的网络进入新的市场和新的行业，促进产品的销售。在经济全球化的大背景下，很多企业竭力追求在全球范围内发展，但企业无论通过产品或服务的出口，还是直接在国外生产销售，都将面临差异很大的经营环境这一问题，并且还会受到各国法规政策的限制，而采用战略联盟形式，寻求东道国企业的合作则可以解决这一问题。

② 克服贸易壁垒。虽然世界贸易正逐渐向自由化发展，但是当一个企业在进入另一个国家或地区的市场时，总会遇到该国家或地区通过合理限制制造的贸易壁垒，如配额、税收、投资限制等。尤其在坚持贸易保护主义的国家和地区，能否克服贸易壁垒更成为影响企业成功经营的关键因素。通过与当地的企业组建战略联盟，用合资、特许经营等方式，可以在一定程度上有效地逾越这些贸易壁垒。

③ 获取互补资源和新技术。每个企业所具备的资源和能力，尤其是核心能力是各不相同的，并且现代科学技术的更新速度加快，技术创新又需要有很强的开发能力和充足的信息，这使单一的企业难以及时弥补与新技术的差距，并可能遭到淘汰。寻找合适的伙伴建立战略联盟，则可以以其之长补己之短，既能获得资源互补，又可以实现规模经济，加速研究开发，营造联合优势。由于联盟是以合同或协议为连接的，因此具有灵活机动的优势，企业可以按照自己的战略需要随时获取和去除相应的资源。

④ 降低经营风险。现代市场竞争环境瞬息万变,企业经营中存在着很大的风险。尤其是一些高科技行业,其研究开发的投入很大,而成功率却很低,并且从开发成功到商业应用还存在着一定的风险。组建战略联盟联合开发,可以由几个企业共同分担高昂的研究开发费用,并且还可以提高成功的几率,因此,有利于整个社会的技术进步。

⑤ 快速积聚资源和能力,增强竞争实力。与有着共同利益目标的同行业企业组建战略联盟可以联合企业各自的资源和能力,快速增强竞争实力,共同对付行业中更强大对手的竞争。

(4) 组建国际战略联盟应注意的问题

战略联盟是一种新的组织模式,与并购相比具有反应迅速、机动灵活的优点,但也产生了一些不足,在具体操作中,应该注意以下问题:

① 更新竞争观念,高度重视战略联盟的真实内涵。任何有关战略联盟问题的讨论,必须明确什么是战略联盟、什么特性使战略联盟特别有效,并能认识战略联盟存在潜在的问题。战略联盟有两个判定标准:第一个标准是战略联盟的目的,首先是战略性的;第二个标准是战略联盟通过联盟来达到其战略目的。战略联盟的判定标准要求,要使一种合作关系成为战略联盟,其目的必须是为了追求公司的一个或多个战略目的或目标。战略联盟可能会给公司在战术上、运作上和财务上带来好处,但其首要目的是为公司战略服务。企业只有从思想上认识到战略联盟的重要性,才可能从行动上认真对待。

② 慎重选择合作伙伴。由于战略联盟各方关系十分分散,其内部存在着市场和行政的双重机制的作用,而不像并购中主要靠行政方式来管理,因此合作各方能否真诚合作,对于战略联盟的成败有决定影响,在组建战略联盟时必须选择真正有合作诚意的伙伴。企业在选择合作伙伴时应遵循以下原则:一是与合作伙伴能够加强技术创新,提高技术效益;二是能够实现优势互补,产生协同效应;三是与合作伙伴的奋斗目标一致,核心价值兼容。因此,合作之前必须进行全面的分析研究、权衡利弊。可利用 SWOT 法分析测评可供选择的企业在价值链上的优劣势,从中找到符合自己要求的匹配企业。

③ 建立合理的组织关系,设计良好的管理机制。战略联盟是一种网络式的组织结构,不同于传统企业的多层次组织,因此对其管理与传统组织管理有着不同的要求。在战略联盟设计之初应该针对合作的情况,确定合理的组织关系,对联盟各方的责、权、利进行明确的界定,防止由于组织不合理而影响其正常运作。战略联盟一般比较适用虚拟管理,应特别重视协作效应,并强调给合作各方都带来效益。

④ 加强联盟企业间的沟通，实现多层次的整合。战略联盟各方由于相对独立，因此彼此之间的组织结构、企业文化、管理风格等有着很大的不同，这给双方的沟通、合作造成了一定的困难，因而在战略联盟中，合作各方良好的沟通与协作对于联盟的成败有着重要影响，许多战略联盟的失败都是由于各方缺乏沟通所致，因此各方应有意识加强沟通。应通过多层次的多种联系保证交流、沟通、协调和控制，实现以下五个方面的整合：一是实现高层领导者之间持续接触，来共同探讨每个公司更广的目标或变革，实现联盟的战略整合；二是使中层经理人员或专家们一起制定特殊工程或联盟行动的计划，以识别那些将使公司间联系更为密切，或可转让知识的组织与系统方面的变革，实现联盟的战术整合；三是联盟应为工作人员及时提供信息、资源和人力等完成任务所必需的要素，各方应相互参加培训计划制定，促进联盟在用语和技术标准上达成一致，实现操作整合；四是如果合作者之间不能建立融洽的人际关系，就不能保证联盟的正常运转，实现联盟的人际关系整合至关重要；五是不同的企业在文化层面上往往有各自的特点，企业文化决定着企业的共同价值观、行为规范与活动形象等，只有实现联盟的文化整合，才能保证战略的顺利实施。

⑤ 重建联盟。战略联盟，特别是跨国联盟的不稳定性远远超出了许多企业领导们的想象。随着国际商业环境的变化速度不断加快，一个旨在满足当前需求的联盟是不可能适应中长期需要的。那么，在联盟受挫的时候该怎么办？必须抱着积极的态度重新从一些最基本的问题入手，对市场情况和联盟的目标进行一次战略反思。如果联盟没有任何价值了，也就没必要进行重建。如果仍然有价值就应该积极努力重建联盟。重建联盟的一般步骤是：对联盟的目标、作者及导致联盟失效的原因进行评价；设计重建联盟的业务框架及调整内容；界定新联盟的目标及它与母公司之间的新关系。实践证明，重建联盟的决心和努力可以帮助公司度过大多数联盟都要经历的长时间的停滞和衰退时期。

小链接

无锡尚德的国际化成长之路

（一）无锡尚德的企业概况

企业法人施正荣创立的无锡尚德太阳能电力有限公司，在2001年成立。尚德公司从事业务包括各种太阳能电池、组件以及光伏系统，针对光伏产品的设计、开发、生产以及销售等。光伏产品其中包括晶体硅和薄膜式的太阳能电池。2002年，尚德公司大规模制造太阳能电池，到2004年，其产能高达 50 兆瓦，营业额超过 8530 万美元，突破性的跻身于全球同行前十，从此之后，"尚德"（英文"Suntech"）的光伏产品推到国际市场，瞬间成为国际知名品牌。

2005 年 12 月，尚德成功在纽约证券交易所上市，说明了尚德的经营模式逐渐转化为生产和资本共同经营的模式。2011 年 2 月，尚德与匹克国际贸易有限公司签署协议，将在未来三年内向联合国提供价值 8000 万美元的太阳能发电系统，这是迄今为止联合国与中国企业签订的最大一笔合同。

（二）无锡尚德的国际化战略联盟

伴随着全球光伏产业的迅速发展，尚德电力也不断扩展其产业价值链，分为上游拓展和下游拓展。尚德公司改变了传统的发展模式，选择并购、战略联盟等策略形成虚拟的垂直整合模式。上游拓展主要采用与供应商签订长期供应硅原料合同，同时以战略联盟和少数投资股权投资方式进行扩张，保证其产业生产能力的原料及时供应。

尚德大力拓展产业链的中下游，采用了收购和战略联盟的国际化战略。2007 年 5 月，尚德电力通过战略联盟方式与 Open Energy 公司进行合作，实现了北美市场的共同销售的 BIPV 产品。同时，尚德具有收购 Open Energy 公司的 5%已发股票控制权。2007 年 9 月，由于 Akeena 太阳能公司将先进的太阳能板技术转让给尚德电力，促使尚德设计、生产、销售大量的 Andalay 太阳能板产品。2008 年，该种太阳板分别在欧洲、日本等国家进行销售。

2007 年 9 月，尚德美国公司成功与 Lumeta 建立了战略联盟关系，不仅可以设计、生产 Lulneta 标准的住宅屋顶集成光伏系统产品，而且为 Lulneta 打开了新的开发市场。2008 年 4 月，尚德成功收购了德国库特勒公司，便于直接服务和开发当地市场需求。2008 年 10 月，尚德成功收购了 ElSolutionS 公司，为美国商业、公用事业、大型的政府机构提供良好有效的太阳能解决措施。2008 年 10 月，尚德又与 MMA Renewable Veniures 公司共同创建合资企业，成立了 Gemini Solar 发展公司，可以直接为美国市场提供大型的光伏项目服务。

2008 年，尚德电力成功收购了日本 MSK 公司，从中获取了具有先进的集成光伏系统技术，通过改进和设计出领先的 BIPV 产品，为日本光伏市场需求提供大量的服务。收购 MSK 不仅获取了高效的光伏生产能力，同时还强化了尚德专业技能知识，更加完善了知名品牌运营理念，同时大大提高了尚德的国际化竞争能力。

从收购的产品角度来看，MSK 的 BIPV 产品具有优秀的领先技术和较强的生产能力，尚德为此在上海创立了薄膜式太阳能生成基地，主要负责设计、开发、制造薄膜式太阳能产品，同时与 OpenEnergy、Akeena 和 Lumeta 这三大公司签订了战略联盟协议，深入研制、销售 BIPV 产品市场领域。尚德提出将薄膜式太阳能产品与 BIPV 产品相结合，从而完善了晶体硅太阳能电池的整体产品系统。尚德采用了上游和下游的有效拓展方式，保证了其产业占据全球市场领先地位，在 2001 年以后，尚德提取了营业收入的 5%作为技术研发资金。到 2009 年，其太阳能电池产品转换率可达 16.5%（按采光面积计算），同时还保证为所有客户提供"每瓦成本最低"有效方法，因为尚德为产业价值链的各个环节提供特有的方法来降低每瓦成本。这样的承诺促使了其产业的市场份额较快增加。目前，尚德属于全球最大的光伏组件制造商。

（资料来源：李晓光，中国太阳能光伏产业的国际化成长战略研究，北京工业大学，2012。）

（三）成长战略

国际企业的成长战略，是指国际企业在发展、改组和联合等方面采取的方法和手段。国际企业的成长战略与企业发展战略模式基本相同，在此不赘述。

（四）公共关系战略

过去，公共关系只是作为国际市场营销组合中的一部分，其作为促销的一种手段，目的在于改善国际企业在公众心目中的形象。现在，随着国际经营在深度和广度上的不断发展，国际企业所经历的冲突越来越多，这种冲突有的来自东道国政府，有的来自于东道国的社会各阶层，如工会组织、商会组织、社区组织等，直接或间接地影响着国际企业的经营，促使企业重视处理好与各类社会公众之间的关系——公共关系。因而许多国际企业都把公共关系放到战略的位置上予以考虑，并作为一种单独的管理职能。国际企业的公共关系战略着眼于与社会公众建立长期、稳定、友好的关系。

1. 构成公共关系战略的三个要素

（1）姿态

国际企业采用何种姿态出现在公众面前，是十分值得研究的。高姿态容易引发对方的民族主义情绪，产生反效果。而如果采取低姿态，则又贬低了自身的地位和实力，不利于在当地开展竞争。

（2）影响渠道

国际企业可以由自己执行公共关系策略（此时要求企业具有良好的信

誉，可以联合其他国际企业或同行业合作执行公共关系策略），也可以通过非商业性的中间机构（如大学、研究所或公共传播媒介）来执行公共关系策略。有时企业直接面对社会公众开展公关活动会给人以自我吹嘘之感，不如由中间机构去进行更显得公正、客观，从而比较容易为社会公众所接受。

（3）沟通的手段

实行公共关系战略的方法可以多种多样，但主要不外乎下列几点：①参与或支持（给津贴）外界的调查和研究，以证明某项公共政策的利益或成本可行性；②向公众团体及有影响力的个人表达意见（游说）；③在刊物、电台或电视台购买定位与时间，就某一公共争端提出自己的意见；④向慈善事业、医院等非盈利性机构捐赠资金与物资；⑤与公、私团体磋商、谈判，以改善国际企业的处境；⑥重组国际企业的结构，以适应大环境的变化；⑦主动提供援助，以解决某些公共问题或帮助当地社会的发展；⑧对国际企业的内部和外部的"公众"发表政策声明，或对企业的业绩、社会活动以及对当地经济的贡献提出说明，或出版公司内部刊物。企业根据具体的公关对象与本企业的公关目标，选择合适的沟通手段，才能取得良好的社会效应。

2．国际企业所采取的主要公共关系战略

（1）与东道国政府的公共关系战略

国际企业对东道国政府的公共关系战略目标包括：避免国有化；避免歧视性待遇；企业的合法活动能得到东道国政府的理解、合作和支持。

为了实现这一目标，国际企业在处理与东道国政府的关系时必须注意以下几点：

必须全面了解和深入分析东道国政府的有关法律和政策，把企业在东道国的活动严格限制在东道国法律和政策允许的范围之内，避免因触犯东道国的法律政策而受到制裁。

密切注意东道国的政局变化、各党派的政治经济主张，以及东道国的民族主义情绪，如果上述方面发生不利于本企业的变化时，企业在东道国的经营活动应采取低调处理方式。

企业经营业务的选择，在考虑本企业发展战略的前提下，应尽量符合东道国政府的产业发展政策。本企业对东道国政府的吸引力越大，与之打交道时的地位也就越高。

在可能的情况下，为东道国的社会公益事业做出贡献，这有助于缓和与消除东道国当地人民对外来者的排斥心理，争取他们在感情上的认可，并由此影响东道国政府的态度。

与东道国政府的有关部门保持经常的联系与接触，增强双方的理解与沟通。这样做一方面可以随时了解东道国政府的态度及其目前所存在的困难，另一方面也可以让东道国了解本企业的生产经营状况，解除其存在的疑虑。

将在东道国投资的外国企业联合起来，建立类似于"外商投资企业协会"的组织，这样可以提高企业在与东道国政府对话中的地位。

（2）对东道国当地竞争者的公共关系战略

与东道国当地竞争者的公共关系是国际企业的一个十分棘手而又必须慎重对待的问题。在与东道国的当地竞争者的关系上，从竞争优势这个角度看，国际企业的优势一般体现在技术、管理、资本、销售、成本等方面，而当地竞争者的优势主要是天时、地利、人和。在一般情况下，国际企业可以击败对手获得竞争的胜利。但是，在这种情况下的竞争胜利对国际企业来讲并非是最佳结果，它有可能带来负面影响。当地竞争者可以利用东道国民众的民族主义心理，进行排外宣传，对东道国政府施加压力，迫使政府采取措施以对国际企业在当地的经营活动加以限制，在极端的情况下甚至会导致国有化。有效的公共关系策略是把与当地竞争者之间的竞争关系转变为协作关系，把对立的利益主体转变为利益共同体，如不能实行这一转变，必须展开直接竞争时，可行的战略是：在业务上尽力发展与无竞争关系的东道国的其他企业的协作关系，以此来制约东道国当地的竞争者，这种协作关系对东道国的其他企业越是需要和重要，对当地竞争者的制约也就越是有效。除此之外，还可通过建立和发展良好的社区关系作为辅助策略。东道国的社区对国际企业在当地经营的影响主要体现在以下两个方面：①社区向企业提供市政设施服务；②社区向企业提供社会生活环境，如公共卫生、社会治安、文化教育、商业服务等。由于社区是国际企业在东道国的主要活动场所，而企业所雇佣的当地职工的家庭也大多在社区里，因此社区与国际企业在当地的生产经营活动有多方面的联系。国际企业在当地社区的社会形象应该是：是社区社会规范的模范执行者，是社区建设的热心支持者和参加者，是社区发展的积极推动者。为了实现这一公共关系战略目标，国际企业须做到以下几点：一是要了解、适应和执行社区已形成的社会文明规范，比如，环境卫生，减少和消除生产对社区自然环境的破坏，对职工在企业生产经营中的行为提出要求等；二是积极参加社区建设，为社区发展做出贡献，使社区的公众感到他们能够分享到企业发展的利益；三是在可能的情况下，企业的业务经营要照顾到本社区，以对本社区的经济发展做出直接的贡献，如带动本社区其他产业或企业的发展，扩大就业，增加税源等。

本章小结

1. 企业国际化经营战略是指从事国际化经营的企业（国际企业）通过系统地评估自身的经济资源以及经营使命，确定一个较长时期内企业的主要任务和目标，并根据变动的国际环境拟定必要的行动方针，为求得企业在国际环境中长期的生存和发展所做的长远的、总体的谋划。主要有以下几点特征：（1）其战略规划的范围以全球规划为目标，并把全球经营活动作为一个总体；（2）以全球范围为出发点合理配置企业资源，包括自然资源、人力资源、技术资源、资本资源以及品牌资源等；（3）运用全球观点规定各个子（分）公司的职能和经营范围，协调母公司和各个子（分）公司之间的关系。

2. 企业国际化经营环境是指居于国际企业外部的有关主体的既存关系、现实活动以及在现实活动中所表现出来的规律与趋势。一般来说，企业国际化经营环境由企业所处的（或即将进入的）东道国的环境、母国对企业的政策环境、国际经营环境三部分组成。国际经营环境的复杂性迫使企业要做出正确的分析和评估，以此作为制定国际化经营战略的基础。如果掌握的信息不够准确，有可能事倍功半甚至损失惨重。不同的行业、企业，所采用的国际经营环境的评估方法有所不同。常用的评估方法有：经营环境等级评分法、机会－威胁分析法、国别冷热比较法、跨国经营评估矩阵法等。

3. 国际经营战略规划，是指企业在全面评估自身拥有的各种资源、基本使命和目标的基础上，根据变化着的国际环境采取相应的对策，以实现企业目标的系统程度和方法。其重要性是随着国际企业业务经营范围的扩大，经营环境的日益复杂多变，竞争形势的日益激烈而增强的。在现实的国际经营中，有的国际企业没有对战略规划给予足够的重视，或者由于失误选择了不恰当的战略模式，结果其在海外的资源利用没有达到预期的结果，应该抓住的机会白白地丧失，而应该回避的风险却没有回避；有的甚至对公司的海外经营乃至母公司本身的生存发展造成了威胁。

4. 国际企业要实现战略规划中提出的各种目标，必须在战略上解决以下问题：一是产品战略；二是竞争战略；三是成长战略；四是公共关系战略。这些内容和市场进入战略、人事战略、财务战略等一起，构成了一个完整的国际企业战略体系。

5. 国际战略联盟有多种形式，目前主要有以下几种：合资企业、研究和开发风险合作、特许经营、定牌生产、相互持股。

能力培养指导

- 结合所学的产品知识，分析企业进行国际化经营的原因。
- 企业国际化经营时如何做到环境分析，结合环境分析的结果又如何进行战略选择？试结合你感兴趣的一两个国际化公司进行分析。

案例应用1

日本丰田公司进军美国市场的策略

任何一个欲参加国际市场竞争的企业，都面临着一个共同问题，即如何成功地打入预定的目标市场。制定合理的市场进入策略，是市场开拓成功的重要保证。日本丰田轿车成功地打入美国市场，成为汽车工业的佼佼者，就是极好的例子。

日本汽车工业早在第二次世界大战前就已经建立，但产品质量低劣，技术落后，形象不佳，发展缓慢。战后，由于引进国外先进的技术设备和管理方法，加上现代市场营销观念的指导，日本汽车工业由小到大、由弱变强，得到长足的发展：1955年，全国年产仅2万辆小轿车，在世界市场尚无立足之地。然而，在20世纪80年代初，日本超过美国成为世界上第一个年产700万辆小轿车的国家。1981年，日本出口小轿车400万辆（同期，原联邦德国、法国和美国出口轿车190万辆、140万辆和50万辆），是原联邦德国、法国和美国轿车出口之和。日本轿车像潮水般地以每天5200辆的速度进入美国市场，使汽车王国的三分之一的市场份额被日本拥有。以丰田公司为例，1965年，丰田向美国出口轿车288辆；10年后，超过它的主要竞争对手原联邦德国大众公司，占据美国小轿车进口商的首位；20世纪80年代初，年产超过300万辆，一跃成为世界第二位的汽车制造商；1985年，它在美国市场销量高达500万辆，控制了美国轿车市场份额的20%。

（一）市场定位准确的进攻型战略

丰田汽车从无足轻重的无名小卒跃居强大的垄断性厂商，成功地打入并占领美国市场，其重要原因之一，就是成功地识别市场机会并制定行之有效的进入策略。在市场定位决策中，消费者的需求偏好和主要竞争对手的市场营销缺陷或疏漏是最重要的决策依据，丰田公司对此并非一开始就明确。在传统的"生产什么，就销售什么"观念的影响下，丰田公司向美国出口的第一辆轿车简直就是一场灾难，这辆取名为"丰田宝贝"的汽车实在不给主人脸面，方盒子式的陈旧外形，发动机开起来像载重汽车一样响，内部装修既粗糙又不舒服，灯光暗得难以通过加利福尼亚州的行车标准，整个产品质量低下，缺陷严重。

"知己知彼，百战不殆"。欲成功地进入国际市场，首先要认识、了解和熟悉国际市场，它是构成企业出口的前提条件。客观而又深入地进行市场调研，在市场分析的基础上，识别和抓住市场营销机会，选准进入的目标市场，是出口企业进入市场前必要的准备工作。市场定位不准或不了解目标市场范围内消费需求和竞争对手情况而盲目出口，只能自种苦果自己吃。"丰田宝贝"的流产迫使丰田公司的决策者们冷静下来，开始运用现代市场营销观念重新考虑进入美国市场的营销策略。首先，丰田公司利用政府、综合贸易商社、企业职能部门，甚至美国市场研究公司搜集信息，了解美国经销商和消费者需要什么和不需要什么，探测潜在需求弹性，发现未满足或者满足不充分的市场部分。通过市场调研，他们发现美国人把汽车作为地位或性别象征的传统观念正在逐渐削弱，汽车作为一种交通工具更重视其实用性、舒适性、经济性、便利性。如长途驾驶要求座位舒适和较大的腿部活动空间，易于操控，行车平稳；符合大众利益要求，较低的购置费用、耗油少、耐用和维修方便；随着交通拥挤日趋严重，要求提供可靠方便、转弯灵活的小车型。其次，丰田公司研究竞争对手的不足和缺陷，从而制定"攻占角落"的营销策略。了解你的竞争对手与了解你的顾客同样重要，攻击竞争对手不足和缺陷，以己之长攻其之短，变劣为优。改变力量对比关系，培育竞争实力，可取得出其不意、攻其不备、先声夺人、置其于死地之效果。丰田公司在市场调研中发现，底特律汽车制造企业骄傲自大、因循守旧、墨守成规，甚至面对竞争者的挑战、政府的警告信号、消费者拒绝购买和库存量的直线上升，仍然熟视无睹、麻木不仁，继续大批量生产大型豪华车。完全被忽视了顾客需求的小型车空白市场，给丰田轿车的进入提供了可乘之机。

在市场调研的基础上，丰田公司精确地勾画出一个按人口统计和心理因素划分的目标市场，设计出满足美国顾客需要的美式日制汽车。花冠车以其外形小巧、购买经济、舒适快速、维修方便的优势终于敲开了美国市场的大门，步入了成功之路。随着日本汽车工业的发展，日本汽车与先进国家汽车在技术上的差距日趋缩小，强大的国内汽车制造基地，不仅为其继续发展提供了宝贵经验，而且为其海外扩张奠定了物质基础。1965年，日本在"进攻型战略"指导下，发挥一整套策略体系的合力作用，导演了一部进入美国市场的喜剧。

(二) 无缺陷的产品策略

面对美国和西欧这些强劲对手，丰田汽车的产品策略是避实就虚，生产高质量、小型化，具有便利性、可靠性和适用性的小轿车，其目的在于使日本轿车作为一种交通工具，为美国广大消费者所接受。消费者接受的范围和程度决定了产品进入国际市场的命运。丰田轿车造型优美，内部装修精致典雅，舒适的坐椅、柔色的玻璃，发动机的功率和性能比大众汽车公司提高一倍，甚至连汽车扶手的长度和腿部活动的空间都是按美国人的身材设计的。由于适合美国大众消费者的口味，花冠车一进入美国市场，很快就建立起较高的质量信誉，每销售100辆车中顾客有不满意见的，从1969年的4.6辆下降至1973年的1.3辆。当丰田汽车在美国站住了脚之后，他们并未偃旗息鼓，而是迅速采取产品扩张策略，即不断地改进产品，以满足更大的市场需要。产品扩张策略依赖于劳动生产率的提高和产品质量的不断完善。连续追加投资，建立拥有最先进设备的工厂，培养一流的工程技术人员和训练有素的一线工人，强化科学管理，为大幅度提高劳动生产率和规模经济效益奠定了物质基础。1958年，丰田公司人均生产1.5辆汽车，1965年为23辆，1969年再度提高到39辆。同期，通用公司劳动生产率仅从年人均8.9辆提高到11.4辆。提高产品质量，创造"无缺陷"产品是丰田人的座右铭，他们将质量控制集中在生产过程的流水线上，每一道工序的工人从检查上一道工序的质量开始自己的工作，从寻找不合格产品，一定到全部合格为止，视质量为企业生命，"QC小组"发挥了重要作用，从而保证了丰田车的信誉。

（三）竞争性渗透低价策略

日本汽车打入美国市场，在定价上主要采取竞争性渗透低价策略，其目标不在于获取单位产品的高额利润，而在于能快速地进入市场，获取一定数量的市场份额，建立起长期的市场统治地位。为了进入市场，争取潜在顾客群，其制定的价格大大低于竞争对手的价格将近期的利润损失作为开发长期的广阔市场的一种投资。随着市场份额的扩大，刺激有效需求的增加，单位成本的降低，即使价格不变，也能保证长期求得一个相对稳定的利润总额。花冠车在进入美国市场时售价不到2000美元，而后出的花冠车不到1800美元，在小汽车技术差距已经消除的20世纪70年代，同类车型和功能同样的轿车，丰田车比美国车要低400~1000美元。这种进攻型的低价策略，加上质量高、性能好、批量大和维修费用低等优势，产生一种滚雪球效应。为丰田车树立起物美价廉的良好形象，使美国汽车厂商既无还手之力，又无招架之功，大量的市场份额逐渐被丰田所蚕食。

（四）进攻的分销策略

在对竞争对手详尽分析的基础上，丰田公司选择了一整套进攻的分销策略，以保证其产品畅通无阻地进入目标市场，完成产品从生产到消费领域的惊险跳跃。第一，提供良好的维修和售后服务，在发动每次销售攻势前，建立广泛的服务网点，提供充足的零配件，为销售成功筑起牢固的支撑点。因此，1965年丰田投放花冠车于美国市场前，丰田公司已有384家代理商和价值200万美元的零配件储备。第二，选择重点销售市场，集中全部销售力量对目标市场重点进攻。在对重点市场基本渗透之后，再进攻下一个目标市场。丰田汽车打入美国市场主要选择西海岸的四个城市：洛杉矶、旧金山、波特兰和西雅图，当建立起滩头阵地后，就开始对美国市场全线进攻。实践证明，这一策略对观察整个市场态势，及时发现和纠正错误，积累国际市场营销经验是十分有益的。第三，严格筛选代理商。一流的商品必须由一流的代理商经销。选择的代理商应是资金雄厚、声誉高、具有丰富的营销经验、顾客偏好进口商品的中间商和零售商，特别是在进入国际商场初期，重金聘用当地商人或由国外代理经销商品，不仅可以减少营销风险，增加销量，而且还为自己的销售公司提供示范和培养人才。1969年，丰田公司尽管只有一种车型，而汽车代理商中的44%为丰田服务，为丰田汽车进入并占领美国市场铺平了道路。第四，用丰厚的利润扶植和激励经销商。丰田公司进入美国市场时以每辆181美元的利润让给经销商，这一数额大体与经销一辆大型轿车的利润相等，在有些人看来简直不可思议，而短短的几年时间，丰田便跻身于世界汽车销量最大公司行列之中。

（五）针对目标市场的促销策略

丰田公司为了有效地进入美国汽车市场，其促销策略的核心是集中全力直接针对目标市场大量做广告。为了提高丰田汽车的形象，在电视中大做广告的宣传战，使丰田公司在目标市场的范围内妇孺皆知、家喻户晓。1965年，丰田公司紧紧抓住其他外国汽车制造商没有在电视做广告的机会，垄断了小轿车电视广告的播映权。这一时期，丰田广告支出大大超过竞争者的水平，仅1969年广告费用支出就达1850万美元。丰田汽车广告的内容由专家精心设计，绝不粗制滥造。为避免刺激美国的竞争者所引起的日美贸易矛盾尖锐化，丰田尽量迎合美国人的喜好，在大力宣传交通工具在美国重要性的同时，还提到丰田汽车种种良好的功能和给消费者带来的利益，这种"具有美国精神的进口汽车"广告战，终于使丰田轿车在没有硝烟的和平环境中名扬美国市场。

（资料来源：吴唐青. MBA典型案例评析[M]. 合肥：安徽人民出版社，2002。）

【讨论题】

1. 丰田公司对美国市场的进入战略主要有哪些？请加以归纳和总结。
2. "丰田宝贝"和"花冠车"在美国市场的不同遭遇说明了什么？
3. 丰田轿车进入美国市场的成功经验给了我们哪些启示？

案例应用 2

京东方：打造"世界级企业"不是梦

2003 年的 1 月 22 日，京东方科技集团股份有限公司（简称"京东方"，英文缩写为 BOE）以 3.8 亿美元的价格成功收购韩国 HYNIX 的薄膜晶体管液晶显示器件（TFT-LCD）业务，在韩国建立 BOE HYDIS 技术公司，成为迄今为止我国金额最大的一宗高科技企业海外收购案；京东方由此一跃成为中国第一家拥有 TFT-LCD 核心技术与业务的企业，开辟了直接进入国内显示器高端领域和全球市场的通道。

乘着成功收购的东风，京东方马不停蹄地闯关前行。京东方实行"两手抓"，一手是抓好收购企业 BOE HYDIS 的运营，该公司并购当年即圆满完成预定的经营指标和任务，盈利指标超过全球业内平均水平；在技术研究领域，凭借超级边缘场开关（AFFS）技术一举夺得由韩国财政部和经济新闻社联合颁发的第 12 届"茶山技术大奖"。另一手是全面启动在 TFT-LCD 领域的战略布局，围绕"中国制造，全球销售"的目标，着手进行相关措施的实施。京东方所取得的成功，不是"运气好"，也决非"空手套白狼"，它是贯彻国际化战略的结果，是京东方人开拓进取、艰苦努力的结晶。

（一）选准战略——把握制胜的关键

作为一家高科技企业，采取何种发展战略是决定企业命运的关键。京东方毫不动摇地贯彻国际化战略，并根据自身条件变化和国际市场动向，审时度势，及时对其战略实施重点进行调整。京东方在创立的第一天就锁定"国际化高科技公司"的目标，且紧紧咬住这一目标不放松。1997 年 B 股上市后，用国际化的标准和惯例对集团公司进行再造。2000 年，公司增发 A 股之后，其资金实力和外向扩展能力进一步增强，为适应这一变化，京东方及时提出进军 TFT-LCD 产业领域，"打造显示器领域世界级企业"的新的战略目标。

TFT-LCD 比彩色显像管具有更多优点，应用更加广泛，是未来显示器的主流发展方向。作为高度技术密集型产品，其技术主要控制在日、韩等国际大厂商的手中，竞争也十分激烈；而且资金投入大，更新换代快，风险度高。京东方"明知山有虎，偏向虎山行"。因为，这既是基于对 IT 产业发展趋势的科学把握,也是京东方发展战略演进与经验积累的必然结果。京东方冷静地看到,IT 产业经历了以硬件、软件、网络为主导的三个阶段后,目前已进入了以显示器为主导的阶段;TFT-LCD 作为新型显示器,以其特有的优越性,将迅速取代传统显示器,主宰未来的显示器市场,京东方若不及时进军该领域,将很难在未来的显示器市场立足生存。

(二)水到渠成——确定国际收购方

京东方也有理由对自己的优势抱有充分的自信。创立初期,京东方就把自己的业务定位在显示器领域,对 TN、STN 液晶显示器技术与产品进行跟踪、研究,并早在 1997 年即通过合资方式进入显示器领域,从市场应用角度为进入 TFT-LCD 领域创造了一定条件;同时,又专门成立项目组对 TFT-LCD 产品及技术进行跟踪、研发、论证;2000 年以来,先后与多家跨国公司进行 TFT-LCD 技术交流,探讨合作发展的事业模式。这样,经过多年经验积累,人才储备、客户资源与供应渠道建设,京东方进入该领域可以说是水到渠成了。

为实现进军 TFT-LCD 产业领域的目标,京东方以惊人的胆识和"敢为人者先"的精神,选择了国际收购方式。京东方根据企业发展一般所需经历几个阶段的规律,认为自己在经历了初期主要采取引进技术与消化吸收以及合资合作方式的阶段后,随着综合实力的增强和经验积累,应该进入逐步自行研发与收购企业并举的阶段。

(三)选准对象——创造成功的前提

因此,京东方决定以收购企业的方式进入 TFT-LCD 产业领域。TFT-LCD 产业具有技术与资本双密集的特点,采取自行研发、引进消化、合资合作等方式不但投资大、周期长,而且风险很高;而采取国际并购的办法,既能迅速掌握核心技术,见效快,又有助于分散和降低风险。

可以说,京东方的这一收购举动是一个具有国际化眼光的企业发展战略大手笔。京东方董事长兼 CEO 王东升说,IT 产业的主要特征是变化快,是一个高风险领域。我们的策略是与人合作,不会自己从头做到尾。这样我们的管理跨度就小一些,会尽可能发挥出自己的优势,也尽量避开了风险。根据这一思路,他提出:通过并购韩国 HYNIX 的 TFT-LCD 部门,快速进入 TFT-LCD 领域,拥有和掌握源头技术,可以加快实现建设京东方北京 TFT-LCD 产业基地的战略目标。

京东方认为,收购企业的实质,是努力寻找和建立一个真正愿意做大事业、也能够把事业做大的可靠的合作伙伴。王东升董事长说,单打独斗的时代早已结束，21世纪是一个合作的时代，企业不与他方合作就不可能生存。京东方选择韩国 HYNIX 的 TFT-LCD 部门作为收购对象正是体现了这一思路。

为选择收购对象和合作伙伴，京东方派出项目小组到国外做了大量深入细致的调查研究。中国驻韩使馆经商处提供了相关信息和重要建议，给予了积极支持和协助。经过全面分析和缜密考虑，最终做出把韩国 HYNIX 公司 TFT-LCD 部门作为合作对象的重大决策。选择 HYNIX 的 TFT-LCD 部门作为合作对象主要基于两点考虑：一点是，它具有拓展和深化 TFT-LCD 技术的潜力。HYNIX 的 TFT-LCD 部门的前身是韩国现代电子的 LCD 事业本部，早在 1989 年即进入显示器领域，1996 年至 2000 年客户及营销渠道；另外一点是，HYNIX 的 TFT-LCD 部门真诚、迫切地愿意进入京东方旗下进行合作。

自 2000 年起，HYNIX 因资金不足、收益恶化，陷入经营困境，在这种情况下，2001 年 7 月，HYNIX 的 TFT-LCD 部门从 HYNIX 半导体中分离出来，但筹资困难导致设备投资难以为继，使需要大量资金投入的 TFT-LCD 业务面临生存和发展威胁。该公司具有国际化的胸怀，希望能与一家有远见和实力、能做成事业的外国公司携手，摆脱困境，谋求发展，共同把 TFT-LCD 产业做大，为高科技事业的发展做出贡献。

（四）团队拼搏——闯并购谈判难关

实践证明，收购 HYNIX 的 TFT-LCD 部门成立 BOE HNDIS 后，新公司保持了良好的运转，即便在收购交割期间，生产也丝毫没受到影响，2003 年该公司经营状况良好，销售额和营业利润均有明显增长，建立起了稳定经营的基础。京东方在多年的国际合作中，积累了丰富经验，但国际收购却是一个从未涉足的未知领域。京东方人以必胜的信心、艰苦的努力，终于啃下了这块"硬骨头"。这是一项艰巨的系统工程，单靠少数人难以承担，更不可能取得成功。京东方副总裁、BOE HYDIS 现任副社长、当时受命参加收购谈判的韩国建告诉记者，2002 年 6 月与韩方初次接触之后，双方签订收购备忘录，开始进入谈判；同年 9 月正式签约，2003 年 1 月正式办理交割，整个过程历时半年之久。能够打胜这场攻坚战，靠的是政府支持，靠的是明晰的战略，靠的是团队拼搏。

收购 HYNIX 的 TFT-LCD 部门既是京东方有史以来的第一次，也是中国迄今为止第一大海外高科技收购案。这一收购举动从一开始就得到了国务院的高度重视。这项耗资 3.8 亿美元的收购案及时得到批准，原国家计委、北京市政府也积极关注并给予了多方面支持。京东方董事长王东升坐镇指挥，组成精干有力的谈判班子，投入了这项开创性的"作战"。不打无准备之仗，不打无把握之仗。事先，韩国建副总裁率领谈判人次赴韩国进行实地调研，请中国使馆经商处进行咨询，向相关部门了解情况。谈判组吸纳、会计师以及半导体、工艺等方面的专家，从不同方面和角度进行评估，针对各种可疑问题制定了缜密的应对方案，密切跟踪形势，把握情况变化，估计风险，做好了周全的准备。打硬仗需要"特别能战斗"的精神。在整个谈判过程中，从签订备忘录、尽职调查、商务和融资谈判到资本交割，对几千台设备和数百份资料进行盘查、审阅，个中艰苦难以言表。谈判组人员夜以继日地工作，没睡过一天好觉，有时连续工作30个小时，从来没有人喊累叫苦。韩国建副总裁说，当回到国内走出机场接过欢迎的鲜花，回想起艰苦的谈判历程，不禁热泪盈眶。

（五）搞好运营——为更大目标奠基

完成并购只是大戏的开场，重头戏还在于如何搞好运营，从而实现并购的既定目标。京东方坚持高度信赖、精诚合作的理念。作为收购方，京东方把并购对象视为"合作伙伴"，而不是被接管、改造的对象；是利润创造的主体，而不是母企业的附庸，给以最大的信任，赋予充分的自主权。这种充分放手的经营方式，或许可称之为"全面的本地化"。

在经营战略上，京东方把 BOE HYDIS 作为集团公司事业的重要组成部分，在管理方面"抓大、务实"，即：要求其在总战略方向上与母公司协调配合，在经营上要提高效益，为集团公司创造利润；在增强集团公司核心竞争力的前提下，对其具体经营方略和运营不加干涉。BOE HYDIS 次长金时伯说，京东方总部对 BOE HYDIS 的经营没有任何干预，因此，BOE HYDIS 在经营和发展上有充分的空间，维持了原来的经营体制和企业文化。

在组织人事上，京东方高度信任韩方管理层和员工，放手委以重任，充分发挥其才智。BOE HYDIS 代表理事兼社长由韩方崔炳斗先生担任，中方只派出一名副社长，掌握公司运营情况并负责协调；公司营业部，生产本部、技术开发部、经营支援部四大核心部门均由韩国员工出任部长，中方各安排一名部长助理进行辅助。

（六）攀登不止——迈向"世界级企业"

实施国际化战略，在全球范围内获取技术、资金和市场，成为京东方坚定不移的信念；掌握核心技术，抢占显示器领域未来竞争的"制高点"，为提升中国经济竞争力做出贡献是京东方既定的目标。为实现企业的信念和目标，京东方在 TFT-LCD 领域的实施步骤是：第一，继续运营好韩国子公司，大力巩固，提高其全球竞争力和市场地位；第二，在北京建设 TFT-LCD 模块生产线；第三，从第五代 TFT-LCD 技术起步，加速实施北京 TFT-LCD 生产、研发基地计划。

京东方正在以扎实而快捷的步伐，一步步地接近自己的目标。2003 年 6 月 6 日，京东方举行了 TFT-LCD 北京生产基地入驻北京经济技术开发区签约仪式；9 月 26 日，京东方 TFT-LCD 北京生产研发基地——"京东方显示科学园"在北京经济技术开发区启动建设；11 月 10 日，京东方仅用了不到 5 个月的时间就建成的 TFT-LCD 北京生产基地组成部分之一、中国国内第一条 TFT-LCD 模块生产线正式投产。京东方创造了令人惊叹的速度和效益。

与此同时，BOE HYDIS 公司在新技术产品开发方面也传出喜讯。不久前，该公司宣布将向市场推出拥有世界最大可视角度的液晶显示屏。该显示屏采用本公司的 AFFS 核心技术，在提供超级高分辨率的同时，将显示屏的垂直与水平可视角度由普通的 100～120 度提高到 180 度。京东方从收购韩国 HYNIX 的 TFT-LCD，业务进入蔽晶显示器领域，到筹建北京 TFT-LCD 产业基地，并于 2003 年 8 月 6 日控股在香港和新加坡挂牌上市的冠捷科技，通过一系列迅速有效的产业整合举措，快速确定了在 TFT-LCD 领域的技术、生产和市场方面的优势，这不仅将大大提升中国在该领域的竞争实力，对世界显示产品的市场竞争格局也将产生重要影响。

（资料来源：曹世功，经济日报，2004 年 4 月 9 日）。

【讨论题】

1. 结合京东方的案例，分析企业在进行盟友选择时要注意哪些事项？
2. 据有关资料统计，战略联盟的失败率介于 30%到 60%之间。请分别对一个成功的战略联盟和一个失败的战略联盟进行分析，总结出它们成功的经验和失败的教训。

参考文献

[1] 唐韬智，曾梅.企业战略与战略情报分析[J].现代情报，2002（3）.

[2] 王建坤.战略规划的实质与程序[J].21世纪商业评论，2007（12）.

[3] 余来文,陈明.企业战略管理体系研究[J].科技创业月刊，2006（08）.

[4] 杨一鸣.模块化产品创新策略选择的影响因素研究[D].浙江大学硕士论文，2010.

[5] 张莎莎.中国移动战略管理体系研究[D].北京邮电大学硕士论文，2009.

[6] 宋力,王艳飞.浅论企业战略性业绩评价的指标设置[J].财经问题研究，2000（08）.

[7] 方为.企业战略管理咨询的理论与方法探析[J].北京商学院学报，1994（4）.

[8] 吴琨,顾阳.持续创新的企业技术联盟特征及形成原因——基于企业生态理论[J].南京工业大学学报（社会科学版），2010（01）.

[9] 周具全.管理咨询监理机制研究[D]. 重庆理工大学硕士论文，2013.

[10] 许莎莎.管理咨询企业竞争力评价体系研究[D]. 湖南工业大学硕士论文，2013.

[11] 吴涛.技术创新风险的几个基本特征及风险管理对策[J].科学管理研究，2000（2）.

[12] 李晓峰.企业技术创新风险测度与决策及其预控研究[D].成都：四川大学博士论文，2010.

[13] 宋东林,候虹.从美国技术创新机制看我国企业核心技术能力的构建[J].中国科技论坛，2003（3）.

[14] 吴友军.对我国IT产业技术创新能力的探讨[J].中国软科学,2003(4).

[15] 杨锡怀.企业战略管理：理论与案例[M].北京：高等教育出版社,2011.

[16] 今占明.中国著名企业战略管理[M].北京：清华大学出版社，1999.

[17] 刘明华.企业战略管理有效实施的关键点[J].求索，2003.

[18] 房毅.企业家素质模糊综合评价[J].淮海工学院学报，2000（6）.

[19] 张士泽.中国成功企业家的素质特征[J].企业管理，1992（5）.

[20] 孟慧.变革型领导风格的实证研究[J].应用心理学，2004（2）.

[21] 卜洪运，吕俊杰.我国高技术产业界定方法的研究[J].技术经济管理与研究，2003（2）.

[22] 袁安府.组织领导与组织关系变革实现的研究[J].广西经济管理干部学院学报，2004（1）.

[23] 郭天鹏.浅议开拓型领导人才[J].北京市计划劳动管理学院学报，2005（6）.

[24] 姜炳麟，谢廷宇.技术创新能力评价指标体系及其多级模糊评价方法[J].商业研究，2004（9）.

[25] 杜设亮，傅建中，陈子辰.基于BP神经网络的齿轮故障诊断系统研究[J].机电工程，1999（5）.

[26] 苏涛.简论战略对组织结构的影响[J].福建论坛（经济社会版），2004（4）.

[27] 张黎明.论企业战略变革的原因与对策[J].经济体制改革，2004（2）.

[28] 项国鹏.国外战略变革理论述评及其启示[J].当代财经，2004（6）.

[29] 张英奎，王璇.企业战略转型中的组织结构对策[J].企业研究，2004（3）.

[30] 吉剑锋.战略变革中的企业文化研究[J].引进与咨询，2005（1）.

[31] 刘冲.动态环境下我国企业战略实施分析[J].市场论坛，2004（7）.

[32] 朱俊，叶一军.动态环境下的企业战略转型研究[J].武汉理工大学学报（信息与管理工程版），2004（12）.

[33] 陈玉媛.如何设计基于平衡计分卡的战略评价体系[J].管理会计与改革开放30年研讨会暨余绪缨教授诞辰86周年纪念会，2008：199-206.

[34] 汤晶缨.战略管理导向的平衡计分卡应用研究[D].兰州大学硕士论文，2006.

[35] 刘存.基于平衡计分卡的国有企业实施效果评估研究[J].管理研究，2010（5）.

[36] 张茜.基于平衡计分卡的业绩评价体系研究[D].山西财经大学硕士论文，2008.

[37] 戚黎蔚.AHP层次分析法在ITAT创业投资项目风险中的应用研究

[D].上海交通大学硕士论文,2008.

[38] 张文松.战略和能力的耦合——企业战略能力研究[J].中国软科学,2005（7）.

[39] 张维.企业战略实施领导力研究[D].湘潭大学硕士论文,2008.

[40] 麻兴斌,韩传普.战略实施过程中的战略执行模式和战略修正模式[J].东岳论丛,2010（06）.

[41] 曹元华.企业战略实施中执行力问题研究[D].中共中央党校硕士论文,2009.

[42] 杨国和.战略为王——民营企业战略管理实操手册[M].北京：中华工商联合出版社,2007.

[43] 中国注册会计师协会.公司战略与风险管理[M].北京：经济科学出版社,2009.

[44] 上海国家会计学院.高级会计师考试辅导精讲[M].大连：大连出版社,2008.

[45] 卢佳友,郑海元.加强中小企业财务管理的对策研究[J].广西会计,2000（12）.

[46] 陈乃醒,白林.中小企业管理概论[M].合肥：合肥工业大学出版社,2007.

[47] 张良财.企业理财案例分析实训[M]. 北京：中国物资出版社,2007.

[48] Saxton T. The Effects of Partner and Relationship Characteristics on Alliance Outcomes[J]. The Academy of Management Journal. 1997.

[49] Teece D J. Dynamic Capabilities and Strategic Management[J]. Stragegic Management Journal，1997.

[50] Magnus Kald, Fredrik Nilson. Performance Measurement at Nordic Companies[J]. European Management Journal，2000.

[17] 刘明华.企业战略管理有效实施的关键点[J].求索，2003.

[18] 房毅.企业家素质模糊综合评价[J].淮海工学院学报，2000（6）.

[19] 张士泽.中国成功企业家的素质特征[J].企业管理，1992（5）.

[20] 孟慧.变革型领导风格的实证研究[J].应用心理学，2004（2）.

[21] 卜洪运，吕俊杰.我国高技术产业界定方法的研究[J].技术经济管理与研究，2003（2）.

[22] 袁安府.组织领导与组织关系变革实现的研究[J].广西经济管理干部学院学报，2004（1）.

[23] 郭天鹏.浅议开拓型领导人才[J].北京市计划劳动管理学院学报，2005（6）.

[24] 姜炳麟，谢廷宇.技术创新能力评价指标体系及其多级模糊评价方法[J].商业研究，2004（9）.

[25] 杜设亮，傅建中，陈子辰.基于BP神经网络的齿轮故障诊断系统研究[J].机电工程，1999（5）.

[26] 苏涛.简论战略对组织结构的影响[J].福建论坛（经济社会版），2004（4）.

[27] 张黎明.论企业战略变革的原因与对策[J].经济体制改革，2004（2）.

[28] 项国鹏.国外战略变革理论述评及其启示[J].当代财经，2004（6）.

[29] 张英奎，王璇.企业战略转型中的组织结构对策[J].企业研究，2004（3）.

[30] 吉剑锋.战略变革中的企业文化研究[J].引进与咨询，2005（1）.

[31] 刘冲.动态环境下我国企业战略实施分析[J].市场论坛，2004（7）.

[32] 朱俊，叶一军.动态环境下的企业战略转型研究[J].武汉理工大学学报（信息与管理工程版），2004（12）.

[33] 陈玉媛.如何设计基于平衡计分卡的战略评价体系[J].管理会计与改革开放30年研讨会暨余绪缨教授诞辰86周年纪念会，2008：199-206.

[34] 汤晶缨.战略管理导向的平衡计分卡应用研究[D].兰州大学硕士论文，2006.

[35] 刘存.基于平衡计分卡的国有企业实施效果评估研究[J].管理研究，2010（5）.

[36] 张茜.基于平衡计分卡的业绩评价体系研究[D].山西财经大学硕士论文，2008.

[37] 戚黎蔚.AHP层次分析法在ITAT创业投资项目风险中的应用研究

[D].上海交通大学硕士论文，2008.

[38] 张文松.战略和能力的耦合——企业战略能力研究[J].中国软科学，2005（7）.

[39] 张维.企业战略实施领导力研究[D].湘潭大学硕士论文，2008.

[40] 麻兴斌，韩传普.战略实施过程中的战略执行模式和战略修正模式[J].东岳论丛，2010（06）.

[41] 曹元华.企业战略实施中执行力问题研究[D].中共中央党校硕士论文，2009.

[42] 杨国和.战略为王——民营企业战略管理实操手册[M].北京：中华工商联合出版社，2007.

[43] 中国注册会计师协会.公司战略与风险管理[M].北京：经济科学出版社，2009.

[44] 上海国家会计学院.高级会计师考试辅导精讲[M].大连：大连出版社，2008.

[45] 卢佳友，郑海元.加强中小企业财务管理的对策研究[J].广西会计，2000（12）.

[46] 陈乃醒，白林.中小企业管理概论[M].合肥：合肥工业大学出版社，2007.

[47] 张良财.企业理财案例分析实训[M]．北京：中国物资出版社，2007.

[48] Saxton T. The Effects of Partner and Relationship Characteristics on Alliance Outcomes[J]. The Academy of Management Journal. 1997.

[49] Teece D J. Dynamic Capabilities and Strategic Management[J]. Stragegic Management Journal，1997.

[50] Magnus Kald, Fredrik Nilson. Performance Measurement at Nordic Companies[J]. European Management Journal，2000.

南开大学出版社网址：http://www.nkup.com.cn

投稿电话及邮箱： 022-23504636　　QQ：1760493289
　　　　　　　　　　　　　　　　　QQ：2046170045(对外合作)
邮购部：　　　　022-23507092
发行部：　　　　022-23508339　　Fax：022-23508542

南开教育云：http://www.nkcloud.net

App：南开书店 app

　　南开教育云由南开大学出版社、国家数字出版基地、天津市多媒体教育技术研究会共同开发，主要包括数字出版、数字书店、数字图书馆、数字课堂及数字虚拟校园等内容平台。数字书店提供图书、电子音像产品的在线销售；虚拟校园提供 360 校园实景；数字课堂提供网络多媒体课程及课件、远程双向互动教室和网络会议系统。在线购书可免费使用学习平台，视频教室等扩展功能。